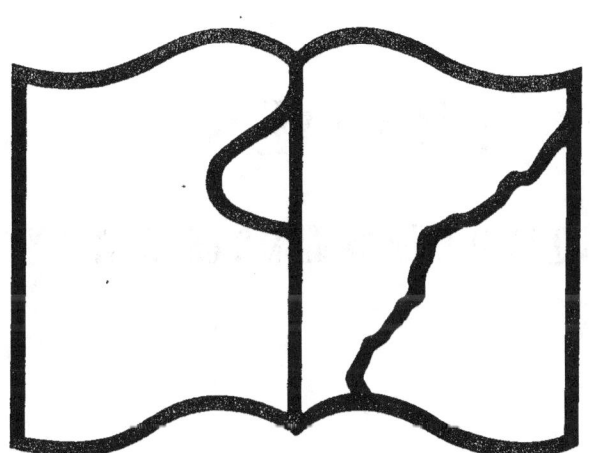

Texte détérioré — reliure défectueuse

NF Z 43-120-11

ÉTUDES

HISTORIQUES ET RELIGIEUSES SUR LE XIVᵉ SIÈCLE.

ÉTUDES
HISTORIQUES ET RELIGIEUSES
sur le XIV° siècle,
ou
TABLEAU DE L'ÉGLISE D'APT
SOUS LA COUR PAPALE D'AVIGNON.

PAR L'ABBÉ ROSE,

CURÉ DE LA PALUD, CHANOINE HONORAIRE D'AVIGNON,
CHEVALIER DE LA LÉGION D'HONNEUR.

> L'Église complète la cité : étudier
> le passé de l'une c'est travailler à la
> gloire de l'autre.
>
> REMERVILLE, *Lettres inédites*.

AVIGNON,
L. AUBANEL, IMPRIMEUR DE Mgr L'ARCHEVÊQUE
ET DU COLLÉGE ROYAL.
1842

À
La Mémoire
De Monseigneur
LAURENT-MICHEL ÉON DE CÉLY,
Évêque d'Apt et Prince,
CONSEILLER DU ROI,
ABBÉ DE St.-MEMMIE, PRIEUR DE LA VALETTE,
BIENFAITEUR DE SON DIOCÈSE.

Hommage de vénération et de respect,

L'auteur,
L'Abbé Rose.

INTRODUCTION.

On a beaucoup et diversement parlé, depuis quelques années, d'un retour au catholicisme ou d'un mouvement religieux : question palpitante d'intérêt dont on a fait plutôt un texte à des discussions littéraires, qu'un sujet d'étude approfondie. Voilà pourquoi le sérieux et la gravité de ce mouvement ont été niés par plusieurs qui n'ont voulu y voir qu'un caprice de la mode, un goût de fantaisie pour les vitraux gothiques et les chapelles ogivales.

D'autres se sont jetés avec ardeur dans un excès opposé. A la vue de ce qui se passe réellement d'extraordinaire au milieu de nous, ils ont cru toucher à l'heure d'une sainte *renaissance* semblable à celle qui s'opéra pour les arts au XVIe siècle, et, dans leurs rêves dorés, ils voient poindre l'aurore d'un meilleur avenir. Sans prétendre trancher cette grande question sociale, nous croyons que ce mouvement, qui est incontestable de l'aveu de tous, pourrait devenir un heureux retour, s'il était bien compris et surtout bien dirigé : car enfin, ce qu'on ne peut nier, c'est que ce mouvement, inutile pour le grand nombre, a été fructueux pour plusieurs; c'est que ce mouvement, sans effet apparent, n'est pas sans principe ni sans but.

Cette disposition des esprits, d'autant plus heureuse qu'elle facilite les pacifiques conquêtes de la foi, nous a paru une excellente occasion pour publier le résultat de nos études religieuses sur la ville natale. Les évènemens de l'ordre politique ne sont pas les seuls dignes d'être conservés dans l'histoire d'un peuple. Les traditions, les mœurs, les usages et les coutumes qui se rattachent à la religion, méritent aussi l'examen, et ont droit au souvenir de la postérité. Précieux témoins d'un autre âge, ils servent de leçon aux générations présentes qui aiment à retrouver l'identité de la croyance sous des formes appropriées au génie de chaque siècle. Le catholicisme a laissé partout des traces vénérables de son passage, des ruines de sa splendeur, des marques de sa puissance civilisatrice. Le moment est venu pour chaque localité, de refaire son passé, d'exhumer ses saintes légendes, de relever ses vieux monumens, de ressusciter ses héros chrétiens. Dans notre Provence, est-il un seul hameau qui n'ait à raconter des faits intéressants? Est-il une chapelle champêtre qui n'ait été le but de quelque dévot pélerinage? Est-il une vallée qui n'ait donné asile au repentir ou à la piété? Est-il enfin une Basilique toute noircie de l'empreinte du temps, qui n'ait rien à dire au poète, au philosophe et à l'artiste?

Les histoires des villes ont un charme que n'ont pas toujours dans le même degré, celles des provinces et des empires. Les lieux qui nous ont vu naître, ceux que l'on a cent fois parcourus, et qui ont si souvent frappé nos regards, offrent un vif attrait à l'esprit, et exercent une profonde influence sur l'imagination. Qui n'aime à connaître l'origine de ce vieux château dont les ruines attestent encore les efforts de l'homme puissant pour dominer l'homme faible? Qui n'est curieux de savoir quel vénérable Prélat a fondé cette antique Abbaye? Quels pieux et savants solitaires l'ont habitée? Dans quelles années ont-ils, par leurs prévoyantes largesses, sauvé les peuples des horreurs de la famine? Comment l'enceinte que se formèrent quelques ermites au milieu d'un désert, est-elle devenue le centre d'un village qui, oublieux de ses bienfaiteurs, a vu avec indifférence, avec joie peut-être, tomber les murs sacrés qu'ils élevèrent, proscrire les héritiers de leurs vertus, pour envahir de riches dépouilles?

En abordant la tâche que nous nous sommes imposée, il nous avait paru sans doute plus rationnel d'embrasser l'ensemble des annales Aptésiennes, et de former ainsi un corps d'histoire depuis la fondation de l'évêché jusqu'à sa suppression ; mais, après y avoir bien réfléchi, nous avons préféré nous borner à une seule époque, de toutes la plus intéressante, afin de la traiter avec l'étendue qu'elle mérite. On devine aisément que cette époque est le XIVe siècle, durant lequel les Papes illustrèrent la Provence en y fixant leur siége. Le séjour de la Cour romaine en deçà des Alpes, fut en effet un des évènemens les plus singuliers du moyen âge. On l'avait vue cette Cour chercher souvent un asile et se consoler dans le sein de l'Église Gallicane, des chagrins que lui causait parfois l'Allemagne ou l'Italie. Mais, ce n'étaient-là que de simples voyages, des apparitions momentanées dont la durée se mesurait sur la nécessité des affaires. Le calme une fois rétabli dans la Péninsule, et la paix scellée entre le sacerdoce et l'empire, la France rendait à la première Église du monde, son Pasteur, à la ville de Rome son Souverain, et tout l'effet de ces absences passagères était de persuader de plus en plus les Papes, de l'affection et du respect que la nation française nourrissait envers le Saint-Siége.

Ce séjour prolongé des chefs de l'Église sur les rives du Rhône dût singulièrement réagir au profit de la Provence et en particulier des villes suburbicaires. D'abord, quelle gloire pour ce pays, de devenir le centre de la catholicité? Les luttes sanglantes des Guelphes et des Gibelins, parurent à Clément V, un motif suffisant de ne pas se rendre à Rome, et de se fixer à Avignon. Le voisinage du Comté-Venaissin qui fesait partie des domaines du Saint-Siége, semblait justifier cette détermination : une vue d'intérêt s'y mêlait sans doute : plus tard, un autre Pape du même nom, le prouva par l'acquisition d'Avignon et de sa banlieue, au prix de quatre-vingt mille florins d'or, vente qui fut l'ouvrage de Jeanne de Naples, fille de Charles, duc de Calabre, l'élève de St.-Elzéar de Sabran.

De cette époque date la prospérité de cette ville, son importance comme capitale du monde chrétien. Delà, ses nombreuses églises, ses couvens affiliés aux Instituts les plus célèbres, ses Chapitres, ses cloches aux merveilleux carillon, ses Confréries de pénitens, ses Colléges. Delà, les mœurs de sa population enthousiaste des pompes religieuses, le goût de ses habitans pour les beaux-arts, goût développé d'abord par les travaux des fameux peintres venus de l'autre côté des Alpes, puis ravivé par le génie national à l'aide d'un climat qui rappelle les poétiques contrées de l'Italie. Cet accroissement rapide d'Avignon, ces flots d'habitans qui se pressaient dans son sein, cette élégante ceinture de murs dont l'entourait la prévoyance pontificale, ce gigantesque palais *dominant en cavalier*, au dire d'un chroniqueur, *le modeste manoir de la Reine Jeanne, qui ne semblait qu'un petit nid auprès ;* ces chants inspirés de Pétrarque, ces tournois, ces assemblées féodales, brillants rendez-vous de la chevalerie française, tout cela était le prix avec lequel les papes payèrent le gracieux accueil de leurs hôtes.

C'est de la même époque que s'ouvre pour nos villes, grandes feudataires de la nouvelle Rome, une ère de gloire et de célébrité. Alors Carpentras eut son Conclave, Apt son Concile, Orange son Université, Monteux son mémorable Consistoire, Vaison sa résidence papale, Cavaillon la radieuse auréole de son Évêque-Cardinal, l'Isle ses fêtes chevaleresques qu'embaumait d'un doux parfum la poésie des troubadours. Alors, on vit s'élever dans nos murs ces églises et ces monastères qui fesaient autrefois l'orgueil de la Province : car la plupart des édifices religieux où se retrouve le type de l'art chrétien, sont contemporains des Pontifes Avignonnais. Alors nos chaires, auparavant muettes, retentirent sous les accens des plus célèbres docteurs; nos cathédrales s'agrandirent et revêtirent des formes mieux appropriées à la splendeur des cérémonies. Alors, des vitraux coloriés brillèrent au front de nos Basiliques, pour y répandre ce demi-jour si favorable au recueillement. Alors, des Conciles provinciaux renouvelèrent partout les antiques prescriptions qui avaient fait la gloire des siècles fervents. Alors, la réforme pénétra dans le Clergé et en plia les membres sous le joug salutaire de la discipline. Alors, le culte sortant de l'état d'humiliation où le tenaient enchaîné des habitudes mesquines, déploya tout son essor dans des pompes vraiment dignes de la majesté du Très-Haut. Alors, les accens de l'orgue commencèrent à se mêler à ces belles et majestueuses volées, à ces sonneries harmonieuses qui dans les solennités semblent descendre du ciel pour convier les croyans aux pieds des autels. Alors enfin, les saintes journées du catholicisme, consacrées par le repos et la prière, redevinrent ce qu'elles étaient précédemment, une éloquente invitation à la vertu ou un vif reflêt des joies de la céleste patrie.

Les mœurs s'épurent bientôt quand la

religion est triomphante. La réaction opérée en faveur de celle-ci, ne tarda pas à s'accomplir dans l'intérêt de celles-là. En vain, l'école puritaine de Port-Royal s'efforce de nous émouvoir par la peinture exagérée des maux qui affligeaient l'Église, et par celle des abus qui régnaient à la Cour des papes Avignonais. Assurément, dans le sein de cette Cour transplantée sur un sol étranger, quelques abus se trouvaient mêlés à beaucoup de bien; il en sera toujours ainsi, tant que les choses divines auront des hommes pour dispensateurs; mais, on peut ce semble douter, si à nulle autre époque, il y eût moins de prise à la censure, et si jamais les droits de Dieu et de l'humanité furent défendus avec plus de courage et par de plus illustres champions. Nous trouvons, il est vrai, dans les écrivains du pays, quelques plaintes solitaires touchant la violation de certains points de la discipline, tels que l'élection des prélats dont les Papes, pour de bonnes raisons sans doute, s'attribuèrent le monopole. D'autres s'élèvent contre les taxes payées à la Chambre apostolique par les gros décimateurs : comme si les Papes privés de leurs revenus d'Italie, n'avaient pas été forcés de prélever sur les biens du Clergé français, de quoi fournir à leur entretien et à celui des membres du sacré Collége. Le chroniqueur provençal, qui le premier a dit, que la Cour Romaine *appauvrissait ses hôtes*, n'était que l'écho de Bénéficiers mécontents de se voir réduits à la portion congrue, pour défrayer les dépenses du Pontificat. Ainsi, toutes ces plaintes des détracteurs du Saint-Siége s'évanouissent en fumée, lorsqu'on les soumet au creuset d'un examen impartial.

Quoiqu'en disent les disciples de Port-Royal, les pratiques de la religion furent alors plus exactement suivies qu'à nulle autre époque. L'abstinence, le jeûne, le repos du dimanche, mieux observés; les offices divins et les sacremens plus fréquentés; les églises plus magnifiques; les monastères plus nombreux et peuplés des noms les plus illustres; les sociétés religieuses plus florissantes. Le peuple s'y montrait éminemment catholique. C'était par esprit de foi et non par superstition qu'on n'épargnait ni peines, ni dépenses, ni sacrifices pour élever des temples à l'éternel; c'était par esprit de foi, que nos grands seigneurs consacraient à la religion des forêts bientôt couvertes de monastères, autour desquels se groupèrent des bourgs et des villages; c'était par esprit de foi, qu'une foule d'hommes et de femmes se vouaient à la vie ascétique et donnaient l'exemple de toutes les vertus. Les uns, pieux et fervents solitaires, assuraient leur salut par une séparation entière du monde, et levaient sans cesse les mains vers le ciel, comme Moïse, pour attirer des bénédictions sur leur patrie ; les autres partagaient leur temps entre la prière et l'étude des monumens historiques ; plusieurs et les femmes surtout, se consacraient aux bonnes œuvres, au soin des pauvres, des malades, des enfans admis dans les hospices, les lazarets, les maladreries et autres maisons de charité. Plus forts et plus courageux, les hommes allaient sur les plages d'Afrique, racheter les esclaves, ou se réunissaient en chevalerie avec mission de combattre les infidèles : ils n'attendaient qu'un signal du chef de l'Église pour voler aux champs de l'Idumée, et y cueillir la palme de la gloire ou du martyre. Car, un des rêves de la Cour papale d'Avignon, fût de raviver l'esprit des Croisades et d'arracher la Terre-Sainte aux Osmanlis. L'Ange du royaume de Naples, le Comte d'Ariano, en qui se personnifiaient les nobles instincts de ce siècle, avait nourri long-temps l'espoir de s'enrôler sous les drapeaux du Christ, et de faire la périlleuse campagne de Palestine. Peut-on appeler inféconde pour la foi, une période où l'on retrouve tant de grandeur et de dévouement; une période qui donna à l'Église des Confesseurs, tels que St.-Louis de Toulouse, St.-Pierre-de-Luxembourg, St.-Elzéar de Sabran, Ste Delphine de Signe ? Nous ne pousserons pas plus loin ces réflexions, toutes à l'appui de l'heureuse influence du

Saint-Siége, sur l'esprit public de nos contrées. Si, plus tard, des évènemens extraordinaires y compromirent tous ces biens, à qui la faute? sinon au grand schisme d'Occident, dont le monde eut à subir les longues et déplorables phases: tant il est vrai que peu d'années de calamités détruisent à elles seules, des siècles de bonheur et de gloire !

Ce n'est pas seulement dans les mœurs sociales que se réflète l'image d'une époque, mais encore dans les tendances du pouvoir et les créations qu'il développe à sa suite. On vient de voir les avantages recueillis par la Provence au point de vue religieux, montrons maintenant ceux qui lui échurent sous le rapport des intérêts matériels.

Il est facile de juger le mouvement de prospérité qu'elle ressentit lorsque les papes vinrent s'y établir. Que ne devait-elle pas gagner en effet à la résidence d'une Cour qui alors était la première de l'Europe, et attirait dans son sein les plus grands personnages en tout genre? D'abord, ce mouvement se révéla par une exubérance de population dont toutes nos villes profitèrent. Avignon, naguère si sévèrement puni par un légat du Saint-Siége de sa fidélité au Comte de Toulouse, s'indemnisa de ses pertes en donnant l'hospitalité à des milliers d'étrangers. La même influence s'étendit aux autres villes, aux bourgs et aux campagnes. Le voisinage de l'Italie, les persécutions qui l'ensanglantaient firent refluer parmi nous une infinité de proscrits, heureux de trouver un asile à l'ombre du trône pontifical. Notre ville, presque dépeuplée sous la faulx meurtrière des épidémies du moyen âge, vit ses brèches réparées par des exilés qui s'assimilèrent bientôt avec la race propriétaire du sol. Delà, tant de noms de famille, à désinence italienne, dans les chartes de la période papale. Ces nouveaux habitans, plus polis et plus civilisés que les anciens, devaient modifier le caractère national. Transfuges d'une terre illustrée par les travaux de l'esprit, pouvaient-ils ne pas susciter l'amour des arts dans leur patrie adoptive? Ainsi, à quatorze siècles de distance, Apt refit deux fois sa population appauvrie, à l'aide d'émigrés italiens, d'abord sous l'autorité triomphante de Jules-César, et puis, sous le pacifique règne des Pontifes Avignonais.

L'essor de l'agriculture suivit de près ce premier symptôme de prospérité. Car, on pense bien qu'un pouvoir éclairé comme la papauté, ne négligea point d'appliquer les principes qui ont pour but l'exploitation de la richesse foncière. Mère-nourrice du commerce, l'agriculture favorise aussi les bonnes mœurs; c'est en développant les habitudes du travail, qu'elle maintient les idées d'ordre nécessaires à la stabilité des empires. Or, à ce double titre, comment supposer que les soins de l'industrie agricole aient été jugés incompatibles avec les sublimes fonctions du Pontificat? Ne sait-on pas que rien de ce qui intéresse l'humanité n'est étranger à la religion du Christ?

Plusieurs causes actives contribuèrent

au progrès de l'agriculture, sous le régime de la Cour Romaine. D'un côté, la présence de savants étrangers, qui, fixés au milieu de nous, répandirent les vues salutaires et les connaissances usuelles, importées d'un pays voisin où les arts industriels marchaient depuis long-temps vers la perfection. De l'autre, le besoin pour un pouvoir nouveau de s'attirer la confiance, en agrandissant les sources de la félicité publique. Ajoutez à cela, le nombre prodigieux de châteaux, de maisons de plaisance, de villas à l'instar de celles de la belle Italie, que les Cardinaux et les grands dignitaires de l'Église élevaient sur divers points du territoire. Là, dans de longues villegiatures, ces princes de la pourpre fesaient défricher nos champs, ouvrir des chemins, creuser des canaux. Jaloux d'étendre un utile patronage sur les populations d'alentour, ils versaient parmi elles des flots de lumière, afin de les aider à tirer profit de leurs pénibles labeurs. Quelquefois même, ce séjour de la campagne devenait pour eux, l'occasion de faire de belles créations dans les villes et les bourgs où ils se délassaient des fatigues de l'épiscopat. Ainsi, c'est à une circonstance de cette nature ; qu'Apt doit son monastère de Ste-Croix; Caumont, sa Chartreuse ; Montfavet, sa Basilique; Lapalud, le clocher qui couronne avec tant de pompe la façade de sa vieille église. Spectacle intéressant pour les générations actuelles, que celui de ces Prélats grands-seigneurs, qui partageaient leurs loisirs entre les œuvres de munificence chrétienne et les encouragemens prodigués à la plus précieuse branche du revenu public! encouragemens d'autant plus propres à stimuler le zèle des masses, que le caractère auguste dont ils étaient revêtus, donnait une sorte de puissance à leurs paroles, et de consécration à leurs conseils.

Le commerce, qui va toujours à la suite de l'agriculture, avait perdu toute son activité, depuis que les Comtes de Provence étaient devenus maîtres de Naples. Une province obligée d'entretenir des troupes et des forces nombreuses, afin de soutenir ses princes dans leurs conquêtes, n'était point en état de se livrer au trafic qui, pour être véritablement animé, exige outre un riche numéraire, beaucoup d'agens et de loisir. Mais, les chances favorables aux opérations mercantiles se multiplièrent bientôt à l'arrivée de la Cour Romaine. Le besoin du luxe qui grandissait chaque jour, la facilité des rapports avec l'Italie, le surcroit des consommateurs, la présence d'illustres personnages imprima à la société provençale, un mouvement industriel inconnu auparavant. Alors, de toutes parts, se développa le goût de ces transactions, de ces travaux honorables qui préparaient en silence l'entier affranchissement de l'humanité si dégradée par le régime féodal. Arles et Marseille s'élancèrent de nouveau sur les routes que leurs vaisseaux avaient jadis parcourues avec tant de profit. C'étaient ces deux villes qui pourvoyaient la France des riches étoffes orientales destinées à orner les basiliques et les châteaux ; elles correspondaient avec

Pise et Venise, où le commerce du moyen-âge jetait un si vif éclat. Plus près de nous, le marché de Carpentras, ce grand bazar de nos contrées, prit un tel essor, que le père du jeune Pétrarque en jugea la vue digne de la curiosité de son fils. C'est que, dès le règne de Clément V, des trafiquans italiens descendus des Alpes, affluaient à ce marché pour y vendre les articles de goût qui se fabriquaient dans la Péninsule. L'histoire du Conclave célébré à la mort de ce pape, en est une preuve incontestable.

Les arts enfans du luxe, furent bientôt avec le commerce, en communauté de progrès. La musique surtout, devait plaire à l'imagination d'un peuple dont la sensibilité égale presque celle des ultramontains. Initié par les pompes de la Cour Romaine aux beautés du chant musical, il finit par s'en faire un besoin : car, les hommes sont portés d'instinct à embrasser les goûts du monde élégant, lorsque ces goûts principalement ont quelque analogie avec le caractère national. De cette époque, en effet, date la création des maîtrises dans nos Cathédrales, l'usage de l'orgue, qui auparavant restait affecté aux riches et opulentes Basiliques; l'établissement de ces carillons qui jettaient au loin de si joyeux accords. En étudiant les compositions des maîtres d'alors, on voit que, pénétrés de la grandeur de leurs sujets, ils ont produit des hymnes solennelles où se peignent tour-à-tour, les sentimens divers que fait naître une religion consolante dans ses promesses, terrible dans ses menaces. Il est telle de leurs œuvres qu'on dirait émanée du même esprit qui animait les Prophètes. Tantôt, humble et suppliante, c'est la prière qui monte timorée jusqu'au trône de l'éternel; tantôt, sublime et majestueuse, c'est la voix de Jéhovah qui tonne pour ébranler les pécheurs. Les motifs sur lesquels on chantait jadis le *Stabat* et le *Pange lingua* dans la Cathédrale d'Apt, doivent compter parmi les plus belles formules harmoniques qu'ait inspiré le génie musical du XIVe siècle.

La suppression des maîtrises nous a valu, avec la perte de ces chefs-d'œuvres, celle des traditions de la musique sacrée.

L'architecture qui touchait à sa perfection, commença dès lors à fleurir en Provence. C'est à la période papale que remontent nos plus beaux monumens religieux, témoins éternels de la magnificence autant que de la piété de nos pères, et dont les formes imposantes ne seront jamais effacées par l'élégance souvent mesquine des constructions modernes. Tours colossales, arcades gigantesques, galeries disposées en ogives, nervures hardies, gerbes de fusées en granit, s'élancent dans les airs à la voix des Papes et des Cardinaux. Ici, l'église des Célestins se dessine dans les proportions les plus grandioses: là, celle de St.-Siffrein courbe sa voute aérienne sur des pilliers fluets comme la taille d'une jeune fille: ailleurs, le cloître de Sénanque étale une forêt de colonnettes aux fantastiques chapiteaux. En face de ces édifices surmontés de la croix du salut, on regrette moins ceux dont le génie romain avait embelli nos villes. Assurément, de grands souvenirs s'y rattachaient; mais trop souvent ils réveillaient des idées de guerre, d'oppression et de conquête. Au contraire, l'hospice caché au fond de la vallée, le monastère suspendu au front des collines, la cathédrale dominant toute une cité avec sa flèche élancée vers le ciel, comme pour y porter la prière, ces nobles élaborations de l'architecte selon l'esprit de Dieu, enchantent le cœur et la raison, sans coûter une larme, sans faire naître un soupir.

Mais, de tous les beaux arts, il n'en est aucun dont les Pontifes Avignonais aient mieux mérité, que la peinture. Dans quel état se trouvait-elle en Provence avant l'arrivée du St.-Siège? On peut en juger par quelques tableaux à fresque de nos vieilles églises. Malheur à celui, qui, en voyant ces essais timides et souvent bizarres de nos premiers artistes, rirait de leurs héroïques efforts! Il faut entourer de respect, ces manifestations de la pensée, comme les

Romains protégeaient l'enfance avec les mêmes bandelettes dont ils honoraient leurs magistrats. Honte aux contempteurs de leurs pères, qui les ont fait le peu qu'ils sont! Au début du XIV⁰ siècle, l'aurore de la renaissance avait déjà projeté sur l'Italie de vives clartés [1]. Élève de Cimabué, précurseur de Raphaël, Giotto se rendit à Avignon. Il y vint appelé par Clément V, et son pinceau multiplia dans les temples, les traces du grand artiste. Ce fut comme le premier anneau d'une chaîne sans fin. Pour lors, en effet, les Alpes avaient abaissé leur sommet: Avignon était une ville italienne. Simon de Sienne y vint aussi, et se lia d'amitié avec Pétrarque. Le fils d'adoption de Giotto, que les contemporains surnomment Giottino, parce qu'il avait recueilli la glorieuse succession du maître, ne négligea point le pèlerinage d'Avignon. Le feu de l'art, entretenu par cette noble pléïade étrangère, rayonna même après le départ

---

[1] Rastoul. *Tableau d'Avignon.*

du St.-Siège. La Provence eut à son tour des talens indigènes, formés par les leçons vivantes de ces grands peintres, ou par la méditation de leurs chefs-d'œuvre. Ces enseignemens, le génie avec l'aide d'un puissant patronage sut les vivifier. La tradition, les annales populaires du passé, ne nous ont point transmis la liste complète de nos célébrités artistiques. C'est une lacune à déplorer dans l'histoire du pays. Mais, au défaut de noms, nous avons encore les productions : elles sont là, pour attester nos richesses, pour nous consoler de notre deuil, pour justifier nos rêves d'avenir.

Que dirons-nous de l'influence papale sur les études littéraires et scientifiques? Comme instrumens d'améliorations matérielles, les lettres marchent sur la même ligne que les arts. L'impulsion était donnée ; des uns elle passa bientôt aux autres. Si les arts occupent une large place dans l'existence des peuples, s'ils y jouent un grand rôle, les lettres ne constituent pas seulement un besoin de l'intelligence, un élément de bonheur, un principe de gloire ; il y a mieux que cela dans elles : disposant de tous les ressorts de la vie politique et religieuse, elles peuvent être considérées comme une des bases de l'édifice social. Voilà pourquoi la papauté s'est toujours montrée amie des lumières, et favorable à leur diffusion. L'école la plus fameuse des temps modernes, l'Université de Paris, a été le fruit de ses conceptions. Celle d'Avignon, sortie de la même source, devint en peu d'années extrêmement florissante, et suivit les traces de sa devancière. Après avoir obtenu maints privilèges dont elle usa avec sagesse et discernement, on la vit prendre un noble essor à l'ombre de la chaire pontificale. C'est là que se formèrent tant de savans docteurs qui font honneur à la Provence. L'université d'Orange créée plus tard par un évêque de cette ville, quoique moins en renom que sa voisine, rendit aussi d'éminents services. A la suite de ces grandes Écoles, vint le Collège de Carpentras, où la célébrité de Convennole attirait des flots d'étudians; puis, celui d'Apt toujours pourvu d'habiles professeurs, toujours peuplé de nombreux élèves, sans compter les Cours de Théologie ouverts dans toutes les villes épiscopales.

En présence de tels faits, on a peine à s'expliquer le motif qui a fait ranger, du moins par rapport à nos contrées, le XIVe siècle, dans la catégorie des âges d'ignorance. Et même à l'égard de ces temps marqués d'un sceau réprobateur, il ne faut pas s'imaginer, comme l'ont fait quelques écrivains, que l'ignorance dont on parle, fût autre que l'oubli des règles du goût, de l'élégance du style, et des formes usitées chez les peuples polis; car, le bon sens est de tous les âges et de tous les climats. Sans doute, on ne savait pas écrire éloquemment; mais on savait aussi bien qu'aujourd'hui, raisonner avec justesse, traiter les affaires les plus épineuses, suivre le fil des négociations les plus délicates, délibérer, et prendre le bon parti dans les conjonctures les plus critiques. Enfin, ces siècles ont eu, comme les autres, des hommes à talens, des génies vastes et profonds auxquels il n'a manqué que l'étude du monde antique, pour devenir eux-mêmes, à leur tour, les modèles de la postérité.

Rappellerons-nous ici une mesure d'intérêt matériel dont le pays recueillit les avantages sous le gouvernement papal? Pourquoi non! Il faut dire tout le bien que nous savons pour mettre à nu, les tendances d'un pouvoir éminemment civilisateur. A l'exemple des anciens Romains, les Pontifes Avignonais, maîtres du Comtat, veillèrent à l'entretien des grandes voies de communication qui facilitent dans les états les rapports journaliers du centre aux extrémités. Déjà, par une sage dispensation des graces spirituelles, ils avaient favorisé l'érection de deux superbes ponts sur le Rhône. Ce fut du sein de la ville éternelle, qu'ils s'associèrent à une œuvre gigantesque destinée à faire fleurir le commerce dans leurs possessions françaises, et à lier des Provinces soumises au même sceptre. Mais, à peine fixés à Avignon, toute leur sollicitude se tourna vers l'amélioration des routes. Alors, on vit revivre sur le sol de la Provence, toutes celles que le temps avait à demi effacées. On n'atteignit pas, il est vrai, cette perfection qui avait fait jadis de l'empire des Césars, une seule et même ville pavée d'un bout à l'autre ; mais ce fut toujours un bienfait inappréciable, eu égard à l'état de dépérissement des voies anciennes qui sillonnaient le territoire.

Rome, comme on sait, avait été le centre de chemins magnifiques qui rayonnaient dans toute l'Italie. Plusieurs traversaient les Alpes, les Gaules, les Pyrénées et l'Espagne. Il y en avait un qui venait de cette capitale à Briançon par le mont Genèvre, et, descendant à Apt, allait joindre Arles, la cité Constantine. On l'appellait la voie Julienne ou Romane. Un autre courait à Nice, et, passant par Aix, aboutissait au même but. C'était la voie Aurélienne, qui, non moins que la précédente, s'embranchait avec celle d'Avignon. Ces chemins, dans le principe, étaient fort beaux et solidement construits; mais par le laps du temps, et à la suite de l'incursion des barbares, ils se détruisirent en maints endroits, faute d'une réparation effectuée à propos. Les Papes, sentant le besoin d'une viabilité commode, afin de faciliter aux Italiens l'accès de la nouvelle Rome, appliquèrent les bras des Provençaux à l'entretien des chemins. Les gens de la campagne avaient ordre d'amasser des graviers sur les bords des torrens, et de les déposer en monceaux sur les lieux où on devait les mettre en œuvre. Une simple concession d'indulgences était le salaire de ces travaux, aussi docilement entrepris que promptement exécutés. C'est ainsi que les routes auparavant dégradées, reprirent un aspect satisfaisant, et rapprochèrent en quelque sorte la ville papale, des frontières de la Péninsule.

D'après ce tableau, on ne peut douter qu'Apt n'ait largement ressenti les effets de l'influence salutaire du St.-Siége. Placée presque aux portes d'Avignon, la cité Julienne avec sa grande route, dût s'apercevoir bientôt de l'activité nouvelle imprimée a ses relations. Elle ne tarda pas non plus à devenir en haut lieu, l'objet d'une prédilection particulière. Son antique renom, les chefs de son Clergé décorés du titre de Princes-Évêques, ses légendes glorieuses, ses saintes reliques, ses familles opulentes formaient autant de titres à la bienveillance de l'hôte auguste des Provençaux. C'est de ce moment aussi, que commencent à se dérouler les plus beaux feuillets de ses annales. Car, dans le religieux drame qui se dénouait à Avignon, le rôle des Prélats Aptésiens, investis de l'autorité du double glaive, fut ce que chacun pense, un rôle important. Bien loin, toutefois, que les écrivains du pays aient cherché à nous en instruire, les évènemens même de la Cour Romaine, se pressent pâles et décolorés dans leur narration : ils ne savent pas nous émouvoir, au récit de ces grandes scènes dont le magique reflét se produit à nos yeux par les monumens gigantesques laissés sur le sol. Cependant, il était facile de juger que tout cela constituait l'épisode le plus curieux de notre histoire nationale. Voyez, sous la plume de Bouche, de Fantoni, de Papon, de Cottier et de Remerville, à quelles minces proportions se trouve réduit un fait aussi majeur que le transfert du St.-Siége, dans une ville provençale. Au lieu d'en étudier les causes et les conséquences, ils passent légèrement là dessus, sans hasarder aucune pensée de haute moralité, ou un de ces mots heureux qui peignent d'un seul trait tout un ordre de choses. C'est le devoir, pourtant, de celui qui écrit l'histoire, de faire à la fin des principales époques de son sujet, une revue rapide des temps qu'il a parcourus et de l'accompagner de réflexions convenables: il ressemble alors au voyageur, qui, arrivé à une certaine distance, monte sur une hauteur, et, de là, contemple les lieux qui l'ont le plus frappé durant sa route, et apprécie mieux leurs positions. Mais, par malheur, une méthode si rationnelle ne distingue presque aucun des auteurs précités, quoiqu'ils aient, d'ailleurs, couru avec talent la carrière où nous entrons. On doit en dire autant de M. l'abbé Boze. Il a écrit, cependant, à une époque où la mission de l'historien étant mieux comprise, on envisageait les faits au point de vue du progrès social. Tous ces écrivains, en général, racontent l'arrivée du St.-Siége en Provence, comme un simple incident sans portée politique : ils rappellent les changemens introduits dans la discipline cléricale, les décisions émanées de la Cour Romaine, les décimes levées sur le Clergé, injustement qualifiées d'exactions papales, et voilà tout. Mais l'appréciation des effets produits par cette arrivée, vous ne la trouvez nulle part ; mais l'examen de l'esprit public avec ses modifications imprévues, avec ses nouveaux instincts; mais le compte rendu des résultats matériels, survenus à la suite d'une si grave mesure, vous les cherchez vainement. C'est cette lacune que nous avons entrepris de combler, en rédigeant l'histoire d'Apt au XIVe siècle, qui n'est autre chose que l'exposé de l'influence du St-Siége sur cette ville, durant le séjour des Papes à Avignon. Puisque alors la puissance du pontificat était si grande, qu'il transmettait ses ordres sans conteste, jusqu'aux extrémités de l'Europe, et qu'il gouvernait le monde par la force de l'opinion; pouvions-nous assigner à nos études un plus noble but que de rechercher les destinées nouvelles que fit au pays natal, un pouvoir si haut placé dans l'estime des peuples?

Grace aux monumens nombreux et vraiment précieux qui nous sont restés dans les grandes collections de la Provence, comme dans les manuscrits de ses Bibliothèques; grace aux souvenirs traditionnels qui se sont conservés au milieu d'une population vouée au culte de ses pères; grace aux détails intimes qui nous ont été transmis sur saint Elzéar et sainte Delphine, dont les noms embaumés d'un parfum aristocratique, se mêlent à tous les évènemens de leur siècle, nous espérons pouvoir fournir une lecture intéressante sinon pour la forme, au moins pour le fonds. Mais, avant d'aborder une époque si mémorable, il nous semble utile de tracer l'esquisse de ce que fut notre ville dans l'antiquité, sous la civilisation romaine, et de ce qu'elle devint sous la civilisation chrétienne. Nous allons ici marquer les points culminants de son histoire, et cette analyse servira de péristyle à l'œuvre que nous avons élaborée après de longues et pénibles recherches.

Assise dans une riante vallée sur la rive gauche du Caulon, Apt figure au temps de l'indépendance Gauloise, comme chef-lieu de plusieurs tribus appelées *Vulgenses*: elle portait primitivement le nom de *Hath*. Environ un siècle avant l'ère chrétienne, les Romains la détruisirent lors de leur première conquête dans le midi de la Gaule; mais Jules César la fit sortir de ses ruines, en y établissant une colonie italienne. On croit qu'il accomplit cette restauration à son retour d'Espagne, après la défaite des enfans de Pompée. Un reste d'arc triomphal, encore debout au XVIe siècle, portait les initiales de cet empereur, et rappelait l'éclat d'une récente victoire. Ce fut alors, qu'échangeant son nom celtique en celui d'*Apta-Julia*, elle devint cité Julienne, et prit rang parmi celles que le génie du peuple-roi se plut à embellir.

Peu d'années suffirent pour amener ce brillant résultat. A Rome, comme maintenant en France, l'empire avait son cœur dans la tête. Mais l'activité de ce cœur, accrue outre mesure, finissait toujours par réagir au profit des extrémités. Ainsi, une ville à vaste périmètre se dessina bientôt sur l'emplacement de l'ancienne Hath; les bords de la rivière s'alignèrent; le sol prit une physionomie nouvelle; les côteaux se couvrirent de vignes et d'oliviers; des monumens dont quelques débris nous sont parvenus, consacrèrent cette grande époque. Un théâtre, un cirque et des arènes, image raccourcie mais élégante du Colisée romain, la décorèrent; un palais impérial[1],

---

[1] Legrand. *Sépulchre de Madame Ste-Anne.*

y étala ses colonnades, ses salles et ses galeries. Autour de la cité, des villas nombreuses se groupèrent; des voies larges et spacieuses lui formèrent deux belles avenues à l'est et à l'ouest ; partout, des édifices majestueux au lieu de constructions massives; des jardins, au lieu de vastes étendues de bois; partout enfin, la civilisation au lieu de cette semi-barbarie déjà modifiée au contact de la ville des Phocéens.

Tant que dura l'occupation romaine, les empereurs traitèrent Apt comme la fille du grand Jules. Il est vrai que les habitans montrèrent envers les maîtres du monde, une adulation habilement calculée. C'est ainsi, qu'après avoir érigé un temple à Auguste, ils construisirent un superbe mausolée au cheval d'Adrien. Ce noble coursier, venu des bords du Boristhène, dont il portait le nom, mourut à Apt, pendant que cet empereur s'y trouvait ; et, comme son maître le regrettait vivement, cette ville voulut s'associer à l'impériale douleur.

Mais les jours néfastes qui menaçaient le

colosse Romain sous les derniers Césars, devaient également se lever parmi nous. Des hordes de barbares sillonnèrent nos contrées, promenant leur redoutable niveau sur la tête des peuples. Nous avions le tort immense, dit un écrivain [1], non plus d'être alliés de Rome, mais de nous trouver sur la route qui conduit directement aux Alpes et aux Pyrénées. Tout alors fut détruit : monumens et ouvrages où le génie du siècle d'Auguste s'était si long temps conservé, disparurent pour jamais. Apt n'a pu se refaire de tant de pertes. Son enceinte retrécie n'embrasse plus aujourd'hui les éminences qui l'avoisinent. Les seuls témoins de sa grandeur déchue, consistent dans quelques rares ruines ou dans maints objets d'art, mis à découvert par le soc de la charrue. C'est tout ce qui lui reste de l'héritage de son fondateur, avec un nom glorieux inscrit dans plusieurs livres que l'antiquité nous a légués.

[1] Bastet. *Histoire des évêques d'Orange.*

Au surplus, d'autres destinées étaient réservées à cette ville dans le nouvel ordre de choses qu'allait fonder la politique chrétienne. Ce n'était pas par des monumens d'origine grecque et romaine, qu'elle devait se faire remarquer. Dotée d'un siége épiscopal par les apôtres de la Gaule, elle fournira avec ses Prélats, à travers quelques vicissitudes, une longue et mémorable carrière. Combien les incidens de cette marche séculaire, se pressent nombreux sous la plume, quand le moyen-âge surtout convie nos populations si expansives aux pompes parfumées d'encens et de poésie de la Cour pontificale? Mais, n'anticipons pas sur cette grande époque, objet spécial de nos Études historiques. Disons préalablement les transformations que subit la cité Julienne sous l'empire du Christianisme.

Tandis que le fier Gaulois, vaincu et non asservi, se débattait en vain avec les chaines dorées du peuple-roi et enchantait la honte de sa défaite, au spectacle des merveilles artistiques qui se déroulaient à ses yeux, un grand fait s'était accompli, et allait bientôt changer la face du monde. Une sublime entreprise, celle de marcher à la conquête des intelligences, fut résolue dans la salle où la foi nous révèle des langues flamboyantes emplissant d'un céleste feu des têtes inclinées. La porte du Cénacle s'ouvre, et le Christianisme en sort. Le voilà, s'avançant sur les routes qui conduisent à la savante Athènes, à la voluptueuse Corinthe, à la puissante Rome, à la riche Marseille [1]. Un bâton soutient sa marche, une croix la protège; des associations se forment partout. On dresse le supplice pour les intimider; elles grandissent sous le fer. On les poursuit à l'éclat du jour; elles se donnent rendez-vous à la lumière des lampes. On fait couler le sang; il devient une semence de chrétiens. C'en est fait, dès lors, du Paganisme. Ce vieux culte chancèle sur sa base, vainement protégé par le prestige des arts et la

---

[1] Méry, *Histoire de Provence*.

splendeur des cérémonies. L'Église se forme, et, après avoir étouffé dans ses étreintes son débile rival, elle fait la loi à tout l'univers.

Les légendes et les chroniques placent au premier siècle de notre ère la prédication de l'Évangile dans le midi de la Gaule. D'après ces récits, dont l'histoire conteste quelques détails, Lazare prêcha à Marseille, Maximin à Aix, Trophime à Arles, Auspice à Apt. Ce dernier, qui scella la foi de son sang, n'était rien moins, au dire d'un auteur [1], « qu'un Patrice romain, célèbre par la gloire « de ses aïeux, et assis long-temps sur l'aigle « des Césars, dans le Conclave des cent « Sénateurs créés par Romulus. » Une date si rapprochée de la source même du Christianisme, n'est fondée, dit-on, que sur la tradition: les preuves historiques manquent. Mais combien de faits sont acceptés qui ont encore moins de fondement et de probabilités? N'est-ce pas une preuve avérée que

---

[1] Legrand. *Sépulchre de Madame Ste-Anne.*

la tradition? et n'y a-t-il pas souvent plus de garantie dans cette voix des âges, que dans certaines pièces soi-disant officielles, qui nous égarent jusque dans l'histoire contemporaine? Grégoire-de-Tours, ajoute-t-on, ne dit rien de la mission de saint Auspice, non plus que de celle de saint Lazare et de ses compagnons, et ce silence de l'annaliste de l'Église des Gaules, est le plus grand argument invoqué par ceux qui nient nos traditions locales. Mais, en bonne logique, ne doit-on pas se défier des argumens négatifs? Le silence de Grégoire-de-Tours, isolé de tout témoignage formel, ne peut servir de preuve en cette circonstance. Si l'histoire mérite de faire loi, c'est par son texte, et non par ses prétéritions. D'ailleurs, il faut remarquer que Grégoire-de-Tours, s'occupait avant tout des évènemens accomplis sous ses yeux et de son temps. On ne doit donc pas s'étonner qu'il ait omis un fait qui concernait un pays éloigné de son siège, et une époque antérieure à la sienne de plusieurs siècles.

De l'aveu de tous, la plus belle page des annales catholiques, est celle des temps dont il s'agit, alors que la société rongée de matérialisme et vermoulue comme ses dieux, se retrempait dans les souffrances du martyre, et que les chrétiens ne formaient qu'un peuple de frères. A Apt, comme ailleurs, l'idolâtrie humiliée par les vertus apostoliques, fit éclater ses fureurs. « Mais, dit un de nos chroniqueurs [1], c'es- « toit lorsque le sang humain estoit espandu « soubs la cruauté d'un tyran ennemi de « Jésus, que l'Église se solidoit sur la pierre « choisie entre les douze. » Héros et philosophe, Trajan oublia ses principes de tolérance : un orage fondit tout-à-coup sur Auspice et sur son troupeau ; de nobles victimes succombèrent ; mais que peuvent tous les efforts humains contre l'œuvre de la droite du Très-Haut ? Écoutons le même écrivain, dont le langage suranné n'exclut pas les artifices du style. « La corne des

---

[1] Legrand. *Sépulcre de Madame Ste-Anne.*

« armées, dit-il, ne sonnoit plus que la
« chute des Chrétiens, et l'humilité des dé-
« bonnoires remportoit cependant des tro-
« phées sur les malins guerroyants le ciel :
« les géans bravoient l'empire estoilé, et les
« pigmées le possédoient. L'impiété et la foy
« s'entrechoquoient l'une l'autre : celle-là se
« trouvoit sans honneur, et celle-cy sans
« perte. Le nom du Christ pénétroit jus-
« qu'aux Garamantes, et le brandon de Satan
« s'estouffoit soubs la confusion de ses adhé-
« rens. Le sanctuaire, quoique oppressé des
« églantiers d'infidélité, florissoit en telle
« sorte que son odeur parfumoit l'intérieur
« du Gentil enseigné, et tout ainsi que la
« vive source accélère son cours, ruisselant
« par la bonde des eaux précipitées d'en
« haut, de même, le courage des Chrétiens
« estoit véritablement animé à la course des
« zélés au martyre ; la parole de Dieu estoit
« ouïe des bons et négligée des obstinés ; et,
« comme un même zéphir sifflant, esbranle
« les lys et les chardons, ainsi une même pré-
« dication estoit faicte aux convertis et aux

« acariatres; mais à la gloire des uns et igno-
« minie des autres...Delà » continue le même
écrivain, « les Docteurs ont fabriqué la
« Congrégation des fidèles en la forme d'un
« navire; considérant l'étrécissement d'ice-
« lui à son début, sa largeur et amplitude
« à son milieu, et sa fin rédigée en un petit
« nombre de soldats constans en la foy. A
« son principe, les chefs de l'empire l'op-
« pressoient, puis elle leva sa croix ; mais
« aujourd'hui, elle décline sans s'amoindrir
« pour l'importunité des hérétiques. Sa
« franchise, néanmoins, a toujours esté sou-
« verainement soutenue par la fermeté des
« saintes personnes qui, après les Apôtres,
« ont enseigné les peuples, et nommément
« d'Auspicius, lequel après Lazarus et Maxi-
« minus, contribua à rendre la Provence
« libre de toute servitude payenne..... »

C'est donc saint Auspice, c'est ce vénérable Apôtre qui ouvre la série des Prélats Aptésiens. Et quelle série plus fertile
en grands hommes de tout genre, grands
Saints, grands Théologiens, grands Admi-

nistrateurs! Tantôt, héros du Christianisme, on les voit cimenter de leur sang, la religion qu'ils enseignaient ; tantôt, Docteurs courageux et sublimes, triompher par de savans écrits, des sophismes de l'erreur et des blasphêmes de l'impiété ; tantôt, disciples d'un Dieu crucifié, on les contemple avec lui sur le Calvaire, au milieu des humiliations et des souffrances. Armés quelquefois du glaive et de la Croix, revêtus des insignes de l'empire et du Sacerdoce, ils déploient toute l'activité d'un zèle magnanime pour la gloire de l'un et de l'autre, pour l'accroissement de l'héritage du Christ, et pour la prospérité de celui de César. Sous la conduite de ces Prélats, notre Église grandit florissante comme un palmier de l'Horeb ; chaque siècle lui apporte une gloire, chaque épiscopat, une couronne. Ici, c'est saint Clair, placé dans la cathégorie des Confesseurs de la foi, quoique les Actes de son martyre, effacés de la mémoire des hommes, ne soient connus que de Dieu seul; là, saint Castor, heureux de partager avec la Vierge, le patronage de deux antiques Cathédrales; plus loin, saint Étienne qui, au sein d'un âge ténébreux fit parler la piété d'une manière onctueuse, et fut en réalité un François de Sales du moyen-âge. A côté d'autres noms moins vénérés, on verra encore des vertus rares, des prodiges d'abnégation, des lumières éclatantes, d'immenses travaux, des créations consacrées par le respect de la postérité. Enfin, à une exception près, nul anneau couvert de rouille dans cette longue chaîne épiscopale qui commence par des Saints, et finit par les Villeneuve, les Foresta, les Vaccon, les La Merlière, les Éon de Cély.

Une tradition qui fait notre orgueil, et l'orgueil est bien légitime quand il se rapporte au pays natal, une tradition devenue comme un legs de famille que tout Aptésien doit passer à ses enfans, fait remonter jusqu'à saint Auspice, le dépôt du corps de sainte Anne dans l'église d'Apt[1]. Selon

[1] Legrand. *Sépulchre de Madame Ste-Anne.*

ce récit, un prince provençal, néophite de l'Évangile, parcourant la Palestine en pélerin, aurait apporté à Marseille ces précieuses reliques, qu'il confia ensuite au saint martyr. Celui-ci, craignant la profanation des persécuteurs, les aurait cachées dans une grotte où plus tard elles furent miraculeusement découvertes. D'autres, disent une époque moins reculée et des particularités différentes. Entre des relations identiques au fond, mais variées pour la forme, libre à chacun d'opter. Qu'importe le parti qu'on prenne, s'il n'enlève pas à notre Église le plus beau fleuron de sa couronne. Loin de nous, de soumettre au scapel d'une froide critique, ce qu'on doit juger avec un cœur de poëte ou de citoyen. Car, les croyances Aptésiennes relatives au corps de sainte Anne, rentrent dans le domaine de celles dont Chateaubriand a dit : « Si « Descartes et Newton en eussent philoso- « phiquement douté, Racine et Milton ne « les auraient pas poétiquement rejetées. »

Animés du même zèle que leur maître,

les disciples de saint Auspice s'appliquèrent à étendre le cercle de ses conquêtes. Sur d'autres points de la province Romaine, des hommes apostoliques plantaient l'étendard de la foi, et ouvraient à des populations infortunées, une ère d'émancipation et de vertu. Bientôt, dans cette partie de la Gaule, le Christianisme accumula ses trophées. Les idoles des empereurs servilement acceptées par les vaincus, ne tardèrent pas à être délaissées. Alors, chaque ville eut son église, chaque église son chef, et chaque chef son territoire. En un mot, les évêchés se multiplièrent rapidement. La Religion avait eu dès le berceau, une hiérarchie qui réglait les rangs et les rapports de ses ministres. Ainsi, les diacres, les prêtres et les évêques étaient consacrés à des fonctions particulières. Mais, pour resserrer les liens qui attachaient l'épiscopat au centre d'unité, il fallait une nouvelle organisation. Le gouvernement civil et politique de l'empire Romain servit de règle, et ce fut sur ce modèle, que la Circonscription des Diocèses se forma. L'évêché d'Apt dépendit d'abord de la Province d'Arles; mais ensuite, par le morcellement de cette dernière, il passa dans la Province d'Aix, avec le titre de premier suffragant.

Il ne suffisait pas à la religion d'avoir des autels et des ministres, il lui fallait encore des croyants assez dévoués pour ériger les conseils de l'Évangile en préceptes. L'Orient vit sortir de son sein les Pères de l'Institut monastique. Antoine peupla la Thébaïde de solitaires; Hilarion, la Palestine et la Syrie; Basile, le Pont et la Cappadoce; Athanase et Jérôme apprirent aux maîtres du monde, à pratiquer les vertus des Cénobites; Augustin porta en Afrique le goût de la retraite et de la pauvreté. Les Gaulois, non moins heureux, reçurent de saints Pontifes, la perfection du Christianisme. Tandis que ces nouveaux Pauls détruisaient d'une main les derniers vestiges de l'idolâtrie, ils élevaient de l'autre des églises et des monastères; ils sanctifiaient les lieux souillés d'impurs souvenirs. C'était alors le siècle de cette radieuse constellation de Prélats, dont saint Castor faisait partie. Noble nation provençale, quelle époque pour ton bonheur! A la voix de ces grands hommes, le feu sacré de la piété se communique de proche en proche; des flots de néophites embrassent le joug de l'Évangile; le culte revêt des formes plus belles et plus régulières; les ames d'élite courent après les douceurs de la vie ascétique; la société elle-même, profitant de cette réaction, modifie ses instincts, et dépouille les vieux lambeaux des superstitions payennes. Partout, dans le midi de la Gaule, se dessèche la racine du vice et germe celle de la sainteté; bientôt le Dieu de vérité n'y apercevra plus qu'un vaste temple consacré à sa gloire. Dans des circonstances si favorables, les écrits de Cassien récemment publiés, écrits, à qui le nom de notre grand évêque avait servi de véhicule, remplirent les Cloîtres, de fervents religieux; les Communautés devinrent l'asile de la piété et de la paix; les vertus malheureuses ou dégoûtées du monde, choisirent ces retraites pour s'y mettre à l'abri des orages qui agitaient l'empire. Là, les travaux de la pénitence formèrent une nouvelle palme qui couronna le front des Cénobites. Mais, envisagées au point de vue social, quel bien ne procurèrent pas à l'humanité les institutions monastiques? Ne sait-on pas qu'au moyen-âge surtout, lorsque l'univers se taisait devant les conquêtes des peuples du nord, les lettres humaines allaient chercher un refuge dans les Cloîtres? Les Monastères d'Italie, de France et d'Allemagne étaient devenus comme un terrain neutralisé par la civilisation et la barbarie, où la science entassa pêle-mêle tous ses trésors. Malheureusement elle ne trouva pas toujours dans les moines, des gardiens fidèles. Il y en eut qui, moins touchés de ses intérêts que de ceux de la religion, employèrent à la défense d'une cause sacrée, jusqu'aux livres profanes dont ils étaient dépositaires. Expliquons-nous. Comme l'usage du papier n'était pas encore connu, et que le parchemin dont on se servait alors, manquait dans le commerce, ces pieux réclus grattèrent les anciens manuscrits pour les recouvrir de leurs élucubrations. C'est ainsi, dit le Père de Montfaucon, avec une sorte de douleur qui est plus d'un savant que d'un religieux, c'est ainsi que les Polybe, les Dion, les Diodore de Sicile, les Trogue-Pompée que nous n'avons plus en entier, furent travestis en Antiphonaires, en Rituels et en Homélies. Combien ces métamorphoses devinrent quelquefois encore plus singulières ! Souvent par un bizarre contraste, il dut arriver que les austères perfections d'un Solitaire et les vertueuses souffrances d'un Martyr, remplacèrent les amours de Didon et les chants voluptueux de Catulle ; comme nous avons vu naguère l'admirable discours de Cicéron sur la République, exhumé d'un immense rouleau de vélin, contenant les actes de l'assemblée œcuménique de Chalcédoine.

Après saint Castor, s'ouvre pour nos

évêques l'ère des Conciles, où l'on décidait en dernier ressort les questions controversées de dogme et de discipline. A peine une hérésie surgissait-elle, que, par la volonté du Pape et sous le bon plaisir du prince, les Prélats accouraient des diverses églises au lieu du rendez-vous. Là, les discours ébranlaient les esprits, dissipaient les doutes; les textes se croisaient, se combattaient ensemble, et les voix recueillies formulaient l'arrêt souverain qui foudroyait l'erreur, ou promulguait une règle canonique. C'est au titre seul de leur assistance à ces grandes réunions parlementaires de l'Église Gallicane, que les évêques d'Apt figurent dans l'histoire, depuis Asclépius jusqu'à Magneric.

Si les nuages répandus sur cette filiation épiscopale, laissent néanmoins percer quelques rayons de lumière, nous en sommes redevables aux actes des Conciles tenus durant la même période. Plusieurs anneaux de la chaîne, il est vrai, se cachent à nos yeux; mais cette solution de continuité n'est qu'apparente et n'empêche pas, à l'aide de certains points fixes, d'arriver jusqu'aux temps primitifs du Christianisme. A la vue des précieux monumens que nous ont laissés ces mémorables assemblées, où siégèrent presque toujours les chefs de notre Église ; à la vue des efforts qu'elles firent pour maintenir l'unité entre les membres de la grande famille catholique, peut-on ne pas déplorer l'interruption d'une pratique si favorable au progrès des saines doctrines? Peut-on douter que la religion n'en désire le retour, elle qui sent le besoin d'un si puissant levier établi par Jésus-Christ, et consacré par l'usage de tous les siècles? Formons donc des vœux, pour que le Seigneur accomplisse enfin ce qu'il disait jadis par la bouche du Prophète Isaïe : « Je « rétablirai vos juges comme ils étaient d'a- « bord, et vos conseillers comme ils furent « autrefois, et, après cela, vous serez appe- « lés la cité de Dieu. » *Isaïe*, I. 26.

Dès nos premiers pas dans ce cycle conciliaire, la nuit historique s'épaissit sur les annales du pays. A peine si, pour éclairer notre marche et jalonner notre route, il nous vient en aide quelques lambeaux de chartes, quelques prolixes récits de moines, récits racontés par une crédulité pleine de simplesse, où la littérature contemporaine se reflète avec son goût du merveilleux et des saintes légendes. C'est que là, commence à se dérouler cette grande chaîne de calamités qui pesèrent sur le monde Romain, jusqu'à sa chute complète. La Provence sera désolée comme le reste de l'empire, et passera à son tour sous les fourches caudines des peuples du nord[1]. Cette invasion fut pour l'Église comme pour les populations qui vivaient amollies et civilisées à l'ombre de l'aigle des Césars, une époque de deuil, de terreur et de larmes. Quand le bruit de ce grand passage d'hommes eut cessé, et qu'on put distinguer quelque chose à travers la fumée des incendies et la poussière des champs de ba-

[1] Méry. *Histoire de Provence.*

taille, on vit que l'Europe avait changé de face. Les Saxons occupaient la fertile Angleterre, les Francs s'étaient emparés de la Gaule, les Goths de l'Espagne, et les Lombards de l'Italie. Il ne restait plus vestige des sciences, des arts et des institutions politiques dont le puissant peuple de Romulus dota autrefois le pays conquis. La barbarie avait tout envahi, et tout balayé devant elle. Partout on remarquait de nouvelles formes de gouvernement, de nouvelles lois, de nouvelles coutumes. Une seule chose avait résisté à la transformation générale : le Christianisme, qui devait consoler les vaincus, et humaniser les vainqueurs.

Jusqu'à ce que son action civilisatrice ait dissipé ces épaisses ténèbres, les seuls faits saisissables à la plume de l'historien, concernent uniquement l'ordre monastique. Le bruit des combats et les dangers de l'isolement, avaient changé peu-à-peu les Anachorètes en Cénobites; la vie commune s'était jointe à la solitude, et l'on comptait presque autant de Règles que de Couvents; mais tous ne marchaient pas par la même voie. Il fallait l'uniformité qui les liant entr'eux, raffermit le faisceau prêt à se dissoudre. Saint Maur apporte aux Français ce lien si divisé; il se sert avec succès de la règle de son maître, pour réunir des membres épars. Bientôt va surgir à l'horizon, la noble figure de saint Martian; c'est lui qui implanta l'ordre de saint Benoît dans nos contrées. Le lieu où il bâtit son monastère, était une éminence sur le versant septentrional du Lubéron. Autour de ces vieux murs encore subsistants, des souvenirs glorieux se groupent en si grand nombre, qu'il faudrait un livre à part pour en faire l'exhibition. Là, désabusé des grandeurs mondaines, un prince, descendant de Bozon, fondateur du royaume d'Arles, aimait à s'enfoncer dans l'épaisseur des bois qui couvraient alors les vastes campagnes défrichées par des mains laborieuses, et à s'entretenir seul à seul avec Dieu, au bruit d'un ruisseau coulant sous l'ombrage des chênes. Souvent la nuit le surprenait, lisant attentivement l'Écriture dans un vieux livre à fermoir doré, unique débris de son riche patrimoine. Son âme s'exalta dans la retraite, et, prenant en pitié le monde avec ses faux biens, cet héritier d'un nom illustre fit ses vœux dans l'Abbaye de saint Eusèbe, où il mourut saintement, plus glorieux de son capuchon, que de la couronne de ses pères. En comparant les institutions Bénédictines, Bernardines et Franciscaines, jadis établies dans le diocèse d'Apt, on voit qu'elles justifient merveilleusement par leurs sites, le mot ingénieux qui a été dit de leurs Patriarches : Benoit aime les collines, Bernard les vallées, François seul est indifférent : *Benedictus colles, Bernardus valles, Franciscus ubique.* L'Abbaye de saint Eusèbe est en effet, assise sur un côteau; celle de Valsainte, au fond d'une vallée. Quant aux Couvens du séraphique, on les retrouve partout, grâce à l'humilité de ses disciples.

Lorsque saint Martian poursuivait sa pieuse entreprise, des jours heureux brillaient encore dans le midi de la Gaule, pour les anges du désert. Mais, des orages et des tempêtes ne tardèrent pas à en interrompre le cours. O scènes de tristesse et d'horreur! Parmi les têtes consacrées à Dieu, dans le Cloître et le Sanctuaire, que de victimes tombèrent sous le glaive des Sarrasins! On doit fixer au commencement du VIIIe siècle, la grande invasion des Maures, qui, vainqueurs de l'Espagne, franchirent les Pyrénées et s'emparèrent de l'Aquitaine. Plus tard, ces bandes aventureuses entrèrent dans Avignon, dont la trahison du duc Mauronte leur avait facilité l'accès. C'est delà, que le torrent impétueux déchaîna sur la Provence ses flots rugissants, qui, heureusement pour Rome, vinrent se briser aux pieds des Alpes. Quelle calamité pour nos contrées! Une longue trace de sang et de ruine, s'étendit du Rhône jusqu'à ce boulevard de l'Italie. Partout, les Couvens et les saints lieux s'effacèrent, abimés dans les flammes ou déracinés du sol, par des milliers de bras irrités. Partout, se produisirent des drames lamentables où la pudeur expira outragée, où la faiblesse sans défense accomplit le deuil de son dernier sacrifice.

Le bruit de cette irruption arrive à Charles-Martel; il arrête à l'instant d'énergiques mesures, pour secourir des populations paisibles. Son frère Childebrand, reçoit ordre de se rendre en Provence, afin de concerter avec les Ducs et les Comtes fidèles, les moyens de chasser ces hordes dévastatrices. Childebrand arrive devant Avignon ; ses Francs y pénètrent, et les flammes qui en consumèrent les édifices, et l'épée qui en immola les habitans, furent chargés de punir cette ville du crime de son Gouverneur. Mais Charles-Martel voulait purger cette partie des Gaules, des Ismaélites qui la ravageaient. Il joint son frère à Avignon, se porte avec son armée, sur la rive gauche de la Durance, et obtient une grande victoire, non loin du passage de Bon-Pas, dans les plaines qui bordent la rivière, vis-à-vis les bourgs de Noves et de

Cabanes[1]. Toutes nos villes s'associèrent à la gloire de cette journée, qui les délivra d'un essaim de barbares, dont un plus long séjour au milieu d'elles, y eut étouffé le flambeau de la foi et de la civilisation.

Les maux de l'invasion Sarrasine ont été incalculables ; tout disparut devant son souffle dévorant. « Alors, dit un écrivain
« déjà nommé[2], il y avait de splendides cités
« dans les plaines, des villages qui enfon-
« çaient leurs toits aigus et leurs clochers,
« dans de grands bois; des villas Romaines,
« déroulant le grandiose d'une vénérable
« architecture, sur des groupes de collines,
« dans de calmes abris; des arcs de triom-
« phe destinés à renouer la chaîne des
« temps; des tombeaux avec des inscrip-
« tions latines, sur lesquels le soleil ruisselait;
« des monastères vastes, avec de longues
« arcades et des corridors, où gémissait la
« brise des mers et le vent des montagnes;
« la physionomie romaine empreinte en-

---

[1] Rastoul. *Tableau d'Avignon.*
[2] Méry. *Histoire de Provence.*

« core au sol, marioit noblement ses impo-
« santes lignes, avec les lignes heurtées de
« l'architecture nationale. La horde Sarra-
« sine se rua sur tous ces monumens ; des
« villes entières moururent tout-à-coup ;
« les villages détruits amoncelèrent leurs
« décombres ; l'arc de triomphe fut hon-
« teusement mutilé ; les cimeterres Otto-
« mans accomplirent volontiers l'œuvre sa-
« crilège. » Nulle part, peut-être, la justesse
de ces traits ne s'est mieux vérifiée qu'à
Apt. Un titre fort ancien, nous apprend,
que tous les édifices y furent détruits ou
endommagés. Quant aux habitans, afin d'é-
chapper au glaive de l'ennemi, ils s'étaient
retirés sur des hauteurs, qui devinrent
plus tard le site de plusieurs petits bourgs.
Car, c'est de cette époque que datent ces
constructions si nombreuses en Provence,
dans des lieux abruptes et de difficile accès; constructions, qui accuseraient aujour-
d'hui le mauvais goût de nos pères, si une
impérieuse nécessité n'avait prescrit de tels
emplacemens.

Notre ville, ainsi bouleversée, demeura long-temps veuve de ses citoyens, et ne reprit sa physionomie urbaine, qu'au bout d'un demi-siècle. De nombreux édifices dessinaient déjà le tortueux méandre de la cité, alors que la Cathédrale était encore un monceau de ruines. Mais une voix sacrée se fait entendre, la voix d'un vétéran d'Israël, et aussitôt la maison de Dieu s'élève comme par enchantement sous les efforts combinés de mille bras. Un si noble élan ne tarda pas à recevoir sa récompense; car, peu d'années s'interposent entre cette restauration et la découverte miraculeuse des reliques de Ste Anne. Ici, la grande figure de Charlemagne, vient projeter un sillon de lumière sur nos annales; ce nom magique, comme celui de César, se mêle à tous les souvenirs, à toutes les traditions du pays. Pas une ville, tant soit peu importante, qui ne revendique l'honneur d'avoir été visitée de ce grand homme; pas une Basilique, qui n'ait été l'objet de sa munificence; pas une Abbaye,

INTRODUCTION.

dont il ne soit le bienfaiteur. Qu'importent les différences de dates mentionnées par l'histoire, ou expliquées par le style architectural; le peuple des villes et des campagnes se montre peu soucieux des anachronismes. Avec son admirable instinct, il rend encore aujourd'hui hommage, au guerrier législateur, qui sauva la civilisation en Europe.

Apt, dans l'exaltation de sa foi pieuse, a voulu que la découverte des reliques de sa patronne, s'accomplit en présence de ce noble personnage. Son imagination du moyen-âge, accrédita un poétique récit. Charlemagne, selon la chronique, après avoir pacifié la Lombardie, se serait trouvé dans nos murs, durant les fêtes de Paques[1]. Là, tandis que l'Archevêque Turpin, assisté des Chapelains impériaux, bénissait la Cathédrale nouvellement restaurée, le ciel aurait révélé le corps de la Sainte, profondément enfoui dans une grotte, sous les

---

[1] Voyez la *Dissertation sur les Reliques de Ste-Anne*, à la fin du Volume

dalles du Sanctuaire. Sans couvrir de notre responsabilité tous les incidens de ce religieux drame, nous devons dire, qu'on ne trouve rien dans l'histoire du prince, qui rende impossible son séjour à Apt, surtout si on le place à l'année 776. Il y a plus, en approfondissant le fait en lui-même, le raisonnement, loin de l'infirmer, vient au contraire lui prêter un ferme et solide appui. C'est pourquoi, peu jaloux de marcher à la remorque de ces écrivains téméraires, qui, bravant de justes anathêmes, ont contesté à notre ville, l'honneur de la visite impériale, et à notre église, la possession d'une tombe sacrée, nous respecterons les vieilles traditions, et laisserons un libre cours à la piété populaire. Que les fidèles provençaux continuent donc à moduler sous ce dôme, embelli par les largesses royales, les hymnes du temps passé, dont le souvenir fait palpiter les cœurs! Qu'ils tressent, chaque année, des couronnes pour l'auguste aïeule du Sauveur! nous applaudirons de toutes nos forces à ces manifestations pieuses, bien préférables au triste plaisir de désenchanter le lieu saint, et d'obscurcir le lustre de la patrie.

La gloire de Charlemagne rejaillit sur l'Église comme sur la Monarchie. De sages Capitulaires, firent refleurir l'une et l'autre avec une beauté nouvelle. Deux siècles ne s'étaient pas encore écoulés, depuis la mort de ce grand homme, lorsqu'une mesure salutaire vint transformer en un corps de Chanoines, les Clercs attachés au service des Cathédrales. Dès lors, les Solitaires des déserts, trouvèrent des rivaux dans ces prêtres, que leurs fonctions même plaçaient en contact avec le monde. Combien de docteurs et de dignitaires vont sortir de ces compagnies d'élite où brilleront les plus belles vertus! On sait que, dans les temps primitifs, les prêtres et les diacres partageaient avec leur chef hiérarchique, les soins de la sollicitude pastorale. Une partie de ce Clergé, que saint Jérôme appelle le Sénat de l'Église, demeurait auprès de l'Évêque; tandis que l'autre répandait dans les hameaux, le pain de la divine parole. Le nombre des fidèles s'étant accru, le ministère devint fixe, et chaque localité eut son Pasteur. Les Prélats rassemblèrent d'autres Clercs autour d'eux, et ces Chanoines naissans personnifièrent les Apôtres vivant avec le divin Maître. Chargés de donner au culte la pompe convenable, ils sentirent qu'il fallait aussi édifier, en devenant le type de la modestie cléricale. Mais quelle ferveur ne diminue pas, quand le point de départ de la règle fuit dans un lointain reculé! D'abord, les Cloîtres et les sévérités de la discipline furent opposés aux désordres avec succès. Bientôt, ces barrières ne résistèrent plus à l'incontinence et à la simonie. Plusieurs évêques, animés d'un saint zèle, s'appliquèrent à la réforme de l'ordre canonial. Comptant sur l'appui de Hugues Capet, prince très-favorable au Clergé, on les vit prendre l'initiative pour régulariser leur Chapitre [1]. A la tête de ces

---

[1] *Réflexions historiques et curieuses sur les Antiquités des Chanoines;* in-8°.

Prélats jaloux de l'honneur de la maison de Dieu, marchaient Gui d'Anjou, évêque du Puy ; Manassès, évêque de Troyes ; Thierry, évêque d'Apt ; Liebault, évêque de Macon ; Rohon, évêque d'Angoulême ; Raymond, évêque d'Auch ; Reynaud, évêque de Maguelonne. C'est à partir de cette époque, que le Chapitre cathédral se révèle dans nos annales, où nous le voyons presque toujours au niveau de sa mission, par les vertus et les talens de ses membres.

Dans le siècle qui suit ce retour à la discipline, quel chaos effrayant! Soumises à l'influence du corps politique, les églises éprouvèrent les secousses de l'autorité souveraine, balancée par de puissans vassaux. Du sein de l'anarchie féodale, sortirent une foule de tyrans, qui opprimaient ceux qu'ils devaient défendre. Combien de fois, ils osèrent s'emparer des domaines dont la garde leur était confiée! Avec quelle audace, ils profanèrent le titre de protecteurs par d'odieuses usurpations! On pense bien que notre ville subit, comme les autres, les conséquences de cet ordre de choses. Mais elle en fut indemnisée par l'épiscopat de saint Étienne, épiscopat digne des beaux jours de l'Église primitive, et qui figure dans cette période, comme une verte oasis au milieu des sables du désert. Du Rhône aux Alpes, de la mer à l'Isère, sur le territoire des deux Marquisats dont alors la Provence était formée, parmi les chefs des Comtés, ceux qui portaient le joug du suzerain, cherchaient à le secouer, et les autres le repoussaient avec force, pour se maintenir dans la mouvance immédiate du Saint-Empire. Quant aux évêques, eux, qui avaient inféodé la Gaule aux Francs; qui, à la chûte de la race Carlovingienne avaient créé, en vertu du droit de la crosse, le royaume d'Arles, las de ne pouvoir plus rien pour la patrie, ils s'occupaient de prendre place dans la nouvelle ordonnance fédérale de l'état. C'est vraiment une chose digne d'attention. Ici, l'Évêque partage la ville de sa résidence avec le Seigneur; là, il la garde en entier, laissant le territoire à son rival; puis, en face de ces deux champions, souvent aux prises l'un avec l'autre, se pose la puissance populaire, qui devait plus tard les absorber. Telle fut, en Provence, comme ailleurs, cette féodalité importée des forêts de la Germanie; féodalité qui élevait sa tête dans les hautes régions de l'état, et où se peignent avec le fractionnement du pouvoir, les idées de la clientelle romaine.

La centralisation eut été alors un immense bienfait. Mais on ne pouvait la comprendre, avec le peu d'idées acquises en matière de droit public. Tandis que les successeurs de Hugues Capet, manœuvraient habilement dans la pensée d'émanciper l'autorité royale, de l'incommode tutelle des grands vassaux, des secousses redoublées ébranlèrent l'Allemagne. Qu'on se rappelle le démêlé célèbre, qui divisa l'Empire et le Sacerdoce. Les deux puissances avaient outrepassé leurs limites, et toutes deux furent victimes de leurs entreprises réciproques. Des prétentions soutenues par la force des armes d'un côté, et par les foudres de l'Église, de l'autre, ne parurent aux hommes sensés, que des intérêts médiocres et un point d'honneur presque frivole; le schisme cessa, et la dispute s'évanouit.

Heureusement, cette querelle des investitures n'avait point agité la Provence. Pendant qu'on se livrait à une ardente polémique de l'autre côté du Rhin, une expédition incroyable occupait tous les esprits. C'était en 1095, époque prodigieuse de notre histoire nationale, où la voix d'un pélerin obscur, excitant seule à la conquête du saint sépulcre, peuples et rois, seigneurs et chevaliers, chacun prenant sa croix, l'Occident entraîné par l'exemple de la France, se leva comme un seul homme, et courut se précipiter, avec tout le fracas de ses armes sur l'Asie, pour arracher à l'impiété cette dépouille sacrée.

Jaloux de régulariser ce noble élan, le pape Urbain II, franchit les monts, et arrive sur les bords du Rhône, où sa présence fait naître une explosion de joie et de bonheur bien naturelle, en face du père commun des croyans. Avant d'ouvrir l'assemblée qui devait statuer souverainement sur la Croisade, ce Pontife parcourt les diocèses de France, électrisant les peuples par ses prédications, les engageant sous les drapeaux de l'expédition par l'appât des Indulgences, consacrant des églises, bénissant des monastères, et répandant sur ses pas, les grâces dont il était suprême dispensateur.

Dieu le veut! Dieu le veut! Tel fut le cri qui s'échappa de toutes les bouches au Concile de Clermont, et que répétèrent à l'envi les échos de nos collines, lorsque Urbain, apparaissant dans nos murs, imprima à la population Aptésienne, ce mouvement de sympathie que propageait partout l'éclat de son éloquence, soutenu du prestige des cérémonies pontificales. Cette sublime inspiration, devint le commandement et la devise de la guerre sainte. L'ardeur belliqueuse gagna toutes les classes; le noble comme le bourgeois, le prêtre comme le laïque, le chatelain comme le serf. De tous les seigneurs Provençaux, qui, à la voix du chef de l'Église, vinrent se grouper autour de l'étendard sacré, l'histoire n'a enregistré que les suivans [1] : Raymond de St.-Gilles ; Raymond, Comte d'Orange ; Guillaume, Comte de Forcalquier ; Raimbaud de Simiane, baron de Caseneuve ; Guillaume de Sabran, baron d'Ansouis. Le Clergé, de son côté, fournit un ample contingent. Ainsi, on vit les rangs de cette vaillante noblesse, se grossir d'une foule d'Ecclésiastiques, parmi lesquels figuraient les évêques d'Apt, d'Orange, de Toulon, de Glandèves, avec leurs vassaux. Une si glorieuse énumération ne saurait nous être indifférente ; car, trois de ces noms appartiennent à notre ville, noms bien dignes de la représenter, dans une entreprise également inspirée par l'amour de la gloire et par l'enthousiasme religieux. Animées de ce double esprit, les troupes

---

[1] Michaud. *Histoire des Croisades*, Tom. I.

françaises sillonnèrent les mers. Tout ce que la piété a de plus respectable ; la vertu de plus élevé ; la superstition, de plus bizarre ; le caractère national, de plus chevaleresque ; les passions, de plus entraînant, s'offrit en spectacle aux Sarrasins. Après quelques années d'héroïques efforts et de souffrances inouies, Jérusalem subit le joug des Croisés, et le saint Sépulcre fut conquis, puis perdu, un jour, par les divisions autant que par la mollesse des armées chrétiennes.

Au premier signal de cette expédition, Dieu préparait déjà à son Église, des modèles d'une sainteté éminente. Le Dauphiné, la Picardie, le Languedoc et l'Italie furent presque en même-temps le berceau de quatre Ordres naissans. La solitude, la contemplation et la pénitence devinrent le partage des disciples de Bruno; Norbert fit revivre les vertus du clergé de saint Augustin; Dominique voua ses compagnons au ministère de la parole. Libre de tous liens qui l'attachaient au siècle, François ne précha qu'humilité, abnégation et pauvreté. A ces traits édifians, pourrait-on méconnaître le soin d'une providence qui oppose sans cesse les leçons et les exemples, à l'erreur et à la corruption? Entre ces divers instituts, objet des sympathies populaires, Apt choisit le dernier; heureuse disposition, qui, plus tard, valut à cette ville, la tombe de saint Elzéar de Sabran !

Pendant que ce nouvel établissement y grandissait au milieu d'une population où abondèrent de tout temps, les germes de la bonne semence, voici venir des jours orageux pour nos évêques. C'est, en effet, vers le milieu de la deuxième moitié du treizième siècle, que commence à se développer à leur égard, ce système d'hostilités, appelé par nos Chroniques, *l'oppression de l'Église d'Apt*. Alors, on vit, au sein de nos calmes vallées, un échantillon de l'antagonisme soutenu depuis Grégoire VII, par les Pontifes de la catholicité, avec les seules armes de la foi, contre les ressources du génie et de la puissance humaine. Car, ces grands hommes, formés à l'école de ce Pape, avaient parfaitement compris le but et la destinée du pontificat. Il ne s'agissait pas seulement, pour eux, de procurer le salut des âmes et la conservation de la vérité théologique, mais encore le bon gouvernement de la société chrétienne. Ici, comme ailleurs, deux élémens opposés étaient en présence, le droit et la force. L'autorité épiscopale personnifiait l'un; la maison de Simiane représentait l'autre. La lutte s'engagea sur le terrain des intérêts matériels; mais c'était au profit des idées d'ordre ou de despotisme qu'elle devait se vider. Séduit par des exemples récents, le chef de cette maison puissante, s'élève contre l'évêque son suzerain, lui fait la guerre, démolit ses châteaux. Le Prélat, de son côté, emploie l'arme de l'excommunication, pour mulcter son vassal rebelle. De là, une série de vicissitudes, dont profitaient les mauvaises passions « toujours prê- « tes », selon la remarque d'un chroniqueur ;

[1] C. de Nostradamus. *Chroniques de Provence.*

« à exciter des troubles dans un pays où
« ne manquoient cerveaux remuants et am-
« bitieux, qui ne demandoient que de la
« besogne taillée, pour coudre guerre et
« dissention. » Cet état de choses, aurait
eu des suites funestes, sans l'intervention
de Zoën, évêque d'Avignon, qui employa
ses bons offices pour ramener la brebis
égarée dans le bercail. La paix fut conclue,
et l'agresseur rendu à la communion de
l'Église, en présence du peuple, satisfait de
voir, dès ce monde même, une autorité
impartiale qui savait punir et pardonner.

Bertrand-Rambaud de Simiane, fils du
précédent, et non moins turbulent que lui,
recommença la guerre que son père avait
faite à l'Église. L'histoire l'accuse d'être allé
aux Tourettes, avec une troupe d'hommes
d'armes, d'y avoir abattu les fourches pati-
bulaires, signe de la haute juridiction des
évêques sur ce lieu, et d'en avoir fait ensuite transporter les débris à Apt, afin de
les brûler devant son hôtel, sur la place
Saint-Martin, au préjudice et déshonneur

de l'autorité épiscopale. En outre, elle l'accuse d'avoir favorisé de tout son pouvoir, la rébellion de certains individus que l'évêque, dans sa sentence du 26 décembre 1299, qualifie ses ennemis mortels et les persécuteurs de son Clergé, comme aussi, d'en avoir soutenu d'autres qui étaient venus l'assaillir en armes dans son palais. La haute position du coupable, ne le protégea pas non plus contre les foudres du Sanctuaire. Raymond de Bot, de sainte mémoire, se vit forcé, malgré sa mansuétude, de le mettre au ban de l'Église, et ne pouvant le réduire, il laissa à son successeur, le soin de continuer le combat. « C'est que pour lors, dit un écrivain [1], la « religion et la justice étaient tout aux yeux « des Prélats, et qu'ils avaient voué leur « vie à l'une et à l'autre; leur ame était en- « flammée d'un amour passionné de l'or- « dre, qu'aucune acception de personnes, « aucun obstacle, aucun échec ne pouvait

---

[1] M. de Montalembert. *Histoire de sainte Elisabeth de Hongrie*, Tom. I.er.

« diminuer, ni arrêter ; ne comptant pour
« rien les succès ni les mauvaises chances,
« dès que le droit était intéressé à une
« cause ; doux et miséricordieux envers les
« faibles et les vaincus ; inflexibles pour
« les puissans et les orgueilleux ; partout et
« toujours, protecteurs de l'opprimé, de la
« faiblesse et de l'équité, contre la force
« triomphante et injuste. »

Cette recrudescence de vexations, dirigées par la puissance laïque contre l'autorité cléricale, était le fruit des démêlés qui avaient éclaté entre Philippe-le-Bel et Boniface VIII. La hauteur du Pape et la fierté du Roi, portèrent les choses de part et d'autre, aux extrémités les plus fâcheuses. D'un côté, Boniface excommunia Philippe, sans garder aucun de ces ménagemens qui conviennent si bien au père commun des fidèles ; de l'autre, Philippe envoya deux de ses officiers jusqu'en Italie, pour se saisir de la personne du Pape. Celui-ci, surpris dans la ville d'Agnanie où il s'était retiré, essuya les traitemens les plus ignominieux; il reçut un soufflet de la main d'un des envoyés du Roi, et fut jetté dans une prison, où on le laissa trois jours sans nourriture. Enfin, les habitans d'Agnanie, indignés de ces sacrilèges violences, prirent soudain les armes, chassèrent les Français de leur ville, et délivrèrent le Pontife. Mais il mourut bientôt après, soit de douleur, soit des mauvais traitemens qu'il avait soufferts. La prudence de son successeur, fit renaître la concorde entre le sacerdoce et l'empire.

L'Europe savourait encore les douceurs de cette paix si désirable, lorsqu'un Pape français préféra, selon l'expression de Pétrarque, les rives du Rhône à celles du Tibre. Ici, s'ouvre le XIVe siècle, période la plus intéressante de nos annales. C'est cette époque, que nous avons résolu d'écrire, et dont nous allons dérouler le tableau aux yeux de nos lecteurs. Apt, dans le moyen-âge, n'était point une cité politique; la religion fut la seule voie par où elle repara la perte de ses antiques privilèges

L'immense mouvement, développé à la suite de la translation du St.-Siége, devint pour elle une occasion de refaire sa prospérité. Entraînée comme un faible satellite dans le tourbillon de l'astre romain qui brillait à son horizon, elle en ressentit de bonne heure, les salutaires influences. Delà, la haute position qu'elle saisit dans le nouvel ordre de choses fondé par le pouvoir papal.

Déjà cette ville attirait les regards par les établissemens religieux qu'elle nourrissait dans son sein. Deux abbayes d'hommes et deux de femmes, y florissaient sous la règle de saint Benoît et de saint Bernard. Les enfans de François d'Assise venaient de s'y établir, et promettaient à l'Église de brillants résultats. Un Clergé nombreux, groupé autour d'un Prince-évêque, s'y livrait avec zèle aux fonctions de l'apostolat. Le Chapitre cathédral, recruté de l'élite du pays, présentait un effectif de douze Chanoines et d'autant de Clercs prébendés. A leur tête, marchaient, en qualité de dignitaires, le Prévot, l'Archidiacre, l'Ouvrier et le Sacristain. Les pompes du catholicisme, se déployaient tour-à-tour dans deux Cathédrales dédiées à Marie; l'une, sous le nom de Notre-Dame Majeure, et l'autre, sous celui de Notre-Dame l'Épiscopale; car, nos ancêtres se sont toujours distingués par le culte de la Reine des Cieux. C'était justice sans doute, puisque la France se glorifie de posséder par eux, le corps de l'aïeule du Christ, et qu'elle est persuadée, dit un savant Prélat[1], « que « si la Vierge avoit voulu laisser sa glorieuse « dépouille sur la terre, elle n'auroit choisi « d'autre lieu que l'église d'Apt, afin que « les reliques de la fille, reposassent à côté « de celles de la mère. » Enfin, la population, quoique d'un chiffre peu élevé, comptait dans ses rangs les plus grands Seigneurs de la Province. Parmi eux, se détachait en relief la maison de Simiane, quelquefois hostile, mais plus souvent, dé-

[1] Du Saussay, évêque de Tulle, auteur du *Martyrologe Gallican*.

vouée aux évêques; « maison singulière « pour son antiquité, dit un chroniqueur [1], « malgré les envieux, qui ne lisent qu'à re- « gret les documens de sa baronie de plus « de huit cents ans; maison qui a porté des « hommes dont la grandeur, fermeté, force, « puissance, générosité, prouesse, braveté « et vaillance, ont acquis à leur nom, des « gloires et des trophées, pour les charges « qu'ils ont dignement soustenues en cette « monarchie françoise. » Tel était l'état de notre ville, lorsque le St.-Siége vint, pour ainsi dire, s'établir à ses portes, en arborant l'étendard papal sur le rocher des Doms.

Plusieurs écrivains ont entrepris de rédiger l'histoire d'Apt, histoire curieuse et bien digne de défrayer les loisirs d'un homme voué au culte des lettres. Malgré ces diverses tentatives, le monument destiné à nos archives municipales, est encore à construire; car, la nouvelle école litté-

---

[1] Legrand. *Sépulchre de Madame Ste-Anne.*

raire a opéré une révolution qu'il faut suivre dans toutes ses conséquences, sous peine de n'être pas lu.

Le premier essai qui ait été fait, est ce que nous appelons, la Chronique capitulaire. Mais à vrai dire, cet essai était moins une élaboration historique, qu'un simple recueil de notes écrites par le Chapitre, sous l'impression des évènemens qui intéressaient la ville et le diocèse. Saint Charles Borromée, aussi zélé pour le progrès des sciences que pour celui de la piété, avait invité les évêques de sa Métropole, à ouvrir un Journal où seraient consignés tous les faits susceptibles de passer dans le domaine de l'histoire. Ce grand homme voulait suppléer, par ce moyen, aux traditions incomplètes, conservées dans la mémoire des ecclésiastiques, traditions qui tendent chaque jour à s'affaiblir et à disparaître, à mesure que les vieux prêtres s'en vont. Mais, bien avant le siècle de saint Charles, maintes églises, comme celle d'Apt, possédaient déjà leurs registres de notes;

heureux, si elles avaient toujours été rédigées avec soin et discernement! plus heureux, si la révolution n'avait pas fourni l'occasion de les gaspiller! Notre Chronique capitulaire n'existe plus. Nous en avons retrouvé, dans les manuscrits de M. le Chanoine Vespier, quelques lambeaux qui nous ont été d'un grand secours, pour l'œuvre que nous publions aujourd'hui.

Ce précieux recueil, à jamais regrettable, renfermait donc d'excellens matériaux. Il aurait fallu s'en servir pour reconstruire le passé d'une ville embellie de Prélats, d'Abbayes, de légendes, de fêtes et de souvenirs. C'est ce que ne firent pas deux savans hommes du Clergé, qui voulaient cependant jeter les fondemens de notre histoire religieuse. Au lieu de puiser à cette source des détails intéressans, tels que les couleurs locales, les tableaux de mœurs, les formes caractéristiques du langage, ils ne surent y trouver que des dates et des faits sans réflexion. Mgr de Villeneuve des Arcs, premier marquis de Provence, tenait alors les rênes du Diocèse. Malgré les encouragemens de ce Prélat, plus illustre encore par ses vertus que par sa naissance, M. de Grossi, prieur de Lioux et M. Prouvensal, bénéficier prébendé, (car c'est d'eux qu'il s'agit), ne produisirent, en combinant leurs efforts, qu'une froide Chronologie de nos évêques; elle est, à peu de chose près, celle qui figure dans le *Gallia Christiana*. Loin de nous, la pensée d'amoindrir le service que ces doctes Ecclésiastiques ont rendu à l'histoire locale. Ayant été les premier à la tirer du cahos, c'est assez pour leur gloire, qu'ils aient éclairci les difficultés et rassemblé les faits principaux. Sans ce travail, d'autres n'auraient pas osé descendre dans la lice, ou du moins, ils n'auraient pu se flatter de pousser leurs recherches aussi loin qu'ils le désiraient.

Plus tard, M. l'abbé de Valcroissant, Chanoine d'Aix, publia la vie de l'Apôtre des Aptésiens, sous le titre de *Mission de saint Auspice*. Quoique l'origine de l'église d'Apt y soit fort bien décrite, ainsi que la suite des Prélats qui l'ont gouvernée, cette exhibition dont on sut gré à l'auteur, ne fit pas taire cependant les exigences du public éclairé, en faveur d'un travail plus étendu sur les antiquités religieuses de la ville natale.

M. de Remerville parut enfin. Ce noble seigneur, heureux de comprendre que le beau nom qu'il portait, n'était pas un obstacle à la culture des lettres, s'élança avec courage dans la carrière que ses devanciers avaient trop timidement parcourue. Son zèle lui fit aborder le dédale des cartulaires, pour y faire luire le flambeau de la science. Après un labeur incessant, de plusieurs années, il publia l'histoire de sa patrie en deux volumes in-folio, restée inédite. On remarque, dans cet ouvrage, un esprit de critique et d'érudition, qui en rend la lecture éminemment instructive. L'auteur s'y montre patient à faire des découvertes, habile à tirer des inductions, attentif à exhumer les titres glorieux du passé. Le premier volume, qui traite de la partie politique, offre un très-grand intérêt. Rédigé d'après la méthode suivie par les écrivains du siècle de Louis XIV, il se distingue par l'élégance du style et la justesse des aperçus. C'est là, que le savant gentilhomme se montre historien dans toute l'acception du mot. Mais le second volume, qui embrasse la partie religieuse, est loin de mériter les mêmes éloges. L'absence de vues générales, le défaut de plan, le manque d'enchaînement dans les faits, ces divers motifs le rangent tout-à-fait dans la classe des chroniqueurs. Cependant, homme du monde et habitué aux causeries des salons, Remerville déroule toujours sa phrase d'une manière gracieuse, et sait lui donner les allures dégagées qui distinguent le langage des gens de sa caste. Nul n'a mieux mérité que lui, par ses travaux littéraires, d'être appelé l'*Hérodote* de l'histoire d'Apt.

Les manuscrits de Remerville, quoique reproduits par la copie en divers exemplaires, n'étaient pourtant qu'entre les mains des érudits. On sait que les livres volumineux ne deviennent jamais populaires.

Il en fallait un, qui envahit dès son apparition l'atelier comme le salon, la grange comme le château. Quand un voyageur, attiré par le renom de la cité Julienne, arrivait autrefois dans ses murs et demandait à parcourir ses annales, on le renvoyait aux œuvres inédites de notre illustre compatriote. Alors, l'étranger ne manquait pas de dire : Comment se fait-il qu'un homme de lettres n'ait pas songé à faire le résumé de ce travail, et à présenter aux yeux de la génération actuelle, l'histoire d'une ville si ancienne, dont chaque monument, chaque pierre, retrace un souvenir de prospérité et de grandeur? Sensible à ces reproches, M. l'abbé Boze prit la plume, se dévoua pour sa patrie, et livra à l'impression, un abrégé de l'histoire d'Apt. Savant modeste, toute son ambition fut de raccourcir un ouvrage de trop longue haleine, afin de le mettre à la portée du public. Mais, s'il mérite à certains égards, les éloges adressés à son devancier, il doit partager avec lui les mêmes censures.

Nous rappellerons ici, en passant, le nom de M. l'abbé Giffon, secrétaire du dernier évêque d'Apt. Conservateur des Archives diocésaines, cet Ecclésiastique s'était aussi beaucoup occupé de l'histoire de notre ville. Mais, ses manuscrits ne contiennent que des extraits de Chartes ou de simples notes, dans lesquelles il rectifie les opinions hasardées des auteurs précités; travail précieux, sans doute, qui ne permet pas, pourtant, de placer cet écrivain ailleurs, que parmi les feseurs de spicilèges et de miscellanées. Or, entre ceux-ci et l'historien, il y a tout l'espace qui sépare le manouvrier de l'architecte.

Faible Israélite, nous avons voulu, à notre tour, solder notre dette envers le pays, en taillant quelques pierres du monument, qui, tôt ou tard, sera élevé en son honneur. Peut-être, que notre exemple suscitera des plumes habiles, qui, ne se bornant pas, comme nous, à une seule époque, embrasseront toute l'étendue de nos Annales. Ce vœu, formé du fond de l'âme, ne restera pas improductif, s'il rallie les suffrages des hommes éclairés. Nous terminerons ici, par les beaux vers de M. de Sigoyer, qui résument si bien les gloires de la patrie.

Chère et noble Cité, le premier des Césars,
Le vainqueur de Pompée, a fondé tes remparts !
Ton enceinte abrita les légions Romaines,
Leur bras couvrit tes bords d'immortels monumens,
Et le soc nourricier qui laboure tes plaines,
  Découvre encor leurs ossemens.

  Que j'aime tes fraîches cascades,
  Tes romantiques promenades,
  Ton beau soleil, ton air si pur,
  Et ce Mauragne, autre Vaucluse,
  Dont le poète de Blanduse
  Aurait fait un autre Tibur !

J'aime ce dôme antique, orgueil de ton rivage,
Qui, des ans meurtriers, ayant subi l'outrage,
Doit aux soins d'un Sabran, sa première splendeur :
L'église où Charlemagne, aux Saxons si terrible,
Et même où du Très-Haut le Vicaire visible,
  Vinrent prosterner leur grandeur.

INTRODUCTION.

J'aime encor, j'aime la colline,
Dont le front verdoyant s'incline
Sur un vallon délicieux :
La colline dont les bois sombres
Environnent les noirs décombres
D'un temple, effroi de nos aïeux.

Débris des anciens jours, monument drüidique.
Maintenant, des bergers le chalumeau rustique
S'égaïe aux mêmes lieux où coulaient tant de pleurs :
Et bénissons, amis, ce beau siècle où nous sommes,
La pierre si long-temps teinte du sang des hommes,
   Maintenant s'émaille de fleurs.

Lapalud, ce 9 Juillet 1840.

ÉTUDES HISTORIQUES ET RELIGIEUSES,

SUR LE XIVᵉ SIÈCLE.

LIVRE PREMIER.

DE 1300 A 1318.

Un siècle fécond pour l'Église en grands événemens et en hommes célèbres, venait de se fermer. Avec lui, finissait cette longue et mémorable période dont l'aurore avait vû trôner sur la chaire de St-Pierre, un homme dans la force de l'âge, qui devait lutter avec un invincible courage contre tous les adversaires de la justice, et donner au monde le modèle le plus parfait d'un souverain Pontife. Pesant dans la même balance, les droits respectifs de l'Empire et du sacerdoce, Innocent III avait formé à son image toute une génération de prélats voués à l'indépendance religieuse, et dignes d'être les auxiliaires du siège apostolique. La vie incomparable de ce Pontife s'acheva avec le Concile de Latran dont les travaux peuvent ainsi se résumer : liens de l'Église resserrés ; *jugemens de Dieu* qui n'étaient plus qu'un abus de la force brutale, abolis ; confession annuelle et communion pascale, prescrites ; fondements d'une nouvelle procédure criminelle, établis ; lettres de naturalité enfin octroyées aux deux grands ordres de St-François et de St-Dominique, suscités d'en haut pour marcher à la conquête des intelligences.

En aucun lieu peut-être le sublime esprit qui animait le premier siége, n'avait mieux fait sentir son ascendant qu'en Provence où les volontés se passionnent pour les nobles entreprises, comme les imaginations sous le feu d'un soleil méridional y revêtent les couleurs de la poésie. C'est que nos évêques étaient allés se retremper aux foyer de l'énergie sacerdotale dans cette auguste assemblée. Nul n'avait fait défaut, que ceux à qui les infirmités de l'âge ne permirent pas de franchir les monts. C'est que déjà les croisades avaient jetté dans cette contrée, des germes féconds de civilisation ; car les pélerins, après s'être inspirés au ciel pur de la Palestine, revenaient avec des coutumes, des mœurs et des idées nouvelles. Le souvenir de ces glorieuses transmigrations n'était pas effacé dans nos villes, et celle d'Apt en particulier ralliée de prime abord à cette noble cause, tressaillait encore à la pensée d'avoir vû défiler sous ses yeux ces nombreuses troupes de Barons volant avec leurs vassaux à la conquête du St-Sépulcre [1].

Pendant le siècle d'Innocent III, l'Église dont nous écrivons l'histoire présente des faits importants que les annalistes n'ont pas manqué de signaler. Nous y voyons une série de prélats d'une vertu éminente et d'une capacité reconnue, prélats dont plusieurs illustrèrent leur règne par des actes remarquables. D'abord, le chef de l'ordre séraphique, allant en Espagne, passe à Apt. et sollicite de l'évêque Geoffroy, un emplacement pour une colonie de ses religieux. La demande de l'homme de Dieu accordée d'enthousiasme, enrichit la ville du premier couvent qu'elle ait eu le bonheur de posséder. Bientôt à l'aide d'un puissant patronage, une Basilique rivale de la Cathédrale, par la beauté des formes et la pompe de l'architecture, s'élève en amont du Pont St-Pierre, à une faible distance des remparts : Basilique dont nous raconterons ailleurs les destinées, et qui devait servir de dépôt aux cendres d'un héros chrétien. Plus tard, un autre évêque, Raymond de Bot, issu de cette maison privilégiée, chez qui les vertus et les dignités se transmettaient comme un héritage de famille, fonde une abbaye de chanoinesses, peuplée des noms les plus illustres de la Provence. Tandis que ce prélat, animé de l'esprit qui préva-

[1] Voyez à la fin du vol. la note r. du livre I

lut au concile de Latran, travaille à bâtir un asile aux vierges chrétiennes, il brise avec les armes spirituelles, l'orgueil du plus puissant baron de la contrée, et venge ainsi les droits de l'Église méconnus par un vassal rebelle.

Ne soyons pas surpris de cette démonstration épiscopale; car les querelles de l'empire et de la papauté s'étaient produites en miniature dans tous les lieux où le pouvoir Pontifical avait un représentant. Sur les rives du Caulon comme ailleurs, des collisions éclatèrent entre les évêques et les possesseurs de grands fiefs. Malgré l'exiguité du théâtre où se déroulaient ces déplorables scènes, elles offraient parfois de curieux incidens. C'était alors le tems où les prélats élus par les suffrages de leur clergé, distribuaient au peuple la parole de vie dans le sanctuaire, et lui rendaient la justice sous le porche de la Basilique. Souverains quelques uns dans leurs diocèses où ils vivaient avec magnificence, ces princes de la tribune cléricale, ne trouvant pas toujours les foudres de l'Église suffisantes pour protéger leurs intérêts temporels, étaient trop souvent forcés, dit un vieux écrivain, *de porter un bassinet pour mitre, une pièce d'acier pour chasuble, et pour crosse une hache d'armes.* Le bréviaire ne leur était pas plus familier que l'épée guerrière, et ces nobles prélats entourés de tous les prestiges de la gloire, avaient sucé avec le lait, la valeur héréditaire de leur race, en même tems qu'ils possédaient les vertus de l'épiscopat.

La mort de Raymond de Bot, qui commence pour ainsi dire le XIV⁰ siècle, va fournir à notre marche son point de départ. Peu d'années après cette mort, il se fit une révolution religieuse d'autant plus extraordinaire qu'on devait moins s'y attendre, à la suite des démêlés de la cour de France avec Boniface VIII. Ce Pape eut pour successeur un saint pontife, qui, dans un court règne, donna à Philippe le Bel, les marques de confiance et de tendresse que ce prince pouvait souhaiter. Benoit XI, (car c'est son nom) fut remplacé par Clément V, qui ouvre ce que nous pouvons appeler le *siècle Pontifical* dans les Gaules, époque des rapports les plus intimes de nos Églises avec la Cour romaine, devenue toute française sous les Papes Avignonnais. Quelque instructive que soit l'étude des âges antérieurs, même dans les plus obscurs diocèses, il est certain que celle de ce siècle offre dans l'église d'Apt surtout, un caractère particulier d'intérêt. C'est en effet l'endroit le plus brillant de ses annales. D'un côté, une grande figure va paraître en scène, et jetter un vif éclat sur cette ville ; de l'autre, la proximité du siège apostolique va exhumer ses prélats de l'obscurité, et agrandir le cercle de leur influence. Tels sont les deux évènemens qui donnent un si puissant attrait à notre histoire religieuse, durant la période mentionnée. Tachons, dans nos récits, de bien coordonner les matériaux qui se présentent en foule sous la main, et de n'omettre aucun fait digne des regards de la postérité.

Raymond de Bot venait d'expirer au milieu des larmes de ses diocésains. Après les jours consacrés au deuil officiel, on songea à lui donner un remplaçant. Grâce au bon esprit du clergé, la paix régnait dans l'intérieur du sanctuaire; mais le souvenir des luttes passées fesait craindre de les voir renaître. On était sous le poids de vives préoccupations, quand il fallut aborder l'urne électorale d'où devait surgir le nouvel époux d'une Église inquiète de son avenir, et livrée aux pénibles angoisses de la viduité [1].

Les suffrages se portèrent successivement sur plusieurs candidats sans pouvoir atteindre le chiffre de la majorité; si bien que le collége capitulaire resta plus de trois mois à tourner dans le cercle des combinaisons possibles avec un insuccès désespérant. Les graves démêlés que Bertrand-Rambaud de Simiane avait eus avec Raymond de Bot, rendaient extrêmement difficile la tâche des électeurs ; car le noble Baron, tout puissant dans une ville soumise en partie à sa seigneurie, dut faire jouer maints ressorts afin d'écarter les candidatures hostiles. En tems ordinaire, nulle ne se

---

[1] Remerville, *Histoire de l'Église d'Apt.* — Boze, *ibid.*

serait produite avec de meilleures chances que celle du frère de l'évêque défunt. Membre distingué du chapitre, c'était un sujet digne de l'épiscopat et préconisé comme tel par ses collègues. Il importait donc au seigneur de Simiane de traverser cette nomination, et de la prévenir par tous les moyens possibles. Mais le ciel, déjouant les calculs de la prudence humaine, voulut donner une haute leçon. Malgré les efforts d'un redoutable adversaire, les insignes pontificaux échurent à celui-là même qui devait d'autant moins s'y attendre, qu'on voulait les lui ravir à tout prix; ce ne fut pas sans peine qu'il obtint ce triomphe; car la voie commune usitée dans les élections épiscopales, la voie du scrutin n'ayant amené aucun résultat, céda enfin à une autre manière de procéder, celle du Compromis. Selon ce système autorisé par le IV° Concile de Latran, les Capitulans confiaient à quelques uns d'entr'eux, le pouvoir d'élire le sujet qu'ils jugeraient digne de bien remplir le siège. Solidaires d'un choix de cette importance, ceux-ci devaient le faire en conscience, et ne viser qu'à l'avantage de l'Église; n'avaient-ils pas à justifier devant Dieu et devant les hommes, l'accomplissement d'un mandat sacré? D'ailleurs, jamais à aucune autre époque, Apt n'avait autant senti le besoin d'un chef spirituel à la fois prudent et ferme; prudent afin de rallier les esprits déjà par trop divisés, ferme pour défendre les droits de l'Église, et arrêter les entreprises d'une aristocratie envahissante.

Les déceptions du scrutin avaient conseillé cette mesure, le désir de laisser moins de chances à l'esprit de parti la fit adopter. Deux chanoines aussi recommandables par leur pieté que par leur doctrine, furent chargés de cette haute mission. Le prévôt du chapitre y aurait eu droit, si des affaires majeures ne l'avaient retenu en Cour de Rome. Uniquement préoccupés de la gloire de Dieu, ces dignitaires, après avoir quelque tems conféré ensemble, proclamèrent évêque, Hugues de Bot, chanoine-ouvrier de la Cathédrale, et ce choix fut approuvé de tous les gens de bien. On donna avis de la nomination au métropolitain par une lettre souscrite de chaque capitulant, et datée du mois de novembre 1303. Cette pièce, à raison des détails qu'elle contient, a paru digne à Remerville d'être insérée en entier dans son histoire d'Apt où les curieux pourront la lire. Sur le vû de la dépêche, Rostaing de Noves archevêque d'Aix, s'empressa de donner l'institution canonique à l'élu, en venant l'installer dans la chaire épiscopale.

Ici, se fait remarquer l'admirable concours de la Providence qui veille incessamment sur les destinées de l'Église militante. Le prélat qu'un certain parti avait tant redouté, fut celui-là même qui se montra le plus disposé à amnistier le passé, et à tendre la main aux ennemis de sa famille:

Car son premier acte fut d'opérer la réconciliation de Bertrand-Rambaud. Cette mesure de haute prudence donna une heureuse impression du nouveau pasteur, qui commençait à se faire connaître par de telles prémices. Après avoir rompu les liens qui retenaient ce seigneur sous le poids de l'anathème, Hugues lui rendit, avec la communion religieuse, tous les fiefs dont son prédécesseur l'avait dépouillé pour crime de félonie. Il n'y eût d'excepté que le chateau de Clermont, définitivement incorporé à la manse épiscopale. Ainsi fut scellée la paix entre l'épiscopat et la maison la plus puissante du pays ; ainsi fut close cette série de conflits si dommageables à une religion de concorde et d'amour. Partout des fêtes s'improvisèrent en signe de la joie publique ; partout l'enthousiasme éclata avec tant d'unanimité, qu'à la voix de l'évêque, magistrats et citoyens envahirent la cathédrale pour remercier le ciel de l'heureux évènement qui mettait fin aux tribulations de l'église d'Apt.

C'est ici le lieu de donner une courte description de ce temple, tel qu'il existait à l'époque de nos récits, car sa forme a beaucoup changé depuis. Il était alors dédié à la Vierge et à St-Castor; mais le nom de la Suzeraine absorba plus tard celui de son vassal. La bizarre varieté des parties de cet édifice, construit en différens tems et sous divers évêques, sans suite de plan ou d'idée arrê tée, offre par ses irrégularités, un ensemble si étrange qu'on le définirait volontiers, un rendez-vous d'églises, comme pour le même motif, on a appellé la résidence royale de Fontainebleau, *un rendez-vous de Chateaux.*

Au XIII° siècle, cette cathédrale n'avait encore que deux nefs terminées chacune par un rond-point, savoir celle de droite et celle qui occupe aujourd'hui le milieu. Il paraît que cette dernière était du même style que sa voisine ; architecture romane, lourde et sans grace ; rien d'intéressant ne s'y offrait aux regards sous le rapport artistique [1]. La partie qui forme le collatéral de droite est le seul reste de la construction Carlovingienne. Sa voûte est cintrée d'arêtes sans nervures ; les piliers sont des massifs carrés, sans colonnes engagées ; enfin l'unique ornement intérieur qu'on y remarque est une corniche très-simple dont les moulures sont une réminiscence de l'antiquité. Ce n'est que sous l'épiscopat de M. de Foresta, que la nef du milieu a pris la forme grandiose qu'on lui voit maintenant, et qu'elle s'est accrue d'un chœur spacieux qui en est le morceau le plus remarquable. Car, autrefois, le chœur s'élevait en guise de tribune dans la partie antérieure du vaisseau en face de l'abside. Cette espèce de pont jetté en avant de la porte principale, devait,

---

[1] Mérimée. *Notes d'un voyage dans le midi de la France.*

en raccourcissant les lignes, nuire aux effets de la perspective. C'est là que fut célébré le Concile national d'Apt, comme nous aurons occasion de le voir ailleurs. L'abside de la même nef était percée d'une fenêtre ogivale qui descendait depuis la voûte jusqu'à proximité du pavé. Plus tard, sous Urbain V, on y fixa le beau vitrail dont nous possédons encore quelques précieux restes [1]. Cette fenêtre se divisait en deux par un meneau horizontal que motivait sans doute le besoin de reposer l'œil qui se serait fatigué à suivre l'immense ligne verticale de l'ouverture.

Alors, comme aujourd'hui, s'élevait au dessus du chalcidique, la coupole ovoïde du clocher avec ses quatre pendentifs où sont sculptés les attributs symboliques des évangélistes; le campanille bas et carré, d'une lourdeur étonnante, repose sur ce massif sphérique. On a beau savoir les proportions d'un monument, l'imagination ne peut se représenter leurs rapports. Ainsi vous demeurez muet de surprise, quand un chroniqueur en exagérant sans doute, vous dit que les matériaux seuls de cet édifice couvriraient la surface circonscrite par le périmètre de la cité [2]. La ressemblance

---

[1] Voy. à la fin du vol. la note 2 du livre I.

[2] Legrand, *Sépulchre de madame Ste-Anne*. Voici les propres paroles de cet écrivain. « Le clocher honorable d'antiquité est suf-« fisant pour faire esclorre en ce tems cy, un embrasement de « dévotion à ceux-là qui prendraient patience à le contempler. Tout

de ce clocher quant à la forme avec ceux de la contrée, prouve que, partout, il y a eu certains types qui ont exercé leur influence sur le voisinage, types qu'on a toujours tenté d'imiter malgré la différence des tems et des styles d'architecture.

Peu avant la période papale, la nef du septentrion fut ajoutée aux deux autres ; elle était d'abord percée de grandes fenêtres à vitraux coloriés qu'on boucha plus tard, pour faire des chapelles latérales; l'aspect intérieur de ce nouveau collatéral devait être dans le principe fort remarquable par la légèreté de sa construction. Peut-être était-il terminé par une abside qui se raccordait avec la chapelle qui sert de vestibule à la sacristie. OEuvre de la maison de Bot, cette nef est le seul édifice qui nous reste, construit dans le goût de l'art chrétien. Voutes en ogive, à nervures croisées, renforcées par des arcs-doubleaux ; chapiteaux des colonnes finement travaillés; on n'y voit point d'animaux sculptés, point de figures humaines, mais seulement des feuillages et des détails empruntés au règne végétal. Là, était

---

« y est si dignement travaillé que difficilement nos enfans en pour-
« roient voir eslever le semblable. C'est un poids si lourd, qu'on
« ne le sauroit loger dans l'embrassement des murailles d'icelle
« ville, si le cas le nécessitoit...... » Cette derniere phrase, si elle a
un sens, doit signifier l'énorme quantité de matériaux entrés dans la
fabrique du clocher. Et même à ce point de vue, la chose pour être
croyable, doit être entendue, non du campanille seul, mais de tout
le corps d'édifice qui le supporte.

la sépulture des prélats de la noble maison que nous venons de nommer. On y voyait leurs mausolées en marbre ou en pierre fine, adossés contre le mur, avec les statues couchées de ces pontifes dans l'état de placidité où la mort les avait mis. L'idée malheureuse d'ouvrir de nouvelles chapelles a fait disparaître ces objets d'art. Pourquoi n'en est-il pas d'un temple catholique comme de la doctrine de l'Église? Défense devrait être faite d'y toucher sous peine d'anathême. Au moyen de cette loi de conservation, les chefs d'œuvre des siècles passés seraient arrivés jusqu'à nous, exempts de ces mutilations ou adjonctions qui en déforment totalement le caractère primitif [1].

Sous l'abside de la nef du milieu, on voyait et on voit encore une crypte assez grande pour servir de chapelle, et divisée en trois parties par des piliers disposés en demi-cercle vers l'Orient, figurant ainsi un chœur entouré de bas côtés. Au centre de l'hémicycle intérieur s'élève un autel fort ancien dont le devant provient d'un tombeau antique; on n'en peut trouver de plus respectable, car St-Auspice en personne y a célébré les saints mystères. Les voûtes d'arêtes s'appuient sur des piliers carrés courts et massifs, plus larges que les retombées. Deux tombeaux de flamines, dont l'un parait avoir servi de cuvette pour le bapté-

---

[1] Voyez à la fin du vol. la note 3. du livre I.er

me, y sont conservés. Le long des bas côtés, d'autres tombeaux sont rangés sur des espèces de bancs. Leur forme affecte celle d'un coffre avec une couverture en dos-d'âne; trop courts pour contenir des corps, ils ont servi à renfermer des reliques. La face principale est ornée de deux arcs en plein-ceintre inscrits dans une ogive. On les croit postérieurs à la construction de la crypte qu'un style identique fait juger contemporaine du collatéral droit de l'église. De cette crypte, on descend dans une seconde où furent trouvées les reliques de Ste.-Anne, si on peut appeller crypte, deux couloirs étroits, parallèles, correspondant aux divisions de la chapelle supérieure. Au lieu de voûtes, de grandes pierres plates à peine travaillées, s'appuyant par les extrémités, sur des massifs épais. Leur surface est rude et fort enfumée : car dans ce lieu, aussi bien que dans la première crypte, la lumière du jour ne pénètre jamais. S'il reste quelque chose de l'église de St.-Castor, ce ne peut-être que ce souterrain. C'est assez de ces détails sur notre antique cathédrale, à l'aide desquels l'Aptésien pourra mieux raisonner ses impressions en face même du monument, et l'étranger se le représenter en idée par un simple jeu de l'imagination.

De tous les faits personnels à Hugues de Bot, les plus curieux sont ceux qui suivent. Le premier en date est l'excommunication que cet evêque fulmina contre l'abbé de St-Eusébe sous un prétexte qui, au point de vue actuel, nous semble assez frivole [1]. Serait-il vrai qu'alors, comme quelques uns le prétendent, les princes de l'Église n'usaient pas toujours d'une arme aussi redoutable, avec cet esprit de sagesse que le concile de Trente a eu l'avantage de faire prévaloir? Grave sujet de doute, autour duquel les opinions flottent indécises. Quoiqu'il en soit, Hugues de Bot, après un refus formel de bénir l'abbé nouvellement élu, l'excommunie, et met son monastère en interdit; sur quoi le prélat fonde-t-il cet acte de rigueur? Sur le refus fait par l'abbé de lui payer le droit de joyeux avènement. Un tel motif justifie-t-il la conduite de l'évêque envers un religieux haut placé dans la hiérarchie cléricale? Celui-ci devait-il s'attendre à plus d'égards, après avoir manqué lui-même à son supérieur? Question ardue qui nous semble peu susceptible de solution, à la distance où nous sommes de ces tems reculés. Cependant, hâtons-nous de le dire, les choses ne restèrent pas long-temps sur le pied d'hostilité entre les deux dignitaires ; car, ils passèrent bientôt un compromis pour soumettre leurs différens à l'arbitrage de l'évêque de Marseille ; et, quoique sa décision ne nous soit pas connue, nul doute

---

[1] Remerville. *Histoire de l'église d'Apt.* Boze. ibid.
Pithon. — Curt. *Histoire de la noblesse de la Prov. et du Comtat* t. 1.

qu'elle n'ait été formulée sous une juste appréciation du droit des parties.

Le monastère de Ste.-Catherine, fondé par le frère de Hugues de Bot, trouva dans celui-ci un zélé protecteur. Il accorda aux religieuses de nouveaux privilèges accompagnés d'actes nombreux de munificence. C'est ainsi qu'il accomplit le patronage que son parent lui avait légué, patronage exactement continué durant plusieurs siècles par tous les membres de sa noble race.

A l'époque de nos récits, une église vénérable par sa structure figurait en face de l'ancien palais épiscopal, à l'endroit même où jaillit maintenant une fontaine pyramidale ; tout près était un cimetière ouvert aux passants. Depuis un tems immémorial, on y tolérait la tenue des foires et des marchés. C'était-là un abus fort commun dans les villes du midi de la France. Faute d'y avoir percé de larges rues et ménagé des vacans spacieux, nul emplacement commode ne restait plus aux réunions commerciales. De là, une sorte de nécessité de convertir en champ de foire, les lieux de sépulture annexés aux églises ; de là maintes profanations de la cendre des morts, que la religion couvre de ses respects. Hugues de Bot fit cesser cet état de choses en ceignant d'un mur de clôture, tout le terrain ondulé par les tombes des fidèles, avec défense d'y faire désormais aucune opération mercantile. Un mot sur l'église de ce cimetière, si souvent mentionnée dans nos annales ne sera point ici déplacé.

Ses murs solides sur lesquels la main des âges avait répandu sa vénérable empreinte, formaient une croix latine, du milieu de laquelle se dressait un clocher surmonté d'une cage de fer pour le beffroi. L'architecture en était simple et sévère : partout les arcades en plein cintre de construction romane, lorsqu'on n'avait pas encore importé d'Orient, l'art de courber la pierre en ogive. La voûte reposait sur des piliers qui séparaient la nef des bas côtés. Sur le fronton rayonnait en lettres gothiques, cette simple inscription : *Beata Maria Episcopalis* : Notre Dame de l'Évêché.

Ce temple, charmante création des siècles passés, après avoir échangé son glorieux titre contre celui d'un saint inconnu, fut sacrifié sous le règne de Louis XV, aux agrémens de la fastueuse résidence que notre avant-dernier évêque préparait à son successeur. « Souvent en errant dans la campa« gne» dit un écrivain célèbre [1], « la vue d'un
« débris échappé aux dévastateurs, vient éveiller
« l'imagination. On s'émeut, et on se demande
« quel rôle ce fragment a joué dans l'ensemble ;
« on se laisse involontairement entraîner à la ré« flexion et à l'étude : peu à peu l'édifice entier se
« relève aux yeux de l'âme, et, quand cette œuvre

---

[1] M. de Montalembert. *Vie de Ste.-Élisabeth de Hongrie.* Tome. I.

« de reconstruction intérieure s'est accomplie, on
« voit l'abbaye, l'église, la cathédrale se redresser
« avec toute sa noblesse et toute sa beauté : on
« croit errer sous ses voûtes majesteuses, mêlé aux
« flots du peuple fidèle, au milieu des pompes et
« des ineffables harmonies du culte catholique ».
Mais, ici à l'aspect de ce terrain jadis hérissé de
murs gigantesques, et maintenant applani sous le
niveau du Sanctuaire, vainement se flatterait-on d'évoquer les souvenirs du passé : il se sont effacés avec
les derniers vestiges de la sainte demeure; c'est à
peine si la pieuse tradition qui y avait fixé les reliques non encore exhumées de St-Etienne, rencontre de nos jours quelques rares sympathies.

Hugues de Bot tenait depuis près de six ans,
les rênes de notre église, lorsque Clément V
par une série de circonstances que nous avons
déjà déduites, fut amené à planter ses pavillons sur les rives du Rhône : époque glorieuse
pour la Provence et surtout pour les villes qu'un
heureux voisinage plaçait dans la sphère d'activité
de la nouvelle Rome. C'est en effet à cet évènement hors des prévisions humaines et qui jamais
ne se reproduira plus, qu'Apt doit les détails intéressants de son histoire religieuse. Avant cette
translation du St-Siège, c'était merveille de trouver dans un règne d'évêque, deux ou trois incidens dignes d'être livrés à la publicité. Mais tout
change de face, lorsque la cour Papale vient étaler

ses pompes à quelques lieues de nos remparts. Alors, de ce foyer de splendeur et de magnificence s'échappent mille rayons qui vont refléter un éclat inconnu sur tous les pays d'alentour. Alors, on voit nos populations s'accroître de nouveaux hotes et de famille titrées; nos lévites courber leurs fronts sous la main bénissante de prélats investis de la pourpre romaine; nos chapitres se recruter parmi les officiers du sacré palais; nos cathédrale enfin s'embellir à l'aspect des souverains Pontife. Ici les annales Aptésiennes offrent à l'écrivain une ample moisson de faits : partis de plus loin, il nous aurait fallu explorer un sol inculte et monotone, un sol clair-semé de quelque rares oasis, tandisqu'en fixant notre début au point indiqué, un champ fleuri s'ouvre devant nous, champ peu spacieux il est vrai, mais riche de culture et de végétation. Ainsi, au lieu de marcher à travers les landes et les bruyères des vieilles chartes, comme s'il s'agissait d'écrire l'histoire des tems antérieurs, nous pouvons au contraire reposer la vue sur des prairies verdoyantes, et porter la main à des fruits savoureux.

L'intronisation de Clément remonte à l'année 1305. Néanmoins il n'effectua son entrée à Avignon qu'au mois d'avril 1309, date officielle d'où l'on compte le séjour des Papes dans le Comtat. On sent qu'il n'est pas de notre ressort de retracer les particularités de cet événement, ni d'en discuter les motifs et les conséquences. Aux écrivains de l'histoire générale le soin de traiter ces hautes questions ; à nous celui de saisir les points de contact de notre ville avec le St-Siège, et d'explorer la part d'intervention qu'elle eût dans les affaires religieuses de cette mémorable période. Disons toutefois que les Italiens, furieux de la préférence donnée à la France sur la péninsule, ne nomment pas ce séjour autrement que la captivité de Babylone, l'opprobre de la catholicité, et le scandale du monde chrétien [1]. Pétrarque, usant largement de la licence des poètes, introduit Rome sous les traits d'une reine abandonnée de son souverain, et jalouse d'Avignon qui retenait le successeur de Pierre comme une concubine retient l'époux d'une légitime épouse. Mais tous les esprits judicieux comprennent l'impropriété de ces expressions et le ridicule de cette boutade poétique. Sans doute, les plus puissantes raisons fesaient de la résidence de Rome un devoir pour le Pape, tant en qualité de chef de l'Église, que d'évêque de cette capitale. Là, en effet, le prince des pasteurs avait transféré de l'Orient, la primauté de l'apostolat, et, en quittant le séjour d'Antioche, il s'était dépouillé en même tems du titre de cette église à laquelle il préposa un nou-

---

[1] Baluze. *Vitæ Papar. Aven.* T. I.
Henrion. *Histoire de l'Église.* T. V.

vel evêque. Par un enchainement de révolutions et de conjonctures dans lequel les plus hardis penseurs n'ont pas méconnu la main de la Providence, la souveraineté de Rome en passant à ses pontifes, les y avait mis sur un pied aussi digne de la suréminence de leur rang, que favorable à la liberté de leur ministère. Les factions passagères des Romains, les troubles et les dangers de l'Italie, n'en eussent peut être point banni un St-Léon, un St-Grégoire, pontifes d'une trempe héroïque; mais tous les Papes ne sont pas des hommes supérieurs aux faiblesses ordinaires de l'humanité : pour être infaillibles dans l'enseignement, ils ne sont point impeccables dans la conduite.

Intéressés à censurer une mesure qui leur fut contraire, les Italiens demandent si la considération des avantages temporels de l'Église romaine, n'exigeait par la présence du Pape au delà des monts. Voyez, disent-ils, voyez quelle perte, quel appauvrissement, quelle triste déprédation n'essuya pas la reine du catholicisme, durant tout le cours de son veuvage, et par contrecoup, les revenus des domaines pontificaux affaiblis et hors de proportion avec les besoins de la plus auguste dignité. Que d'impôts onéreux sur les églises diverses! que d'exactions, au moins apparentes ! que d'obstacles aux charités obligées! que de murmures et de scandales! Clément fit la même faute que Constantin par le choix de Bizance pour le siège de son empire. Le ciel voulant montrer, ajoutent-ils, qu'il n'avait jamais béni cette émigration papale, permit qu'il en résultât un schisme si lamentable que tous ceux qui s'étaient élevés jusqu'alors, ne parurent presque plus en mériter le nom. Ainsi raisonne la critique quand elle ne tient aucun compte des faits qui ont enchainé la volonté du premier Pape Avignonnais. Mais lorsqu'on se reporte aux circonstances où s'est trouvé ce Pontife, lorsqu'on songe aux dangers qu'il y avait pour lui de séjourner en Italie; alors, il est permis de demander, s'il n'aurait pas été téméraire d'exposer une personne sacrée, au milieu de ces périls, plutôt que de rester dans un royaume qui avait toujours été l'asile des chefs de l'Église, dans des tems de trouble et d'infortune?

L'étendard de la Cour romaine flottait à peine depuis quelques mois, sur la tour de la Basilique des Doms, quand survint la mort du Comte de Provence [1]. On sait que ce prince était Charles II, dit le Boiteux, roi de Naples et de Sicile. Indépendamment des vertus qui le recommandent à l'estime de la postérité, ses principaux titres à nos respects, sont d'avoir été le père de St-Louis évêque de Toulouse, et l'ami intime de St-Elzéar de Sabran dont nous parlerons bientôt. Honneur donc à ce monarque pour avoir cultivé les nobles

---

[1] Bonely. *Vie de Ste-Dauphine*, page 176

instincts d'un fils destiné à devenir la gloire de sa race et la splendeur du sanctuaire! Honneur à lui, pour avoir conclu le mariage de son fidèle ami avec la vertueuse Delphine de Signe; mariage à l'aide duquel des vertus d'un nouveau genre éclatèrent dans la maison de Dieu! C'est en effet sous ses auspices que fut formé ce beau nœud qui devait, au dire des chroniqueurs, résoudre un problème presque insoluble, *celui de faire germer, croître et épanouir les lys de la virginité sur les myrthes de l'hyménée* : car, selon la pensée de ces écrivains, sans l'intervention royale, jamais cette alliance n'aurait été accomplie, et ainsi le christianisme serait privé d'un admirable type.

Robert ayant succédé à son père, les prélats et les barons s'empressèrent de lui prêter serment de fidélité et de le reconnaître pour legitime souverain. Hugues de Bot satisfit à cette formalité et devint ensuite, lui quatrième, témoin de la prestation de foi et hommage faite à ce même prince par l'évêque de Marseille, dans l'église des Accoules [1]. Après avoir rempli les devoirs de vassal, le prélat Aptésien, reprenant son caractère sacré, alla à Aix pour assister à un Concile que célébraient dix-sept évêques sujets du comte de Provence [2]. On y discuta maintes mesures en vue de remédier

---

[1] *Gallia christiana*, Tome I. — Remerville ibid. quo suprà.
[2] Pitton. *Annales de l'Église d'Aix*. Page 161.

aux désordres qui s'étaient propagés dans les diocèses du pays. La principale demande qu'on porta aux pieds du trône, eût pour objet l'expulsion des Juifs hors du territoire de la Provence.

De toutes les singularités du système féodal qui régnait à la même époque, une des plus frappantes était ce ricochet continuel dans les rapports du vassal au seigneur, et du seigneur au suzerain placé sur le haut bout de l'échelle sociale. Un prince ne recevait l'hommage qu'à la condition de le rendre lui-même à celui dont relevait son royaume. Le comte de Provence était dans cette situation: feudataire du St.-Siége, en qualité de roi de Sicile; il devait à ce titre abaisser son diadême devant la thiare, et ne le reprendre qu'après s'être reconnu l'homme-lige du chef de l'Église. Robert suivi de toute sa cour, se hâta donc d'aller remplir cet humble office pour obtenir l'investiture de ses états [1]. Son entrée dans Avignon fut magnifique; toute la population se pressait dans les rues et sur les places par où il devait passer. En ce moment, la cité gauloise semblait avoir retrouvé les splendeurs de la ville des Césars : les trompettes sonnaient de joyeuses fanfares et les cloches de gais carillons; les maisons étaient pavoisées de tentures et les fenêtres décorées de vases de fleurs, prémices du printems nais-

---

[1] Borely. *Vie de Ste.- Dauphine.*

sant. Le roi et la reine, escortés d'une légion de gentilshommes et de nobles dames montèrent à la cathédrale. Là, après avoir prêté foi et hommage à Clément V, ils furent sacrés par ce Pape, avec une pompe facile à imaginer dans les cérémonies où interviennent les têtes couronnées. Parmi les témoins obligés de cette fête triomphale, on vit figurer Hugues de Bot à qui la dignité de son siége avait assigné une place distinguée; Elzéar de Sabran y brilla aussi à la tête de ses pairs, par le double éclat d'un nom illustre et d'une éminente piété. Jamais solennité plus belle n'avait resplendi sous les voûtes de la sainte Basilique, depuis que la Cour romaine, en désertant les bords du Tibre, était venue s'installer sur ceux de la Durance et du Rhône.

Avignon jouit durant plusieurs mois de la présence de son souverain. Pendant tout ce tems, la ville papale offrit un aspect merveilleux. Plus de trente cardinaux des premières maisons de France et d'Italie composaient l'entourage pontifical, grossi chaque jour des notabilités qui accouraient des provinces voisines [1]. La cour du Roi-comte était un asile de galanterie et de politesse. La reine Sance y présidait autant par le prestige de son rang que par les charmes de son esprit. Les dames qui l'approchaient y répandaient un enchan-

---

[1] Remerville. *Histoire de St-Elzéar*. — Rastoul *Pétrarque*.

tement extrême; car, elles étaient belles, instruites dans la littérature, avides de fêtes et de tournois. Elles se réunissaient en assemblées périodiques connues sous le nom de Cours d'amour: institution meilleure que son programme, puisqu'elle tendait uniquemment à conserver la pureté et l'éclat des coutûmes de la Chevalerie. Un grand écrivain en était alors à ses coups d'essai, et fesait les délices de ces nobles réunions. On devine qu'il s'agit de Pétrarque, le type de la poésie au XIVe siècle, de cette poésie mystique, vague, rêveuse, telle que l'avaient faite les discussions théologiques, les opinions religieuses, les subtilités de l'école et les mœurs du moyen-âge. Nulle destinée d'homme n'a été plus complette que la sienne; rien n'y a manqué en fait de consécration, ni la gloire ni le malheur. Malgré le goût des études frivoles, le raffinement du luxe et les recherches de la vanité qui signalaient ce monde élégant, la plus grande décence y régnait néanmoins. Le prince lui-même donnait l'exemple; car, sous le règne de Robert, aucune dame ornée des grâces de la beauté, n'eut à se repentir de ce présent de la nature, qui n'était point pour lui un attrait de licence, mais l'ornement de la pudeur.

Telle était la cour de Naples, dont Elzéar de Sabran avec sa vertueuse compagne fesait partie; cour reluisante de splendeur, d'où s'exhalait un parfum de poésie qui se retrouve dans les troubadours contemporains. Rien ne distinguait ces deux chastes époux de la foule empressée autour du monarque, que le reflet de lumière céleste qui colora, dès le principe, leur glorieuse union. Et, pour le dire ici en passant, quelle prudence humaine aurait pu, sans un miracle de la grace, respirer l'air de la mondanité, et n'en pas prendre l'esprit; s'insinuer dans la familiarité du prince, et ne jamais intriguer; rechercher sa bienveillance, et mépriser le néant des grandeurs; se mêler de toutes les affaires du siècle, et ne jamais s'y attacher; vivre dans la dissipation, et conserver le recueillement; être en contact avec le vice, sans jamais en recevoir les impressions? Mais, n'anticipons pas sur les détails d'une vie si belle que nous aurons à produire bientôt.

Cependant, au milieu de toutes les pompes féodales occasionnées par le séjour du Roi-Comte, l'issue prochaine de l'affaire des Templiers, préoccupait vivement les esprits. C'est qu'alors on en était aux préparatifs du Concile de Vienne où devait se juger en dernier ressort la question de l'abolissement de cet Ordre. Déjà il avait été supprimé de fait en France et dans les divers états de l'Europe; restait à le supprimer de droit, mesure dont l'exécution appartenait au premier Pontife du Catholicisme. Afin d'y procéder avec plus d'autorité, Clément V, voulut invoquer l'appui et s'entourer de l'éclat d'un Concile général. Plus de trois cents évêques volèrent à l'appel de leur chef, et nul doute que le prélat aptésien n'ait eu hâte de venir prendre, comme eux, sa part de responsabilité dans l'acte de haute censure qu'on allait accomplir.

La cause était suffisamment instruite pour que le Concile émit une opinion consciencieuse; car les évêques, en vertu des Bulles de sa Sainteté avaient ouvert dans leurs diocèses des enquêtes sur le mérite des inculpations élevées contre les prévenus : il ne s'agissait plus que d'extraire, et de rapprocher les faits pertinens pour les distribuer en catégories, et dresser ensuite un grand acte d'accusation. Les originaux de quelques unes de ces enquêtes sont parvenus jusqu'à nous; mais aucun vestige n'est resté de celle qui fut suivie dans le diocèse d'Apt, tant alors on était peu soigneux de conserver les pièces destinées à servir de matériaux à l'histoire. Le soin de faire jaillir la lumière du sein de cet immense chaos, fut dévolu à une commission spéciale, chargée de réunir les élémens de la procédure, et de compléter, en cas de besoin, les données fournies par les agens épiscopaux [1].

Au lieu de suivre les débats de ce fameux procès dont tout le monde connait les phases diverses, les incidens curieux et la péripétie sanglante, disons un mot de l'état des Templiers dans le diocè-

---

[1] Voyez à la fin du vol. la note 4. du livre 1.er

se d'Apt. Les développemens de cet Ordre, peu après son début, tiennent presque du prodige. En moins de trois siècles, il avait fondé plus de neuf mille couvens ou seigneuries; les bailliages provençaux en étaient pour ainsi dire couverts [1]. Apt devint une de ses résidences, lorsque nos évêques l'eurent gratifié d'un vaste hôtel crénelé avec la jouissance du prieuré de St-Maurice, bientôt érigé en commanderie. Là, ne se bornaient par les possessions des Templiers. On voit encore aujourd'hui, non loin de la commune de Céreste, en un lieu nommé *Carluec*, les ruines d'un vieux bâtiment que les archéologues présument avoir été un manoir de ces religieux. D'abord, au tems de l'indépendance gauloise, le tertre sur lequel il est assis fut affecté aux réunions et aux cérémonies des anciens druides. Placé à l'écart des grandes lignes de communication, et ceint d'une écharpe de bois de haute futaie, il paraissait merveilleusement se prêter aux rites sanglans de ces faux prêtres. Ensuite, le christianisme n'avait eu que la peine de l'envahir, et de le consacrer au culte du vrai Dieu. S'il fallait en croire un historien provençal formé à l'école Voltairienne, des retraites mystérieuses auraient été pratiquées dans l'épaisseur des murs de l'édifice où plusieurs souterrains se croisaient pour aller aboutir à un monti-

---

[1] Bouche. *Essais sur l'Hist. de Prov.* T. I. pag. 8°.

cule voisin couronné d'un cloître de moniales ; de là, quelques esprits donnant l'essor à leurs pensées malignes, se sont évertués à faire de ce lieu un théâtre d'incontinence, et à y rattacher des souvenirs dramatiques. Nous nous garderons bien de les évoquer ici, de peur de nous rendre l'écho de la calomnie envers des chevaliers malheureux qu'on serait tenté de croire moins coupables, si les sympathies populaires n'étaient pas enchainées par l'arrêt irréfragable d'un tribunal auguste.

A l'égard du traitement qu'on leur infligea, il faut savoir que Philippe le Bel, après s'être concerté avec le Pape, avait écrit à tous les souverains de l'Europe. Le but de cette démarche était de réclamer leur concours pour le coup d'état qu'il méditait. En vertu de la lettre que le Comte de Provence reçut à Marseille, il expédia des ordres cachetés aux officiers royaux avec injonction de ne les ouvrir qu'à jour fixe [1]. Ce terme étant arrivé, tous les Templiers furent saisis et leurs biens mis sous le séquestre. Ceux d'outre-Durance subirent la détention dans le chateau de Meyrargues, tandisque les autres eurent pour prison celui de Pertuis. Dans chaque province française, on avait organisé une cour spéciale pour procéder contre les membres de l'Ordre selon la rigueur

---

[1] Papon. *Histoire de Prov.* T. III. — Bouche *ibid.* Remerv. *Histoire d'Apt.*

des lois. Nous ne saurions dire si ce parti fut embrassé par le gouvernement Provençal. Bien que des auteurs affirment qu'ici comme ailleurs, on ait livré les Templiers à des tribunaux exceptionnels, la tradition neanmoins fait foi, qu'on usât de bonté envers eux, en adoucissant autant que possible le malheur de leur position : sentiment que nous adoptons volontiers, parce qu'il s'accorde avec le caractère pacifique du prince qui régnait alors à Naples.

Après la cloture du Concile de Vienne, Clément V était revenu en Provence. Là, dégouté du séjour d'Avignon et de l'hospitalité des Frères prêcheurs, il quitta une ville sur laquelle il n'avait aucune autorité, pour se rendre à Carpentras, capitale d'un pays soumis au St-Siége.[1] Hugues de Bot qui avait suivi la Cour romaine dans ses diverses excursions, regagna alors son diocèse où la mise en activité des mesures relatives au partage de la succession des Templiers sollicitait sa présence. Comme les résolutions du Pape n'étaient pas durables, on le vit bientôt abandonner Carpentras pour se fixer à Monteux, d'où il prit ensuite le chemin de Bordeaux, dans l'espoir que l'air natal rétablirait sa santé délabrée; mais l'heure suprême sonna pour lui. Dès

---

[1] Cottier, *Recueil des Privilég. de la ville de Carpentras*. Discours prélim. — Rastoul, *Pétrarque*.

que les cardinaux apprirent sa mort, ils se formèrent en conclave pour donner un nouveau chef à l'Église.

C'est dans le palais de l'évêque de Carpentras que s'assembla le sacré Collége. Les cardinaux étaient au nombre de vingt trois : la rivalité d'intérêts et les haines politiques des Français et des Italiens, ne pouvaient manquer de susciter de graves dissentimens. Clément V, secondant les projets du Roi de France, avait gratifié de la pourpre ses amis et ses compatriotes; il assurait par là au parti français, une supériorité incontestable dans le conclave. Mais les Italiens, malgré leur petit nombre, opposaient aux prétentions de leurs adversaires la plus énergique résistance. C'était pour eux une question nationale. Ils soupiraient tous après leur patrie ; ils brûlaient de retourner à Rome, de rendre à la ville des Césars et des Pontifes son antique lustre : ils comprenaient que les destinées de l'Église étaient étroitement liées à cette résidence consacrée par le sang du Prince des Apôtres.

Cette situation critique se compliqua d'une manière sérieuse à l'arrivée des deux neveux de Clément V, qui entrèrent dans la ville à la tête d'une troupe d'hommes d'armes qu'ils avaient levée en Guyenne. Il y eut une nouvelle scission dans le conclave. Les cardinaux français se détachèrent du parti des Aquittains pour se rallier aux Italiens. Au milieu de ces débats, les jours s'écoulaient, sans que rien indiquât une solution prochaine. Cependant les officiers et les domestiques des cardinaux profitant de l'absence de leurs maîtres renfermés à l'évêché, se répandent dans la ville et en insultent les habitans ; ceux-ci courent aux armes : le combat s'engage. Bientôt la fureur du peuple se tourne contre des marchands romains qui suivaient la Cour. De part et d'autre, on se porte aux plus déplorables excès ; l'autorité de l'évêque est méconnue. Soudain un incendie éclate : la flamme fouettée par le vent vole de maison en maison ; elle envahit le palais, siége du conclave. Les cardinaux épouvantés sortent en désordre, et, prenant la fuite quittent la contrée; ce fut un deuil pour l'Église dont le veuvage se prolongea pendant deux années.

Au point de vue chronologique, ce terme semble court ; mais, en réalité, il devait d'autant moins le paraître, qu'une plus grande masse d'intérêts était en souffrance. Après maintes tentatives infructueuses, Philippe, comte de Poitiers, frère de Louis X, avait enfin réussi à rallier les Cardinaux. Ce nouveau conclave s'ouvrit à Lyon, dans le Couvent des Frères Prêcheurs ; mais des rivalités existaient toujours, et peut-être les votans se seraient encore séparés sans résultat, si Philippe ne les eut contraints de donner un chef à l'Église. Ce prince était parti précipitamment de

Lyon; la mort de son frère l'appelait au trône de France. Malgré l'impatience de ceindre cette belle couronne, il ne s'éloigna qu'après avoir pourvu aux intérêts de la chrétienté. Des hommes d'armes, placés autour du couvent des Frères Prêcheurs, y tenaient les cardinaux dans une honorable captivité, jusqu'à ce qu'ils eussent accompli leur sublime tâche; pour eux, la liberté n'était qu'à ce prix. Après quarante jours d'incertitude, Jacques d'Euse, évêque d'Avignon, fut élu; il prit le nom de Jean, c'était le vingt-deuxième pape de ce nom. Sa naissance était obscure; mais il possédait la vraie noblesse, celle du génie et de la vertu. Le choix de sa résidence, détruisit les illusions que nourrissaient les Italiens; il annonça hautement sa prédilection pour la cité Gauloise, pour le chef-lieu de son diocèse; il y parut, comme un père qui retourne au milieu de ses enfans, et, devenu Pontife du monde chrétien, il confia son ancien troupeau aux soins de son neveu.

Parvenu à ce point culminant, d'où il pouvait, comme l'aigle, planer sur l'univers, une des premières pensées du nouveau Pape, fut de donner un tout jeune saint à l'Église, un modèle à l'épiscopat, un protecteur aux races princières, dans la personne d'un ange enveloppé d'une forme humaine. C'était un heureux début pour Jean XXII, d'ouvrir ainsi son règne par une telle apothéose. La royale Maison de France, n'avait rien de plus auguste, après le fils de Blanche de Castille, canonisé vingt ans auparavant, que son petit neveu Louis, évêque de Toulouse, frère aîné de Robert, qui régnait alors sur les deux Siciles. Ce jeune Prélat, illustré par les plus pures vertus, brillait encore, après sa mort, de la splendeur des miracles. Nous ne voulons pas faire ici sa biographie, obligés que nous serons, plus tard, d'en exhiber quelques traits. Mais au lecteur pieux, nous dirons : Si comme nous, vous avez éprouvé un de ces charmes indicibles, à la lecture des anciennes légendes, où l'âme se récrée avec les joies de l'extase, lisez l'histoire de saint Louis de Toulouse, prince aimable, dont la courte vie ne fut qu'humilité, abnégation. Enfant, toutes ses pensées se concentrèrent dans l'amour de Dieu ; jeune homme, toutes ses actions n'eurent d'autre but que l'amour du prochain ; sa vie ne fut qu'un reflet de celle des vétérans d'Israël, qui veillèrent avec tant de sollicitude aux intérêts du peuple, au maintien de leurs droits, à l'accomplissement de leurs devoirs. Tel était le jeune évêque, dont il s'agissait d'inscrire le nom au livre d'or du catholicisme ; nom cher à la religion, nom qui resplendit sur toutes les pages de nos annales. Éternelle sera la mémoire des deux princes qui l'ont porté ; dont l'un s'est sanctifié par le sceptre, et l'autre, par le renoncement aux couronnes. Car, si les archives du Royaume perdaient les récits qui ont été faits de Louis IX et de son petit neveu, leur souvenir vivrait encore, parce que la religion s'est chargée de le perpétuer parmi les Chrétiens.

Lorsque Jean XXII déclara la sainteté du fils de Charles le Boiteux, la veuve de ce prince vivait encore[1]. Personne plus qu'elle, ne dut être sensible à cet évènement inouï dans les fastes de l'Eglise. Une mère, en effet, qui voit son fils, l'objet de la vénération populaire, qui peut lui offrir des vœux et des hommages, recueillir ses reliques, les enchasser dans l'or et l'ivoire, qui contemple surtout les merveilles que Dieu opère pour les glorifier; c'est peut-être la situation la plus intéressante que l'esprit humain puisse imaginer. Aussi le Pape s'inspire-t-il de la plus sublime poésie en notifiant pareille nouvelle à cette heureuse reine.

La reconnaissance de celle-ci, dans une semblable conjoncture, avait besoin d'un organe spécial tout imprégné des suaves doctrines de la foi. Il fallait, pour remercier le Pontife au nom de la princesse, un homme capable de bien comprendre cette grâce du Siége apostolique, et le bonheur d'une mère chrétienne, à la vue de son fils ceint de l'immortelle auréole. Cet homme se trouvait à la Cour de Naples, et ne pouvait être

---

[1] *Histoire de l'Église Gallicane*; Tom. XII.

qu'Elzéar de Sabran[1]. Choisi entre tous les grands du Royaume, pour remplir cette mission de confiance, le noble Seigneur s'embarque avec son épouse, à bord d'un navire sicilien, et fait voile pour Toulon où il arrive, joyeux de revoir le sol sacré de la patrie. Après un repos de quelques jours, il poursuit sa route, franchit la Durance, et atteint bientôt les remparts avignonnais. Jean XXII, qu'un long séjour à Naples avait mis à portée d'apprécier les rares mérites d'Elzéar, le reçut avec une gracieuse bienveillance. Au jour de la réception solennelle, en présence des cardinaux, le pieux ambassadeur, dans sa harangue, félicite d'abord l'Église sur le don que le ciel venait de lui faire, d'un chef renommé par ses talens et ses vertus ; puis, il célèbre en style noble et coloré la profonde gratitude de la reine douairière, au sujet de la canonisation de son fils. Jamais, en effet, plus beau texte à développer, que l'enthousiasme de cette princesse, toute glorieuse d'avoir mis au monde, un saint juridiquement reconnu ! Jamais plus digne sujet de louanges, que le Pontife dont les soins officieux avaient ménagé à un cœur maternel, cette sublime jouissance ! Elzéar ne se doutait pas, en se rendant l'interprète des joies de sa souveraine, qu'il partagerait un jour, les honneurs prodigués en ce mo-

---

[1] Remerville. *Histoire Ms. de saint Elzéar de Sabran.*

ment, au royal rejeton de la dynastie sicilienne.

Il est temps de satisfaire l'impatience du lecteur, par le résumé de la vie de ce grand personnage, dont la célébrité projette depuis cinq siècles, un sillon de lumière sur notre ville [1]. Elzéar, de la maison de Sabran, né en 1285, au château d'Ansouis, fut élevé à Saint-Victor, de Marseille, par les soins de Guillaume, son oncle paternel, qui en avait été nommé Abbé [2]. Ce monastère était alors, pour le midi de la France, l'asile de la science sacrée et profane. L'enfant n'avait pas encore atteint l'âge de puberté, qu'on le jugea capable d'héroïsme dans la carrière de la perfection. Charles II, dit le Boiteux, engagea le père d'Elzéar, à fiancer ce fils qui n'avait que dix ans, avec Delphine de Signe, qui en avait treize. L'éducation de cette jeune personne était grave et austère ; elle ne quittait presque jamais l'antique manoir de ses pères, s'initiant à la vie ascétique, par la lecture des pieuses légendes. Ses plus vifs plaisirs étaient de faire des excursions aux alentours du château avec ses compagnes, et déjà sa gaîté franche et douce, sa raison simple et droite,

---

[1] Bose. *Histoire de saint Elzéar*
Wading. *Annales Frat. Minor.*
Remerville. *Histoire de saint Elzéar de Sabran*
Borely. *Vie de sainte Dauphine.*
Hemion *Histoire Ecclésiastique.*
[2] Voyez à la fin du Volume, la Note 6.

contrastaient avec l'humeur trop enfantine de ses pareilles. En face d'un beau ciel parsemé d'étoiles, d'un horizon rouge et brumeux, capricieusement découpé par la grise dentelure des montagnes ; en face de ces mille scènes de la vie champêtre, qui ont tant d'harmonie pour les âmes jeunes et fraîches, le cœur de Delphine s'épanouissait comme une tendre fleur aux doux regards de l'aurore ; restée calme dans son émotion, elle renvoyait à Dieu avec les joies du premier âge, de pieuses actions de grâces. En entrant, le soir, dans l'église du village, en respirant le parfum de l'encens, en traversant le cimetière parsemé de mauves et de marguerites, où dormaient sous la croix de chêne, les générations oubliées, Delphine sentait s'élever dans son âme des aspirations mystérieuses vers l'Être infini, et alors, elle allait s'agenouiller devant l'autel, et prier saintement pour les morts. Voilà quelle était, dans son enfance, l'épouse que le ciel avait destinée à Elzéar.

On célébra solennellement à Marseille, leurs précoces fiançailles ; puis il y eut, comme d'usage, des banquets et des fêtes somptueuses, où la poésie, qui était la principale magnificence de la Cour de Sicile, brilla de son éclat accoutumé. Touchante et salutaire pratique des siècles fervents, que ces fiançailles qui étaient, selon la pensée d'un écrivain, comme *les premiers ordres* du mariage ; institution bien regrettable qui prévenait, par un engagement légitime, les dangers auxquels l'âge et l'ivresse de la fortune auraient pu exposer les vertus les plus éprouvées.

Au temps fixé, ils furent unis en mariage dans l'église de Puimichel, et conduits ensuite à Ansouis. La réception qu'on leur fit en ce château, bientôt témoin d'une scène mystérieuse, rappelle les fêtes prodiguées aux plus grands princes. Elzéar était d'une complexion sanguine, et réunissait en sa personne tous les agrémens qui peuvent flatter la vanité du sexe fort. Quant à Delphine, sa beauté était parfaite, puisque les chroniqueurs en parlent avec enthousiasme. Le soir, dans la chambre nuptiale, il y eut entr'eux, en face d'une Madone, quelques paroles échangées; dès-lors, ils ne furent plus que frère et sœur, quoique le contraire parut aux yeux du monde. C'est que, pour ces nobles époux, imiter de loin Marie et Joseph, n'était pas assez. Le mariage sacramentel étant, au dire d'un écrivain de notre siècle [1], une virginité seulement de *seconde majesté*, ils voulurent pousser jusqu'à la ressemblance la plus exacte de ce sublime type, en rendant leur union, une virginité de *première majesté*. Rien cependant de décisif et d'irrévocable n'enchaina d'abord leurs volontés; l'âge des époux ne

---

[1] Madrolle. *Démonstration Eucharistique.*

pouvait le permettre [1] ; ce fut plus tard, qu'un vœu formel vint sanctionner cette résolution.

Leur séjour à Ansouis fut de courte durée ; car ils se fixèrent bientôt, avec l'agrément de leurs proches, à Puimichel, vieux manoir, dont l'aspect éminemment féodal, n'en accusait que mieux les habitudes modestes de ses nouveaux hôtes. Là, libres de suivre l'essor d'une ferveur qui grandissait sans cesse, ils établirent dans leur maison, une régularité qui eut fait honneur à une Communauté de moines. C'était un point de règle, d'entendre la messe chaque jour, de vaquer à des exercices de piété le matin et le soir, de se confesser toutes les semaines, et de communier tous les mois. Les dames et demoiselles passaient la matinée en prières et en lectures ; puis, dans l'après diner, elles s'occupaient de broderie ou d'autres ouvrages de main. Tous les soirs, on fesait une conférence spirituelle, où Elzéar, qui était l'âme de cette société d'élite, parlait en inspiré des vertus chrétiennes, et surtout de la chasteté. Comme dans un Couvent, on psalmodiait les heures canoniales ; on jeûnait non-seulement les jours prescrits, mais chaque vendredi de l'année et durant l'Avent. Attentif à réprimer l'instinct de la convoitise, le jeune Baron usait en secret des plus

---

[1] Suivant le Père Maytonis, Elzéar avait alors treize ans, et Delphine quinze. On sait que les enfants des grands sont plus précoces que les autres.

rudes austérités, et communiait tous les dimanches, toutes les fêtes *doubles*, et surtout celles des saintes vierges. Sa charité était sans borne. Jamais il ne refusa l'aumône à aucun des pauvres qui la lui demandaient. Chaque jour il en nourrissait deux au château, s'attachant de préférence, à ceux qui avaient la lèpre ou d'autres maladies hideuses. Après leur avoir lavé les pieds, il les servait à table, les embrassait avec tendresse, et plusieurs recouvraient la santé dans ces charitables étreintes. « Enfin, au dire d'un chroniqueur,
« Elzéar et son épouse, contendoient si fort ensem-
« ble en appétence de sainteté, que toutes leurs
« actions de piété tendoient à l'envi à qui mieux
« feroit. »

Devenu orphelin à vingt-cinq ans, de grands domaines lui échurent tant en France qu'en Italie, domaines surchargés de dettes, qu'il s'empressa d'acquitter avant tout. Mais sous les roses de la fortune croissent presque toujours les épines de l'adversité; aussi, eut-il mille contradictions à essuyer, et une guerre longue à soutenir contre des vassaux rebelles pour le comté d'Ariano, au royaume de Naples, le plus beau fleuron de sa couronne seigneuriale. Par la douceur il triompha des obstacles, se vengea des insultes par des bienfaits, et força ceux qui l'avaient regardé comme un tyran, à le révérer comme un père. L'accroissement de son pouvoir tourna au profit de sa bienfaisance;

ce fut pour lui un motif de se montrer tout à la fois grand Seigneur et grand Saint. Sa charité ne méconnut jamais les droits de la justice, ni sa mansuétude ceux de la vindicte publique. Il prenait soin des prisonniers, et souvent même exhortait à la componction les criminels qu'on menait au supplice. A l'égard des détenus pour dettes, il les délivrait en satisfaisant les créanciers à ses frais; mais par des voies secrètes, de peur d'autoriser l'inconduite. Paisible possesseur de l'héritage de ses pères, Elzéar rendit public le vœu qu'il avait fait depuis long-temps avec sa noble compagne, de garder la continence, et embrassa le Tiers-Ordre de saint François. Car, dans l'armée conquérante du séraphique d'Assise, *de cet amateur désespéré de la pauvreté*, comme l'appelle Bossuet, il y avait place pour tout le monde. Ainsi, à côté des bataillons de moines, s'ouvraient de nombreux Couvens pour les vierges qui aspiraient à l'honneur de s'immoler au Christ, et de vastes affiliations enrôlaient sous sa bannière, les princes, les guerriers, les époux qui voulaient s'associer au moins indirectement à l'œuvre de régénération du catholicisme.

Des vertus si excellentes demandaient un théâtre moins étroit que le petit comté d'Ariano. Le roi Robert, comme par inspiration, appela Elzéar à Naples, et le chargea tant de l'éducation du duc de Calabre, son fils aîné, que de la régence du royaume avec les pouvoirs de l'*Alter-ego* durant un long voyage qu'il eut à faire en Provence. Le ministre fit le bonheur de l'état; et le gouverneur, la gloire de son élève. En peu de temps, la cour, la ville et les provinces prirent une face nouvelle; mais personne ne gagna plus au changement que les pauvres et les opprimés. Le Roi, de retour à Naples, récompensa l'administration d'Elzéar, par un surcroît de faveur, et l'envoya ménager en France le mariage de l'héritier du trône avec la fille du Comte de Valois. Tout réussissait sous la main d'un homme dont la dextérité égalait la vertu. Cette auguste union allait être conclue, lorsque le négociateur fut atteint d'une maladie grave, dont il ne devait pas se relever.

Nous n'entrerons pas dans plus de particularités sur la vie du serviteur de Dieu. Trop belle, en effet, pour être écrite à la manière d'un résumé, elle attend d'être mise au grand jour par un de ces jeunes talents, dont la plume facile sait si bien exploiter les vertus chères au catholicisme. Cependant, comme l'histoire religieuse d'Apt s'entrelace avec cette vie, nous aurons souvent, dans la suite, occasion d'y revenir, surtout lorsqu'il s'agira de produire les détails relatifs aux obsèques et à la canonisation du Saint. L'héroisme d'Elzéar et de Delphine, date, à proprement parler, de leur mariage. Dans cette union, ils firent éclater d'angéliques vertus, qui ont fait d'eux un type à

part, destiné du ciel, à montrer aux hommes la force victorieuse de la grâce. Aux yeux de ces augustes époux, le mariage se dessina comme une œuvre divine, ayant pour base, le plus noble sentiment de la nature, cette douce sympathie qui unit deux cœurs, dignes l'un de l'autre. « Dieu, dit
« Milton, établit le mariage pour délivrer l'homme
« de la solitude, pour le consoler, et pour lui don-
« ner de nouvelles forces, par la société d'une
« douce compagne, heureuse par lui. Telle fut,
« ajoute-t-il, la première fin de l'institution conju-
« gale. Le motif nécessaire de la génération, ne
« vint que plus tard, et comme une chose d'ordre
« inférieur. » Sans doute, Elzéar n'avait pas d'abord envisagé le mariage sous cet aspect sublime : mais, après les confidences de Delphine, la pensée de l'homme de Dieu s'épura ; la vérité belle et idéale, la vérité nue et sainte se présenta à lui ; il comprit la poésie de cet état, personnification parfaite de l'alliance mystique du Sauveur avec l'Église.

Nous terminerons ce premier Livre, en notant la mort de Hugues de Bot ; elle coïncide, à peu de choses près, avec l'époque où le comte d'Ariano fesait retentir sur les marches du trône apostolique, les accents d'enthousiasme d'une reine, au sujet de la glorification de son fils. Il fut inhumé à côté de son frère, dans la nef septentrionale. On y lisait, sur un marbre noir, au-dessus de leur sépulture, les paroles qui suivent :

> QUOS NATURA FRATRES FECERAT
> ET PARENTES DIGNITAS,
> HOS FECIT TUMULUS VERÈ GERMANOS.

Unis entr'eux par le sang et par la dignité, ils ont ajouté à ce double lien celui du tombeau.

Aujourd'hui encore, les armes de ces Prélats se détachent en relief de tous les points, où convergent les nervures de la voute. Remerville, très-versé dans l'art héraldique, traduit ainsi l'écu avec lequel timbraient les Bots : «De gueules, au châ- «teau gothique d'or sommé de trois tours pavil- «lonnées, celle du milieu surmontant les deux «autres. »

LIVRE SECOND.

DE 1318 A 1340.

Dans la vue d'agrandir la sphère d'activité du Siége apostolique, Jean XXII en arrivant à la papauté, avait déclaré se réserver toutes les nominations aux grands bénéfices; par là, le Clergé des Cathédrales et celui des Abbayes se trouvaient privés du droit d'élire leurs Prélats. Malgré le prestige qui, alors, entourait la thiare, une si grande innovation ne s'accomplit pas sans provoquer des conflits et des résistances. Les corps qu'on dépouillait ainsi de leurs prérogatives, firent de l'opposition, jusqu'à ce que la pensée papale mieux comprise, eut rallié autour d'elle les esprits dans un saint respect.

Qui aurait cru que le Chapitre d'Apt, plus renommé par la piété que par le crédit de ses membres, se fut posé l'un des premiers en adversaire de cette mesure? Qui aurait imaginé, qu'un acte de résistance à la volonté d'un pouvoir devant lequel s'inclinaient les têtes couronnées, partirait du sein d'une compagnie obscure? Voilà ce qui arriva cependant, et pourquoi s'en étonner? D'après les leçons de l'expérience, l'ancien droit cède-t-il jamais tout d'un coup sa place au nouveau; et, s'il n'est exterminé par la force, ne lutte-t-il pas toujours durant un temps, pour sauver au moins quelques débris de son empire.

Le décès d'Hugues de Bot avait ouvert la vacance du Siége. Le Chapitre connaissait les intentions formelles du Saint-Siége, et néanmoins il procéda à l'élection de l'Évêque, comme par le passé[1]. Le nom sorti de l'urne, fut celui d'un simple sous-diacre, Raymond de Bot, Chanoine-ouvrier de la Cathédrale. Neveu du Prélat défunt, il dut à cet avantage, soutenu d'un rare mérite, les voix de ses collègues. Grande fut la rumeur que causa, à Avignon, la nouvelle de cette élection applaudie des uns comme trait de courage, et taxée par les autres d'entreprise audacieuse. Frapper de nullité l'opération Capitulaire, eut été le moyen employé plus tard pour en faire justice; mais alors, on ne voulait pas se montrer ouvertement hostile à un usage consacré par l'autorité des siècles. La prudence conseillait encore de ménager les esprits, et de ne pas trop heurter les idées reçues. Ainsi, au lieu de couper le nœud de la difficulté, on aima mieux le délier à l'aide des négociations. Celles-ci, en effet, ne tardèrent pas à produire leurs fruits, en déterminant Raymond, à résigner son droit entre les

---

[1] Remerville. *Histoire de l'Église d'Apt.* — *Gallia Christ.*, Tom. I.

mains du Pape. Charmé de cette déférence, Jean XXII conféra, de son propre mouvement, *motu proprio*, l'évêché d'Apt à l'élu du Chapitre, le 2 des Nones de Mai, l'an 3 de son Pontificat. Nous nommerons désormais ce dignitaire, Raymond II, pour le distinguer de son homonyme dont il a été déjà question. Appelé à recueillir la succession de ses oncles, il resserra les liens qui l'unissaient à eux, en devenant l'héritier de leurs titres et de leurs vertus.

Dès qu'il se vit installé sur la chaire de saint Auspice et de saint Castor, sa première pensée fut de renouveller le culte de ces illustres Pontifes. Il fixa d'abord la fête de l'invention de leurs Reliques, au premier Dimanche de Mai; puis, il enchassa le crâne du dernier, dans un buste de vermeil exécuté à ses frais. Parmi les ornemens de cette œuvre merveilleuse, l'artiste avait disposé maints écussons aux armes des Bots, qui, à l'époque de la spoliation des Temples, paraissaient encore d'un bel émail. Au rapport de Remerville, on lisait sur une feuille de parchemin, les paroles suivantes : « C'est ici le « chef de saint Castor, Confesseur-Pontife, né à « Nismes, de nobles parens, et élu évêque d'Apt, « par les suffrages du Clergé et du peuple, en rem- « placement de saint Quentin; mort enfin, dans la « cité Julienne, après avoir accompli les devoirs « d'un bon pasteur, et illustré ce siége par l'émi- « nence de sa sainteté. »

Tandis que Raymond II murissait le plan de cette démonstration envers ses augustes devanciers, il fut convié à Marseille pour une pompe religieuse, qui eut du retentissement [1]. Là, le corps de saint Louis, évêque de Toulouse, depuis peu canonisé, gisait encore sous les dalles du Sanctuaire, dans l'église des Frères Mineurs. Il s'agissait de faire la levée de ce précieux corps, afin de le déposer dans une magnifique chasse d'argent. Le roi Robert, qui se trouvait alors en Provence avec sa famille, voulut assister à cette inauguration. Elle s'accomplit vers le minuit du 8 Novembre, et le motif dont on s'étaya pour le choix d'une heure nocturne, fut, selon Wading, d'écarter les flots tumultueux de la foule qui, à coup sûr, auraient troublé le recueillement des témoins obligés de la cérémonie.

Il est difficile d'imaginer scène plus belle, ni assemblée plus digne d'en comprendre la poésie. Auprès de ce tombeau s'étaient donné rendez-vous le Sacerdoce et l'Empire : des Cardinaux et des Évêques représentaient le premier; trois têtes couronnées figuraient le second. La dignité personnelle de l'élu, le souvenir de ses vertus angéliques, l'élite de la population Marseillaise, qui remplissait l'immensité de la nef; le Chœur, envahi par les chefs du Clergé et de la noblesse; de

---

[1] Belzunce. *Histoire des évêques de Marseille*; Tom. II.
Wading. *Annales Fratrum Minor*.

grandes lueurs qui glissaient le long des piliers gothiques, comme pour donner à l'imagination rêveuse, l'idée du contraste entre l'obscurité de la tombe et la gloire du ciel ; tout, dans cette pompe moitié funèbre et moitié joyeuse, suscitait d'imposantes pensées. Mais ce qui captivait le plus l'attention, était la contenance grave des royales personnes que les liens du sang unissaient de très près au saint Confesseur dont on allait honorer les reliques.

L'annaliste des Frères Mineurs, après s'être étendu avec complaisance sur les nombreux incidens de la cérémonie, rapporte le trait qui suit : Tandis qu'on exhumait ces vénérables dépouilles, une odeur suave s'exhalant du fond du sépulchre, embauma toute l'église. Le cerveau fut trouvé dans un état parfait de conservation, quoique la terre l'eut tenu en dépôt depuis environ vingt ans. Saisie d'admiration, l'assistance en masse se répandit en louanges de l'Éternel, source de la sainteté et des merveilles qui en découlent. Quand la Relique eut été reconnue par les Prélats, le roi la prit dans ses mains avec respect, et témoigna le désir de la garder pour sa Chapelle. Un vœu si légitime, reçut son exécution. Ce trésor, en effet, fut porté à Naples où on le déposa dans une statue de vermeil, ornée de pierres précieuses, dont l'éclat se mariait avec la beauté de l'œuvre.

Nous ne pousserons pas plus loin les détails relatifs à ce Saint : seulement, on nous permettra d'emprunter à sa vie, un simple épisode, parce qu'il se rattache à notre histoire religieuse [1]. Dès l'âge de quatorze ans, ce jeune prince avait été conduit en Catalogne avec ses deux frères, pour y rester en qualité d'ôtage du roi d'Aragon. La liberté de Charles II, leur père, prisonnier de ce monarque, était à ce prix. Louis demeura captif l'espace de sept années, durant lequel on le maltraita si cruellement, que sa patience aurait tôt ou tard fléchi sous le poids de tant d'épreuves, si elle ne s'était inspirée de celle du divin Maître. Le besoin de charmer ses ennuis, le fit lier d'amitié avec des Religieux Franciscains, qui, en prodiguant à son âme les célestes consolations, l'initièrent aux mystères de la vie intérieure. Il avait pour confesseur, frère François de Aptâ, appartenant à une noble famille, dont la maison de Simiane formait la souche. Ce fut dans le commerce de cet homme de bien, que Louis, ayant pris goût à la règle de l'ordre séraphique, sollicita la faveur d'en revêtir l'habit. Les agiographes d'Anvers rapportent à ce sujet, une particularité remarquable. Il s'agit d'une lettre du pape Célestin V, par laquelle ce Pontife notifie à l'illustre reclus, que son confesseur est autorisé à lui conférer la tonsure et les ordres

---

[1] Bollandus. *Acta SS.*, *mense Augusto*, Tom. III.

mineurs. « Puisque vous désirez, dit-il, embrasser
« le service de Dieu dans la cléricature, sur les
« instances qui nous ont été faites en votre nom,
« nous avons accordé, par nos lettres pontifica-
« les, à frère François de Aptâ, Cordelier, la fa-
« culté de vous donner la première tonsure avec
« les ordres mineurs, pendant que vous êtes re-
« tenu comme ôtage auprès des ennemis de l'É-
« glise.... [1] » Cette lettre, écrite de Sulmone, ville
de l'état Napolitain, porte la date du 7 des Ides
d'Octobre, l'an premier du Pontificat de Célestin,
et est adressée *A notre Cher fils Louis, fils de
l'illustre Charles, roi de Sicile.* Le savant P. Pagi,
après avoir rappelé que ce moine Aptésien était
Chapelain du Comte de Provence, déclare n'avoir
trouvé dans aucun autre monument historique,
un exemple analogue, de ce pouvoir accordé par
le Pape à un simple prêtre, de conférer les ordres
inférieurs.

Revenons à l'évêque d'Apt. Animé des conso-
lantes pensées qu'il avait recueillies à l'autel du
nouveau Saint, Raymond II regagna le chef-lieu de
son Diocèse. Mais, la joie intérieure dure peu
dans les âmes sacerdotales, trop souvent aux prises avec les passions qui bourdonnent tout autour.
Un conflit s'engagea bientôt, entre ce prélat et les
magistrats de la Cité, pour un intérêt assez mini-

[1] Voyez à la fin du Volume, la Note première du second Livre.

me ¹. Soyons en garde contre de vieilles préventions, et n'allons pas, à la vue des nombreux démêlés qui mettaient nos évêques aux prises avec la Commune, n'allons pas nous répandre en invectives sur l'ambition du Clergé, et réchauffer les lieux communs de l'école Voltairienne. La véritable cause de ces collisions, résidait moins dans l'esprit envahissant de l'Eglise, que dans l'anarchie du système féodal. A l'époque de nos récits, Apt était partagé en plusieurs juridictions rivales, sous la suzeraineté de la crosse et du sceptre royal. Tel quartier relevait des barons de Simiane, tel autre, des sires de Saint-Martin-de-Castillon. Chaque Seigneur avait ses attributions particulières, qui s'enchevêtraient le plus souvent avec celles de la police urbaine ou épiscopale. Faut-il s'étonner que des contestes aient jailli de cette multiplicité de pouvoirs, dont le croisement, en troublant le repos des particuliers, compromettait la paix publique? Comme l'étincelle qui tombe sur la traînée de poudre, provoque soudain une explosion, de même l'incident le plus léger donna naissance à l'affaire dont il s'agit; affaire grave dans son début, courte dans sa durée, heureuse dans sa conclusion : en voici l'exposé.

Jaloux de ressaisir les vieux priviléges de son Siége, interrompus par le non usage, Raymond II,

---

¹ Remerville. *Ibid quo suprà.* — Notes de M. Giffon

en qualité de haut Seigneur de la ville, y avait fait exécuter des criées ou publications à son de trompe. Mais le Juge et le Clavaire, qui étaient alors investis de la police, ayant cru voir dans cette entreprise une violation flagrante des droits du prince, destituèrent l'agent municipal, pour avoir déféré aux ordres du Prélat. Indigné de ce procédé, Raymond fait déclarer en chaire contre les contempteurs de sa prérogative, que, faute par eux de venir à récipiscence, ils se verront enlacés dans les liens de l'excommunication majeure. Cette mesure produisit son effet. Les magistrats intimidés accourent auprès de l'évêque, pour donner des explications, et, sans décliner la responsabilité de leurs actes, ils offrent de les soumettre à l'appréciation de deux arbitres. Raymond accepte ces ouvertures. Baxian Porche et Guillaume de Tonsis, hommes de savoir et de probité, sont élus juges du différent. Après avoir reconnu que des précédens incontestables autorisaient les évêques à faire exécuter des criées dans tous les quartiers de la ville épiscopale, ces jurisconsultes formulent leur décision. Gain de cause est adjugé à Raymond, et injonction faite à ses adversaires, de remettre en place l'agent illégalement destitué. Ce jugement, accepté des parties, fut rédigé en acte public par un notaire, dans la salle de parade de l'évêché. Au nombre des témoins qui signèrent à la minute, nous remarquons Bertrand de Nogairol et Bertrand de Monneri, prêtres; Raymond et Pierre d'Autric Damoisels; Jourdan Laurenchi, Bertrand de Bot, et Béranger de Mourmoiron. Telle fut la solution de ce démêlé, solution d'autant plus heureuse, qu'en rassurant les esprits timorés, elle enlevait à la malveillance de nouveaux brandons de discorde.

Tout en louant la modération de nos magistrats, on est forcé de convenir qu'ils furent mal inspirés, de susciter cette querelle à leur évêque, sans être invulnérables sur la question de droit ; car, alors l'autorité pontificale était à l'apogée de sa puissance; rien ne résistait à son ascendant. De même que les couronnes s'inclinaient humbles et respectueuses devant la thiare, ainsi, voyait-on dans les villes, la mitre dominer les attributs civiques. Au milieu d'un tel ordre de choses, comment oser se mettre en hostilité avec un pouvoir étayé de la faveur populaire, avec un pouvoir auquel le ciel daignait prêter l'appui de son assistance? C'était, en effet, le moment où la piété s'exaltait au récit des guérisons miraculeuses obtenues par l'intercession des Saints. S'il faut s'en rapporter aux relations contemporaines, le doigt de Dieu se serait révélé maintes fois, dès le commencement de ce siècle, en faveur de nos ancêtres, plus prompts à croire qu'à discuter. L'époque qui vit naître le conflit mentionné, coïncide avec celle où les Aptésiens étaient sous le charme d'une admiration chaque jour renaissante ; ils se communiquaient avec enthousiasme, les prodiges qui éclataient au sein d'une église rurale, vouée à saint Donat, et sise non loin du château de saint Quentin. Raymond II ordonna une enquête, pour constater le mérite des rapports que lui faisaient dans leur langage pittoresque, les habitans de la contrée. Persuadé de la vérité de tous ces faits, il dirigea l'élan de son zèle vers la restauration de l'église champêtre, si glorieusement favorisée du Ciel. La voix du Prélat trouva de l'écho dans tous les lieux; partout elle suscita de pieuses largesses, et bientôt le gothique édifice accru de moitié, revêtit en se dilatant, des formes élégantes, des formes plus dignes de sa célébrité.

Les merveilles qui s'opéraient dans ce sanctuaire, ne furent que le prélude de celles dont Apt allait être témoin. Comme l'aurore signale l'apparition prochaine du soleil, ainsi, ce sillon de lumière que le ciel projettait sur un point obscur du diocèse, servit d'avant-coureur à la vive clarté qui devait en colorer toute la surface. Elzéar de Sabran venait d'exhaler à Paris, le dernier soupir, et les Aptésiens se disposaient à saluer, avec les plus vives démonstrations de respect, l'arrivée de ses dépouilles mortelles ; car, une clause expresse de son testament les avait léguées aux Cordeliers les plus voisins du château d'Ansouis.

Ce noble baron, comme on sait, était un des

plus puissans vassaux de la couronne de Naples. Touché de ses éminentes qualités, le roi Robert l'avait chargé de l'éducation du duc de Calabre; honneur qu'Elzéar, par modestie, aurait voulu décliner. Les leçons qu'il donna à son disciple, sont celles que suivront tous les monarques qui voudront être bons et chéris de leurs peuples. Animé d'un sincère amour de la vertu et du bien public, il détesta toute flatterie, et n'oublia rien pour mettre le prince en garde contre elle. Quand les auteurs contemporains ne rendraient pas ce témoignage au comte d'Ariano, c'en serait un, qui seul remplacerait tous les autres, que le succès éclatant de ses préceptes et de ses exemples. Pour apprécier le maître, il suffit de voir ce qu'il fit de son élève; il suffit de connaître ce qu'était devenu le duc de Calabre, sous les mains habiles de son gouverneur; quel règne il promettait à la Péninsule, et quels regrets le suivirent, lorsque tant d'espérances s'en allèrent avec lui dans le même tombeau. Heureusement pour Elzéar, il ne fut pas témoin de ce deuil national. On se rappelle, qu'il était accrédité comme ambassadeur auprès de la Cour des Valois, afin d'y négocier une auguste alliance, quand la mort le frappa prématurément, et lui ravit ainsi la gloire de jouir de son propre ouvrage. Il envisagea sa fin avec cette grandeur d'âme, qui avait caractérisé toutes ses démarches, et s'y prépara avec la présence d'esprit d'un sage formé à l'école du divin maître. Muni des Sacremens, il mourut, orné des vertus qui le firent placer au nombre des Saints, non du vivant de son épouse, comme quelques-uns l'affirment, mais six années après qu'elle l'eut rejoint dans le ciel. Avant de mourir, il déclara la laisser vierge, aussi pure qu'on la lui avait donnée. Gracieux et bienveillant dans ses manières, doué d'un physique remarquable, plein de confiance dans ses amitiés, généreux à l'excès dans ses largesses, tel fut, au point de vue naturel, Elzéar de Sabran, dominant de son nom illustre tout le siècle dont nous déroulons ici le tableau.

Les écrivains varient entr'eux sur l'époque du décès du serviteur de Dieu, et sur le chiffre énonciatif de son âge. Mais, le nécrologe Franciscain, que nous croyons le plus exact de tous, assignant à cette bienheureuse mort, la date du 27 Septembre 1323, il s'ensuit que cet ange de la Provence courait sa trente-huitième année, quand Dieu l'appela à un monde meilleur. Carrière brève, sans doute, qui prouve qu'aux saints n'appartiennent pas plus les longues vies, qu'aux grands hommes, les belles fortunes. Son trépas fut accompagné de tant de prodiges, que tout Paris accourut dans le lieu où le corps demeura exposé. Huit mois s'écoulèrent, avant qu'on eut reçu les ordres de la Cour de Naples, pour le transport de ces dépouilles, et préparé l'équipage qui devait les conduire à leur destination.

Il faudrait un gros volume pour décrire les vertus d'Elzéar, vertus d'autant plus éclatantes, qu'elles se trouvaient greffées sur une tige où brillent tous les genres d'illustrations. On peut considérer en lui, l'homme du monde et l'homme de Dieu. Sous le premier aspect, sa conduite restera comme un type pour les races princières, pour tous ceux que la Providence a placés dans les hautes régions du pouvoir. Suivre scrupuleusement la ligne de l'équité, ne jamais s'écarter du cercle des convenances, aimer la franchise et ne point enchainer sa parole en face de l'injustice, avoir le courage de son opinion, détester l'hypocrisie et la duplicité, servir le prince avec dévouement; mais aussi, savoir combattre des mesures intempestives et préjudiciables aux intérêts de l'état ; voilà, en peu de mots, le caractère du comte d'Ariano, caractère gardé par les siècles, pour être offert en modèle aux gouvernans d'aujourd'hui, époque de faiblesse et d'égoisme, où tant de saintes traditions sont mises en oubli. Durant son séjour à la Cour, il accorda si bien les devoirs de chrétien et de courtisan, qu'on peut lui appliquer ce que saint Bernard disait du célèbre abbé Suger : « Avec Dieu, « c'est un Ange; avec le Roi, c'est un grand Sei- « gneur. » *Apud Cesarem, tanquàm unus de curiâ Romanâ ; apud Deum, tanquàm unus de curiâ Cœli.* Sous le deuxième aspect, rien de plus parfait que sa vie, qui, à elle seule, résume toutes les vertus évangéliques, comme nous le verrons plus tard.

La vive sympathie dont il était animé envers l'ordre séraphique, l'avait étroitement uni avec trois religieux, éminents en piété et en doctrine. Le premier, François de Mayronis, eut la meilleure part dans l'intimité d'Elzéar, parce qu'il dirigeait sa conscience. Professeur distingué de l'Université de Paris, c'est cette fameuse École qui lui adjugea le titre de *docteur illuminé*, tant à cause de la haute portée de son enseignement, que pour avoir formulé le programme des épreuves dont devaient triompher les aspirans au doctorat : appellation flatteuse, qui, en peignant d'un trait, l'esprit de Mayronis, l'a placé à la suite des Thomas d'Aquin, des Scot, des Bonaventure, et des autres Pères de la Théologie scholastique. Le second, Pasteur d'Aubenas, alliait divers genres de mérite : la grande réputation qu'il s'était acquise dans son Ordre, lui valut d'abord les honneurs de l'épiscopat, puis ceux de la pourpre Romaine. Quant au troisième, Rosolin d'Ansouis, bien que sa renommée n'égale pas, à beaucoup près, celle des deux autres, piété et science formèrent ses droits à l'estime dont il jouissait. Voilà les personnages, chez lesquels Elzéar, durant le cours de son ambassade, s'abreuva aux sources pures de la sagesse, et dont le commerce servit de véhicule à ses vertus.

Avec la baronie d'Ansouis, paisible séjour de

ses ancêtres le comte d'Ariano possédait encore de grands fiefs, en Provence et en Languedoc ; car il était seigneur d'Uzès, de Lunel, de Cucuron, de Cadenet, de la Tour-d'Aygues, de Lourmarin, et de maintes autres places sises dans le bailliage d'Apt. Grand devant les hommes par l'éclat de la naissance, les biens de la fortune, et les faveurs du pouvoir, il fut plus grand devant Dieu par l'intégrité de sa vie, la perfection de ses mœurs, et surtout, par ce goût exquis de la pureté qu'il sut conserver au milieu des attaques incessantes d'un tempérament sanguin : circonstance qui rend son triomphe d'autant plus glorieux, que la nature avait à lutter d'avantage contre elle-même. Jamais tableau plus merveilleux, que celui de ses vertus; car il offre en raccourci, tout ce que l'antiquité judaique et chrétienne admira jadis dans les personnages proposés à notre admiration. Là, en effet, sur un fonds richement coloré, la foi ne se dessine pas seule, cette foi vive et animée, que la promesse du Messie avait suscitée chez les élus de l'ancienne alliance; mais encore, ce mépris des choses terrestres, cet amour de Dieu et du prochain, qui caractérisent l'esprit de la nouvelle. Aussi, par le plus heureux accord de la nature et de la grâce, trouve-t-on réunis dans cette noble individualité, le zèle des prophètes, la ferveur des martyrs, la pureté des vierges, et la mortification des anachorètes.

Aussitôt après le décès d'Elzéar, on déposa son corps dans un cercueil de plomb, aux Cordeliers de Paris, où il demeura, comme on sait, l'espace de quelques mois, en attendant les ordres de la Cour de Naples. Le Père Mayronis fut chargé de l'accompagner à Apt. Ce pieux devoir, nul n'était plus en droit de le remplir, que celui qui, ayant assisté l'homme de Dieu durant sa maladie, avait eu l'avantage de recueillir son dernier soupir. Il paraît que, dans la première expansion de sa douleur, Delphine avait exprimé le désir d'aller à Paris, pour ramener elle-même les cendres de son époux. C'était dans cette vue, sans doute, qu'elle quitta Ansouis, et vint à Avignon; mais ses forces trahirent son courage. Contrainte de résister à cet héroïque élan, elle attendit dans la ville papale, l'arrivée du corps, et le suivit jusqu'au terme de sa destination. Sur toute la route parcourue par le convoi funèbre, les cloches furent mises en branle à double volée; des prières l'accompagnaient, les prêtres et les magistrats allaient à sa rencontre. Ce précieux dépôt fut reçu à Apt avec une profonde vénération, bien qu'on ne s'y doutât pas du brillant avenir que le nom d'Elzéar préparait à cette ville. L'illustre veuve fit ponctuellement exécuter tout ce que le serviteur de Dieu avait prescrit pour ses obsèques; elle en retrancha le faste que les grands ont coutume d'étaler dans ces tristes circonstances. Partout, la plus noble simplicité présida aux dispositions commandées par le haut rang du défunt. Pour seul et unique appareil, l'éclat des cérémonies pontificales, la présence de personnages distingués, et un prodigieux concours de fidèles. L'évêque d'Apt officia, assisté de son Chapitre, et le Père Mayronis prononça l'oraison funèbre. L'orateur, par la grace de son débit et le charme de sa parole, força à l'attention toute cette foule d'assistans, et la tint constamment *suspendue à ses lèvres*, selon l'énergique expression des poètes. On remarqua dans son discours, l'éloge de la maison de Sabran, dont il fit remonter la glorieuse ligne d'ancêtres jusqu'à Stilicon, qui avait causé tant de troubles dans l'empire, sous les enfans de Théodose; trait hyperbolique, sans doute, qui prouve que cette maison, dont l'origine se perd dans la nuit des temps, avait déjà commencé d'en adopter une fabuleuse. Enfin, la cérémonie se termina, par la déposition du cercueil dans un ancien tombeau des Simiane, tombeau relevé contre le mur, à main gauche du Chœur.

De cet évènement, date une ère nouvelle pour le pays, ère de gloire et de célébrité. C'est qu'alors, la religion dominait tous les intérêts du siècle, et formait le grand ressort social; c'est qu'alors, la foi était la mesure avec laquelle s'évaluaient hommes et choses. Aussi, dans une antienne prise de la première vie de saint Elzéar, Antienne chantée probablement dans nos églises, lisons-nous ces paroles, indice officiel de l'esprit public de l'époque [1] : « Réjouis-toi, cité Julienne; oui, réjouis-toi de « l'avantage de posséder le corps d'Elzéar ; la Ba-« silique des Frères-Mineurs, l'un de tes plus « beaux ornemens, tient en dépôt ces précieux « restes dont l'aspect chasse la maladie et ramène « la santé : auguste Confesseur, les âmes esclaves « du péché, t'implorent afin d'obtenir leur déli-« vrance. » Parmi les causes de cette éclatante distinction échue à une tout petite ville, nous trouvons en première ligne, le zèle des Aptésiens, à seconder la pensée du Patriarche de l'ordre séraphique. Cet acte de piété, en les dotant d'un nouvel Institut, ouvre une longue chaine de faits mémorables dont ils peuvent, à juste titre, s'énorgueillir. Voilà le motif, pour lequel le monastère des Cordeliers est devenu, en quelque sorte, le frontispice de l'œuvre que nous construisons en ce moment; monastère consacré par les ferventes prières des enfans de saint François, arrosé de leurs larmes, accru par les largesses des Seigneurs de Simiane, et exhalant au loin un si doux parfum de piété, que l'aristocratie provençale tenait à honneur de s'y faire ensevelir.

A l'époque où s'accomplirent les funérailles du

---

[1] Jehan Raphaël. *Vie de sainct Aulzias de Sabran*, à la Bibliothèque du Roi. — Voyez, à la fin du volume, la Note deuxième du Livre second.

comte d'Ariano, le Chapitre possédait dans son sein, deux hommes d'un rare mérite, destinés par l'éclat de la naissance, aux éminentes dignités de l'Église. Le premier, Aymard de la Voûte, figurait à la tête de sa compagnie, en qualité de Prévôt; et le second, Philippe de Cabassole, confondu dans la foule des Capitulans, ne s'en distinguait que par sa haute capacité [1]. Articuler de pareils noms, c'est justifier le soin que nous avons pris, de les faire sortir de la poussière des vieilles chartes, pour les inscrire sur les pages de notre histoire religieuse. Dans les diverses biographies qu'on a données de ces deux célébrités, nul vestige de leur affiliation au Clergé d'Apt. Sans doute, le souvenir des modestes fonctions qu'ils y remplirent, dut s'effacer, en présence des emplois éclatans dont on les vit plus tard revêtus. Mais nous, qui sommes à l'affût de la moindre particularité relative à notre église; nous, chargés d'en refaire les fastes, ne nous convenait-il pas d'ajouter à son auréole ce nouveau rayon de gloire? Quelques mots ici sur ces personnages.

Aymard de la Voûte sortait de l'illustre maison des Baux et des Anduzes, originaire des Cévennes [2]. Il était fils de Raymond, et de Fleurie de Blacas. La prévôté d'Apt ne fut à son égard qu'un temps

---

[1] Voyez, à la fin du volume, la Note troisième du Livre second.
[2] Remerville. *Histoire de l'Église d'Apt*.

d'arrêt, en attendant les honneurs de l'épiscopat. Les plus belles positions, en effet, conquises par d'autres, à force de labeurs et de services, semblaient lui appartenir au titre seul de la naissance; aussi, franchit-il bientôt le dernier échelon de la hiérarchie; car, le Pape Jean XXII le nomma, malgré le défaut d'âge, évêque de Viviers. Chose remarquable! trois Prélats destinés à des siéges étrangers, surgirent de notre ville, dans cette première moitié du XIVe siècle, et ils étaient tous de la maison de la Voûte. D'abord, Aymard déjà cité ; puis, Guillaume, évêque de Marseille, tranféré au siége de Valence et de Die réunis; enfin, un autre Aymard, évêque *in partibus* de Némosie, qui devint successeur de son frère, dans l'évêché de Marseille. « Ce furent », dit un chroniqueur [1], « trois « dignes et illustres Prélats, tous Aptésiens, tous « esgaux en brillans faicts de vertus, tous pareils « en dignités, tous semblables de noms, tous arrivés « fort jeunes au comble de la fortune. » Faute d'avoir connu ce triumvirat épiscopal, certains auteurs ont donné dans l'absurde, en confondant les dates, les faits et les personnes. Remerville a très-bien caractérisé le premier de ces Prélats : quant aux deux autres, voici ce que nous avons découvert touchant leur origine [2]. Selon Baluze,

---

[1] *Fragmens de la Chronique Capitulaire.*
[2] Baluze. *Vitæ Papar. Avenionensium*; Tom. I.
Belzunce. *Histoire des Évêques de Marseille*: Tome II.

Guillaume et Aymard, que Marseille salua princes de son église, auraient été fils de Bermond de la Voûte, et d'Eléonore de Poitiers. Le même savant pense que c'est du chef de leur mère, qu'ils étaient proche parens de Nicolas des Ursins, comte de Nôle. Mais il est certain, que leur père avait nom Guillaume, et possédait le fief de Saint-Martin-de-Castillon. La maison de la Voûte, depuis son alliance avec les Simiane, s'était fixée à Apt et y demeurait dans un hôtel, qu'elle donna ensuite aux Carmes. Aymard n'étant encore qu'évêque de Némosie, avait fondé au profit de ces Religieux, une messe à perpétuité. Le gage qu'il donna en garantie, était un magnifique bréviaire, évalué à cent florins d'or, somme qui n'excédait pas la valeur du livre; car, le donateur stipula le droit de le retirer pour le même prix, quand cela lui conviendrait. Nous ignorons, s'il aurait usé plus tard de cette faculté ou si le précieux manuscrit existait encore dans la bibliothèque des Carmes à l'époque de la révolution. Assez de ce simple apperçu sur les trois prélats aptésiens : nous avons pu les revendiquer par droit de naissance; mais, voués à d'autres églises, ils cessent de nous appartenir et passent dans le domaine de l'histoire locale. Rattacher leurs noms illustres au Clergé d'Apt, telle était notre mission : après l'avoir remplie, venons à Philippe de Cabassole.

Ses progrès dans la carrière des honneurs furent si rapides, que l'exemple d'une pareille élévation est vraiment prodigieux. [1] Il avait débuté comme on sait par une simple chanoinie dans le chapitre d'Apt: quelle distance de ce poste à celui de grand chancelier du royaume où il devait enfin aboutir! Cependant, un concours heureux de circonstances lui permit de parcourir, en peu de temps, cet immense intervalle. Les Aptésiens l'accompagnèrent de leurs vœux, lorsque Cavaillon, sa patrie, le vit monter sur la chaire épiscopale de St. Véran. Là, jeune encore, il déploya des talens qui le firent juger propre au maniement des affaires politiques et religieuses. Avec les rois qui se connaissent en hommes, le mérite est toujours sûr de percer et de parvenir. Philippe eut l'avantage de vivre sous un prince de ce caractère. Précédé par le bruit flatteur de sa renommée, à peine paraît-il à la cour, qu'il est investi des premières charges de l'État et nommé co-régent pendant la minorité éventuelle de la reine Jeanne. L'évêché de Cavaillon était un titre trop modeste pour un prélat à qui le souverain confiait un rôle si important. De là, les promotions diverses où son nom se trouve compris avec un nouveau surcroît de gloire; car, après avoir échangé ce premier siége contre celui de Marseille, il devient successivement patriarche de Jérusalem et cardinal avec le protectorat de l'ordre séraphique.

---

[1] Cottier. — *Notes sur les recteurs du Comtat.*

Amateur éclairé des sciences et des lettres, Philippe réunissait autour de lui tous les hommes d'élite que renfermait le Comtat, tous les étrangers célèbres que la cour romaine y attirait. L'utile patronage qu'il étendait sur eux, les encouragemens qu'il prodiguait aux artistes et mieux encore cette sympathie secrète qui met en contact les esprits d'une forte trempe, l'avaient étroitement uni avec le fameux chantre de Vaucluse. Une seule entrevue leur suffit pour se révéler l'un à l'autre. Philippe découvrit dans Pétrarque la plus haute personnification du génie poétique, et Pétrarque admira dans son noble ami, une intelligence supérieure, douée de la plus vive force d'intuition : » C'est un grand homme, » disait-il, « à qui on a donné un tout petit évêché. » Depuis cette époque, le prélat et le poète se rapprochèrent par cette fraternité littéraire qui nivelle les distances d'âge et de position sociale : touchante fraternité que l'imagination gracieuse des anciens avait symbolisée par le chœur des Muses.

Sans nous arrêter à peindre ce prélat dont la vie fournirait à l'histoire mille traits intéressans, nous dirons ici qu'admirateur d'Elzéar de Sabran, il s'était chargé après Mayronis de reproduire en chaire son éloge. [1] Le discours qu'il

---

[1] Remerville. *Histoire de St-Elzéar de Sabran.*

prononça aux Cordeliers, pour le service anniversaire du serviteur de Dieu, répondit parfaitement à l'importance du sujet. Jamais Apt n'avait ouï un orateur plus attentif à relever les gloires de la patrie, ni plus capable d'apprécier les vertus d'un héros chrétien. C'est Philippe qui, en s'inspirant de l'esprit de son devancier, posa le second anneau de cette chaîne brillante d'orateurs où figuraient les jeunes talens chargés de formuler chaque année à jour fixe, le panégyrique de l'ange de la cour. Cette tâche lui avait paru si belle, que, tant qu'il se trouva en Provence, rien ne l'empêcha jamais de venir répandre dans une pieuse allocution, les fleurs de son éloquence, sur la tombe du chaste époux de Delphine.

En parlant de la maison de la Voûte et de son triumvirat épiscopal, le nom des Carmes s'est glissé dans nos récits : on nous saura gré de gratifier ces religieux d'un souvenir, d'autant qu'ils embaumèrent la ville du parfum de leurs vertus. Cette colonie monastique fixée depuis quelque années dans le riant vallon de Rocsalières, y grandissait silencieuse et recueillie sous la tutelle de l'évêque d'Apt. [1] Faible arbuste à son début, elle eut bientôt poussé des jets vigoureux dont s'alarma la jalousie de ses rivaux.

---

[1] Remerv, *Histoire de l'Église d'Apt.* — Boze *ibid.*

Déjà, peu avant la mort du comte d'Ariano, Raymond II, cédant à de hautes influences avait consacré l'église du nouvel institut, située *extrà muros*. Mais cette faveur était au prix de conditions trop onéreuses à un établissement naissant.

Presque partout, en effet, cet Ordre récemment importé de Palestine, avait eu, pour se naturaliser en France, de grands obstacles à vaincre. Dès son apparition dans la ville, il trouva froideur et répugnance auprès des corps écclésiastiques. Le chapitre lui était opposé comme à un concurrent qui allait réclamer sa part dans les dépouilles opimes des fidèles. Mais enfin, retranchés derrière les sympathies populaires, les Carmes triomphèrent du mauvais vouloir de leurs ennemis. Après maintes vicissitudes subies avec courage par ces hommes de Dieu, une convention régla les rapports respectifs du Carmel et de la Cathédrale. C'est alors que les disciples d'Élie désertèrent la campagne, et vinrent prendre place au foyer commun d'une cité jalouse de les avoir au milieu d'elle pour s'édifier de leurs vertus. D'abord la maison qu'ils occupèrent n'excéda guères les proportions d'un manoir bourgeois; mais, grâce aux largesses des seigneurs de Simiane et d'Anduze, elle pût, en peu de temps, rivaliser avec les autres édifices conventuels. Bientôt s'éleva à côté, une belle église surmontée de son campanille qu'il fallut tenir surbaissé contrairement aux règles de l'art pour ne pas éveiller les susceptibilités capitulaires. Ce temple méritait bien d'être rendu en entier au catholicisme : car, indépendamment de son importance historique, il fesait honneur au goût de l'architecte qui l'avait construit. Puisqu'on était en veine de restauration, il ne fallait pas le scinder en deux, par un ignoble mur de refend. L'idée d'affecter une moitié de la nef au service religieux, et l'autre moitié à des usages profanes, est une conception absurde qui ôte toute poésie à la portion même qu'on a réservée au culte de la divinité. Quoique postérieurs aux Cordeliers, les Carmes partagèrent avec eux la confiance publique, et poursuivirent, comme leurs aînés, une carrière glorieuse jusqu'à l'époque de la révolution. Barthélemi Portalenqui, évêque de Troye *in partibus*, a été, au XVe siècle, un des plus illustres élèves du Carmel Aptésien.[1] C'est de là qu'il s'élança aux dignités de son ordre, et aux honneurs de l'épiscopat. Le P. Jacques Brun, dernier prieur de cette maison, mérite aussi pour, ses travaux littéraires, une mention spéciale.

Ces digressions nous ont un peu écarté de la route jallonnée par la chronologie; hâtons-nous d'y rentrer pour suivre le fil des évènemens. Le premier fait que l'ordre des dates nous signale

---

[1] Voyez, à la fin du volume, la Note 4. du livre second.

après la pompe funèbre des Cordeliers, est l'ouverture du grand Concile de Saint Ruf. L'intervention de Raymond II dans cette assemblée, forme un trait saillant de son épiscopat. Gasbert archevêque d'Arles présida, au nom du Pape, les suffragans des trois provinces qui formulèrent les beaux règlemens dont nous devons la connaissance au célèbre Gassendi. Ce philosophe, en descendant des hautes régions de la métaphysique, se plaisait à tenter maintes excursions sur le domaine aride et rocailleux de l'érudition. Étant prévôt de Digne, il avait par hasard exhumé, des vieilles archives de sa compagnie, les actes authentiques du Concile Avignonnais. Sous des mains inexpérimentées, le précieux manuscrit serait bientôt retombé dans la poussière pour devenir la pâture des vers; mais, sous celles d'un savant, pareil danger n'était point à craindre. Joyeux de sa découverte, Gassendi eut hâte d'en faire jouir le public qui y trouva, avec la preuve bien consolante de la perpétuité de la foi, un nouvel indice de l'assistance promise aux pasteurs chargés de diriger les fidèles dans les voies du salut.

L'époque qui vit cette belle réunion épiscopale, fut aussi celle où le ciel glorifiait le tombeau d'Elzéar par d'éclatans miracles. Plus le bruit s'en répandait en Provence, et plus grossissait la foule des malheureux qui venaient implorer la guérison de leurs maux divers. La miséricorde divine ne fesait pas défaut à la foi du peuple chrétien, et chaque jour elle accordait aux prières de ceux qui prenaient le noble comte pour avocat, des grâces plus nombreuses et plus évidentes. Raymond II, attentif aux témoignages multipliés d'une sainteté non équivoque, et ému jusqu'aux larmes par ces flots de fidèles prosternés sur les dalles de la Basilique franciscaine, n'hésita pas à faire connaître au Pape Jean XXII, le véritable état des choses. Dans une assemblée des trois ordres de la cité, présidée par l'évêque, on vota une adresse tendante à obtenir du saint Siège la canonisation du serviteur de Dieu. La rédaction en fut confiée au P. Mayronis. Ce rôle allait bien à celui qui, ayant assisté Elzéar au moment de la mort, recueillit sur ses lèvres expirantes, d'admirables secrets; et il faut convenir que le docteur s'en acquitta en homme dignement inspiré : car, il offrit à ses mandans, une production remarquable, excellent résumé des titres glorieux de l'élu à la céleste auréole. Cette pièce si intéressante pour nous, si propre à éveiller nos sympathies, parce qu'elle met en relief la principale figure historique du pays, dormait enfouie dans les cartons poudreux des archives des Cordeliers. Un savant archéologue, le P. Pagy, l'ayant jugée susceptible des honneurs de l'impression, en publia le texte à la suite des sermons inédits de Saint

Antoine de Padoue : [1] idée heureuse, dont l'effet fut d'offrir un nouvel appât aux amateurs de livres curieux. Bientôt les Bollandistes agrandirent le cercle de la publicité pour l'œuvre de Mayronis en l'insérant dans leur volumineux répertoire. Nous allons la reproduire traduite librement du latin, afin que chacun puisse l'apprécier Ce parti nous semble préférable à celui d'en donner une simple analyse, comme l'avaient déjà fait le P. Borely et Remerville. Les lecteurs au moyen de cette exhibition, pourront pressentir les formes de la littérature religieuse au XIVe siècle, et grande peut-être sera leur surprise, en voyant se presser sous la plume d'un grave théologien des pensées fines et ingénieuses auxquelles il ne manque que les grâces du langage. Suspendons ici nos réflexions pour céder la parole au savant panégyriste d'Elzéar.

« TRÈS SAINT PÈRE,

« *L'Ange du Seigneur descendit vers Azarias et ses compagnons dans la fournaise, et, ayant*

---

[1] *Dictionnaire des hommes illustres de Provence.* Article *St. Elzéar.* Pagy. — *Sermones inediti S. Anton. Paduani* — Bollandus. *Acta SS. mense septembri.*

Voyez, à la fin du volume, la Note 5 du second Livre.

écarté toutes les flammes, il forma au milieu de la fournaise un vent aussi frais que la rosée, à l'aide duquel le feu n'effleura en aucune sorte les trois adolescens. — Telles sont les paroles échappées de la bouche de Daniel, au chapitre troisième de ses prophéties. Comme autrefois le Dieu Très-Haut, par un miracle inouï, préserva Azarias et ses compagnons du contact des flammes, au milieu d'une fournaise ardente, ainsi, dans ces derniers temps, en signe des soins qu'il prend de son Eglise, le même Dieu, par un prodige non moins merveilleux, a garanti du feu de la volupté, le comte Elzéar d'heureuse mémoire, quoique placé au milieu de la fournaise du monde.

» C'est une chose admirable et peut-être sans exemple chez les anciens, qu'un beau jeune homme à tempérament sanguin et de complexion robuste, possesseur d'immenses richesses, vivant dans les délices de la Cour, exposé enfin à toutes les séductions du plaisir, ait gardé une continence parfaite, durant l'espace de vingt-sept ans, avec son épouse aussi noble que belle, et cela sans avoir cessé d'être auprès d'elle, si ce n'est pour la nécessité des voyages: individualité prodigieuse, tellement à l'abri des atteintes du sensualisme que d'elle a pu se dire, comme du prince préconisé par Nathan: C'est l'élite de la nation sainte, c'est la fleur des enfans d'Israël, ou mieux encore la graisse de l'hostie que l'on sépare de la chair: *quasi adeps separatus à carne !* [1].

» A un mariage aussi pur où la grâce a triomphé de l'instinct naturel, convient éminemment cette parole prophétique d'Isaïe: *un jeune homme habitera avec une vierge* [2]. car, avant de mourir, et, prêt à rendre sa belle âme au créateur, cet époux vierge, une des plus sublimes personnifications de la vertu, déclara devant témoins, qu'il laissait intacte sa compagne, avec laquelle, pour rendre un hommage plus agréable à Dieu, il avait fait vœu de perpétuelle virginité »

» En voyant une telle entreprise non moins courageusement conçue qu'heureusement accomplie, n'est-ce point le cas de piquer le zèle des Provençaux, et de leur adresser ces poétiques paroles du Cantique des Cantiques? *Les fleurs épanouissent sur notre terre, le temps de tailler la vigne est arrivé ; vienne bientôt celui de la récolte* [3]. Combien de fruits de pureté, maintes personnes ont déjà recueilli par les mérites de ce chaste époux, sur les bords de sa tombe? Faibles qu'elles étaient contre les violens assauts du démon de la chair, le simple contact de ce marbre monumental les a, tout d'un coup, trans-

---

[1] Eccli. 47
[2] Isaïe. Cap. 62.
[3] *Cantici. cantic.*, C. 2.

formées en leur communiquant une vertu divine : et alors quelle joie pour elles, quelle agréable surprise de se sentir désormais assez fortes pour tenir en échec des passions fougueuses !

» L'Eglise romaine, notre mère, reconnait et révère quatre mariages, à l'ombre desquels ont fleuri les lys de la virginité, savoir : 1º le mariage de Saint Joseph avec la Sainte Vierge. Si Marie a été la plus pure des vierges, Joseph a été le plus chaste des époux : et il le fallait bien, selon la pensée de Saint Augustin, pour qu'une si belle union fût parfaitement assortie.

» 2º Celui de Saint Jean l'Évangéliste qui, le soir même de ses nôces, au dire de Saint Jérome, fut appelé par J. C. aux honneurs de l'apostolat ;

» 3º Celui de Valérien avec Sainte Cécile, quoique leur célibat soit moins avéré ;

» 4º Enfin celui de Saint Alexis qui abandonna son épouse, afin de se soustraire par la fuite à l'incertitude du triomphe.

» Certes, le célibat du comte d'Ariano est bien autrement admirable que celui d'Alexis ; car, ce dernier ne vécut point avec sa compagne, tandis qu'Elzéar, pendant un laps de temps considérable, se trouva exposé au péril d'une cohabitation incessante. Tout en effet était commun entre lui et Delphine, le domicile, la table, la chambre et jusqu'à la couche nuptiale : vertu sublime que les parfaits admireront sans jamais pouvoir l'imiter.

» Le célibat d'Elzéar ne prime pas moins celui de Valérien, parce que chez le premier, l'épreuve s'étant prolongée, la palme de la victoire est devenue d'autant plus belle, qu'il a fallu plus longuement la disputer.

» Il ne prime pas moins celui de Saint Jean l'Évangéliste, sous le rapport de la difficulté vaincue : car Jésus avait arraché ce jeune homme des bras de sa compagne pour en faire un apôtre, au lieu que ce divin maître, sans disjoindre Elzéar de la sienne, l'affermit si bien dans sa merveilleuse entreprise, que le lit nuptial devint pour lui un asile contre la révolte des sens; en sorte qu'il a franchi les barrières que le Sage dans le livre des Proverbes, avait assignées a l'humaine nature, par les paroles qui suivent [1]. *Un homme peut-il cacher le feu dans son sein, sans que ses vêtemens en soient consumés? ou bien peut-il marcher sur des charbons ardens sans se brûler la plante des pieds ?* Ainsi Elzéar passant a travers les séduisantes amorces de la volupté, a marché en réalité sur des matières enflammées; mais leur activité s'est amortie sous ses pas; chez lui, les passions restèrent toujours calmes et dans le plus parfait équilibre. La grâce l'avait si fort rendu invulnérable de ce côté, qu'il ne devint jamais plus sûr de son triomphe,

---

[1] Proverbiar. Cap. 6.

que dans la couche de son épouse, vrai berceau de sa sainteté. C'est là que, subjugué par les attraits de l'état virginal, il y voua son noble cœur, comme il en fit l'aveu à des amis intimes.

» Enfin, le célibat d'Elzéar paraît devoir être assimilé à celui de Joseph et de Marie; bien entendu pourtant que la pureté de la mère de Dieu ne souffre point de comparaison. En effet, les augustes parens de Jésus vécurent ensemble sous le même toit et dans une sainte familiarité. A ce point de vue, nul mariage ne reflète mieux leur mystérieuse union, que celui d'Elzéar et de Delphine, qui, comme son type, se résume dans un simple nœud des cœurs, sans la moindre intervention des sens.

» Nul doute qu'un si sublime dessein de la part du jeune comte n'ait été le fruit de célestes inspirations; en voici la preuve: ce vertueux adolescent en était au milieu de son troisième lustre; il venait d'être uni en mariage avec Delphine, jeune personne de haut lignage, agée de quinze ans, dont les grâces précoces promettaient une beauté accomplie, lorsque le baron de Sault, l'un des plus puissans chatelains de la Provence, conçut l'idée d'un grand et pompeux tournoi, qu'il fit annoncer par les poursuivans d'armes pour le jour de l'Assomption. Elzéar non encore voué aux exercices de la vie ascétique, accourt au rendez-vous avec nombre de chevaliers et damoisels, bien résolu de partager l'entrainement des seigneurs de son âge. Mais quelle est sa surprise! au moment de l'ouverture des joûtes, il se sent abandonné par l'intérêt puissant qui l'avait conduit dans ces lieux. Son œil s'attriste; son cœur se ferme à la joie; une douce mélancolie rembrunit son visage; il prend en pitié ces fêtes chevaleresques que des milliers de spectateurs suivent d'un regard curieux. C'est qu'il vient de s'opérer en lui un changement inespéré, qui l'oblige à feindre une indisposition subite pour pouvoir se retirer dans sa chambre. Là, humble captif de la componction, après avoir médité, sous l'influence de la grâce, les paroles de son épouse sur l'excellence de l'état virginal; il prend la résolution de s'y consacrer irrévocablement, sans pourtant encore lier sa volonté par un vœu explicite et formel. N'est-il donc pas permis de conclure qu'un goût si hâtif de la pureté, lui était communiqué d'en-haut, selon ces paroles du Sage [1] : *en devenant bon de plus en plus, j'ai maintenu mon corps exempt de souillures : comme je savais que je ne pouvais avoir la continence, si elle ne me venait de Dieu... je m'adressai au Seigneur et lui fis ma prière.*

» L'humilité d'Elzéar et son amour du prochain n'ont pas projeté un moindre éclat que son admi-

---

[1] Sapientia, Cap. 8.

rable chasteté. Attaché par ses fonctions à la cour de Naples, et obligé d'accompagner le prince à la chasse, combien de fois ne le voit on pas se dérober de la foule des courtisans pour aller suivi d'un simple chevalier son serviteur, servir les lépreux dans les hopitaux? Là, il leur lave les pieds, nettoie leurs ulcères, et panse leurs plaies: puis il pousse l'héroïsme de la charité jusqu'à baiser ces êtres hideux, en vue de Jésus-Christ qui fut attaché à la croix comme *un lépreux*, selon l'expression d'Isaïe [1]. Peut on douter qu'un reflet divin n'ait coloré tous les instans de cette vie exceptionnelle écoulée dans la pratique des plus belles vertus? Quand sonne enfin pour Elzéar sa dernière heure, on l'entend glorifier par maintes louanges, la croix du Sauveur dont il avait éprouvé les douces onctions. C'est ainsi qu'il meurt à la fleur de l'âge, dans la capitale de la France, d'où son corps est ensuite transporté dans cette ville d'Apt.

« Bientôt éclatent sur sa tombe des miracles nombreux. Au fait, ne convenait-il pas qu'une si éminente sainteté inconnue aux mortels fut authentiquement déclarée par les prodiges de la droite du très-haut? Alors se révèle la portée du crédit d'Elzéar. A la seule invocation de son nom, des morts sont rappelés à la vie, des aveugles

---

[1] Isaïe, Cap. 14.

voient la lumière, des possédés du démon secouent leurs chaines ignominieuses, des malades recouvrent la santé, au grand étonnement des hommes de l'art. Il y a plus : le royaume de Majorque était en proie aux calamités d'une guerre cruelle; à peine Elzéar, dans une apparition, annonce-t-il la fin de ces combats meurtriers, que les hostilités cessent, et permettent aux citoyens de respirer à l'ombre de l'olivier de la paix ».

« C'est pourquoi, prosternés aux pieds de Votre Sainteté les Aptésiens tant de l'ordre civil que de l'ordre religieux, la supplient humblement d'ordonner une enquête sur la vie et les miracles du comte d'Ariano, afin qu'après avoir reconnu la vérité des faits articulés à sa louange, le vicaire de Jésus Christ, daigne l'inscrire au catalogue des saints. Quelle gloire pour Votre Sainteté de placer ainsi une nouvelle lumière sur le candélabre de l'église militante, et pour nous, quel honneur d'avoir sollicité ce grand acte de rémunération au profit d'un personnage dont tant de merveilles proclament les heureuses destinées!!! ».

Quand on lit ce précieux document, si propre à nous donner une idée de l'état ou se trouvait la littérature sacrée durant la période papale Avignonnaise, on ne peut s'empêcher de plaindre le sort de l'histoire livrée à des mains grossières et malhabiles, dans des tems où la théologie au moins parlait un langage digne et convenable. Ce n'était là pourtant qu'un rapide apperçu des titres d'Elzéar, à l'apothéose chrétienne : plus tard, de nouveaux traits s'ajouteront au tableau de sa vie, lorsque le soc de l'autorité apostolique en sillonnant ce champ à peine exploré, y aura mis à découvert des trésors de sainteté. L'œuvre de Mayronis parut si belle, qu'on l'adopta d'enthousiasme [1]. Il s'agissait ensuite de nommer les députés qui, avec l'évêque, devaient la porter aux pieds du trône pontifical. Le choix de l'assemblée tomba sur les hommes les plus renommés sous le rapport de la naissance et du savoir. Raymond II partit aussitôt après pour Avignon, en compagnie de ces honorables citoyens. Leur voyage entrepris dans une pensée religieuse, devint aussi par occasion un voyage d'agrément. Car on touchait au plus beau moment de l'année, au mois de mai, et la joie d'aller accomplir un acte méritoire grandissait à l'aspect de la nature si fraiche, si riche d'ornemens, si embaumée du parfum des fleurs nouvellement écloses. La députation obtint audience le jour de la sainte croix. Dans le consistoire tenu à ce sujet, l'évêque d'Apt lut, d'une voix émue, l'adresse de ses diocésains. Tous les membres de l'auguste Sénat appellés à donner leur avis sous le charme de la parole du prélat, déclarèrent qu'il y avait profit pour la religion à inscrire sur les colonnes du

---

[1] Remerville, *Histoire de saint Elzéar*.

martyrologe un nom glorieux déjà porté sur le livre de vie, comme l'avait magnifiquement prouvé le Seigneur. Un vote si favorable sembla promettre à nos deputés le succès complet de leur mission. Cependant, soit que la mort encore récente du noble comte paralysàt le bon vouloir du chef de l'Église, soit que les cordeliers principaux moteurs de cette affaire, eussent alors peu de crédit en Cour Romaine, la démarche des Aptésiens resta pour le moment sans effet, et ne porta ses fruits qu'à une époque plus reculée.

Cette tentative dans l'intérêt d'une canonisation vivement désirée, fut le dernier acte solennel de l'épiscopat de Raymond II; car après avoir siégé environ 12 ans, il mourut au commencement de l'année 1330, ainsi que le marque l'obituaire du Chapitre. Son corps reçut la sépulture dans la nef septentrionale devenue, comme on sait, la nécropole des prélats Aptésiens. Avant l'ouverture des chapelles qui rayonnent le long de ce collatéral, on voyait leurs statues couchées sur des tombeaux. Au dix-septième siècle, on déplaça ces monumens dans lesquels s'était personnifié l'art du moyen-âge: mesure déplorable qui infligea un double affront à la mémoire des célébrités de notre Église; d'abord, la confusion de leurs cendres dont on avait troublé la paix et le repos; puis, la mutilation de leurs mausolées qu'on traita sans façon et avec le dédain de la sottise. Un tel mépris devint, pour ces objets artistiques, le signal de nouvelles et incessantes dégradations. En effet, au vandalisme de l'ignorance, succéda bientôt celui de l'enfance, qui exerce avec délices son instinct destructeur sur toutes les formes humaines mises à sa portée. Vint ensuite le pire de tous, le Vandalisme de l'impiété. C'est ce dernier qui a effacé sur les murs des temples les inscriptions tumulaires où l'histoire locale puisait de si vives lumières. Dans notre notre ville comme ailleurs, il était d'usage, à la mort d'un évêque ou d'un grand seigneur, de signaler les évènemens de leur vie et leurs vertus personnelles, par des épitaphes dont les auteurs attachaient le plus grand prix à n'employer que des termes consacrés par les écrivains classiques. Quel dommage pour la religion et pour les lettres que tous ces marbres instructifs, dont jadis nos Églises furent décorées, aient volé en éclats sous le marteau révolutionnaire!

La mort de Raymond II, appella à sa succession, un nom des plus distingués de l'Italie, Bertrand Acciajoli frère du cardinal Ange archevêque de Florence [1]. C'était-là un bien noble époux pour l'Église d'Apt; mais elle ne jouit pas long-temps des honneurs de cette belle alliance : car, outre que Bertrand ne vint jamais auprès de sa fiancée, il rompit bientôt les liens qui l'unissaient à elle

---

[1] Ughello. — *Italia sacra*

pour en former de nouveaux avec une Église plus richement dotée; aussi les auteurs du *Gallia christiana* voulant peindre d'un seul trait cet épiscopat éphémère qui s'évanouit comme un éclair sans laisser vestige après lui, ont ils écrit que le prélat italien *avait salué plutôt qu'occupé le siège de St. Auspice* [1]. Remerville, et à son exemple M. l'abbé Boze, avancent que Bertrand ne prit pas possession de l'évêché d'Apt dont il avait été pourvu par élection capitulaire. Nous trouvons-là, deux erreurs, tout juste autant que de membres de phrase. Il est certain au contraire que la nomination de ce prélat fut l'œuvre de Jean XXII, et qu'on l'installa par procureur, au préjudice de l'élu du chapitre. Ce corps en effet, jaloux de ses vieilles prérogatives, essaya encore une fois de les reprendre au moyen des opérations du scrutin. Mais ici, comme partout, les nominations papales quoique contraires à la discipline ancienne, prévalurent toujours sur celles qui étaient le produit de l'élection. C'est qu'alors l'autorité Pontificale se posait en face du monde, si grande, si forte, si vénérée que rien ne l'arrêta dans la poursuite progressive des mesures tendantes au perfectionnement de la société religieuse. Ainsi les chapitres des cathédrales eurent beau faire surgir de leur urne, les noms les plus illustres, les capacités les

---

[1] *Hanc sedem salutasse, potiusquàm occupasse dicendus est.*

plus incontestables, on regarda tout celà comme une vaine protestation dont la Cour romaine ne s'allarmait par le moins du monde, parce qu'elle trouvait un levier puissant dans l'opinion des peuples non encore égarés sous les bannières de l'impiété et de l'hérésie.

Après ce prélat grand seigneur, qui tint au moins fictivement les rênes du diocèse, voici venir un évêque non affublé de titres nobiliaires, mais habile théologien, savant légiste, et orné de vertus évangéliques. Guillaume Astier de l'ordre des Frères Mineurs exerçait les fonctions d'inquisiteur de la foi en Provence et en Languedoc, lorsqu'il monta sur le siége de notre ville. Sa nomination date de l'année 1332, comme il conste par la bulle de Jean XXII. Nous allons ici transcrire le texte de ce document emprunté de Wading, qui corrobore les opinions par nous émises sur l'épiscopat antérieur. A la suite du préambule d'usage. Le pape parlant à l'élu, s'exprime en ces termes [1] : « L'Église d'Apt
« est devenue vacante parce qu'il nous a plu de
« dissoudre le nœud qui attachait notre cher fils
« Bertrand à la dite Église dont il était pasteur
« quoique *absent*, et que, de l'avis de nos Frères
« les cardinaux, nous l'avons transféré au siége
« de Boulogne.... Voulant en vertu de notre pré-
« rogative pourvoir aux besoins de l'Église d'Apt

---

[1] Wading. *Fratr. Annales Minor.*

« et prévenir les dangers d'une vacance prolon-
« gée.... Considérant que nul autre que nous, n'a
« droit de s'immiscer dans cette affaire et dési-
« rant obtenir un prompt résultat par l'institution
« d'un évêque vraiment capable, nous avons
« jetté les yeux sur vous, qui avez déja exercé,
« comme délégué du St.-Siége, l'office d'inquisi-
« teur de la foi dans certaines provinces, et qui
« reunissez selon des témoignages non équivoques,
« la pureté des mœurs, l'éclat de la doctrine, la
« maturité de la prudence avec le zèle de la reli-
« gion. Après avoir pesé toutes choses à la balance
« du sanctuaire, et agréé votre personne à cau-
« se de ses mérites et vertus, nous vous avons
« nommé, de l'avis de nos Frères les cardinaux et
« par l'Autorité apostolique, évêque et pasteur de
« l'Église d'Apt, vous accordant en même tems,
« les facultés les plus amples pour l'administrer
« tant au spirituel qu'au temporel : bien convain-
« cu que, sous l'égide du bras de Dieu et par les
« efforts de votre zéle, cette Église sera aussi
« dignement présidée qu'habilement conduite...».

De cette bulle ressortent plusieurs faits hors de conteste : Ainsi, 1.º il est certain que Bertrand Acciajoli était en possession et jouissance de l'évêché d'Apt, sans y avoir jamais mis le pied. 2.º Il est également avéré que le chapitre essaya de mettre en jeu son antique prérogative, puisque le Pape décoche en passant un petit trait contre cette prétention. 3.° Enfin, rien de plus explicite que l'éloge fait par le Pontife des hautes qualités de l'élu. Rapportons d'abord les détails qui le concernent à titre d'inquisiteur, puis nous le suivrons dans sa carrière épiscopale.

L'élévation de Guillaume aux dignités ecclésiastiques forme une preuve sensible du goût de Jean XXII, pour les savants et de son empressement à les faire passer de l'obscurité du boisseau sur le chandelier de l'Église. Ce prélat en effet ne se recommandait ni par le lustre de la naissance, ni par le prestige des brillantes frivolités si avidement recherchées dans le monde, mais par l'éclat seul des talens et des vertus. Bien qu'enfoui dans les profondeurs du cloitre, il n'échappa point à l'œil pénétrant du pontife qui le fit siéger au tribunal de l'inquisition[1]. C'était un poste de confiance d'autant plus difficile à gérer, qu'alors l'hérésie des Fratricelles soi-disant du tiers ordre de St.-François régnait dans presque toute la chrétienté et surtout dans le midi de la France. La nécessité d'opposer une digue aux progrès de ces novateurs dont le peuple commençait à goûter les doctrines, provoqua le choix de plusieurs religieux dominicains et franciscains, avec mission spéciale d'informer contre les Sectaires et de les convaincre d'er-

---

[1] Wading. *Annales Minor.* — Bouche. *Histoire de Provence* T. II pag. 36.

reur. Selon les vues de la Cour Romaine, cette milice papale se dissémina dans les provinces les plus gangrenées. Guillaume Astier eut sous sa juridiction une partie de la Provence et du Languedoc : il remplit si habilement son mandat que le pape en prorogea le terme, quoique les statuts de l'ordre ne permissent pas de laisser cette charge plus de cinq ans à la même personne. Dans la lettre qu'il écrivit à Guillaume pour lui donner ce nouveau gage d'estime, le chef de l'Église après l'avoir félicité de son zèle contre *la peste de l'hérésie,* étend ses pouvoirs sur une plus vaste portion de territoire où se trouvait compris le comtat Venaissin. Cette pièce officielle datée d'Avignon, le 6 des Kalendes de novembre 1327, porte l'intitulé suivant : « A notre cher fils Guillaume Astier de
« l'Ordre des Frères Mineurs, inquisiteur de la foi,
« chargé par le St.-Siége de la répression de l'hé-
« résie dans la ville d'Avignon, le comtat Venais-
« sin, les comtés de Provence et de Forcalquier,
« et dans tous les pays du ressort des provinces
« ecclésiastiques de Vienne, Aix, Arles et Em-
« brun ».

Les données nous manquent pour juger équitablement la moralité de Guillaume dans l'exercice d'une charge honorable sans doute, mais mal appréciée de nos jours, parce qu'elle n'est pas bien comprise. Loin de nous plaindre de cette disette de détails, nous sommes disposés à nous en réjouir. Car, si l'histoire nous avait légué tous les faits et gestes de ce dignataire, l'esprit de parti les eut peut-être exploités à son profit, en les travestissant d'une manière odieuse ; et alors, pour obéir au cri de notre conscience, il nous aurait fallu trop souvent échanger le role de narrateur contre celui d'apologiste. Heureux de ne pouvoir imputer aucun procédé rigoureux à Guillaume, il nous sera d'autant plus agréable d'aborder son éloge comme évêque, que nous n'aurons pas été forcé de le justifier comme inquisiteur. Tout ce que nos recherches ont découvert relatif aux redoutables fonctions exercées par ce prélat, se borne à l'arrestation du dominicain Thomas de Wallis dont il sera bientôt question, et à la procédure dirigée contre un citoyen de Carpentras pour crime d'hérésie. Quant à ce dernier évènement, nous n'en dirons mot, parce que la seule particularité connue c'est que le Pape requit Guillaume d'accorder à l'accusé main levée de ses biens, en contemplation d'une sincère résipiscence.

L'état du diocèse d'Apt déja envahi en maints endroits par les sectaires, avait obligé, il est vrai, cet inquisiteur, à y faire plusieurs tournées du vivant de Raymond II ; mais rien ne prouve qu'elles aient donné lieu à l'application d'aucune pénalité corporelle [1]. Le besoin d'un système préventif se

---

[1] Remerville. *Histoire d'Apt.*

fesait sentir dans ce pays où quelques villages, notamment ceux qui rayonnent sur les flancs du Luberon avaient ouvert leurs portes à des bandes d'hérétiques accourus de divers lieux. Depuis plus de trois ans, une femme professant les maximes des Fratricelles dogmatisait à Sivergues d'où elle bravait les foudres pontificales et les bûchers de l'inquisition. Non loin de là, une Béguine s'intitulant la Recluse du temple, groupait autour de sa chaumière par sa parole brève et incisive, les flots d'une multitude grossière et ignorante : enfans dégénérés des impies Vaudois ; c'était contre ces tristes débris d'une hérésie décriée que procéda Guillaume Astier, par des moyens d'intimidation plutôt que par l'appareil des supplices. Ici les écrivains irréligieux ardens à censurer les actes de l'Église, se sont abandonnés à une aveugle pitié, et ont confondu des perturbateurs avec des victimes, comme dans d'autres circonstances les rigueurs du pouvoir, eurent l'insigne tort de le faire. Cependant si, avec son impartialité obligée, l'histoire avait su mieux considérer l'esprit d'insubordination qui animait ces dissidens et surtout les mœurs du siècle où ils s'agitaient, elle eut taxé moins sévèrement, les mesures dont il furent l'objet, mesures que l'humanité doit déplorer sans les flétrir. Au reste, les démonstrations faites à l'encontre des sectaires du Luberon n'eurent pas tout le succès désirable. Quelques uns revinrent au giron de l'Église; mais d'autres, opiniatrément attachés à l'erreur, deposèrent dans le sein des populations agrestes avec lesquelles il s'étaient mêlés, ces germes actifs de haine et d'opposition que l'on vit ensuite se développer contre le catholicisme à l'époque de la prétendue réforme.

Jusqu'ici nous n'avons envisagé dans Guillaume Astier, que le ministre du St.-Office. Voyons maintenant en lui l'évêque et l'administrateur. Son épiscopat fort ordinaire et nullement constellé de traits remarquables, se détâche pourtant en relief dans nos annales [1]. D'abord, à son début, le prélat se ménage l'appui de la haute noblesse en remettant au chef de la maison de Simiane, les arrérages des Censes servies par ce seigneur feudataire de l'Église d'Apt : puis, il pose avec la commune, les bases d'une convention destinée a régler le taux de la dîme et des prémices dans les divers quartiers du territoire. Ces louables commencemens promettaient pour l'avenir. Mais une triste fatalité l'entraine bientôt à un procès inextricable qui divisera durant trois siècles le sacerdoce et l'autorité consulaire. On voit qu'il s'agit de la question des Tourrettes et de Clermont. Guillaume Astier prétendait que c'étaient là deux fiefs distincts du territoire d'Apt, placés l'un et l'autre sous la directe de l'Église; les syndics au contraire

---

[1] Remerville. *Histoire de l'Église d'Apt*. Bouc. ibid.

soutenaient que ces lieux ne formant qu'une simple extension du même territoire étaient passibles à ce titre de toutes les charges et servitudes communales. Néanmoins, après avoir long-tems plaidé, les parties transigèrent; il fut stipulé dans l'acte que les citoyens paieraient au prélat une redevance au moyen de laquelle ils jouiraient du droit de bucherage et de pacage, dans l'étendue des terres en litige. Des lors la paix fut scellée entre l'évêque et les magistrats de la cité : heureuse solution, si leurs successeurs s'étant cru liés par cet accord, ne l'avaient pas imprudemment remanié!

Voilà les seuls faits du domaine temporel, où l'action de Guillaume soit authentiquement marquée. Quant à ceux de l'ordre spirituel, l'énumération en est presque aussi courte : car le prélat ne parait en scène que pour le second Concile de St.-Ruf, les obsèques de Mabile de Simiane et celles de Jean XXII. A l'égard du Concile, rien de particulier à notre sujet, sinon que l'auguste assemblée promulgua sur la discipline cléricale de très-belles ordonnances plus tard reproduites et confirmées par le Concile d'Apt. A l'égard de Mabile, on sait que cette illustre dame ayant perdu Foulques de Pontevès son époux, peu après les pompes matrimoniales, renonça aux agrémens d'une haute position et mit sa jeunesse à peine effleurée par le monde, au service des vertus chrétiennes [1]. Noble émule de la comtesse d'Ariano qui alors édifiait notre ville, c'est en s'inspirant de son esprit, qu'elle conçut la pensée de vendre ses biens pour en distribuer le prix aux pauvres et faire des largesses aux églises. Elle mourut, dit le P. Borely, *chargée d'honneur et de mérites*, dans l'abbaye de Ste.-Catherine, et fut inhumée avec l'habit franciscain dans la Basilique des Cordeliers. L'évêque officia à ses funérailles accompagnées d'un concert unanime de bénédictions.

Après avoir rapporté divers traits de la vie angélique de cette dame, l'écrivain déjà cité fait les réflexions suivantes. « Notre bienheureuse Ma-
« bile, a été du nombre de ces saints oubliés sur
« la terre et connus de Dieu seul. A peine saurait-
« on son existence, si, tandisque je travaillais à
« écrire la vie de Ste.-Dauphine, une investiga-
« tion de plusieurs années ne m'avait fait décou-
« vrir ce nom ignoré de tout le monde. A quoi
« bon demander des miracles pour étayer les émi-
« nentes vertus de Mabile? Sa société de dévo-
« tion avec Dauphine, la pureté merveilleuse
« qu'elle a gardée après trois mois de mariage,
« l'extase dont elle fut favorisée au conspect de
« presque toute la ville, sa mort entre les bras
« de la vénérable comtesse; ne sont-ce pas là des

---

[1] Borely. *Vie de Ste-Dauphine*, page 316.

« miracles et des miracles assez grands pour as-
« surer qu'elle jouit de la céleste félicité? »

Le P. Borely revient encore à sa découverte, et, l'envisageant comme un coup du ciel, il s'en félicite pour la gloire de Dieu, l'édification de la noblesse, et la splendeur de la maison de Simiane; puis il finit par ces paroles: « Je laisse à la
« Providence qui tient un compte fidèle du mé-
« rite de ses élus, d'achever ce que j'ai commen-
« cé, en attachant cette nouvelle perle au diadè-
« me de l'Église militante ». A l'exemple de ce pieux historien, si notre voix avait quelque portée, si elle trouvait de l'écho dans les nobles cœurs, nous renouvellerions ici le même vœu et provoquerions en faveur de l'héroïne Aptésienne, les gloires de l'apothéose. Mais sachons attendre les délais de Dieu et les sages lenteurs du siége apostolique. Tôt ou tard, une commune auréole couronnera les noms de Delphine et de Mabile: alors les sympathies populaires éclateront à l'envi autour de ces deux fleurs à hautes tiges, qui ont, embaumé notre terre des plus doux parfums.

Avant de présider au convoi de la vertu modeste, l'évêque d'Apt avait déjà figuré à des funérailles magnifiques qui intéressaient le monde chrétien: nous voulons parler de celles de Jean XXII. Ce Pontife à mœurs austères, qui dépassait son siècle de toute la hauteur d'un esprit capable d'aborder les sciences les plus abstraites, était mort à Avignon, agé de quatre vingt dix ans, avec la réputation d'un grand homme né pour commander à ses semblables. Ami passionné des lettres, il les cultiva d'instinct, dérobant au sommeil de longues heures afin de les consacrer à l'étude. S'étant élancé par son seul mérite, des rangs inférieurs de la société, à la première dignité de l'univers, il estima les savans et fit refluer sur eux toutes les grâces que des considérations politiques n'adjugeaient pas à la naissance. De tous les papes qui ont siégé en France, nul mieux que lui ne comprit la haute mission du pontificat : ce fut pour en personnifier la suprématie dans un glorieux symbole, qu'il ajouta une troisième couronne à la thiare. Hormisdas avait posé la première, et Boniface VIII la seconde. Telle est la marche des institutions religieuses dans leur appareil extérieur ; elles ne surgissent pas coulées d'un seul jet : faibles ruisseaux d'abord, elles deviennent ensuite des fleuves dont les uns enflent leur cours, tandisque d'autres moins heureux se perdent dans le sable.

L'estime dont Jean XXII avait gratifié l'évêque d'Apt se changea, avec le tems, en un sentiment plus affectueux et plus profond. Que l'on appelle ce sentiment, bienveillance ou amitié, toujours est-il qu'en se révélant il attira sur celui qui en était l'objet les regards de la Cour Romaine et les gracieusetés de ses grands dignitaires. Ce fut à la considération du prélat que le même Pape fit don à notre Cathédrale, d'une belle mitre jadis déposée au trésor de Sainte Anne, mitre tissue de fines perles et enrichie de pierres précieuses [1]. Bzovius accuse Guillaume Astier d'avoir partagé l'opinion de son auguste patron sur le délai de la vision béatifique ; mais Wading le justifie d'une manière assez plausible [2]. L'origine de cette calomnie, si calomnie il y a, se rattache à l'aventure déjà citée d'un savant anglais, Thomas de Wallis, de l'ordre des frères prêcheurs, docteur des universités de Paris et d'Oxford qui s'emporta contre la doctrine en question, dans un discours prononcé à Notre Dame des Doms en présence du Pape. Soutenir avec force les intérêts de la vérité, c'était le droit de l'orateur ; mais ne pas ménager la personne du chef de l'Église, et invoquer les malédictions divines sur les fauteurs de son opinion, devenait chose éminemment répréhensible. Au fait, Jean XXII, dans l'espèce actuelle, ne pouvait être taxé que d'un sentiment particulier auquel chacun est libre d'adhérer avant une décision formelle du St.-Siége. Guillaume, en qualité d'inquisiteur général, se crut donc obligé de ne point laisser cette témérité impunie. Après avoir pris les ordres de Sa Sainteté, il enjoint aux gardes

---

[1] Ms. de M. Thomas.
[2] Wading. *Annales Frat. Minor.*
Remerville. *Histoire de l'Église d'Apt.*

pontificaux d'arrêter au sortir de chaire ce fougueux dominicain, et de le conduire en prison. Sans doute, un blâme sévère eut été mieux en harmonie avec la nature de la faute qu'une peine corporelle ; mais il est certain que celle-ci s'adressait plutôt à la forme qu'à la pensée génératrice de l'improvisation. Ainsi de cet incident rien ne se peut conclure de préjudiciable à l'orthodoxie du ministre du Saint Office, puisque l'arrestation du délinquant, bientôt d'ailleurs rendu à la liberté, avait eu lieu en punition de son zèle désordonné et non en haine de ses principes.

Guillaume Astier tint le siége d'Apt jusqu'en 1340 où il passa à celui de Perigueux. Sa vie d'évêque, comme on voit, ne présente guères plus de particularités que sa carrière d'inquisiteur. Dans l'administration diocésaine, il s'aida du concours de plusieurs hommes de mérite. Celui d'entr'eux qui remplit la charge d'official, jouissait d'un si grand renom de science et d'habileté, que les prélats d'Aix et de Carpentras se l'adjoignirent à titre d'arbitre pour juger le différend survenu entre le cardinal de Talleyrand Périgord et l'archidiacre de Nîmes depuis cardinal de Mandagor. [1] Quoique compris dans un court intervalle, l'épiscopat de Guillaume, se dessine encore à nos yeux par de vives empreintes que le temps n'a pas effacées de son

---

[1] *Pitton.* Annales de l'Église d'Aix. Pag. 175.

aile rapide. Époux successif de deux églises, la première s'est montrée moins oublieuse que la seconde et plus attentive à conserver les gages d'une mystique union. En effet, comme évêque de Périgueux il est inscrit dans les chroniques locales, sans mention honorable, tandis que, comme évêque d'Apt, il y figure avec un entourage de notes officielles qui consacrent ses titres au respect de la postérité. Ainsi, en supposant que les âmes des illustres morts se plaisent encore à envisager les lieux qui leur furent chers, il ne faut pas douter que celle de ce prélat n'éprouve de la joie à voir le culte des souvenirs si bien établi sur les rives du Caulon. L'étendre ce culte, lui rallier de fervens sectateurs, tel est le but de nos efforts dans l'œuvre que nous avons entreprise.

LIVRE TROISIÈME.

DE 1340 A 1352.

Dans la période qui s'ouvre devant nous, la succession de nos évêques va subir de fréquentes vicissitudes. C'était le résultat du système introduit par Jean XXII, d'après lequel un titulaire restait à peine deux ou trois ans sur le même siége, et passait aussitôt à un autre. Nous dirons en son lieu, les inconvéniens de cet ordre de choses. Ici, les écrivains irréligieux ne manquent pas d'assigner pour motif à cette amovibilité, l'envie de grossir le trésor pontifical, par la perception des annates et autres droits auxquels la vacance et la collation des grands bénéfices donnaient ouverture. Nous croyons, au contraire, que la nécessité seule et non un vil calcul d'intérêt, avait conseillé cette mesure; car, enfin, puisque la Cour romaine ne retirait aucun revenu de ses états d'Italie, ne fallait-il pas pourvoir à son entretien par des subventions de ce genre? A l'égard des taxes imposées aux églises, tout cela était une ressource plus faible qu'on ne pense et produisait moins d'argent que de murmures. Les collecteurs de pareils tributs, n'en font d'ordinaire aux maîtres qu'une part légère.

Si on envisage, par rapport aux prélats qui vont poser devant le lecteur, la courte durée de leur apparition sur la chaire de saint Auspice, on ne sera plus surpris du petit nombre de faits qu'ils ont personnellement légués à la postérité. Les documens officiels émanés de leurs mains, dans l'espace d'environ vingt années, ne contiennent guères que l'énoncé des formalités féodales accomplies par les seigneurs, au profit des évêques, ou par ceux-ci au profit du souverain. Voilà tout l'effectif de ces épiscopats éphémères, sauf quelques rares exceptions. Tout le reste, roule exclusivement sur des objets plus dignes de figurer dans des registres de sacristie, que dans les tablettes de l'histoire. Pour compenser cette disette qui appauvrira nos récits, plaçons ici une notice de la maison de Simiane, que nous voyons apparaître dans nos annales, avec l'obligation toujours ancienne et toujours nouvelle de prêter foi et hommage aux évêques d'Apt récemment institués. Rien ne fera mieux ressortir l'importance de leur église, que la gloire de ses hommes-liges.

Cette maison *plus noble*, au dire d'un chroniqueur [1], *que le lys n'est blanc, et plus redoutable en guerre que donjon à triple face*, descen-

---
[1] Legrand. *Sépulchre de Madame Ste.-Anne.*

dait en droite ligne des anciens seigneurs de Casencuve, déjà connus du temps de Charlemagne et préconisés par nos vieilles légendes. Le premier d'entr'eux, que l'histoire mette en scène avec un nom certain, est Humbert qui vivait vers la fin du dixième siècle [1]. Maîtres de plus de cinquante clochers, ils possédaient dans notre ville, siége de leur résidence, tous les droits régaliens, ceux surtout de battre monnaie, de créer des notaires et officiers de justice, d'exiger des services militaires et cavalcades.

Le droit de fabriquer les gages des échanges entre citoyens, comme d'en fixer le titre et le poids, était un de ces avantages réclamés par la vanité ou l'intérêt des plus grands seigneurs. Ils recherchaient avec raison de voir leurs noms et leurs effigies sur ces monumens d'or et d'argent; mais, presque toujours, ces monumens étaient ceux de l'infidélité, et le privilége de les livrer à la circulation impliquait celui de tromper le peuple. Que de soins, que de persistance, que d'art ne fallait-il pas au suzerain qui était, à proprement parler, le roi des rois, pour obliger ses fiers vassaux à être justes ou à se dessaisir d'un droit si dangereux ? Les Simiane et nos évêques eurent le bon esprit de n'en jamais user : c'est la raison pour laquelle nous ne trouvons aujourd'hui au-

[1] Robert. *Histoire généalogique de la maison de Simiane*, in-12.

cune médaille frappée à leur type particulier [1]. Doit-on les blâmer de ce sacrifice ? Sans doute, l'histoire qui s'aide de la science métallique, pour éclairer les nuages du temps et expliquer ses énigmes, pourrait peut-être s'en formaliser. Mais les amis du progrès, doivent y trouver ample matière à louange. Car, des personnages qui abdiquent ainsi une prérogative précieuse, ne prouvent-ils pas, par là, que l'amour du bien public à prévalu dans leur cœur sur l'intérêt puissant de la vanité [2] ?

La maison de Simiane était fière de ses lignages, de ses possessions et de son éclat féodal. Quant à son opulence, on en trouve un échantillon dans ce qui se passa à la Cour-plénière de Beaucaire, célébrée sous les auspices de Henri II, roi d'Angleterre. Là, parmi les dépenses insensées dont firent assaut les barons des deux rives du Rhône, en présence de leur souverain, Bertrand Rambaud de Simiane remporta la palme sur de nombreux rivaux, par le faste de ses prodigalités [3]. C'était sans doute un luxe barbare, mais il n'en constate pas moins l'immense fortune du noble seigneur. Quant à ses alliances, la postérité d'Humbert en avait formé avec les comtes de Pro-

---

[1] Papon. *Histoire de Provence.*
Mémoire sur les Monnaies, par le président de St.-Vincent.
[2] Voyez à la fin du volume, la Note 1 du Livre III.
[3] Mery *Histoire de Provence*, T. III, p. 183.

vence, les vicomtes de Marseille, les princes d'Orange, les barons de Sault, de Grignan et de Castellane, en un mot, avec toutes les grandes illustrations de la monarchie.

Dans les familles vulgaires, la vertu, qui fait les grands hommes, n'est le plus souvent qu'un heureux hasard. Chez les nobles races, au contraire, elle devient un majorat transmis de père en fils et indéfiniment substitué. Aussi, trouvons-nous dans cette longue dynastie de seigneurs Aptésiens, les preuves d'une valeur toujours prête à s'immoler pour les intérêts de l'autel et du trône. A l'époque des Croisades, ils arment grand nombre de vassaux, et vont s'illustrer sur les bords du Jourdain; plus tard, ils se signalent dans de nouvelles expéditions contre les Sarrasins et surtout à la conquête des deux Siciles. La réputation de bravoure dont jouissent les Simiane des âges reculés, se conserve toute entière dans leurs descendans. Les uns, guerriers intrépides placent leurs noms à côté des plus beaux faits d'armes; les autres, vaillans capitaines, meurent au champ d'honneur, pleurés du prince et de la patrie; enfin, pas une page de notre histoire nationale, qui ne nous en montre quelques-uns coiffés de leurs chapeaux triomphans, pour des batailles gagnées ou des combats démêlés par leur habileté.

Plus près de notre siècle, paraît en première

ligne, ce noble baron de Gordes, l'Épaminondas français, qui a résumé en sa personne toutes les gloires de ses aïeux. Enrôlé sous les drapeaux du catholicisme, il réprima les entreprises criminelles de l'hérésie insurgée contre les lois du pays. Durant tout le cours de sa brillante carrière, il se montra grand dans l'adversité par son courage, dans la prospérité par sa modestie, dans les difficultés par sa prudence, dans les périls par sa valeur, dans la religion par sa piété. Tant de sagesse ne pouvait être destituée de vigueur. Le vertueux, quand il est faible, n'est jamais un héros. On sait avec quelle force Simiane résista aux ordres de la Cour, quand ils furent en désaccord avec le cri de sa conscience. Charles IX lui mande de se tenir prêt à faire en Dauphiné, une Saint-Barthélemi pareille à celle de la Capitale ; ce généreux commandant ne craint pas de répondre : « *Qu'il périra pour le service du prince, mais* « *qu'il n'assassinera personne pour lui obéir.* »

Ce n'est pas seulement dans le métier des armes, que les enfans d'Humbert se sont acquis tant de renom de par le monde. L'éclat du sacerdoce est encore venu colorer leurs trophées guerriers. Parmi les célébrités de notre Église, nous comptons plusieurs prélats de cette lignée. Mais de tous ceux dont la France lui est redevable, aucuns ne méritent mieux nos respects que François et Armand de Simiane. Celui-ci, évêque de Langres, duc et pair du Royaume, était orné de toutes les qualités de l'esprit et du cœur qui forment les hommes supérieurs ; celui-là, évêque d'Apt, fit resplendir dans sa maison, à l'aide des vertus apostoliques, la gloire héréditaire qui y avait subi une éclipse par la déplorable défection de son frère. C'est à leurs ancêtres, que la Provence doit une foule de fondations pieuses d'où se détachent en relief les abbayes de Valsainte et de Sénanque. La piété avait épuisé toutes ses ressources pour faire de cette dernière, le monument le plus remarquable de la contrée sous le rapport de l'art. Rien de riche, de gracieux et de fantastique comme le cloître qui subsiste dans son entier, et peut soutenir le parallèle avec celui de saint Trophime d'Arles. On dirait que le génie mauresque a fouillé ces dentelles de pierre, groupé ces colonnettes, découpé à jour ces galeries et ces ogives : on dirait une miniature des merveilles de l'Alhambra.

La gloire des Simiane serait complète, si le Saint-Siége accédant au vœu émis depuis longtemps par la piété populaire, déclarait enfin la sainteté de la bienheureuse Mabile dont la vie angélique, comme nous l'avons déjà dit, exhala un si doux parfum dans notre ville. Veuve presque aussitôt que mariée, elle devint, sous l'aile de sainte Delphine, l'émule de ses vertus et se maintint toujours digne de cette vénération que la malignité ne peut arracher aux ames d'élite. « C'éstoit merveille, » dit un chroniqueur [1], « car « elle reluysoit parmi les dames, d'excellente « beauté de visage. »

S'il faut en croire une tradition de plus en plus accréditée, René d'Anjou, ce prince chéri de nos pères, aurait donné aux gentils-hommes de sa cour, d'honorables sobriquets, qui, en peignant l'instinct de leur race, sont restés comme des titres de gloire auprès de la postérité. Qui ne connait la *vaillance* héréditaire des Blacas, la rare *sagesse* des Rambaud de Simiane, l'admirable *simplesse* des Sabran. Grâce à la vertu de ce nouveau baptême, les appellations du bon roi, sont devenues d'une autorité proverbiale en Provence et dans tous les lieux où les poètes contemporains ont célébré la mémoire de ces preux.

Les armes de la maison de Simiane sont d'or semé de chateaux alternativement avec des fleurs de lys d'azur, chaque château sommé de trois tours crénelées. C'est ainsi qu'on les voyait jadis en plusieurs monumens, et surtout aux tombeaux de famille dans la Basilique franciscaine. L'écu a pour tenans deux anges vêtus de blanches tuniques avec des étoles d'azur frangées d'or. Rien de plus beau que la devise : *Sustentant lilia turres.* Si l'amphibologie est un vice du discours, elle a

---

[1] C. de Nostradamus. *Chronique de Provence.*

ici un mérite spécial ; car on trouve dans ce texte, deux significations, dont l'une peut être vraie au même sens que l'autre. Sont-ce, en effet, les lys qui ont soutenu les Simiane, ou ceux-ci qui ont soutenu les lys ? Chaque terme de l'alternative a dû paraître également certain au fier baron, qui le premier orna son écusson de cette légende, et l'inscrivit sur la façade de son hôtel. Le marquis de Pianezza, chef de la branche aînée, avait pris celle-ci : *Medium servasse juvabit*. C'est comme on voit, l'éloge du juste milieu, système excellent en morale, mais douteux en politique. Sans examiner sous quel rapport la devise tend à le préconiser, nous dirons qu'un panégyriste de la maison de Simiane [1], n'y a vu qu'une allusion aux armes de France et d'Espagne, pays au milieu desquels semble être le duc de Savoie auprès de qui le noble marquis s'était retiré [2].

Reprenons maintenant notre marche accoutumée, trop long-temps suspendue par cette digression. A la mort de Guillaume Astier, l'ordre de la filiation épiscopale présente quelque obscurité. Cela provient de ce que les deux successeurs immédiats de cet évêque, ont eu même prénom que lui. En histoire comme en logique, les erreurs ne se propagent jamais mieux qu'à l'abri de la confusion

---

[1] Robert. *Ibid*, *quo suprà*

[2] Pour entendre ceci, il faut se rappeler que l'Espagne possédait alors la Franche-Comté, la Flandre, la Belgique, etc.

des termes. Il ne faut donc pas s'étonner que les auteurs, trompés par cette homonymie, aient ici nié l'existence d'un double épiscopat, d'autant que les évêques d'alors, à l'exemple des princes, ne déclinaient dans leurs actes officiels qu'un simple nom de baptême. Mais aujourd'hui, il est bien avéré que deux prélats distincts, sous appellation identique, ont succédé à Astier. L'un est Guillaume Audebert et l'autre Guillaume Amici. Quoiqu'il y ait dissidence sur le rang à fixer entre eux, nous allons les admettre dans l'ordre suivi par M. l'abbé Boze; car la question de priorité est trop minime pour nous arrêter à la débattre. Ainsi donc, à Guillaume Audebert notre premier aperçu !

Religieux Franciscain et natif de Chartres, ce prélat paraît appartenir à la même famille que Raymond Audebert, qui occupa le siége métropolitain d'Aix, pendant la première moitié du treizième siècle [1]. Un historien provençal, assure que Guillaume partagé entre les exercices pieux et des études dirigées vers un but respectable, s'était acquis une grande réputation de vertu et de doctrine. Après avoir rempli les principales charges de son ordre, Benoît XII le tira de l'obscurité du cloître pour l'élever sur le trône de l'église d'Apt. Longue ne fut pas sa carrière; car, à peine se montra-t-il sous la toge violette, qu'il descendit

---

[1] Boze. *Histoire de l'Église d'Apt.* — Liron *Biblioth. Chartraine.* Giberti. *Histoire ms. de Pernes.*

dans la tombe, ne laissant à l'histoire rien à enregistrer, qu'un simple nom avec une date mortuaire, faible levier pour soulever l'attention de la postérité, injuste quelquefois, oublieuse toujours. Pour ce qui est d'avoir béni, comme quelques-uns l'assurent, une chapelle à Roussillon, cela ne mérite la faveur d'une mention, que parce que ce village est célèbre dans les chroniques, à raison de la mort tragique du troubadour Cabestaing, dont l'aventure lamentable se trouvait jadis écrite en caractères de sang sur les murs noircis du chateau seigneurial [1].

Guillaume Amici, qui lui succéda, est bien mieux connu, quoiqu'il ait fort peu de tems présidé aux destinées du Diocèse. En effet, on le trouve mêlé aux affaires religieuses de l'époque, soit comme évêque d'Apt, soit comme évêque de Chartres. Groupons ici, sans nous faire scrupule de franchir les bornes de la spécialité, groupons les divers traits que nous avons rassemblés sur ce personnage [2].

C'est à la recommandation de Pierre Roger, Cardinal-Archevêque de Rouen, depuis Pape, sous le nom de Clément VI, qu'il dut l'avantage de monter sur la chaire épiscopale d'Apt. Respect à l'influence des grands, lorsqu'ils l'exercent au

---

[1] Voyez à la fin du volume, la Note 2 du Livre III.
[2] Baluze. *Vitæ Papar. Aven.* Tom. I. p. 410.
Pitton. *Annales de l'Église d'Aix*. Page 182.

profit du mérite. Cette conduite les honore et devient un motif d'encouragement pour les sujets habiles et vertueux, à qui l'intrigue n'enlève plus les graces destinées aux talens et aux services. Issu de parens nobles et orné d'éclatantes qualités, Guillaume avait été *serviteur-domestique* dans la maison de ce prince de l'Église : titre qui n'impliquait pas comme aujourd'hui, des idées de servilité. Car, alors les jeunes gentilshommes étaient reçus sur ce pied chez les barons et les prélats, pour s'y former aux manières du monde élégant.

Peu après la promotion de Guillaume, survint la mort de Benoit XII, les Cardinaux dans cette conjoncture, envoyèrent cet évêque à Paris, avec mission expresse de maintenir par l'autorité du sacré Collége, la trève conclue entre les rois de France et d'Angleterre. On sait qu'alors Edouard III poursuivait ses vues ambitieuses sur l'état de son rival, qui était Philippe de Valois. Il s'agissait de savoir à qui appartiendrait le royaume des lys. Il est vrai que ce pays, resserré dans d'étroites limites, affaibli par les divisions du régime féodal, et privé d'un grand commerce maritime, ne formait pas encore le plus vaste théâtre de l'occident. Mais il était, par sa position, destiné à peser dans la balance de l'Europe. Aussi, tous les princes se partagèrent-ils entre les deux antagonistes, selon leur affection personnelle et l'intérêt de leur couronne. L'empereur favorisait le roi d'Angleterre, tandis que la Cour romaine appellait de ses vœux, le triomphe du monarque français. Après mille alternatives diverses qui avaient signalé cette fameuse lutte, des négociations habilement ménagées amenèrent enfin une trêve, et ce fut pour en assurer les fruits, que le conclave accrédita un envoyé à la cour de Philippe de Valois.

Nul événement plus heureux pour l'évêque d'Apt, que l'élection de Clément VI; car, on peut douter si ce prélat, avec les seules qualités que la nature lui avait départies, serait allé au delà de son modeste évêché. Mais, envoyant son auguste patron ceindre la thiare, il pressentit une plus belle position dans un prochain avenir. L'effet répondit pleinement à son attente. La bienveillance pontificale se révéla à son égard par une avantageuse translation. Cependant, il était encore sur le siége de saint Auspice, lorsqu'il intervint avec plusieurs dignitaires de la Cour romaine, au contrat de mariage de la nièce du Pape, avec Guillaume de la Tour d'Auvergne. L'acte fut passé et signé à Villeneuve-lez-Avignon, le 11 septembre 1342, *dans l'hôtel de feu le Cardinal Napoléon d'heureuse mémoire*. Clément marqua la joie que lui causait cette belle alliance, par une création de Cardinaux et une promotion d'Évêques. Guillaume Amici fut convié au somptueux banquet des faveurs apostoliques. Aymeric de

Chatellux, évêque de Chartres, ayant reçu la pourpre, céda son siége à l'évêque d'Apt. Ainsi, c'est à partir des nones d'octobre, date précise de la bulle de translation, que le Pape rompit les liens qui enchainaient Guillaume à notre antique église.

La Cour romaine sortait à peine de ces pompes matrimoniales, que les Provençaux perdirent leur souverain dans la personne du roi Robert [1]. Nul prince n'a mieux mérité les éloges prodigués à sa mémoire. Il sut, par ses vertus, rendre à la royauté le prestige qui l'environnait dans son origine, lorsque le peuple élevait sur le pavois le plus digne et le plus vaillant. Son affabilité était populaire sans cesser d'être noble ; ami de la justice, il eut pour cette gardienne du trône, le zèle qui craint toujours de la blesser. Jaloux de connaître la vérité, il employait à écouter les griefs, une portion du loisir que lui laissait la conduite des affaires. On était sûr de l'aborder quand on demandait audience à titre de malheureux ou d'opprimé. Aussi l'appelait-on le Salomon de son siècle, surnom glorieux qu'il justifia par la sagesse de ses lois et la moralité de son administration. Le jour de sa mort ouvrit un règne aussi orageux que le sien avait été paisible, en appellant au trône Jeanne de Naples, dont les malheurs et la

---

[1] Remerville. *Histoire d'Apt.*
Papon. *Histoire de Provence.* Tom. III.

beauté seront à jamais célèbres. Les nombreux legs faits aux églises par le vénérable monarque, témoignent assez de l'esprit qui l'animait. Il va sans dire, que la ville dépositaire des cendres d'Elzéar de Sabran, ne fut pas mise en oubli dans cette circonstance, et qu'elle figura dignement sur la liste des largesses royales.

La première démarche de Clément en apprenant la nouvelle de cette mort, fut d'accréditer un légat *à latere* auprès de la princesse qui venait de saisir les rênes du pouvoir. Le choix de Sa Sainteté tomba sur un homme de haute portée, le cardinal Aymeric, déjà cité, qui demanda pour son second, l'évêque d'Apt récemment nommé au siége de Chartres [1]. L'objet de leur mission n'était pas seulement, comme se plaisent à le dire certains historiens, de revendiquer les droits de suzeraineté dont se prévalait l'Église romaine, à l'égard de la couronne des deux Siciles, mais encore de prévenir les maux qui menacent un pays gouverné par une jeune royauté, et de protéger le sceptre tombé aux mains d'un sexe inconstant de sa nature. Dans ce poste difficile, le légat rencontra des résistances que l'ascendant de son génie ne put ni vaincre ni neutraliser; si bien, qu'après un séjour de courte durée, il fut forcé de quitter Naples où les courtisans par leurs intrigues, croisaient tous

---

[1] Baluze. *Vitæ Papar. Avenion.* Tom. I. p. 269.

ses desseins. Alors on s'occupait du prochain couronnement de la reine et de son époux. Avant de regagner les rives du Rhône, le ministre pontifical avait chargé son collègue de le suppléer en cette cérémonie, toujours accomplie au nom du Saint-Siége. Déjà, les Napolitains ivres de joie présidaient aux fêtes qui devaient signaler une solennité nationale, lorsque tout-à-coup la mort tragique du mari de la reine, de l'infortuné André de Hongrie, transforma ces rians préparatifs en pompes funèbres. Ainsi s'évanouit, avec tous ses prestiges, l'insigne rôle que l'absence du légat semblait promettre à notre ancien évêque. Il était trop sage pour s'affliger de ce mécompte. D'autres, à sa place, en auraient conçu un vif chagrin, d'autant qu'ils perdaient par là une belle occasion de briller et d'obtenir les grâces de la Cour. Mais la modestie de Guillaume était telle, qu'il se vit ravir sans regret, l'honneur de poser le diadême sur le front de sa souveraine.

Dans toutes les affaires délicates où besoin était d'un esprit conciliant, l'opinion publique ne manquait jamais de désigner ce prélat comme l'homme le plus capable de les mener à bien. En effet, à son retour de Naples, nous le voyons d'abord arbitre du différend survenu entre le seigneur de St.-Romain et l'évêque du Puy, pour la possession d'un domaine appellé la *Chapelle*, et situé non loin de la même ville; puis, il est député bientôt après à Paris, avec Pasteur d'Aubenas, archevêque d'Embrun, pour obtenir de Philippe de Valois, la révocation de certaines mesures prises au préjudice des ecclésiastiques français résidant en Cour de Rome; enfin, plus tard, lorsque l'affaire des Arméniens fut remise à l'ordre du jour, on chargea Guillaume d'en faire le rapport au Pape, travail qu'il exécuta avec distinction et qui paraît avoir été le dernier acte de la vie officielle de ce prélat.

Clément VI le garda toujours auprès de lui, comme un homme de confiance qu'il aurait sous la main, et dont il disposerait à son gré. C'est la raison pour laquelle les diocèses de Guillaume jouirent si rarement de sa présence. Il y a preuve acquise de ce fait, dans la lettre écrite par ses Vicaires-Généraux, au sujet de la Circulaire portant indiction du Concile de Paris, en 1343 [1].

[1] L'intitulé de cette lettre est ainsi conçu : « Aux Révérends « Pères en Dieu, Nosseigneurs les évêques de Paris, d'Orléans, « d'Autun, de Troyes, de Meaux et de Nevers : Les Vicaires-Généraux « du Révérend Père en Dieu, Monseigneur Guillaume, par la grâce « de Dieu, évêque de Chartres, se trouvant de sa personne à la « Cour romaine, salut, honneur et respect. » Comme la disette des faits historiques donne du prix au peu qui nous reste de ce prélat, nous pouvons invoquer un autre témoignage à l'appui de la même assertion, le témoignage d'Arnaldi, Camérier de Sa Sainteté. Voici les paroles qu'on lit dans le registre de ce dignitaire. « Lettre du « pape Clément VI, qui déclare qu'à raison de la commission don- « née à l'évêque de Chartres, de juger les griefs de ceux qui auroient « à se plaindre des Officiers de la Chambre Apostolique, l'intention

Dans l'échange que Guillaume Amici avait fait du siége d'Apt contre celui de Chartres, il ne s'était procuré qu'une plus belle position sans augmenter de grade. Le tems était venu où de nouvelles faveurs allaient lui échoir. Jaloux d'honorer la vertu et de proportionner la récompense aux services rendus, le Pape le créa Patriarche de Jérusalem, avec les revenus de l'évêché de Fréjus pour soutenir l'éclat d'une si éminente dignité ; circonstance qui ne tourna pas au désavantage de cette ville, puisqu'elle tenait jadis de ce grand prélat, outre plusieurs gages de sa munificence, maints utiles règlemens sur les matières religieuses. Dans un ancien Catalogue de l'église de Chartres, la vie de Guillaume se trouve résumée en quelques paroles dignes d'être ici reproduites. « Guillaume Amici, natif de Limoges, homme de « savoir, de probité et de mœurs ; attaché à la « maison de Clément VI. Il fut d'abord établi « Auditeur de la Chambre Apostolique, puis évê-« que d'Apt, d'où il passa bientôt au siége de « Chartres, qu'il gouverna l'espace de huit années « sans quitter la Cour romaine ; créé ensuite Pa-« triarche de Jérusalem, à l'âge de cinquante ans, « il tint en commande l'évêché de Fréjus, et jouit « de la réputation d'un saint. »

« Cependant de Sa Sainteté n'est pas que le Camérier et le Trésorier
« de ladite Chambre chôment dans leurs fonctions. Donné à Avi-
« gnon, le 16 des Kalendes de Février, an II de son Pontificat. »
Vid. Baluze. *Vitæ Papar. Avenion.* Tom. I

Un historien provençal [1], enthousiaste des gloires de sa patrie, emporté par le courant d'une rédaction rapide et trompé par des renseignemens incomplets, met Guillaume au rang des archevêques d'Aix, et cela après lui avoir fait accomplir le voyage de Palestine où le clergé de la ville sainte l'aurait élu pour patriarche. De ces deux assertions, Baluze réfute la première, parce qu'elle s'était jusqu'à un certain point accréditée ; mais il laisse au bon sens des lecteurs, à faire justice de la seconde, fruit d'une étrange méprise et d'une singulière préoccupation. Car, cette dignité de patriarche n'était qu'un titre d'honneur accordé par la Cour romaine aux prélats dont elle voulait récompenser le mérite. Quelle apparence, d'ailleurs, que le clergé de Jérusalem, voyant arriver sous l'habit de pèlerin, un simple Auditeur de Rote, l'eut installé sans le connaître, dans l'un des premiers siéges de la chrétienté.

Le même auteur parle encore de la maladie qui enleva ce prélat. Mais ici, il se trouve sur son propre terrain ; car une de ses ambitions fut de relever par les palmes littéraires, l'éclat de la célébrité dont il jouissait comme médecin. S'il faut ajouter foi à ses récits, Guillaume étant tombé malade à Avignon, les hommes de l'art lui auraient conseillé de changer d'air, et d'aller respirer

---

[1] Pitton. *Annales de l'Église d'Aix.*

celui de la patrie. Sur quoi, notre historien fait cette réflexion ingénieuse: « C'est l'ordinaire dé-« faite du médecin, de prescrire *l'air natal*, lors-« que la maladie a mis la science en déroute; il dit « plus vrai qu'il ne pense; il ordonne ce qu'il n'en-« tend pas ; car le véritable air natal est celui de « l'autre monde, puisque nos âmes sont de Dieu. » L'état de l'auguste malade s'aggravant de plus en plus, il alla à Montpellier consulter de savans médecins. « Mais, ajoute l'écrivain précité, les « docteurs de cette Université célèbre, ne pûrent « empêcher qu'il n'y trouvât la fin de ses jours, à « la soixante-quatrième année de son âge. » Ses restes, mis en dépôt chez les Carmes, furent plus tard transportés à Limoges, pour y recevoir la sépulture. Le tombeau qu'on érigea en son honneur, se voyait jadis dans la chapelle de saint Thomas, appelée, pour cette raison, la chapelle du Patriarche. Ce monument était surmonté de la statue en pierre, du prélat priant à genoux. L'inscription portait textuellement ce qui suit : « Guillaume « Amici, patriarche de Jérusalem, ancien évêque « de Fréjus, décédé à Montpellier, d'où il prit son « essor vers le ciel, le 9 Juin 1360 ; le corps de « ce prélat illustre par sa piété et ses miracles, fut « d'abord déposé avec des obsèques magnifiques, « dans l'église de Notre-Dame-des-Carmes, puis « transporté, selon une clause de son testament, « dans cette cathédrale de Limoges, où il repose

« en attendant la glorieuse résurrection. » Brillant météore, Guillaume n'a paru qu'un instant sur l'horizon de notre église, et néanmoins c'est le prélat dont elle tire le plus de lustre. De là, ce zèle des chroniqueurs, à conserver les traits de sa noble physionomie qui rayonne à côté de celles que façonna l'âge d'or du christianisme. Il est de par le monde, des noms qui s'éteignent avec la vie. Celui de Guillaume n'était pas de cette nature. Entouré d'une sainte auréole, il n'a fait que grandir en partant de la tombe. Un roi assis sur le trône, installé dans son Palais ne fait pas lever autant de foules que l'homme de Dieu couché dans son cercueil. Le lieu bénit où Guillaume fut enterré devint un centre de pélerinage, et bientôt les murs de la chapelle où reposait sa cendre n'eurent plus assez d'espace pour les tableaux votifs qu'on y appendait en son honneur. Telle est la gloire que le ciel départit aux vertueux Pontifes. Des hommes qui ont tenu l'épée, la lance et le sceptre n'ont pu parvenir à établir leur mémoire durable parmi les peuples, et voilà que ceux qui n'ont tenu que la houlette pastorale et en ont usé saintement traversent les siècles, le front marqué du sceau de l'immortalité.

La succession de Guillaume Amici, en ce qui touche le siége d'Apt, fut recueillie par Arnaldi ou Arnaud. Entraîné comme son devancier dans le tourbillon de la Cour romaine, mais bien moins

exposé que lui aux regards de l'histoire, nous n'avons rien pu découvrir de son origine, ni de sa Patrie. Le premier document où il soit mentionné est un acte de l'an 1344 par lequel son procureur fondé réclame de l'official, communication de maintes pièces dont il avait besoin pour introduire auprès du ministère Napolitain, diverses affaires relatives au domaine épiscopal. A l'époque de l'élévation d'Arnaud, barons et prélats accouraient à Aix pour prêter serment de fidélité à la jeune reine entre les mains du grand Sénéchal. « Parmi eux, » dit César de Notradamus
« [1], prêta le sien, l'évêsque d'Apt et Raymond des
« Bermonds pour tout ce qu'il possédoit au cha-
« teau de Goult et des Beaumettes : hommage
« qui fut faict par le prélat debout, et par Ray-
« mond à genoux et joinctes mains, dans la cham-
« bre de Nostre-Dame-de-Nazareth où le prince
« des Baux tenoit ordinairement son lit de
« justice. »

On assure qu'Arnaud, personnellement connu de la reine Jeanne, jouissait à sa cour d'un certain crédit [2]. De dire quelle en était la portée et l'usage qu'il en sut faire, c'est sur quoi nous ne pourrions édifier les lecteurs. Mais, parce que les infortunes et la mort de cette princesse ont

---

[1] Chroniques de Provence. 4. partie, page 384.
[2] San-Marth. Gallia Christian. 1.

dominé le grand schisme où la Provence joua un rôle plus ou moins actif, il convient de tracer ici l'esquisse d'un règne si orageux. Comment, sans cette précaution, comprendre l'histoire de notre ville, et expliquer sa part d'intervention dans ce déplorable drame ?

Naples et la Sicile étaient gouvernées par des étrangers, l'une par la maison de France et l'autre par celle d'Arragon. Robert, dont nous avons annoncé la mort, rendit son royaume florissant. Le neveu de ce prince siégeait sur le trône de Hongrie. La tige de St. Louis étendait ainsi ses branches de tous côtés : mais ces branches ne furent unies ni avec la souche commune, ni entre elles ; toutes devinrent malheureuses. Le roi Robert, avant de mourir, avait marié Jeanne son héritière à André frère du roi de Hongrie ; ce mariage qui semblait devoir cimenter le bonheur d'une auguste dynastie en fit les calamités. André prétendait régner de son chef : Jeanne toute jeune qu'elle était, voulait le réduire à n'être que le mari de la reine. La discorde s'alluma entre les deux époux. Une cour de Napolitains auprès de Jeanne, une autre auprès d'André, composée de Hongrois regardés comme des barbares par les Italiens, augmentèrent l'antipathie.

Louis de Tarente prince du sang, les favoris de la reine, la fameuse Catanoise, sa domestique, si attachée à ses intérêts, résolvent la mort d'André. On l'étrangle dans la ville d'Avese, à côté de l'antichambre de sa femme, et presque sous ses yeux; on le jette par la fenêtre, et on laisse trois jours le corps sans sépulture. La reine épouse au bout de l'an, le prince accusé par la voix publique. Que de raisons pour croire Jeanne coupable! mais il faut avouer que cette princesse malheureuse toute sa vie, l'a été surtout par le soin qu'on eut d'empoisonner toutes ses actions et de donner une signification odieuse à ses démarches les plus indifférentes. Au reste, on parla diversement de cette mort dans le temps même où elle fut perpétrée, et la vérité sur ce point n'a jamais été éclaircie. Tant il reste d'obscurité, dit Tacite, sur les faits les plus célèbres et les plus importans; parce que, parmi les hommes, les uns prennent pour sûrs les premiers bruits qu'ils entendent; les autres déguisent ou altèrent le vrai qu'il connaissent, et chacune de ces traditions opposées s'accrédite avec le tems. Ceux qui justifient Jeanne, allèguent qu'elle eût quatre maris, et qu'une reine qui se soumet toujours au joug du mariage n'est pas responsable du crime que l'amour fait commettre. Ceux qui l'accusent ne laissent pas de la plaindre, parce que le meurtre de son époux, s'il fallait le lui imputer, aurait été plutôt l'œuvre de sa faiblesse que de sa perversité: elle avait à peine dix-huit ans, quand elle aurait consenti à ce crime, et, depuis ce tems-là, on ne lui reproche ni intrigue, ni cruauté ni injustice.

Quoiqu'il en soit l'attentat commis dans le Palais d'Avese, attira sur Naples toutes les vengeances du roi de Hongrie frère d'André. Il part avec une armée, passe en Italie, conquiert le Royaume de Jeanne, et y répand des flots de sang. La reine se sauva en Provence avec son nouvel époux. Outre la nécessité d'échapper à la fureur d'un ennemi victorieux, il était essentiel, pour l'intérêt de sa cause, qu'elle se justifiât à la Cour Papale qui déjà avait fulminé ses anathèmes contre les meurtriers d'André. Elle se rendit à Avignon dont les habitans la reçurent comme leur légitime souveraine : elle parut au milieu du consistoire où les ambassadeurs des princes de la chrétienté se trouvaient présens. Nul tribunal au monde plus auguste et plus digne de rendre la Justice. Le Pape y présidait en personne, assisté des cardinaux et des prélats de sa cour. L'affaire était des plus importantes : il s'agissait de défendre une couronne, et de venger l'honneur d'une princesse accusée d'un infâme parricide. La séance toute entière fut consacrée à ce grand et solennel débat. Jeanne prononça un discours latin pour se laver du meurtre que l'opinion publique lui imputait : elle était jeune, belle et éloquente ; son front rayonnait de l'éclat du diadême. Tous les auditeurs furent émus : l'émotion fit taire les doutes injurieux, ensorte que le Pape l'ayant déclarée innocente prononça son acquittement.

La princesse rétablie par la faveur de Clément VI, perdit son second mari, et jouit seule du pouvoir, durant quelques années; elle épousa ensuite un prince d'Aragon qui mourut bientôt après : enfin, à l'âge de quarante six ans, elle se remaria avec un cadet de la maison de Brunswick nommé Othon. C'était choisir plutôt un mari qui pût lui plaire qu'un prince qui pût la défendre. Son héritier naturel était Charles de Durazzo seul reste, à Naples, de la première maison de France-Anjou. Jeanne l'adopta pour son fils. Cette adoption et le grand schisme d'occident hâtèrent sa mort, ainsi que nous le verrons ailleurs.

Tandis que Jeanne s'efforçait de faire triompher son innocence au tribunal de l'Église romaine, le fléau d'une horrible peste sévissait en Europe. Ce fut de toutes les épidémies connues la plus meurtrière, après celle observée et décrite par Hippocrate. Les peuples en Allemagne et en France, esclaves de vieilles préventions, accusèrent les Juifs d'avoir empoisonné les fontaines. On égorgea et brûla ces malheureux dans presque toutes les villes. Apt, où d'horribles scènes se produisirent, perdit alors le renom de *Cité paisible et tranquille* dont elle jouissait au dire des chroniqueurs : renom qu'elle recouvra plus tard, en nourrissant dans son sein une population dont le bon esprit lui a fait traverser sans excès les diverses crises politiques.

Ce n'était pas la première fois que les descendans d'Israël avaient eu à subir en Provence l'explosion des animosités religieuses. S'il faut en croire César de Nostradamus, l'orage qui éclata sur leurs têtes au tems de la peste, aurait été précédé d'hostilités récentes, provoquées par un crime imaginaire. Cet historien raconte qu'un Israélite de Reillanne, nommé Samson, l'un des plus considérés de sa tribu pour ses richesses et sa libéralité, fut accusé d'avoir enlevé un enfant chrétien. Le bruit s'accrédita bientôt chez le crédule vulgaire, que le ravisseur avait fait saigner cet enfant comme un agneau et l'avait ensuite crucifié afin de parodier nos Mystères. Trop horrible était l'inculpation pour être vraisemblable. Adoptée néanmoins sans examen, elle éveilla des haines qui dormaient, mal assoupies: dès lors, on envisagea les Juifs comme des ennemis publics dont il fallait se défaire; on en massacra plusieurs sans que nous sachions si, dans cette conjoncture, la Justice avait tiré son glaive pour venger les droits de l'humanité.

On peut juger par là de ce que fut la persécution allumée contre eux à l'occasion de la peste. Porté d'instinct à expliquer par des causes visibles les maux actuels, le peuple s'avisa de rendre les ennemis de son culte responsables des accidens que causait l'épidémie: accusation plus absurde encore que la précédente, et dont on s'arma cependant pour exercer à leur égard de cruelles représailles. Rien ne saurait peindre la violence avec laquelle les flots d'un courroux concentré et grossi de jour en jour, battirent en brèche dans notre ville, la paisible demeure de ces infortunés: car les Aptésiens voisins du théâtre assigné au prétendu infanticide, croyaient avoir un compte définitif à régler avec la Synagogue. Aussi immolèrent-ils ceux de ses membres qui épargnés auparavant n'avaient pû se sauver par la fuite.

En songeant à cette catastrophe, peut-on ne pas faire de sérieuses réflexions sur les dangers de l'ignorance dans les rangs inférieurs de la société? Qu'est-elle en effet cette ignorance, sinon une mauvaise racine destinée à produire des fruits amers? Aurions-nous pensé, il y a quelques années, qu'au XIX° siècle et au sein de notre prodigieuse civilisation, l'idée de l'empoisonnement des puits, des fontaines et même de l'air atmosphérique, serait adoptée de confiance non pas seulement dans les communes rurales, mais encore dans les villes les plus policées? Voilà pourtant ce dont nous avons été témoins, alors que le choléra asiatique décimait nos contrées. C'est que le peuple d'aujourd'hui ne diffère pas beaucoup de celui d'autre fois. Privé des bienfaits de l'instruction, il sera toujours accessible aux inspirations les plus étranges. Dans le moyen âge où les Juifs résumaient en eux les haines populaires, c'était tout simple de leur imputer d'odieux forfaits. Mais à cette heure où nulle classe d'hommes ne soulève de profondes antipathies, on fait planer les soupçons sur des inconnus. Veut-on empêcher le retour de ces stupidités et en tarir la source ? Il ne s'agit que de répandre dans l'esprit des populations, des idées saines au moyen d'un enseignement bien entendu : puis, d'appeler en aide la morale religieuse qui en fécondant ces heureux germes préparera à la société des élémens d'ordre et de stabilité : car besoin n'est pas pour son bonheur de faire des savans, mais seulement des hommes raisonnables.

Les premiers symptômes de peste se révélèrent à Avignon au début de l'an 1348. Là comme ailleurs on se mit à persécuter les juifs : mais Clément VI les prit sous sa protection. Deux bulles de ce Pape tendantes à les justifier et défendant toute poursuite à leur égard honorent à jamais les lumières et la tolérance du siége apostolique. La sollicitude pontificale ne se borna point à cet acte d'humanité : après avoir employé des sommes considérables à faire venir des médecins et à payer les hommes chargés d'ensevelir les morts, elle acquit un terrain spacieux hors de la ville pour le convertir en champ de sépulture, arrêta de sévères mesures de police et autorisa tous les prêtres à appliquer les trésors de l'Indulgence aux mourans.

Le fléau destructeur fit bientôt invasion dans nos

murs: il est fâcheux que les écrivains Aptésiens, ne nous aient transmis sur le séjour de cet hôte meurtrier, aucun détail d'histoire ou de statitisque; à l'égard du nombre des victimes, on ne saurait le croire exigu, puisque la chronique capitulaire rappelle que les champs voisins des remparts, destinés à engloutir la dépouille des morts, *en étoient tout bossus*. C'est un fait précieux à contaster, mais qui le serait d'avantage, s'il groupait autour de lui quelques données positives sur la marche rapide d'une maladie qui sembla se jouer des prévisions humaines. Attentif à recueillir les moindres particularités, nous aurions aimé à connaître dans l'intérêt de l'art, les symptômes dont elle fut accompagnée, comme dans celui de la religion, nous aurions voulu enregistrer les actes de courage et d'héroisme émanés de la magistrature ou du Clergé. Il nous aurait été agréable de savoir si l'Évêque avait volé aux secours de ses ouailles et s'il s'était noblement posé au milieu d'elles en ange consolateur, ainsi que sut le faire dans ces derniers temps un de ses successeurs, l'illustre Foresta, le digne émule du prélat Marseillais. Mais de toutes ces choses, objet d'une juste curiosité et d'où se serait exhalé un doux parfum d'édification, pas le moindre mot dans nos annales, tant alors ceux qui savaient écrire, négligèrent d'enchaîner leurs pensées sur le papier, occupés qu'ils étaient de veiller à leur propre conservation.

Durant les calamités publiques, il s'opère toujours une réaction au profit des idées religieuses: le zèle de la piété s'exalte en proportion des maux qu'on lui suppose le pouvoir d'adoucir. Partout cette réaction se manifesta au soudain changement d'hommes peu asservis auparavant aux pratiques du catholicisme. C'est de cette époque que date le renom qui s'attacha aux reliques de Sainte-Anne, dont l'église d'Apt se croit dépositaire. En remontant la chaîne des âges, on trouve çà et là, des vestiges précieux d'une croyance qui se perd dans la nuit des tems. Déjà par l'organe de Benoit XII, le Saint-Siége l'avait signalée à l'attention des fidèles [1]. Faible d'abord et sans essor, le culte de notre grande Patronne, s'était peu à peu régularisé, sous la surveillance des évêques, sans néanmoins dépasser les bornes d'une dévotion ordinaire. Il ne fallait plus à ce culte que de se trouver dans des conditions favorables pour grandir et prospérer : elles ne se firent pas beaucoup attendre. Lorsque la mortalité causée par l'épidémie eut cessé, Apt devint le rendez-vous des pélerins provençaux et languedociens. Ces pieux pénitens y accouraient dans la cripte de l'aïeule du Sauveur, comme dans un lieu où le Très-Haut daignait déployer la puissance de son bras. Ce fut à la suite de ce mouvement religieux que l'on con-

[1] Legrand. *Sépulchre de Madame Ste. Anne.*

certa de nouvelles mesures pour obtenir la canonisation juridique d'Elzéar de Sabran, déjà glorifié par la voix populaire. Mais elles furent cette fois, comme on le verra bientôt, couronnées du succès. Ainsi la peste noire, cette terrible peste du XIV siècle, enrichit notre ville de nouveaux moyens de sanctification qui l'indemnisèrent pleinement de ses pertes récentes.

L'année, où le fléau importé d'Avignon franchit nos barrières, paraît avoir terminé la vie de l'évêque d'Apt; peut-être doit-on le compter parmi les célébrités que l'impitoyable mort faucha durant cette crise désastreuse. S'il succomba dans la résidence papale ou bien au milieu de ses diocésains en face même de l'ennemi, sur le champ d'honneur, c'est ce que nous ne saurions dire. A l'égard des faits et gestes de son épiscopat, qui dura un peu plus de quatre ans, silence absolu de l'histoire. Il est fâcheux pour Arnauld de ne figurer dans nos fastes religieux que comme ardent défenseur des intérêts matériels de son église; en effet, ce Prélat s'y trouve exclusivement crayonné, à raison des efforts incessans qu'il fit pour se voir réintégrer dans la jouissance du riche prieuré de S. Saturnin, distrait par Jean XXII de la mense épiscopale. Nous pensons qu'il est le même que le camérier de S. S. dont le témoignage relatif à Guillaume Amici, a été plus haut rapporté dans une note. Quelque temps après sa promotion à l'évêché d'Apt, il fut nommé lui troisième, conservateur de l'ordre de Sainte Claire : mesure provoquée par les vexations qu'éprouvaient les religieuses, au sujet des priviléges qu'elles avaient obtenus de la munificence papale. Clément VI, voulant prévenir cet état de choses qui ne tendait à rien moins qu'à exiler la paix du séjour de ces saintes filles, prit le parti de leur choisir des patrons dans les rangs de la prélature. C'est pourquoi il expédia une bulle à l'Archevêque d'Aix et aux évêques d'Apt et de Cavaillon, bulle datée d'Avignon, le 4 des kalendes de. . . . an 4e de son pontificat [1].

Le chef de l'Église en débutant, déclare que, parmi les œuvres auxquelles la dignité apostolique l'oblige de s'appliquer, il n'en est pas de plus indispensable que celle qui a pour but de faire tourner le haut patronage du Saint Siége au profit des personnes vivant sous la discipline religieuse, de celles surtout qui par la faiblesse de leur sexe, ont besoin d'un appui spécial et ne trouvent d'abri qu'à l'ombre du trône de Saint Pierre. » Attendu, » continue Clément, » que les mo-
« niales de Sainte Claire, à l'occasion des droits
« et immunités qu'elles possèdent, sont souvent
« inquiétées et éprouvent mille chicanes de la
« part des prélats et autres dignitaires de l'É--

---

[1]. Wading. Ann min. t VII. p. 385

« glise et cela contrairement aux dispositions
« formelles des décrets du Siége apostolique,
« voulant en conséquence remédier à cet abus et
« mettre un terme à des vexations qui troublent
« la paix, dont doivent jouir ces pieuses vierges
« dans le service du Seigneur: nous ordonnons
« à vos paternités par la teneur de ce rescrit, que
« tous trois ensemble ou l'un de vous, soit par
« vous-même, soit par vos délégués, vous pre-
« niez la défense des abbesses, religieuses et sœurs
« de Sainte Claire, sans souffrir dorénavant que
« contre le vœu des décrets précités, personne
« soit assez osé pour molester ou autrement in-
« quiéter ces vertueuses filles dans la jouissance
« de leurs priviléges, avec pouvoir à chacun de
« vous, d'informer sur tous les griefs dont elles
« auraient à se plaindre et d'employer les voies
« de droit, à l'égard de ceux qui en seraient ju-
« ridiquement reconnus les auteurs : ou bien de
« leur appliquer des peines arbitraires, selon
« l'éxigence des cas... » On ignore si les prélats à
qui cette bulle était adressée, firent usage de ce
nouveau pouvoir; toujours est il que c'est le seul
document de ce genre où le nom de l'évêque d'Apt
soit mentionné.

Sous l'épiscopat d'Arnauld, la reine Jeanne
avait permis à nos syndics de se servir du bour-
don de la cathédrale, pour convoquer le sénat de
la cité et donner le signal des fêtes publiques.

Nous ne blâmons pas cette concession, parce qu'elle est juste en soi et raisonnable. Mais, nous ne pouvons nous défendre de faire ici une observation qui appartient à la philosophie de l'histoire. Jadis, c'était un privilége que l'honneur exclusif des cloches qui portent de si haut et si loin, les sentimens de l'Église au nom de laquelle elles retentissent. On les estimait tellement sous ce rapport, qu'on leur appliqua de bonne heure, une cérémonie analogue au sacrement, par lequel les hommes reçoivent la première grâce de l'adoption divine. La vanité féodale mettait aussi le plus grand prix aux sonneries solennelles. De là, l'ample part qu'on leur attribue dans l'intolérance des castes et dans la jalousie des communes réduites à un humble silence, à côté de ces volées majestueuses. Mais, au milieu de la lutte incessante de l'empire et du sacerdoce dont on retrouve des incidens à chaque page de nos annales, le pouvoir populaire s'était développé : il avait pour champ de bataille l'hôtel-de-ville, pour représentans les magistrats plébéiens. Plein de la conscience de ses propres forces, le voilà qui réclame contre un monopole dont il est jaloux, et obtient, pour ses assemblées, le même signal que l'Église pour les siennes. C'est ici le point de départ de ce pouvoir dans son progrès envahissant, progrès pareil à celui d'un homme qui sort de l'enfance et passe par tous les autres âges.

Le tems viendra où la commune qui le personnifie, cessant de vivre d'emprunt, aura à sa disposition une belle et superbe cloche. Alors, à côté du campanille de la cathédrale, s'élèvera la tour du beffroi. Celle-ci, toute chargée d'attributs civiques, se dressera à une hauteur capable de susciter l'envie de son vieux antagoniste : alors ces bruits éclatans auxquels on reprochait trop souvent d'être l'écho de la vanité titrée plus jalouse de faire retentir ses prétentions que ses douleurs, deviendront une branche importante du service public. Si les uns doivent mêler leur joie aux fêtes religieuses et prêter le charme de la mélancolie aux funérailles des grands citoyens, les autres règleront le cours du temps, célèbreront les triomphes de la patrie, pleureront ses pertes, ou jetteront le cri d'alarme destiné à la faire accourir aux dangers dont elle est menacée. Ce sera après un laps d'environ deux cents années, qu'aura lieu pour notre ville cette grande innovation. A partir de là, l'Église ne dominera plus seule, la maison des citoyens; mais elle partagera sa primauté avec un monument pacifique comme elle, quoique plus jeune de plusieurs siècles.

La précieuse concession de Jeanne, marque une des principales phases de notre histoire communale. Ce fait ayant par lui-même une haute signification, on s'étonne que les écrivains Aptésiens ne l'aient pas mieux interrogé pour en déduire quelques-unes des pensées qui ont présidé à l'élaboration du régime municipal. Pour quiconque étudie une institution, le premier soin doit être de s'élever à l'idée de son ensemble, de s'en former en quelque sorte le croquis; ensuite, il descend avec plus de plaisir aux détails, afin de les considérer sous toutes leurs faces. De cette manière, il saisit une infinité de rapports qui sans cela auraient échappé à sa vue, et il acquiert l'inappréciable avantage de suivre, pas à pas, les développemens de l'œuvre des siècles, de juger ce qui a été fait et ce qui reste encore à faire.

Des titres authentiques nous instruisent aussi que vers l'époque de cette royale dispensation, la chapelle qu'abrite la tour de Saint-Simphorien, offrait déjà un rendez-vous à la dévotion populaire. Maintes paroisses s'y étaient plusieurs fois réunies en assemblées pour la discussion de leurs intérêts; car, au moyen-âge, les passions politiques n'avaient d'autre forum que les églises ou les cimetières. Tout se tenait alors dans le système catholique pour moraliser le peuple et lui donner le goût d'un bonheur tranquille et à sa portée. Le clocher du village dont la flèche semblait, le soir, toucher aux étoiles, parlait de Dieu à l'homme des champs: l'image de la Vierge qu'il allait vénérer sous le toit de chaume du sanctuaire rustique, lui mettait sous les yeux, le triomphe des vertus sans faste: les statues des saints allongées comme au laminoir et collées raides contre les piliers des cathédrales, lui rappelaient de pieuses légendes où éclataient les actes d'héroïsme, d'abnégation et d'humanité: enfin, ces assemblées tenues au milieu des tombeaux, paraissaient lui dire que les sages délibérations ne se prennent pas dans les lieux de plaisir et de réjouissance, mais sous les yeux de la mort où l'on juge sainement des choses. Plusieurs de nos lecteurs ignorent peut-être le site du monument qui vient de nous inspirer ces réflexions: il faut le leur apprendre. — Non loin d'Apt et sur une éminence qui commande les défilés de la combe de Lourmarin, une tour scellée dans le roc, s'élève d'entre des ruines; cette tour, qui défie le temps, a vu se détacher d'elle les murs qui la flanquaient: elle a l'air de raconter des faits religieux, des évènemens lointains. Quoique le style roman ait présidé à sa configuration, la grâce du gothique respire dans sa forme svelte et élancée. C'est la tour de Saint-Simphorien. Le vieux moûtier qu'elle couvrait de son ombre, est entièrement détruit: faible débris de cet édifice claustral, elle lui a survécu comme ces serviteurs qui, au dire d'un écrivain [1], *restent seuls à pleurer dans la solitude d'un château dont la mort a frappé le maître.* Mais si ce vénérable témoin d'un autre âge, ne nous dit pas tous ses secrets,

---

[1] Méry, *Hist. de Provence.*

s'il use de réticence à notre égard, il fixe cependant le lieu d'une scène étrange, scène où un grand seigneur de la cour de Louis XIV osa d'autorité se faire porter en litière par les consuls d'une petite commune voisine, et abaissa ainsi le chaperon jusqu'au niveau de la livrée [2] : trait d'insolence inouï qui surprend moins encore que la débonnaireté de ces magistrats plébéiens, assez simples pour subir une telle humiliation !

N'ayant plus rien à dire d'Arnauld par l'épuisement des particularités relatives à son épiscopat, reprenons notre marche accoutumée. Après cet évêque, voici venir ses deux successeurs immédiats, peu connus, bientôt remplacés et dont le diocèse ne vit presque jamais la face. Ce sont Bertrand et Bernard qui, séduits par les charmes de la résidence papale, s'y établirent contrairement aux plus saintes règles de la discipline. On sait que le mauvais exemple est toujours contagieux, surtout lorsqu'il vient d'en haut. Les dignitaires inférieurs se crurent donc permis ce qu'ils voyaient pratiquer à leurs chefs : de là, cet entraînement des prêtres à quitter leurs postes pour venir solliciter les faveurs des princes de l'Église. En écrivant l'introduction préliminaire, nous avons longuement exposé les bienfaits dont la Provence se croit redevable à la cour romaine. Ce n'est là

---

[2] Papon, *hist. de Prov.* t. 4 p. 474. Voir à la fin du vol. la note *III* du livre 3e.

que le beau côté de la médaille, mais notre impartialité nous impose le devoir d'en montrer le revers. Ainsi l'effet le plus fâcheux pour nos villes, du séjour papal à Avignon, fut de les rendre trop souvent veuves de leurs évêques. C'était un grave inconvénient qui contrebalançait les avantages d'une proximité si glorieuse à tant de titres. D'abord, des charges ou des fonctions particulières fixaient ces prélats auprès du souverain pontife et des cardinaux: puis, les pompes religieuses qui se reproduisaient à brefs intervalles, quel puissant attrait pour les sommités cléricales de la contrée! Rien de plus curieux que le spectacle offert alors par la nouvelle Rome: » La présence du chef
« de l'Église, dit un élégant écrivain [1], y attirait
« chaque jour, une population flottante accourue
« de tous les points de la chrétienté. Dans les rues
« de cette ville auparavant désertes et silencieuses,
« retentissaient et se croisaient vingt idiômes
« différens. Un prieur des hospitaliers de Saint-
« Jean de Jérusalem, récemment arrivé de Rho-
« des, s'entretenait encore du procès des tem-
« pliers, avec l'ambassadeur du roi de France: un
« cardinal monté sur une blanche haquenée, don-
« nait en passant la bénédiction au petit-fils d'un
« ancien podestat de la commune avignonaise:
« plus loin, un chevalier de l'ordre teutonique

[1] Rastoul, *Pétrarque*.

« arrêtant son haut destrier, fixait ses grands
« yeux bleus, sur une longue file de pénitens gris
« montant processionnellement au rocher des
« Doms, tandis qu'un commandeur de l'ordre de
« Calatrava, la main appuyée sur la croix de fer,
« formant la garde de son épée, s'avançait suivi
« d'un cortége d'esclaves maures au teint basané,
« au turban de lin. A chaque pas, on rencontrait
« des évêques, accompagnés de jeunes lévites,
« portant la crosse et la mître de leurs patrons :
« des pélerins avec la palme cueillie sur les bords
« du Jourdain, des ménestrels, des troubadours,
« des jongleurs : et devant les églises, auprès des
« chapelles, des nuées de mendiants étalant leurs
« plaies, implorant la charité publique et insul-
« tant à de malheureux juifs affublés du chaperon
« jaune qui les signalait aux outrages de la popu-
« lace et des enfans... partout des cris, des querel-
« les, le cliquetis des épées : partout des chants
« pieux et le son des cloches dominant tout ce
« tumulte, tout ce mouvement, toute cette ani-
« mation, auquel ajoutaient encore la diversité
« des costumes, le mélange des races et les dispo-
« sitions irrégulières des rues préparant à chaque
« détour un nouveau contraste, une surprise
« nouvelle... »

Quoique le génie poétique ait fourni son coloris à l'auteur de ce gracieux tableau, il n'en est pas un seul trait qui ne convienne à la vérité de l'histoire. Faut-il s'étonner si les évêques d'alors, pour la plupart grands seigneurs, échangeaient volontiers la résidence de leur petite ville contre le séjour charmant de la cité papale? Qu'était, par exemple, notre Apt à cette époque? Jadis noble et puissante colonie des romains, elle ne fut au moyen-âge, qu'une commune médiocre, aux habitudes simples et agrestes, commune d'où était bannie l'activité d'une civilisation avancée. Dans les temps prospères de la république et des Césars, les maîtres du monde avaient agrandi et décoré les villes conquises; mais, rendues à elles-mêmes ou aux barbares, elles dépérirent toutes, attestant par leurs ruines la puissance intellectuelle du peuple-roi.

Ainsi la proximité de la cour pontificale avec ses agrémens, avec ses pompes religieuses, avec l'élite de la société européenne, voilà ce qui explique la situation équivoque de nos églises trop souvent veuves sans être vacantes. S'il nous reste peu de données sur quelques prélats qui siégèrent à la même époque, cela provient autant de leur absence que des fréquens déplacemens dont ils furent passibles. En ce qui touche ce dernier point, nous voyons qu'en moins d'un demi-siècle, soit par décès soit par transfert, l'Eglise d'Apt avait changé jusqu'à douze fois de pasteur. Cet état de chose était incompatible avec la bonne et prompte expédition des affaires religieuses, à laquelle on ne parvient que par une connaissance approfondie des ressources et des besoins locaux, par l'application constante et suivie des mesures préparées de longue main et adoptées avec maturité. Ajoutez à cela l'inconvénient inévitable de glacer le zèle des prélats, en leur ôtant l'espoir de terminer les choses qu'ils entreprenaient, de détruire la confiance du prêtre et des fidèles qui apprenaient à ne compter sur aucune suite, dans la marche des affaires, enfin de subordonner la conduite des intérêts religieux, à toutes les divergences de vues des évêques qui ne s'installaient qu'en perspective d'un remplacement prochain: devant ces élémens perturbateurs, serez-vous étonné ensuite que cette instabilité épiscopale ait ouvert une large porte aux abus, abus multipliés au point qu'il fallut enfin songer à une sérieuse reforme?

La biographie de Bertrand se réduit à fort peu de chose: il rend hommage à la reine Jeanne pour le temporel de son église, entre les mains du comte de Sault, sénéchal de Provence; puis, il est mentionné dans une bulle de Clément VI portant concession d'indulgences en faveur de l'Église de Voisins, au diocèse d'Orléans [1]. Cette bulle est datée du 5 Avril an neuf du pontificat de ce pape. Nul autre événement dans l'ordre religieux ou politique, n'a signalé d'ailleurs la carrière du prélat.

[1] Gallia Christ. t. 1.

Quant à Bernard, sa promotion paraît remonter au milieu de l'année 1351 : même silence des historiens à son égard qu'à celui de son devancier. Le fief des Tourettes dépeuplé par le fléau de la peste noire, reçoit néanmoins sous les auspices de cet évêque, une nouvelle colonie d'habitans [1]. Il existait jadis aux archives du diocèse, un acte constatant que Bernard avait donné aux agriculteurs accourus à sa voix, les terres de ce fief à cultiver, sauf le *defends* de Mauragne dont il se réservait la jouissance. C'est peut-être la seule pièce dont on puisse argüer en faveur du nom de ce prélat. Cependant, Bernard se recommande par un acte aussi glorieux à la religion qu'à notre ville. Nous voulons parler de la nouvelle démarche faite auprès du Saint-Siége pour obtenir la canonisation d'Elzéar de Sabran. Il est singulier que l'histoire n'ait pas mieux tenu compte à cet évêque de son intervention dans une affaire toute de sa compétence et à laquelle il doit avoir eu la meilleure part. S'il en fut effectivement le principal moteur, à qui imputer cet oubli de nobles efforts, sinon à l'incurie des annalistes qui l'aura ainsi frustré des justes hommages de la postérité ?

Fidèle à l'esprit religieux de son siècle, la Provence regardait comme un de ses plus beaux titres de gloire, d'avoir donné le jour au Comte d'Ariano.

[1] Notes de M. Gillon.

Dans ce pays le culte des souvenirs date de loin : on y a compris de bonne heure la solidarité qui existe entre le héros et sa patrie, solidarité en vertu de laquelle les belles actions de l'un deviennent en quelque sorte le patrimoine de l'autre. Dans toutes les classes, il y avait accord parfait de sentimens sur la sainteté d'Elzéar. Cependant, malgré cette touchante unanimité, la question relative à sa canonisation n'avait fait aucun progrès depuis la requête présentée à Jean XXII. On cherchait le moyen de mettre un terme à cet ajournement et on crut le trouver dans le concours officieux des États-généraux qui devaient bientôt s'ouvrir à Aix, la ville comtale [2]. Les élémens dont se composaient alors ces grandes assemblées, étaient si empreints de l'esprit de foi, qu'une mesure utile à la religion n'avait jamais à craindre comme aujourd'hui, les coups de *l'ordre du jour* ou les menaces de la *question préalable*. Dans la circonstance présente, il suffisait d'une voix généreuse qui jetât le nom d'Elzéar, du haut de la tribune parlementaire, pour voir aussitôt éclater une manifestation en sa faveur. Ce qu'on avait prévu arriva effectivement : le pays venant d'essuyer les ravages d'une peste, se trouvait, ainsi qu'il arrive toujours à la suite des grandes calamités, dans une de ces rares crises qui entraînent les

---

[2] Remery, *hist. de S. Elzéar*. — Boze, *ibid.* — Borely, Vie de Ste Dauphine.

peuples vers les idées religieuses, port salutaire où l'âme, après la tempête, cherche l'oubli pour le passé et les consolations pour l'avenir. Toute réunion d'hommes nourrit les mêmes instincts que la société dont elle est l'image. Placée dans des conditions aussi avantageuses, la représentation nationale n'eut pas de peine à embrasser une haute pensée de piété : elle vota une députation à Clément VI pour le prier de satisfaire au vœu de la province, en décernant l'auréole sacrée à l'un de ses plus dignes enfans. Les membres que l'on mit à la tête de cette députation, étaient Georges de Clariani, évêque de Senez, et Guiraud de Simiane, baron de Caseneuve. Nul mieux que celui-ci ne méritait de servir de second au noble prélat ; car, témoin oculaire des miracles qui éclataient journellement sur la tombe du saint Confesseur, il avait en qualité de son proche parent un titre spécial pour désirer le succès de cette démarche.

De leur côté, nos magistrats, dignement inspirés par leur patriotisme, prirent une résolution que l'histoire a cru devoir enregistrer. En contemplation des avantages matériels que le culte du nouveau Saint procurerait à la ville, ils déclarèrent se charger en son nom, d'une partie des frais de la procédure, au moyen d'une taxe levée sur les habitans. L'arrêté qui intervint porte textuellement : [1] » qu'en ce qui touche la canonisation du

[1] Archives de l'hôtel-de-ville.

« Bienheureux Elzéar, on aidera madame la Com-
« tesse sa relicte, à la poursuivre, et que la ville
« entrera dans les dépenses à ce nécessaires jus-
« qu'à la concurrence de 200 florins d'or. »

Delphine, qu'un ardent désir de voir la couronne de la sainteté ombrager le front de son noble époux, rendait attentive à tout ce qui pouvait favoriser ce glorieux dessein, Delphine n'eut pas plus tôt appris la décision des États, qu'elle se fit porter à Avignon, afin d'unir ses efforts à ceux de la députation provinciale. Ayant pris les devans, elle alla droit à Villeneuve, où Clément VI fesait sa résidence. Ce pape, instruit par la voix publique du renom que la comtesse d'Ariano s'était acquis par sa grande piété, n'ignorait pas non plus la haute position dont elle avait joui dans le monde. Il apprit avec plaisir qu'elle demandait une audience particulière. L'évêque d'Apt et le général des Frères-mineurs l'introduisirent auprès de lui. La vue de cette sainte personne dont la pauvreté volontaire s'abritait sous l'éclat de titres pompeux, causa d'abord au pape une indicible satisfaction. Celui-ci l'écouta sans l'interrompre et, après avoir ouï sa demande, touché d'un si beau zèle, il promit de la prendre en considération et de la soumettre à l'examen des cardinaux, dans le plus prochain consistoire. Clément afin de prolonger l'entretien, amena ensuite Delphine sur le terrain de la spiritualité. Ici, la comtesse s'aban-

donnant aux inspirations de la grâce, parla avec tant d'à-propos, que son auguste interlocuteur en fut émerveillé. Des flots d'éloquence et de doctrine jaillissaient du fond de cette âme nourrie, dès le berceau, du miel des livres sacrés. L'onction dont elle assaisonnait son langage, donna un nouveau prix à ses sublimes aperçus. «Voilà,» dit un vieux écrivain, « en quelles belles et sainctes pa-
« roles se passèrent les devis de ce pape et de
« cette vertueuse dame. »

Le lendemain, les députés firent leur entrée à Avignon: ils marchaient escortés d'une suite nombreuse de gentilshommes. Tout le long de leur route, on les avait reçus avec distinction chez les prélats et les barons dont ils traversaient les terres. Parvenus à Villeneuve, ils y trouvèrent une gràcieuse hospitalité et la visite empressée des dignitaires de la Cour romaine. Ceux-ci chargés de les complimenter au nom du chef de l'Église, leur parlèrent de la sorte: [1] » Vous venez, nobles
« Seigneurs, solliciter la canonisation d'un saint
« Comte et nous venons de voir une Comtesse
« que chacun croit déjà canonisée devant Dieu:
« elle alla hier visiter le S. Père et l'entretint long-
« temps des divins mystères, dans les termes
« d'une théologie si sublime, qu'elle ravit ce sa-
« vant pontife: il est probable qu'il vous en témoi-
« gnera quelque chose, quand vous lui explique-

[1] Borely. *Vie de Ste-Dauphine*, page 395

« rez le sujet de votre voyage; et sans doute la
« haute opinion que S. S. a conçue des vertus de
« cette dame favorisera beaucoup le dessein for-
« mé par vos concitoyens dans l'intérêt de son
« époux. » L'évènement, comme on va le voir,
justifia ces prévisions.

Clément tint un consistoire extraordinaire où il reçut la députation en audience publique. L'évê- de Senez chargé de porter la parole, le fit de la manière qu'il suit : » La Provence prosternée à
« vos pieds ne vient pas demander à V. S. des
« grâces qui regardent la fortune de ses citoyens:
« le bonheur qu'ils ont de vivre sous le patronage
« du S. Siége leur tient lieu de tout. Mais elle
« pense à sa propre gloire, parce que cette gloire
« a pour objet un des plus nobles enfans de l'Égli-
« se : il s'agit d'Elzéar de Sabran dont le nom
« imprimé dans tous les cœurs passera jusqu'à
« nos derniers neveux. Nous venons vous sup-
« plier de donner suite à la requête jadis présen-
« tée à Jean XXII au nom de la ville d'Apt pour
« obtenir la canonisation de ce vertueux Baron.
« Personne n'ignore qu'il fut un Machabée dans
« les camps, un Élie dans la solitude, un Jérémie
« dans le temple, un David dans le palais des rois,
« un Joseph dans les saintes libertés du mariage.
« A la vue de tant de vertus, devions-nous laisser
« inachevée l'œuvre de nos devanciers. C'est
« pourquoi nous demandons avec une soumission

« profonde, cette grâce si ardemment, si juste-
« ment désirée : nous l'espérons comme une des
« plus grandes faveurs que vous puissiez nous
« accorder et nous tacherons de l'envisager com-
« me une chose qui doit rendre témoignage à tous
« les peuples et à tous les fidèles, du zèle que nous
« portons à la religion. » Ainsi s'exprima l'évêque
provençal. Le pape répondant à ce discours,
donna d'abord de justes louanges à la piété des
États, et promit la prompte exécution de leurs
vœux: Venant ensuite à l'éloge de Delphine, il en
parla avec un sentiment d'admiration au point
d'avancer que cette noble dame, sans savoir la
théologie, s'était expliquée sur les mystères de
Dieu en termes si convenables qu'il n'avait jamais
oui docteur au monde formuler sa pensée avec
autant de précision.

L'accomplissement de la promesse papale ne
subit pas cette fois d'ajournement; car, le pontife
nomma, à l'issue du consistoire, une commission
de trois membres pour procéder aux informations
préalables sur la vie et les miracles du comte
d'Ariano. On ne sera pas fâché de connaître leurs
noms. Le premier était l'évêque de Carpentras,
Geoffroi, transféré plus tard au siège de Carcas-
sonne; le second, l'évêque d'Uzès, Elie de saint-
Yriex, investi ensuite de la pourpre romaine; le
troisième enfin, l'abbé du monastère de saint-Ruf-

lès-Valence. Voici le bref qu'ils reçurent de S. S. en cette occasion. [1]

« Grande est notre joie et rien n'égale la dou-
« ceur de nos consolations, lorsque le roi du ciel
« dont le sceptre s'assujettit toutes choses, retire
« de la prison de cette vie, les saints dignes de nos
« respects par l'éclat de leurs vertus, afin de les
« placer dans le séjour de la gloire : mais plus
« grande encore devient notre allégresse, quand
« ce monarque suprême daigne signaler l'état de
« ses élus par de fréquens miracles pour affermir
« la foi de ceux d'entre les fidèles que sa miséri-
« corde veut entraîner au port du salut.

« A ce propos, il nous a été naguères exposé en
« plein consistoire, tant de la part de nos vénéra-
« bles frères les métropolitains d'Aix et d'Arles et
« leurs comprovinciaux, que de celle de nos chers
« fils les prélats des églises, religieux, barons et
« gens du tiers-état de ces deux provinces, qu'El-
« zéar de Sabran, d'heureuse mémoire, comte
« d'Ariano, baron d'Ansouis, se serait voué au ser-
« vice de Dieu et du prochain, non seulement par
« des mœurs pures et la pratique des bonnes œu-
« vres, mais encore par l'éclat d'une vie exemplaire
« et d'une chasteté si parfaite, qu'elle écartât de
« lui tout plaisir sensuel, toute volupté charnelle :
« chasteté qui ne se démentit jamais pendant la

[1] Wading -- *Annales frat. minor. anno quò supra*

« durée de son pélérinage sur la terre: qu'en con-
« templation des mérites dudit Elzéar, le Sei-
« gneur aurait opéré soit dans l'Église des Frè-
« res-mineurs d'Apt où son corps repose, soit ail-
« leurs, maints prodiges, comme de ressusciter
« des morts, guérir des lépreux, rendre la vue à
« des aveugles, l'ouïe à des sourds, la parole à des
« muets, l'usage de leurs membres à des paralyti-
« ques, voulant de cette manière honorer ici-bas
« celui qui a déjà reçu de sa main libérale, la cou-
« ronne de gloire dans le ciel comme on le croit
« pieusement.

« C'est pourquoi, attendu que ces faits nous
« ont été rapportés comme étant de notoriété
« publique dans lesdites provinces, un humble
« requête nous a été offerte de la part des prélats
« et barons, requête tendante à faire légalement
« constater la réalité de ce que dessus par des
« personnes revêtues d'un caractère officiel, et
« à ordonner une information qui, en nous ins-
« truisant du véritable état des choses et écartant
« de notre esprit toute ombre de doute et d'incer-
« titude, puisse nous permettre de placer Elzéar
« de Sabran dans le catalogue des saints, d'autant
« qu'il ne conviendrait pas de laisser sans culte
« chez les mortels, une sainteté attestée par l'au-
« torité des miracles.

« Nous donc, qui n'avons aucune notion per-
« sonnelle des faits susdits et à qui incombe le

« devoir de procéder avec lenteur dans les choses
« douteuses, comme d'agir avec célérité dans les
« claires et les certaines : accueillant favorable-
« ment les instances qui nous ont été faites : plein
« de confiance en votre probité et discrétion, de
« l'avis de nos frères les cardinaux, nous vous
« commettons le soin de cette affaire et vous man-
« dons par les présentes, d'informer tous trois ou
« au moins deux d'entre vous, sur la vie dudit
« Elzéar, sur ses mérites, ses miracles et les cir-
« constances y relatives, afin d'établir la vérité
« des faits, en vous astreignant aux interrogats
« que vous trouverez annexés à ce bref : ayant
« soin en définitive de nous soumettre toutes les
« pièces de la procédure, accompagnées du pro-
« cès-verbal contenant la série de vos opérations.
« Donné à Avignon, aux kalendes de septembre
« l'an 10 de notre pontificat. »

Ce fut trois mois après la réception du bref, que les évêques de Carpentras et d'Uzès, sans attendre plus long-temps l'abbé de Saint-Ruf absent de la cour romaine, s'acheminèrent vers Apt afin d'ouvrir l'enquête prescrite. [1] Leur entrée en ville se fit le deux décembre, au milieu des plus vives manifestations de l'enthousiasme populaire. On donna aux délégués du S. Siége, le choix de la cathédrale ou de la basilique franciscaine, pour

---

[1] Borely, ibid. quò suprà. — Remerv., ibid.

la tenue de leurs séances; mais ils préférèrent la dernière parce qu'elle renfermait les cendres du comte d'Ariano. Au fait, nul lieu mieux approprié à l'exercice de leurs fonctions, que le temple sous les voûtes duquel planait l'ombre auguste du serviteur de Dieu et où l'on respirait dans une atmosphère embaumée du parfum de ses vertus. L'histoire d'Apt, on le sait, se rattache par mille nœuds aux destinées de cette église ; et même après sa destruction, les hommes, fidèles au culte des souvenirs, se plaisent encore à rêver du passé et à remonter les anneaux de la chaîne des âges, en face des murs qui sont restés debout. Rien de comparable aux émotions que suscitait dans l'âme ce monument aux jours de sa splendeur. Partout vous y retrouviez de glorieuses réminiscences inscrites sur les dalles du pavé ou incorporées aux parois de l'édifice. Partout vous y rencontriez les formes fantastiques de l'architecture ogivale dont elle était un parfait modèle. Ajoutez à cela, la lumière du soleil artistement affaiblie par des vitraux coloriés, les riches proportions de la nef, une ornementation bien entendue, un silence profond, uniquement interrompu par les accords de l'orgue mariés à la voix sonore des religieux, et vous aurez le secret des impressions subites qui vous saisissaient en y entrant. C'était un lieu où la prière devenait le premier besoin du cœur et où l'on s'abandonnait presque naturellement aux réflexions sérieuses.

Malgré l'absence du troisième commissaire, les prélats ne laissèrent pas de siéger afin d'accomplir quelques formalités indispensables [1]. Des flots de fidèles inondaient la vaste enceinte des Cordeliers. La présence de plusieurs nobles personnages donna à l'assemb'ée une physionomie solennelle. D'un côté, on voyait le grand-sénéchal de Provence entouré de barons et de châtelains; de l'autre, les évêques d'Apt et de Cavaillon à la tête d'un nombreux clergé. Personne n'ignore que l'un de ces dignitaires était Philippe de Cabassole qu'un mouvement de piété pour la mémoire d'Elzéar avait attiré en notre ville.

A l'ouverture de la séance, maître Nicolas Laurenchi, docteur-ès lois, développa des conclusions tendantes à le faire agréer comme procureur fondé du prélat Aptésien, du chapitre et du corps de ville, avec faculté d'intervenir aux opérations de l'enquête en qualité de partie civile: ce qui lui fut sur le champ accordé après vérification préalable de ses pouvoirs. Le même docteur déposa ensuite sur le bureau deux bulles de Clément VI relatives à la marche à suivre dans l'audition des témoins. Lecture faite de ces pièces, quoique les prélats, aux termes des lettres pontifi-

---

[1] Bollandus, acta SS. mense 7bris.

cales, fussent suffisamment autorisés à agir sans le concours de leur collègue, ils crurent néanmoins autant dans l'intérêt des formes que dans celui des convenances, devoir lui écrire pour l'inviter à presser son arrivée afin de travailler de concert avec eux à l'exécution du mandat apostolique.

Soit que l'abbé fût déjà en chemin ou que la lettre des prélats eût accéléré son départ, il ne tarda pas de paraître au rendez-vous. Dès le lendemain au matin, les commissaires reprirent séance. Nicolas Laurenchi leur présenta alors un rouleau de parchemin contenant une série de soixante et dix articles sur lesquels il demandait à faire entendre les témoins assignés; puis, il produisit quantité de pièces juridiques à l'appui des faits miraculeux attribués au serviteur de Dieu. Les témoins furent entendus sous la foi du serment, et leurs paroles écrites par deux notaires présens à l'audience, chargés de recueillir en commun les élémens de la procédure. Cette opération se prolongea du 11 décembre jusqu'au 3 février de l'année suivante.

Au nombre des personnes appelées à déposer, on comptait des évêques, des magistrats, des religieux, des gentilshommes et de nobles dames. Les merveilles dont ils attestèrent la vérité sont si frappantes, qu'on ne saurait les lire sans en être vivement touché. La déposition de Delphine devait susciter le plus vif intérêt; car, qui mieux qu'elle était en mesure d'édifier l'Église sur les

vertus de son époux? L'accent dont elle accompagna ses paroles, en face des commissaires, trahissait une émotion profonde qui s'était communiquée à chacun d'eux: En effet, dit Remerville [1], « quelque joie qu'elle eût de voir rendre à
« Elzéar les honneurs du culte public, sa modes-
« tie éprouva une peine extrême quand les pré-
« lats l'interpellèrent sur les particularités secrè-
« tes de son mariage. Ils furent obligés d'user de
« leur autorité pour vaincre ses répugnances, et
« de lui enjoindre par le pouvoir qu'ils tenaient
« du S. Siége de répondre à toutes leurs ques-
« tions. Rien de pénible, ajoute le même écrivain,
« comme l'alternative où se trouva placée cette
« auguste veuve, ainsi qu'elle en fît l'aveu, de dé-
« sobéir à la puissance la plus respectable qui fût
« sur la terre, ou de se canoniser elle-même, en
« produisant au grand jour tous les prodiges de
« chasteté dont la couche nuptiale seule avait été
« témoin. »

Au commencement de mai, les commissaires s'étant rendus à Avignon, présentèrent au Pape en plein consistoire, la procédure qu'ils venaient d'achever [2]. Le Pontife ordonna à trois membres du sacré Collége par un oracle de vive voix d'en faire un examen approfondi. Le choix de S. S. tomba sur Pierre de Cupis, cardinal évêque d'Albano,

---

[1] *Hist. de St Elzéar*.
[2] Bollandus, *acta SS. ibid*

Pierre cardinal-prêtre du titre de Saint-Martin-aux-Monts, et Jean, cardinal-diacre du titre de Saint-Georges au voile d'or. Le lendemain ces Éminences se réunirent à l'hôtel d'Albano pour discuter l'œuvre soumise à leur appréciation. Les évêques d'Apt et de Senez s'y rendirent aussi afin de suivre la cause dans toutes ses phases et d'en activer les conclusions. On ignore si les cardinaux firent leur rapport au Pape ou s'il s'abstint de prononcer, toujours est-il que cette affaire, devenue d'un intérêt national pour la Provence, n'eut pas de suite durant la vie de Clément VI ni de son successeur : on ne la reprit que sous Urbain V par qui elle fut heureusement consommée.

Nous pensons avec le P. Borely que Dieu retarda la canonisation d'Elzéar de Sabran, jusqu'après la mort de Delphine, afin que tous deux sanctifiés l'un par l'autre fussent également en voie de recevoir les palmes de l'Église militante. Peut-être aussi la providence voulait-elle ménager un rapprochement heureux en permettant que le même pontife adjugeât les prémices du culte religieux à cette double personnalité enchaînée ici-bas par les liens d'un mystique mariage: honneur qui revenait de droit à Urbain, s'il est vrai que ce Pape en naissant ait été rappelé à la dignité de la forme humaine par les prières du saint Comte. [1]

---

[1] Voyez à la fin du vol. la Note IV du livre 3ᵉ

Tel est le résumé fidèle des actes qui ont précédé la canonisation de Saint Elzéar de Sabran. Ce nom est devenu si populaire, il est si souvent inscrit dans nos annales, qu'on nous saura gré d'avoir fait converger sur lui tous les rayons de l'histoire locale. Les archives des Cordeliers, au rapport du P. Pagy, [1] contenaient entr'autres choses curieuses, une copie authentique de cette volumineuse enquête: en vain les Bollandistes la firent-ils demander aux religieux pour en prendre communication. Le refus de s'en dessaisir, même temporairement, témoigne assez du prix qu'ils y attachaient et dépose peut-être en faveur de son existence unique. Ce monument à jamais regrettable, a disparu sous les flots du cataclysme révolutionnaire, en sorte qu'à cette heure, impossible de puiser des données sur le procès de canonisation du noble confesseur, ailleurs que chez les agiographes d'Anvers d'où nous avons emprunté les détails qui précèdent. Il n'en est pas de même à l'égard de celui relatif à Ste Delphine. Plusieurs exemplaires en manuscrit de l'information préparatoire, se trouvent encore aux archives de la mairie d'Apt. C'est fort heureux; car, si le siége apostolique dans un élan d'admiration pour les sublimes vertus de cette bienheureuse, voulait un jour compléter l'œuvre inachevée de sa glorification,

[1] *Breviarium pontificum rom.* t. 4. — Voyez à la fin du vol. la note V du livre 3e.

on saurait du moins où gisent les pièces de la procédure.

Dans tout ce que nous avons dit jusqu'ici, le nom de Bernard, de cet évêque d'Apt, ne s'est pas souvent rencontré au bout de notre plume. Néanmoins, si ce prélat a été le promoteur de l'enquête sollicitée par les États-généraux auprès de la cour romaine, honneur à lui! Il a bien mérité de la religion et de notre ville. Malgré le silence trop rigoureux de l'histoire à son égard, il peut poser avec confiance en face de la postérité; car, cet acte seul suffit pour l'immortaliser.

LIVRE QUATRIÈME.

de 1383 a 1361.

Ici commencent à s'éclaircir les nuages qui ont projeté leurs pâles ombres sur les précédens épiscopats. Tantôt nous déplorions le peu de trace qu'avaient laissé après elles, des existences d'hommes destinées à jouer un rôle actif dans le long drâme humanitaire. C'est à grand renfort de recherches que nous avons exhumé deux ou trois faits pour jalonner notre marche et remplir le cadre prescrit. Mais, en revanche, le prélat dont nous allons esquisser la vie, va nous fournir quelques traits remarquables. Aussi les chroniqueurs le rangent-ils parmi les célébrités de notre Église, quoique le siége d'Apt lui ait simplement servi de marche-pied pour arriver à une plus haute prélature. Il ne manquerait rien à sa gloire, si son mérite eût passé par l'épreuve d'un long épiscopat et se fût soutenu dans une période étendue comme dans un faible laps de temps.

Bertrand de Meyssenier figure dès l'an 1353 en qualité d'évêque sur les diptiques de l'église d'Apt. Peu soigneux dans la rédaction de leurs notes, les écrivains capitulaires en marquant qu'il était de haut lignage, ont omis de nous apprendre le lieu de sa naissance. Qui peut savoir si cette particularité d'un mince intérêt en elle-même, n'aurait pas fourni à l'histoire des éclaircissemens utiles et ouvert la voie à des découvertes importantes ?

Peu après l'installation de ce prélat, Innocent VI l'envoya en Sicile avec le titre de nonce [1]. Nous aurions désiré l'y suivre pour nous initier aux affaires qu'il avait mission de traiter, et en rendre compte aux lecteurs. Mais le manque absolu de données nous oblige à produire ce fait sans l'accompagner de commentaires. Bertrand profita de cette circonstance pour exposer à la reine Jeanne, les griefs de son Église au sujet de l'édit publié quelques mois avant la vacance du siège. Cet édit portait en substance, que depuis l'aliénation de deux quartiers d'Apt faite au profit du roi Robert, par les dames de Simiane, cette ville relevait uniquement de la couronne. Dans cet énoncé, il y avait erreur au préjudice de l'Eglise, car, elle ne devait pas perdre par cette vente, les droits de haute juridiction qui lui appartenaient sur ces quartiers et sur toute la ville. La reine accueillit favorablement les réclamations de l'évêque, et après avoir soumis l'affaire aux maîtres rationaux, elle

---

[1] Remerv. *Histoire de l'Église d'Apt.* — Boze *ibid.*

lui accorda, par lettres patentes diverses rentes imputables sur les revenus du domaine Comtal, en indemnité des droits seigneuriaux dont Bertrand fit l'abandon. Cet acte fut suivi de la confirmation de tous les priviléges jadis accordés aux évêques d'Apt. Voici cette pièce textuellement traduite en français :

« Louis et Jeanne, par la grâce de Dieu roi et reine de Jérusalem et de Sicile, comtes de Provence et de Forcalquier, à tous ceux qui ces présentes verront, salut. — Encore que ce qui a reçu le dégré de plénitude n'aît pas besoin d'accroissement, et que ce qui est solide doive se passer d'appui : souvent pour plus de précaution, la bienveillance des princes est sollicitée d'octroyer des garanties nouvelles de stabilité. En effet, une requête a été offerte à Nos Majestés de la part de notre amé et féal, le vénérable Père en Dieu, Bertrand, évêque d'Apt, notre conseiller, tendante à ce qu'il nous plaise confirmer et par notre puissance plénière faire observer les priviléges, immunités, franchises, libertés et autres grâces accordées à l'église d'Apt par les empereurs de glorieuse mémoire et par les rois nos prédécesseurs.

« Nous donc, qui par le devoir de la royauté sommes tenus de favoriser les églises et de couvrir de notre protection, les choses et les personnes consacrées au culte divin : marchant sur les traces de nos prédécesseurs et accueillant avec bonté la demande qui nous est faite, nous confirmons par les présentes, sur le vû des pièces, de notre science certaine et grâce spéciale, tous les priviléges, immunités, libertés, franchises accordées à l'église d'Apt ou tout ce qui est reconnu subsister des priviléges dont elle a joui dès les tems anciens jusqu'à l'époque du décès de Robert d'heureuse mémoire, roi de Jérusalem et de Sicile, notre oncle et ayeul. — Mandons et ordonnons que les présentes sortiront leurs effets, avec charge à notre sénéchal et aux officiers du comté de Provence et tous autres qu'il appartiendra d'en assurer l'éxécution, nonobstant ordonnances, chapitres, statuts de quelque nature qu'ils soient, à ce contraires, sauf cependant les droits de notre couronne et des tiers... »

L'empereur Charles IV, traversait alors l'Italie, se dirigeant vers Rome où l'on préludait aux fêtes de son couronnement. Il marchait plutôt en pélérin qu'en monarque, recevant néanmoins les devoirs des princes vassaux de l'empire et vendant des priviléges à toutes les villes. La reine et son époux lui députèrent avec l'évêque d'Apt, Foulques d'Agoult comte de Sault, grand sénéchal, et Jean de Vicedominis juge-mage. Ceux-ci avaient ordre de faire hommage et de recevoir une nouvelle investiture pour les comtés de Provence et de Forcalquier. On sait que les pays de la rive gauche du Rhône appartenans jadis au royaume d'Arles, relevaient du Saint Empire Romain. Le roi de France, par l'acquisition du Dauphiné, et le roi de Naples par la possession de la Provence, étaient devenus feudataires de la couronne impériale. Il est certain que les successeurs de Charlemagne ont toujours réclamé leurs droits sur ce pays, jusqu'à Maximilien 1er. Voilà ce qui, en justifiant la démarche de Jeanne, explique le second couronnement de Charles IV dans la capitale de Bozon, ainsi que nous le verrons plus tard.

Les députés s'acquittèrent de leur commission à Pise où ils joignirent l'empereur. C'est dans cette circonstance que Bertrand obtint un diplôme impérial, en faveur de son église, diplôme daté du 8 des kalendes de mars de l'an 1355. Nous allons le reproduire littéralement [1].

« Charles, par la grâce de Dieu, Empereur-Roi des Romains toujours auguste, et roi de Bohême, pour la perpétuelle mémoire de la chose. — Quoique la bonté incessamment prévoyante de la majesté royale s'étende sur tous les sujets de l'empire Romain et se plaise à les atteindre par des bienfaits, force lui est néanmoins d'aviser particulièrement à l'avantage de ceux dont la fidélité est constatée par un plus grand nombre de services, alors surtout que cette fidélité n'épargne ni

---

[1] *Gallia christiana*, Tome I.

soins ni labeurs pour concourir à l'extension de nos droits et de ceux du Saint-Empire.

« C'est pourquoi nous voulons qu'il parvienne à la connaissance de tous présens et à venir, que notre amé et féal, le vénérable Bertrand évêque de l'église d'Apt et prince, s'étant rendu auprès de notre Majesté, nous a humblement supplié de daigner par notre puissance royale renouveler, approuver, ratifier et confirmer tous priviléges, droits, grâces, libertés, immunités et concessions faites à lui et à ses prédécesseurs, ainsi qu'à son Église par les Seigneurs empereurs et rois nos devanciers.

« Nous donc, en contemplation des bons offices que ledit Bertrand a rendus à nous et au Saint-Empire jusqu'à ce jour et qu'il continuera, Dieu aidant, de rendre dans la suite : approuvons et ratifions par l'exercice de notre royale prérogative et de notre science certaine confirmons, toutes et chacune donations et concessions faites à lui, à ses prédécesseurs et à l'église d'Apt; ensemble, toutes lettres-patentes émanées de nous ou des Seigneurs empereurs et rois de glorieuse mémoire, au profit de cet évêque, soit par rapport aux droits, libertés et franchises de son église, soit par rapport aux fiefs, terres, chateaux, domaines avec leurs dépendances, reconnus appartenir à la dite Église, et cela en tant que de besoin, sauf nos droits, ceux de l'empire et de tous autres; fesant défenses et inhibitions à tous et chacun princes, comtes, barons, nobles, chevaliers, vassaux, citoyens et municipes des terres, districts, villes et lieux soumis à notre obéissance, de quelque état, dignité et prééminence qu'ils soient, d'empêcher ou de souffrir qu'on empêche l'effet des présentes, soit à l'égard dudit évêque et de ses successeurs, soit à celui de son Église, et cela à tout jamais.

« Si quelqu'un, par une téméraire entreprise, étoit assez osé pour contrevenir à cet acte de notre volonté suprême, qu'il sache qu'il encourra notre indignation et une amende de cent marcs d'or, dont nous ordonnons par ces présentes, qu'une moitié soit adjugée à notre fisc, et l'autre audit Évêque ou à son Église... »

On remarquera que ce diplôme appelle Bertrand, *évêque d'Apt et prince*: c'est depuis lors que nos prélats jusqu'à la révolution française, se sont ainsi intitulés dans leurs ordonnances et dans tous les actes émanés de la juridiction épiscopale. Il est bien vrai que dans un diplôme de l'empereur Fréderic, antérieur à celui de Charles IV, ces dignitaires avaient déjà été traités de princes. Mais jusqu'à Bertrand cette qualification n'était point encore passée dans le protocole de la chancellerie diocésaine. Quoiqu'il en soit, il n'est pas aisé de dire quelle était la valeur de ce titre, ni quelles prérogatives s'y trouvaient annexées. S'il faut en croire un historien [1], on l'accordait

[1] Chorier, *Histoire du Dauphiné.*

indifféremment aux évêques dans les bulles impériales, comme une simple appellation honorifique qui ne portait attribution d'aucune souveraineté, ni ne formait preuve pour établir ou confirmer des prééminences politiques. Malgré cela, les Aptésiens jaloux à l'excès de la dignité de leur commune et redoutant de voir ses créneaux humiliés par des armoiries étrangères, ne voulurent souffrir en aucun tems que les évêques se qualifiâssent *princes d'Apt.* C'est qu'ils craignaient que ce titre d'une valeur nominale n'ouvrît la porte à des pensées ambitieuses qu'il aurait fallu ensuite repousser aux dépens de la bonne harmonie des pouvoirs. En d'autres lieux, les prélats furent plus heureux ou rencontrèrent moins d'opposition. Sans être mieux fondés, ils prirent et gardèrent le titre de princes de leur ville épiscopale, grâce à la tolérance ou à la courtoisie des habitans. Ainsi, nos pères, en refusant de se prêter à une concession accordée ailleurs sans danger, se sont montrés plus susceptibles que leurs voisins. Comment expliquer cette diversité de conduite? si non par le motif que les hommes trouvent du bien ou du mal, dans les mêmes choses, selon qu'ils sont imbus de tels ou tels préjugés.

Cependant l'empereur s'approchait de Rome; le Saint-Siége y avait envoyé un illustre membre du sacré Collége, avec mission de représenter le pape et d'accomplir en son nom les pompes du couronnement. C'était Pierre Bertrandi, évêque d'Ostie et de Velletri, vulgairement appelé le cardinal de Colombier. Parti d'Avignon le 9 février, il prit sa route par Nice et arriva à Rome au commencement d'avril. Innocent VI avait peu de crédit dans la ville des Césars, l'empereur encore moins; l'empire n'était plus qu'un vain nom et le couronnement qu'une vaine formalité. Il fallait aller à Rome comme Charlemagne et Othon-le-Grand, ou n'y point aller du tout.

Dans cette circonstance, tout se borna entre Charles et Innocent à un échange de notes sur la question du cérémonial. Celui-ci expédie d'Avignon le détail de ce qu'on doit observer au couronnement du chef de l'empire. Le préfet de Rome doit porter devant lui le glaive; ce n'est là qu'un honneur et non un signe de jurisdiction. Le pape quand il est présent; siége sur son trône entouré de ses cardinaux: l'empereur commence par lui baiser les pieds. Pendant la messe; le prince fait quelques fonctions dans le rang des diacres: il reçoit la couronne impériale après la fin de la première épître, et à l'issue du service divin, sans couronne et sans manteau, il tient la bride de la haquenée papale. Aucune de ces cérémonies n'avait été pratiquée depuis que la cour romaine était devenue française. L'empereur reconnut d'abord par écrit, l'authenticité des usages rappelés par Innocent. Mais le pontife étant hors de Rome et n'intervenant que par un légat, déclara que le prince ne s'assujettirait pas aux rubriques qui regardaient la personne même de S.S.

Charles IV, alla donc avec une grande suite, mais sans armée, donner ce spectacle inutile; il ne coucha pas dans la ville éternelle, selon la promesse qu'il en avait faite. Anne sa femme, fille du comte Palatin, fut couronnée aussi : et en effet, ce pompeu appareil était plutôt une vanité de femme qu'un triomphe d'empereur. Charles, n'ayant ni argent ni armée et n'étant venu à Rome que pour accomplir un acte sans portée aux yeux de la politique, reçut des affronts dans toutes les villes d'Italie où il passa. Nous avons une fameuse lettre de Pétrarque qui reproche à l'empereur sa faiblesse. Pétrarque était digne de lui apprendre à penser noblement.

Après la cérémonie qui eut lieu le jour de Pâques, le cardinal de Colombier se hâta de regagner les rives du Rhône et prenant la route de Suze, Ouls, Briançon, il atteignit les murs d'Apt, le 23 juin veille de Saint Jean-Baptiste [1]. Prévenue de son arrivée, la population naturellement expansive se porta en foule au devant de l'illustre prélat. Les travaux agricoles urgens à cette époque de l'année, n'avaient pû ralentir cet élan de

---

[1] Labbæus. — *Bibliotheca manuscript.* Tom. I. p. 158. —— Duchesne, *Hist. des Card. français.* Tom. II.

sympathie religieuse. Les syndics escortés de la garde bourgeoise attendirent son Éminence à la la porte de la ville, avec le Clergé, les marguilliers des églises et le corps des arts-et-métiers. Chacune de ces corporations portait des drapeaux et des bannières aux couleurs de son saint patron. Le cardinal fut conduit en pompe et installé au palais épiscopal. Le lendemain qui était un jour férié, il assista au service du matin dans la Cathédrale ; puis, ayant visité le tombeau d'Elzéar, il prit congé de ses hôtes et arriva bientôt à Avignon. Notons ici pour mémoire que ce personnage était prieur de Notre-Dame-des-Aumades près de Caseneuve. C'est qu'alors tous les bons bénéfices des diocèses voisins, formaient le patrimoine des grands dignitaires de la Cour romaine, qui trouvèrent dans ces dotations de quoi soutenir l'éclat de la pourpre dont ils étaient revêtus.

Le retour en Provence de Bertrand de Meyssenier suivit de près celui du cardinal [1]. A son arrivée le prélat Aptésien exhiba aux maîtres rationaux, les lettres-patentes qu'il avait reçues de la reine, pour les faire entériner et obtenir l'éxécution de leur contenu. Comme elles portaient concession à son profit, de rentes imputables sur le domaine Comtal, on députa en notre ville Hugues Bernard de Saint-Vincent et Raymond de

---

[1] Remerville. *Histoire de l'Église d'Apt.* — Boze, *ibid.*

Ungula, avec charge de désigner les immeubles qui devaient être affectés à ce service. L'évêque et les chanoines s'assemblèrent donc capitulairement dans le chœur de N. D. l'épiscopale. Là, sur la proposition des commissaires royaux, on convint d'imputer ces rentes sur les propriétés domaniales de Saignon et d'Auribeau, à cause de la proximité des lieux. Ainsi s'éteignit la suzeraineté des évêques sur deux quartiers de la ville, savoir la Bouquerie et Saint Martin : il ne leur resta plus que celle qui s'étendait sur le troisième quartier appartenant encore à la maison de Simiane. Car, il faut observer que l'aliénation faite en faveur du roi Robert par les trois filles de Bertrand Rambaud, ne regardait que la branche de Saint-Martin-Castillon. Quant aux droits du baron de Caseneuve, chef de l'autre branche, ils demeurèrent intacts sous la mouvance de l'église.

Après avoir pourvu aux affaires les plus pressantes de son diocèse, Bertrand de Meyssenier se vit de nouveau investi de la confiance du Saint-Siége, pour aller le représenter soit auprès de l'empereur, soit auprès des princes du Nord. Dans une de ces légations, le pape lui ordonna de passer par Worms, afin d'y informer sur l'état moral du du clergé de la contrée. La bulle porte la date d'Avignon le 12 des kalendes de mars, l'an 4 du pontificat d'Innocent [1]. Plus tard, il lui enjoignit de

---

[1] *Regestum Pontificum Innocentii VI.*

se transporter à Ratisbonne pour y prendre connaissance du demêlé survenu entre Charles IV et Frédéric évêque de cette ville. Le premier avait acquis, de gré ou de force, le château de Stauffen avec d'autres domaines détachés de la mense épiscopale. Frédéric réclamait avec énergie contre ces acquisitions: l'empereur consentait à l'indemniser, mais il ne lui offrait en compensation que des terres situées en Bohême. Tel était le fond du litige dont les incidens nous sont inconnus. Peu avant le départ de l'évêque d'Apt pour son ambassade, Innocent voulant lui faciliter les moyens de la remplir à peu de frais, avait transmis aux ordinaires des lieux où le prélat devait passer, l'ordre de lui donner asile et protection, de ne pas souffrir qu'il payât des taxes soit en allant soit en revenant, de lui fournir tout ce dont il aurait besoin et de l'envisager enfin comme une personne chargée des intérêts de la catholicité. Après Bertrand, la légation d'Allemagne fut confiée à Philippe de Cabassole, évêque de Cavaillon. Ainsi, voilà deux prélats voisins de diocèse, successivement accrédités par le même pape auprès des couronnes du nord. Revinrent-ils en France, sastifaits au même degré, du succès de leurs négociations ? Nous l'ignorons quant à l'évêque d'Apt. Car, loin d'être fixé sur les fruits de son ambassade, nous ne connaissons pas même les questions qu'il eut à traiter durant son séjour en Germanie. Cependant

Bertrand était fort versé dans la diplomatie et, avait un talent particulier pour manier les esprits. Son habileté paraissait surtout dans les assemblées provinciales dont il savait maîtriser les votes par le prestige de l'éloquence, ce grand mobile des réunions parlementaires.

Une haute position l'attendait à son retour d'Allemagne. Le siége de Naples était devenu vacant. Jeanne qui appréciait les nobles qualités de ce prélat, voulut lui donner une marque éclatante d'estime en l'investissant de la première dignité religieuse du royaume. Non moins cher à Innocent VI pour les services qu'il venait de rendre au Saint-Siége, Bertrand obtint de ce pape, sa bulle de translation le 2 des nônes de juin 1357. Néanmoins des affaires particulières l'ayant retenu à Apt, il ne prit possession de sa nouvelle église que le 1er juillet 1359 [1].

Dans cet intervalle, la Provence et le Comtat se virent en proie au pillage et à la dévastation. C'est qu'à cette époque Arnaud de Servole dit l'Archiprêtre, s'était montré sur les bords du Rhône, à la tête de ses brigands. Ennemi juré de la reine Jeanne, il venait faire de cette contrée, domaine de la princesse, le théâtre d'une guerre cruelle. Ayant mis le siége devant Avignon, il fit trembler

---

[1] Remerv. *Hist. de l'église d'Apt.* — Ughelli, *Italia sacra*. Tom. 6 p. 131.

la Cour romaine qui ne pût se débarasser de lui qu'à force d'argent et de caresses [1]. Froissart rapporte que ce chef de bandits, invité par Innocent à venir le voir, « fut aussi revéremment reçu comme « s'il eust été fils du roy de France et disna plusieurs « fois devers le pape et les cardinaux, puis au dé- « partir on luy livra quarante mille écus. » La prévoyance de ce pontife entourait alors Avignon d'une longue ceinture de murs qui, avec leurs élégans creneaux, font encore aujourd'hui, l'admiration des étrangers. Dans le même temps, nos vieux remparts disparaissaient pour faire place à d'autres flanqués de tours d'une belle fabrique. Ces fortifications devaient après leur achèvement, présenter à l'ennemi un obstacle presque infranchissable, eû égard aux élémens incomplets dont disposait la guerre obsidionale du moyen-âge. Grâce au pont d'or que l'on fit à l'archiprêtre, la ville papale échappa à la fureur de ses armes. Mais le péril n'était écarté d'un endroit que pour en menacer un autre. En effet, les troupes de ce forcené, divisées en plusieurs bandes, sillonnèrent la Provence dans toutes les directions. « L'enne- « mi, dit un écrivain [2], fut alors partout : il ap- « paraissait dans les plaines, se précipitait com- « me un torrent du haut des montagnes, se tenait

---

[1] Remerv. *Ibid.* —— Papon *Histoire de Provence.* Tom. III.
[2] Méry. *Histoire de Provence.*

« en embuscade derrière les fourrés, multipliant
« ses attaques et torturant le pays dans tous les
« sens: on eut dit que le souffle de la mort y avoit
« passé. Les ruines des arbres sciés et abattus, les
« débris des moissons arrachées, des vignes cou-
« pées, les décombres des villages incendiés ré-
« pandoient au loin, un air de désolation qui attris-
« toit le regard : c'étoit ainsi que l'archiprêtre mar-
« quoit sa dévorante course. » Ces horribles hostilités n'eurent un terme que lorsque les populations
lasses de si grand maux, tentèrent un effort désespéré pour s'y soustraire.

Ce récit viendra plus tard; suivons auparavant
l'évêque d'Apt à Naples. Arrivé dans cette capitale,
il y trouva les esprits bien disposés en sa faveur [1].
Une naissance illustre, des manières nobles et distinguées, une grande réputation de doctrine et de
piété, tels furent les titres qui déterminèrent ce
gracieux accueil des Napolitains. Bzovius assure
qu'Innocent VI avait accordé à Bertrand le pouvoir d'absoudre *in articulo mortis* le roi Louis de
Tarente frappé des censures ecclésiastiques pour
avoir négligé de payer le tribut d'usage à l'Église
romaine. Cet archevêque assista à l'assemblée des
prélats et des grands du royaume, tenue à Naples
au mois d'avril 1361 en présence de la cour des
Deux-Siciles. Titulaire du premier siége des états

---

[1] Ughelli. *Italia sacra*.

de Jeanne, c'est en cette qualité qu'il harangua le Clergé dans une allocution également remarquable par l'élégance du langage et par la solidité des pensées, tandis que Napoléon des Ursins, chancelier du royaume, porta la parole aux barons et aux seigneurs temporels. Trop tôt ravi à l'amour de ses diocésains, Bertrand finit sa carrière à Naples, après en avoir gouverné l'église l'espace de trois ans. La métropole reçut sa cendre dans un tombeau de marbre adossé à la chapelle de Saint Aspremo. Mais quand le successeur de ce prélat eut accordé la jouissance de cette chapelle au comte de Tocco, on déplaça le mausolée pour l'asseoir définitivement auprès du maître-autel. L'épitaphe qui se lisait sur la pierre tumulaire est ainsi conçue:

CI-GIT LE CORPS DE RÉVÉREND PÈRE EN DIEU,
Mgr BERTRAND DE MEYSSENIER,
PAR LA GRACE DE DIEU, ARCHEVÊQUE DE NAPLES,
DÉCÉDÉ LE XXX OCTOBRE MCCCLXII INDICTION PREMIÈRE.
QUE SON AME REPOSE EN PAIX ! AMEN.

Dès que la nouvelle de sa mort eut retenti sur les rives du Caulon, elle y excita un regret universel. De pompeuses funérailles furent célébrées dans la cathédrale en son honneur. Combien de grandes notabilités de par le monde, dont les noms ne survivent pas à ces manifestations religieuses? Il n'en fut pas ainsi de Bertrand de Meyssenier. Le souvenir de ses vertus se prolongea bien au-delà du terme que les convenances sociales assignent au deuil officiel: car, en 1368, un noble Aptésien, François de Apta, mû d'un sentiment de respect envers *Bertrand de bonne souvenance, archevêque de Naples*, fonda un service à son intention. La date de cette œuvre pie avait fait croire à Remerville qui ne connaissait pas l'épitaphe de Bertrand, que ce prélat était mort à la même époque: conjecture que M. l'abbé Boze n'aurait pas dû reproduire, parce qu'elle disparait en face d'une preuve matérielle, comme une lueur de probabilité s'éclipse devant l'éclat de l'évidence.

Ces honneurs rendus à la mémoire d'un évêque mort sur la terre étrangère, attestent l'estime profonde que lui portaient ses anciens diocèsains. Le mérite quand il sort de la sphère commune, a toujours droit à une distinction. Or, Bertrand était dans ce cas pour avoir été l'un des hommes les plus éclairés de son siècle. D'ailleurs notre église lui devait, d'abord, de sages mesures qui protégèrent ses intérêts matériels, et puis, des règlemens utiles plus tard fondus dans les statuts capitulaires du docteur Sabathery. Ainsi s'explique cet élan de sympathie d'une religieuse population; rien n'ébranle mieux ses généreux instincts que le levier puissant de l'admiration et de la reconnaissance. Bertrand au début de sa carrière épiscopale, avait aimé le faste, fruit naturel de l'éducation de gentilhomme qu'il reçut au sein de sa noble famille. ¹. Tout respirait, à la cour de ce prélat grand seigneur, un air de mondanité qui aurait fini par déssécher le germe de l'esprit religieux chez les personnes faciles à impressionner: aveu qu'il n'a pas craint de faire lui-même, en présentant son retour à la modestie cléricale, comme l'effet des pieuses repréhensions de la comtesse d'Ariano qui alors embaumait la ville d'un parfum d'édification. Tel est l'empire de la vertu qu'il s'étend sur tout ce qui l'entoure. Mais ici son triomphe a un mérite spécial, puisqu'il s'agit de la réforme d'un prélat auquel se lie par un nœud nécessaire, le bonheur de ses administrés. Heureux en effet le peuple qui trouve des modèles dans ses pasteurs, qui peut imiter ceux qu'il est obligé de respecter, qui apprend dans leur exemple à obéir à leurs lois et qui n'est pas contraint de détourner ses regards de ceux à qui il doit des hommages !

Sous l'épiscopat de Bertrand de Meyssenier, nous trouvons les premiers vestiges des représentations scéniques qui accompagnaient à Apt la procession de la Fête-Dieu. Maints historiens ont cru que le roi René avait importé cet étrange cérémonial en Provence pour amuser Jeanne de Laval, son épouse, dont le caractère tournait à la mélancolie. Mais ces sortes de pratiques existaient

---

¹ Borely. *Vie de Ste. Dauphine.*

bien avant ce prince qui ne fit que les régulariser, en y donnant plus d'éclat et d'importance. Telle fut d'abord la fête déjà nommée où la Passion du Sauveur toute entière était mise en scène : puis, la fête de la belle étoile à Pertuis, consacrée à honorer l'astre mystérieux qui guida les mages de l'Orient vers le céleste berceau [1].

A l'époque de nos récits, la grande solennité eucharistique offrait déjà dans nos murs, sur une plus petite échelle sans doute, toutes les diverses facéties qui se sont maintenues à Aix, sous le puissant patronage du roi chéri des provençaux. La présence de ces jeux allégoriques dans l'acte le plus auguste de la religion était un reste des pompes payennes dont Rome dota autrefois les pays conquis. En s'installant sur notre sol, le catholicisme les avait modifiées sans les détruire radicalement. Et même ses ministres ne repoussèrent pas toujours un alliage profane, quand des rites de l'ancien culte ces pompes officielles passèrent dans le culte nouveau, au nombre des amusemens poétiques de la jeunesse. Car, on a eu raison de le dire, les premiers apôtres des Gaules en plantant la croix, au sein de nos villes, n'y ont point desséché le fleuve des vieilles traditions populaires ; mais ils se sont bornés à en détourner le cours et à en clarifier les eaux.

[1] Villeneuve, *Hist. du roi René*. Tom. II. p 245.

Dans une ville théocratique comme la nôtre, la Fête-Dieu devait être la plus importante de l'année. Aussi y accourait-on de plus de six lieues à la ronde, tant la renommée avait pris soin d'en vanter les singularités. C'était une époque de surprises de jouissances, de vives émotions. Marchands étrangers, bourgeois, écoliers et baladins, tous venaient en foule pour prendre leur part de la fête commune. Alors les rues et les places se changeaient en de véritables parterres : on dépouillait les montagnes de leurs genets dorés, les bords de la rivière de leurs joncs flexibles, les champs de leurs moissons de roses pour en couvrir le sol. Ici, moins de jeux profanes qu'à Aix, moins d'intermèdes burlesques : mais, en revanche, on voyait les principaux personnages de l'ancien et du nouveau Testament, dans le costume et les attributs qu'on est convenu de leur supposer. On voyait S. Jean précurseur du Messie, puis les douze apôtres à la suite desquels marchait le disciple félon avec la bourse aux trente deniers. On voyait Jésus allant au Calvaire, vêtu d'une robe longue, courbé sous le fardeau de sa Croix : les quatre Évangélistes avec des rouleaux de parchemin, S. Pierre avec ses clefs, S. Paul avec son glaive, S. Jacques couvert de ses coquilles.

Il est à remarquer que les enfans ou les jeunes hommes que l'on transformait ainsi en personnages bibliques avaient le visage emprisonné dans des *tétières* pareilles aux masques dont se servaient les romains pour leurs représentations théâtrales. A la suite de ce pieux cortége, un spectacle singulier fixait les regards des nombreux assistans. C'était un escadron de centaures autrement nommés chevaux *frust* qui exécutaient divers mouvemens de danse sur un air vif et gai dont on retrouve encore quelques motifs dans les chants populaires : usage ridicule sans doute, mais qui personnifiait aux yeux de la multitude, les erreurs du paganisme disparaissant à l'aspect du flambeau de la religion chrétienne.

La veille, au coucher du soleil, les joyeux tambourins de Provence, précédés de l'antique bannière paroissiale, parcouraient la ville, annonçant au peuple la fête qui devait être célébrée le lendemain. Ils fesaient de distance en distance, des stations pendant lesquelles le hérault municipal aux livrées de la ville, publiait l'arrêté des Syndics qui enjoignait à tous les citoyens d'approprier les rues et de tapisser le devant des maisons. En même tems les cloches destinées à mêler leur harmonie à toutes les pompes nationales, jetaient dans les airs des volées solennelles pour disposer les cœurs à la joie et à l'allégresse.

Le grand jour Eucharistique arrivé, on célébrait la messe, puis commençait le défilé de la procession. La force armée ouvrait comme aujourd'hui le pieux cortége. C'était tantôt un détachement de la garde bourgeoise sous les ordres d'un capitaine de quartier, et tantôt un piquet d'hommes d'armes qu'entretenaient à leur solde les seigneurs de Simiane. Les canons fixés sur nos remparts, car il y en eut à Apt dès cette époque, tonnaient pacifiquemunt au passage du Roi du ciel, et ne fesaient trembler que les petits anges et les Magdelaines dont il était environné. Les soldats citoyens marchaient au bruit des tambours précédés d'un timballier accompagnant les fanfares des trompettes dont le son rauque et lugubre semblait plutôt annoncer l'heure du jugement dernier que l'approche d'un Dieu de paix. Derrière, s'avançaient silencieuses les corporations d'arts et métiers avec des drapeaux et des oriflammes aux couleurs de leurs SS. patrons: puis, venaient les Cordeliers et les Carmes, seule milice monacale alors naturalisée dans la cité; ensuite, apparaissaient les personnages qui, par de pieuses pantomimes, devaient reproduire quelques scènes du grand drame biblique. Bientôt après, un nuage d'encens et une pluie de fleurs annonçaient la venue du Saint des Saints, porté par le Prince-évêque dans un magnifique ostensoir rayonnant comme un soleil. Le chapitre cathédral avec ses chappes séculaires, les lévites avec leurs robes blanches marchaient devant sur deux lignes. Ici des flambeaux allumés, là, des encensoirs fumans, partout des chants de triomphe où respirait une douce et céleste poésie. Dans ce siècle de religieuse ferveur, un sentiment d'émotion s'emparait de l'âme à l'aspect de Dieu s'avançant ainsi sous un dais étincelant de broderies, au bruit de l'artillerie, au son des cloches, aux accords d'une joyeuse harmonie... D'où partaient donc ces magiques accents? d'une toute petite troupe musicale où les ménétriers de la ville avaient pour auxiliaires, ceux des villages voisins. Quelques basses, deux ou trois clarinettes avec un orgue portatif, voilà les seuls instrumens qui mariaient leurs voix dans ce concert. Nos pères trouvaient cela merveilleux et se pâmaient d'aise de l'entendre. Auraient-ils imaginé que quatre siècles plus tard, nos musiques seraient formées d'une armée d'éxécutans, munis d'instrumens multiformes empruntés à tous les peuples que nous avions soumis à notre domination éphémère.

C'est à l'aide des notes trouvées dans les documens officiels que nous avons essayé de recomposer la physionomie de notre Fête-Dieu, durant ce moyen-âge si curieux à étudier et dont nul pays mieux que la Provence n'a conservé les souvenirs [1]. Depuis bien long-temps, grâce à la vigilance de nos prélats, ce mélange du sacré et du profane qui répugne à la majesté du catholicisme, a disparu de la pompe eucharistique. Cette fête est

[1] Comptes-rendus du trésorier de la commune d'Apt au XIVe siècle. — Voir à la fin du vol. la note IIe du livre 4e.

devenue ce qu'elle était partout, une cérémonie auguste où rien ne s'écarte des traditions de la loi de grâce. Ici, comme ailleurs, les processions de *corpus Domini* sont une affaire importante, presque nationale pour les habitans : ils y tiennent du fond des entrailles et ils ont raison de penser ainsi ; car, la pompe de cette touchante journée est un devoir imposé aux villes provençales. Pour y manquer, il faudrait de nos propres mains, déchirer une des plus belles pages de notre histoire. Ne sait-on pas, en effet ce qui se passa au XVI⁰ siècle sur les rives de la Durance et du Caulon, lorsque parut le décret du concile de Trente relatif au maintien de la Fête-Dieu? Electrisées par cette nouvelle, les populations se livrèrent à des manifestations joyeuses, semblables à celles du peuple d'Ephèse, quand les évêques assemblés en cette ville, eurent proclamé la divine maternité de Marie... [1] « ô Provence ! s'écrie à cette occasion un « orateur chrétien [2], ô noble terre arrosée de la « sueur des Trophime, des Auspice, des Maximin « des Agricol et des Siffrein ! votre nom pour ce « seul fait, devrait être écrit dans le livre d'airain « de l'immortalité, afin que tous les pays en pareil « cas suivissent votre exemple... »

Après cette digression, reprenons le cours des

---

[1] Loys de Perussis, *Guerres du Comtat...* avec les notes du marquis d'Aubais.

[2] M. Beauchamp, curé d'Apt, sermon sur la Fête-Dieu.

évènemens selon l'ordre chronologique. Depuis Raymond de Bot, mort en 1330, aucun prélat d'origine Aptésienne ne s'était assis sur la chaire de S. Castor; ce n'est pas à dire pour cela que les talens et les vertus eussent cessé de germer dans le corps capitulaire. Mais les faveurs des souverains pontifes atteignaient principalement les ecclésiastiques attachés à leur cour, ou ceux que recommandaient une naissance illustre et la protection de quelque cardinal influent. Enfin, après le laps d'un quart de siècle, durant lequel le siége d'Apt semblait être devenu le patrimoine d'heureux élus qu'aucun antécédent ne liait à cette ville, voici apparaître un évêque né dans son sein et dont elle abrita les jeunes années.

Nul choix plus agréable à ses yeux que celui d'Elzéar de Pontevés dont les nobles ancêtres figurent sur toutes les pages de notre histoire. Entrainé de bonne heure vers la vie religieuse, il renonça à des positions brillantes pour embrasser, chez les frères mineurs, les habitudes paisibles du cloître. Mais cette retraite n'éclipsa point les belles qualités avec lesquelles il s'était produit dans le monde. Car, sa bonne mine, son air distingué, sa conduite exemplaire fixèrent bientôt sur lui les regards du chef de l'Église. Le siége d'Apt, comme on l'a vu, vaquait par le transfert de son titulaire à l'archevêché de Naples. Innocent VI crut faire plaisir à la ville, de lui donner un Aptésien pour évêque. Bien qu'autrefois nos prélats fussent régulièrement tirés des rangs du chapitre et que la plupart d'entr'eux appartinssent à des familles indigènes, la pratique contraire autorisée par un long usage avait habitué le pays au régime d'évêques étrangers. Voilà pourquoi cette nomination fut regardée comme un trait de courtoisie papale et reçue avec de vives actions de grâces. On aime, en effet, à voir la patrie honorée dans la personne de ses enfans, et plus une dignité est éminente, plus aussi on est flatté quand elle repose sur la tête d'un compatriote.

L'épiscopat d'Elzéar de Pontevés dont on se promettait tant de bonheur, n'a guères excédé l'espace de trois années. Le moyen après cela, de groupper autour de ce nom illustre, un certain nombre de faits biographiques. Le tems d'ailleurs qui passe sur les œuvres de l'homme, n'épargne non plus celles de l'ordre moral que celles de l'ordre matériel. Trop sévère envers ce prélat, on dirait qu'il a voulu lui faire expier la splendeur de sa naissance, en effaçant d'une main jalouse, le souvenir de ses vertus et les incidens glorieux de sa vie. Nous voilà donc réduit, faute de détails religieux, à interroger seulement les faits politiques qui se lient à notre sujet.

La Provence offrait alors un déplorable spectacle aux regards attristés. Les compagnies de l'archiprêtre continuaient à en ravager les plus belles contrées [1]. Amiel des Baux comte d'Avellin, l'ame de ces bandes dévastatrices les gouvernait à son gré. Depuis qu'elles avaient franchi la Durance, on voyait surgir de tous cotés, l'anarchie et la guerre civile. Distraits par l'embarras que l'esprit de révolte leur suscitait à Naples, Jeanne et son royal époux jetaient à peine un coup-d'œil aux affaires de leur état Comtal. Et puis comment espérer des mesures promptes et efficaces de la part de souverains confinés au fond de la péninsule italique? S'ils s'occupaient parfois de cette riche province, c'était uniquement pour en recevoir des subsides et des hommages. Dans ces calamiteuses circonstances la défense du pays fut abandonnée au patriotisme des citoyens. Raymond d'Agoult comte de Sault, Guiraud de Simiane, baron de Caseneuve, Isnard et Guillaume de Glandevés seigneurs de Cuers et de Pourrières déployèrent un zèle ardent. Tous les châteaux sonnèrent le beffroi d'alarme, tous les vassaux accoururent au rendez-vous. Mais ces milices rassemblées à la hâte, n'étant pas de force à se mesurer avec des troupes façonnées de longue main au pénible métier des armes, on dut appeler en aide le comte d'Armagnac.

A son arrivée, la guerre fut poussée avec vigueur. Les Baux et plusieurs autres places du comte d'A-

---

[1] Papon. *Histoire de Provence.*

vellin se virent assiégées. Quels horribles dégats dans tous les lieux où les parties belligérantes pouvaient pénétrer ! Les succès de d'Armagnac éteignirent l'incendie que la vengeance du seigneur provençal avait allumé, mais ne ramenèrent point la paix. Furieux de ses échecs et se sentant inhabile à les réparer, il fait tous ses efforts pour souffler le feu de la discorde, brouiller les esprits et les attirer à son parti: partout il dit que le roi et la reine ont violé les droits du peuple et en particulier ceux de la noblesse. Il cite en preuve le sénéchal dont les fonctions devaient être confiées non à un étranger mais à un homme du pays tiré de la caste nobiliaire; langage perfide qui en ébranlant la fidélité d'un grand nombre de Barons, les entraîna à suivre des bannières factieuses.

Mathieu de Grivaldo était le personnage nommément désigné. Se voyant le point de mire des intrigues formées par l'ambitieux comte et appréhendant d'en être la victime, il crut devoir réunir les États-Généraux et en fixer le siège dans un lieu placé en dehors de la sphère où s'agitaient tant de passions désordonnées [1]. Aux plus mauvais jours de la nation Provençale, Apt s'était acquis une juste célébrité pour le bon esprit de ses habitans. D'ordinaire, les douceurs de la paix régnaient au milieu d'eux, tandis que la discorde secouait ailleurs

---

[1] Ruffy. *Histoire de Marseille*.

ses brandons homicides. L'heureux isolement de celte ville séparée des grands foyers de trouble, par une triple enceinte de montagnes, explique le calme dont elle a su jouir à toutes les époques, durant les crises politiques. Aussi combien d'assemblées provinciales vinrent s'y abriter à l'ombre de ses remparts ! Lorsque la patrie était en convulsion, on abordait cette terre hospitalière comme un port à couvert de l'orage. Là, les mandataires du pays étaient sûrs de trouver avec le recueillement nécessaire à la méditation, une liberté entière d'émettre leurs pensées sur les grands intérêts de la chose publique. C'est en vue de ces avantages que les États de 1359 y furent convoqués.

Les députés ouvrirent leurs séances au couvent des Cordeliers. Parmi les prélats, on distinguait l'archevêque de Naples déjà mentionné, dont les talens furent noblement appréciés, s'il en faut juger par l'influence qu'on lui attribue dans les délibérations. Non loin de ce métropolitain siégeait Elzéar de Pontevés avec plusieurs de ses illustres collégues. Après son rapport sur la situation de la province, Mathieu de Grivaldo exposa que nombre de Barons, sous de frivoles prétextes, avaient refusé d'obtempérer à ses ordres et qu'ainsi il s'était vu forcé de réunir les représentans du pays, afin d'être instruit du parti que prendraient à son égard les Communes et surtout celle de Marseille dont l'opinion était toujours prépondérante. Ce fonctionnaire ajouta que, vu la fermentation des esprits, cet objet valait la peine d'être soumis à l'assemblée, avant même les questions à l'ordre du jour, disposé qu'il était à se démettre, si l'avis des États laissait la moindre incertitude sur la légalité de ses pouvoirs. C'était un vote de confiance que demandait le sénéchal, et il l'obtint. Sa proposition ayant été aussitôt débattue, on décida d'écrire à Marseille pour sonder les sentimens de cette grande ville. La réponse ne se fit pas attendre : elle portait en substance que les Marseillais reconnaitraient Mathieu de Grivaldo jusqu'à la révocation expresse de son titre, émanée de la reine, sans préjudice néanmoins de leurs chapitres de paix, conventions et priviléges. Au reçu de la dépêche, les États formulèrent une déclaration analogue, conçue en termes honorables pour le sénéchal et dont celui-ci eut lieu de se montrer satisfait. L'assemblée poursuivit ensuite le cercle ordinaire de ses travaux. Mais nous n'entrerons pas ici dans le détail d'un compte-rendu, d'autant que ces particularités peu intéressantes à cette heure, sont rappelées seulement pour mémoire chez les historiens.

Les mesures prises dans le sein de la représentation nationale et la mort imprévue du comte d'Avellin, ralentirent le cours des calamités que l'anarchie traîne à sa suite. Ce ne fut, cependant, qu'un temps d'arrêt ; car les Anglais, contraints par le traité de Bretigny à évacuer les places for-

tes qu'ils avaient en leur possession; officiers et soldats cédant au besoin du pillage, formèrent sous différens chefs, de nouvelles compagnies appelées les *tard-venus*, nom qui indique assez qu'ils venaient glaner là où d'autres avaient déjà fait une riche moisson [1]. Ces brigands qui usèrent, selon l'expression originale d'un vieux écrivain, aussi largement que leurs devanciers du droit de la guerre : *qui potest capere, capiat*; ces brigands s'étant répandus dans le midi de la France, y laissèrent des traces sanglantes de leur cruauté. Séduit par l'accueil qu'Innocent VI avait fait à l'archiprêtre, le chef d'une de ces bandes tourne vers le Comtat, dans l'espoir de rançonner la Cour pontificale. Que ne devait-il pas oser avec des hommes déterminés, qu'enflammait l'appât de riches dépouilles? « Les tard-venus jurèrent en-
« tr'eux, dit Froissart, qu'ils auroient de l'argent
« ou qu'ils seroient secoués de la belle manière ».
Ils surprirent d'abord le Pont Saint-Esprit « dont
« ce fut pitié, ajoute le même chroniqueur, car
« ils occirent maints prud'hommes et violèrent
« maintes damoiselles ». Maîtres de cette place, ils firent des courses jusqu'à Avignon qu'ils furent sur le point d'affamer et pénétrèrent ensuite dans le cœur de la Provence où la disette combinait ses rigueurs avec celles de la peste. Le bailliage

[1] Boze, *Histoire d'Apt*. — Papon. *Histoire de Provence*, T. 3.

d'Apt subit subit alors d'affreuses déprédations. Ces misérables, en effet, ne se contentaient pas de ruiner les bourgs et les villages dont l'accès leur était permis, mais ils ravageaient encore toutes les campagnes environnantes. Ce n'était après leur passage, que cris de désolation dans toutes les contrées où il avaient porté le fer et la flamme. Un bois que des myriades d'insectes envahissent, est moins dépouillé de feuilles, que ne le fut généralement de toutes choses le territoire sillonné par ces pillards; car ils saccageaient tout, mettaient le feu partout et prenaient plaisir à marcher à travers les terres ensemencées pour les rendre plus dures que si le soc de la charrue n'y avait jamais passé.

Heureusement le marquis de Montferrat vint délivrer la province de ce fléau. Forcé de lever des troupes pour faire la guerre aux Visconti, il proposa à Innocent VI sous la promesse d'une somme considérable fournie par le trésor papal, d'emmener ces brigands en Italie. Le pontife, qui désirait à quelque prix que ce fût en affranchir ses états, accepta l'offre. Les tards-venus s'engagèrent donc à suivre le marquis moyennant soixante mille florins d'or, avec l'octroi, selon Froissart, d'une indulgence plénière : grâce accordée à contre-cœur sans doute, mais qu'il eût été impolitique de refuser; car ils la sollicitèrent avec une instance qui prouve l'étrange manière dont ces misérables envisageaient leurs forfaits, puisqu'ils croyaient pouvoir si aisément se les faire pardonner devant Dieu.

Peu de mois après cette retraite, Apt perdit la sainte compagne de son ange tutélaire : nous voulons parler de la comtesse d'Ariano dont le bienheureux trépas coïncide avec le 26 novembre 1360 [1]. Aux yeux de ceux qui en furent témoins, cet évènement avec ses merveilles, avec les manifestations éclatantes du doigt de Dieu, apparaissait comme une douce halte au milieu des guerres et des troubles dont le pays était attristé. C'est ici le lieu de jeter un coup d'œil rapide sur la vie de Delphine, dès l'époque de son veuvage. Libre des liens qui l'attachaient au monde par la mort de son époux, elle avait obtenu du roi de Naples, la faculté de quitter la cour et était allée se fixer à Cabrières, petit village du Comtat-Venaissin, situé à quelques milles de nos remparts. Là, elle suivit le plan de conduite que sa piété lui avait depuis long-temps inspiré. Vierge dans l'état de mariage, son ambition fut de se faire pauvre dans la viduité par le renoncement absolu à toutes les richesses de la terre.

Un dessein de cette nature devait nécessairement éprouver des obstacles. Avant de le produire au grand jour, elle s'occupa des moyens propres

---

[1] Breviaire de Jean de Nicolai. — Tous les auteurs Aptésiens.

à le faire réussir. Ayant consulté à Aix Guillaume Henrici, juge-mage, homme de savoir et de probité, celui-ci ne lui dissimule pas que le projet formé par elle de vendre ses domaines au profit des pauvres, sera d'une exécution difficile, parce qu'il contrarie les lois de l'état et les intérêts du souverain. Néanmoins, pour laisser sa cliente sous le charme d'une idée chère à son cœur, ce magistrat lui conseille d'entreprendre le voyage de Naples et de présenter elle-même requête au roi ; car, ajoute-t-il, le prince est religieux et sait comprendre les vœux d'une piété éclairée : il ne craindra pas, d'ailleurs, qu'un pareil exemple devienne jamais contagieux, ni que les louables coutumes du royaume reçoivent de ce fait exceptionnel quelque dangereuse atteinte.

Ébranlée par cet avis et mieux encore par l'esprit de grâce, la comtesse s'embarque pour l'Italie, n'ayant à sa suite qu'un gentilhomme avec deux filles d'honneur. Rien ne peut la détourner de ce voyage, ni les périls de la traversée, ni les prières de ses amis, ni les vives représentations de ses proches. A son arrivée, elle paraît à la cour, sous un extérieur si humble que le roi en est touché jusqu'aux larmes. Pressée d'accepter la table et le logement qu'on lui offrait au château, elle préfère louer une petite maison dans un quartier solitaire où la reine daignait venir la visiter.

Delphine passa ainsi deux années dans la capitale du royaume, à la persuasion de cette princesse, quoique d'abord son dessein eût été de n'y séjourner que quelques mois. Ce ne fut pas sans peine qu'elle parvint à remplir le principal objet de son voyage. Mais enfin ayant obtenu des lettres-patentes qui lui donnaient pouvoir d'aliéner, elle les mit à exécution, en vendant soudain le riche mobilier du château d'Ariano, dont le prix fut livré aux familles nécessiteuses de ce comté, sauf neuf mille florins d'or tenus en réserve pour les pauvres de Provence.

Un pareil mépris des richesses excita l'admiration sincère des courtisans et les louanges des écrivains contemporains. Ce n'était là, cependant, que le premier pas de l'auguste veuve dans la voie du renoncement. Après s'être dépouillée de tous les biens qui lui appartenaient en Italie, Delphine envoya un plein pouvoir à son cousin Elzéar de Villeneuve, évêque de Digne, avec prière de vendre les terres et les fiefs qu'elle possédait dans le comté de Forcalquier. Ce prélat d'aussi haut lignage que son bienheureux homonyme, et mort comme lui en odeur de sainteté, figure honorablement dans les fastes de l'Église. Ainsi, dès le principe, le nom d'Elzéar portait bonheur, et la vertu lui formait une éclatante auréole. Ainsi, selon la pensée d'un vieux écrivain, *les mérites entés sur une noble appellation en sont plus forts et se font meilleure escorte l'un à l'autre.* Le pieux évêque, au lieu de condescendre aux désirs de sa parente, en suspendit sagement les effets, laissant au temps le soin de mûrir une détermination dont l'accomplissement aurait causé des regrets amers, si elle n'avait été que le fruit d'une ferveur passagère.

Instruite de cette mesure, la comtesse se hâte de prendre congé du roi et de revenir à Apt. Dans sa première entrevue avec l'évêque de Digne, elle lui fit d'abord de modestes reproches sur son refus d'exécuter un mandat de confiance: puis, afin de le faire acquiescer à ses vues, elle se confondit en prières et parla si bien, que le prélat promit d'effectuer ce que Delphine souhaitait. L'adhésion de ce grave personnage devint le signal de la mise en vente du mobilier qui ornait les châteaux d'Ansouis, de Cucuron et de la Tour-d'Aigues, mobilier dont Elzéar avait laissé à son épouse la libre disposition. Lits, tapisseries, tableaux, vaisselle d'argent, tout fut acheté par Guillaume de Sabran à qui ces baronies étaient échues par droit d'hérédité. Vint ensuite le tour des propriétés seigneuriales : elles subirent successivement le même sort, à l'exception de Saint-Etienne et de Puimichel dont Delphine voulut gratifier sa sœur Sibile, mariée au sire de Lincel. Toutes les sommes provenantes de ces diverses aliénations, servirent à soulager des familles honteuses, à doter des filles orphelines, à faire des largesses aux maisons de charité, à rebâtir des églises démolies par les hérétiques. Les couvens d'Apt, dans cette circonstance, reçurent de grandes aumônes, sur lesquelles celui de sainte-Croix préleva à lui seul plus de sept cents florins. Tel fut le noble emploi de cette immense fortune dont les pauvres et les églises profitèrent, sauf quarante-cinq onces d'or destinées à des rémunérations particulières.

C'était merveille de voir un pareil renoncement dans une femme familiarisée dès l'enfance avec les habitudes du luxe et du bien-être. Cependant, le monde en fut plus édifié que surpris. Car, depuis que le séraphique d'Assise avait entrepris de rendre un époux à cette divine pauvreté restée veuve après la mort du Christ [1], depuis que des paroles d'abnégation vibraient retentissantes au sein des sociétés formées par ce grand patriarche du XIII° siècle, les peuples de l'Europe comprirent enfin qu'ils allaient être sauvés, que du sang nouveau allait être injecté dans leurs veines. Aussi d'innombrables disciples viennent-ils se ranger sous les bannières de ce sublime pauvre. Tous les états et toutes les conditions, tous les âges et tous les sexes lui fournissent de nombreuses recrues; il s'élève un cri d'enthousiasme et de sympathie qui retentit partout dans les actes officiels des souverains pontifes comme dans les chants

---

[1] Montalembert, *Vie de sainte Elisabeth de Hongrie*.

des poëtes. Voilà l'explication de ce que nous offre d'étrange et d'insolite, au point de vue actuel, la conduite de Delphine. Isolée des croyances et des dispositions de son siècle, cette illustre dame, avec son amour ardent de la pauvreté, nous paraît un effet sans cause. Mais, rapprochée des élémens sociaux de l'époque, elle est la conséquence des prémisses que les doctrines de saint François avaient établies dans tous les cœurs. Ainsi ce que le grand saint Louis, roi de France, avait eu le désir de faire, ce que sainte Elisabeth de Hongrie avait déjà effectué, Delphine non moins imbue qu'eux du même esprit, l'accomplit plus tard au sein d'une société digne de la comprendre.

Après ce généreux abandon de ses biens, elle séjourna quelque temps à Apt. Mais le besoin de se soustraire à des visites importunes, lui fit bientôt reprendre le chemin de Cabrières, retraite mieux en harmonie avec le deuil d'une veuve désenchantée du monde. Cette fois, son logement ne fut qu'une chétive maison où paraissait tant au dedans qu'au dehors le luxe de la misère : maison qu'elle échangea enfin sur les instances de son beau frère, pour une chambre dans l'intérieur du château. Vous qui passez à côté des ruines de ce vieux manoir, ou qui ne l'abordez qu'afin d'y découvrir les pensées et les conditions d'existence d'un autre âge, si vous saviez les touchantes scènes dont ces murs furent témoins, vous les envisageriez avec amour. Là, en effet, un ange revêtu d'un corps de femme, s'élevait vers Dieu par la ferveur de ses oraisons : les esprits bienheureux étaient les intermédiaires entre le ciel et cette âme d'élite; non seulement ils lui donnaient des avertissemens et des instructions, mais encore ils venaient la consoler de toutes ses épreuves et de tous les accidens passagers de sa vie temporelle. Arrêtez-vous donc et suspendez le cours de vos pensées terrestres; car, il y a ici à respirer un doux parfum qui s'exhale de ce lieu désert et solitaire. Donnez un souvenir à Delphine, à l'auguste compagne d'Elzéar de Sabran, et, quelque intérêt de curiosité qui vous préoccupe en face de cet édifice miné de toutes parts, vous serez plus empressés de connaître l'histoire de l'héroïne chrétienne, que celle d'une orgueilleuse châtelaine, environnée de troubadours aux chants joyeux, de damoiselles au doux sourire, de jeunes pages aspirant à la chevalerie.

L'habit qu'avait adopté la sainte veuve était une robe de bure ceinte d'une corde avec de grandes manches plus longues que les bras : robe ample, plissée et fermée depuis le col jusqu'à terre. Outre sa coiffure qui ne laissait paraître que l'ovale de son visage, elle portait encore un voile d'un tissu grossier, tombant au-dessous des épaules. C'est ainsi qu'elle se montra à la cour de Clément VI.

La surprise fit place à l'admiration lorsqu'on l'ouït exposer les titres de son époux aux honneurs de l'église militante. Ceux qu'un costume si singulier avait d'abord prévenus contre elle, ne tardèrent pas à l'apprécier ce qu'elle valait : dès l'ouverture de son discours, ils demeurèrent suspendus aux paroles merveilleuses qui sortaient d'une bouche inspirée de l'esprit de Dieu.

Quoique retirée à Cabrières, Delphine ne laissait pas de venir de temps en temps à Apt où sa piété trouvait de si puissans attraits. Ce motif la détermina à s'y fixer définitivement. La maison qu'elle habitait, encore subsistante de nos jours, joignait autrefois l'ancien pont jeté sur la rivière en face de la basilique franciscaine. Le choix de ce lieu écarté s'explique par la proximité du tombeau d'Elzéar où le cœur de l'auguste veuve était enseveli avec toutes ses affections. Jaloux des gloires de la patrie, nous ne craindrons pas de faire entendre ici une parole de blâme, parce que nous avons sur le cœur le peu de respect qui s'attache à un manoir illustré par le nom de cette grande sainte. Dans une ville qui comprend le culte des souvenirs, on s'étonnera toujours que ce modeste asile soit abandonné aux spéculations de l'intérêt privé et ne devienne pas propriété communale pour rester à jamais sous la sauve-garde d'un pouvoir protecteur.

Installée dans sa nouvelle retraite, la pieuse

comtesse avec deux nobles filles, l'une de la maison de Montbrun et l'autre de la maison de Sault, se livrait à l'exercice de la prière, de la lecture et du travail des mains [1]. Ses mortifications étaient extrêmes, quoiqu'elle éprouvât sans cesse les infirmités d'un corps asservi depuis long-temps aux pratiques de la pénitence. Dieu la favorisait du don des larmes, de la connaissance de l'avenir et d'une facilité admirable pour expliquer les sublimes mystères de la religion. La grâce des guérisons miraculeuses lui était aussi familière que l'art de toucher les cœurs, d'apaiser les dissensions domestiques, d'inspirer l'amour de la vertu et la haine du vice. Malgré son étrange costume, elle laissait paraître dans ses manières tant de dignité, que ceux qui la voyaient pour la première fois, jugeant qu'elle était de haut lignage, ne pouvaient se défendre de lui porter respect. Quoique les grâces du corps ne soient rien en comparaison des avantages de l'âme, il n'est pas sans intérêt de rechercher, par rapport aux personnes célèbres, quelle était à leur égard la forme de l'enveloppe humaine. Delphine avait la taille bien prise et plus haute que la moyenne, le visage un peu long, les yeux noirs et brillans, les joues légèrement colorées, la bouche vermeille et peu fendue. Il résul-

---

[1] Catalogue raisonné de la bibliothèque de M. le marquis de Cambis-Velleron, in 4°, page 361.

tait de l'ensemble de ces traits, une physionomie douce, modeste et majestueuse, assez bien exprimée par le beau buste qui jadis représentait la sainte et qu'apparemment on avait exécuté d'après un tableau peint au naturel. Sur le déclin de l'âge, sa figure devenue pâle, avait beaucoup perdu de son éclat, et néanmoins, malgré l'action incessante de grandes austérités, elle paraissait encore assez belle de ces restes agréables que le temps affaiblit sans les effacer. Ce fut après avoir joui de sa présence l'espace de quinze années consécutives, que la ville eut la douleur de la perdre à l'âge de 76 ans. Cette vie toute d'exception, qui forma avec le monde une antithèse permanente, s'éteignit saintement dans la petite maison que notre zèle vient de signaler au patriotisme des Aptésiens.

Nous ne raconterons pas ici les circonstances de cette précieuse mort qu'aucun de nos lecteurs n'ignore. Seulement, nous dirons avec un vieil écrivain « que tandis qu'on la croyoit évanouie, « elle rendit l'ame si doulcement, qu'on ne luy « vist jamais remuer ni pieds ni bras, ni faire au- « cun regard hideux : mais tournant ses yeux « aussi beaux que jamais, trépasser et rester mor- « te, aussy belle qu'elle avoit esté vivante en sa « perfection. » Transportée aussitôt après dans l'église des chanoinesses, elle y fut durant plusieurs jours l'objet de la vénération populaire; puis, on l'inhuma aux Cordeliers près de la tombe de son époux [1]. Diverses antiennes furent bientôt composées à son honneur. Mais la meilleure, à notre avis, était celle tirée des livres sacrés qu'on rendit commune à ces deux virginités conjugales, ainsi que l'église l'a fait plus tard pour les princes des apôtres : *Principes et inclyti Israël, amabiles et decori in vita suâ, in morte quoque non sunt divisi* [2]. Rien, en effet, dans l'allusion ne dépassait les bornes de la vérité : « Beaux de gloire, de grâce « et d'amabilité, ces princes d'Israël unis dans la « vie, n'ont point été séparés dans la mort ».

Un tableau conservé jadis dans la sacristie de la basilique franciscaine et dont la peinture accusait le faire du XIVe siècle, aurait offert, suivant Remerville, la fidèle représentation des funérailles de Delphine. « On y voyoit, dit-il, des évêques crossés et mitrés avec les chanoines de la cathédrale, les frères mineurs et les carmes recevant le corps à la porte de l'église : la noble veuve étoit couchée dans son cercueil sous l'habit du tiers-ordre de saint François; et afin qu'on ne se méprît pas sur l'identité de la défunte, on voyoit à ses côtés des écussons aux armes de Sabran et de Signe. » Parmi les dignitaires qui figuraient sur cette belle page artistique, Elzéar de Pontevès

---

[1] Voir à la fin du volume la note II du livre 4e.
[2] II *Regum* C. 1.

paraissait sans doute en première ligne ; car il présida la cérémonie, dignement secondé par Philippe de Cabassole qui fit en chaire l'oraison funèbre. « Certes, dit la chronique capitulaire en parlant de ce dernier, « il le faisoit beau ouïr, d'autant « qu'il estoit la perle des prélats prouvençeaux et « des mieux disans de la chrestienté ». Nos syndics jaloux de s'associer à ces deux grands évêques, pour honorer l'un des plus excellens types du moyen-âge, avaient décidé que la comtesse d'Ariano serait inhumée aux dépens du public et que tous les citoyens accompagneraient le convoi de ces funérailles terminées selon l'usage par un banquet [1]. C'était un spectacle digne d'admiration que ce convoi parcourant les rues de la cité à travers les flots d'un peuple immense, pendant que les cloches jetaient dans les airs des volées tristement solennelles. Cela ressemblait moins à une pompe funèbre qu'au triomphe de la vertu quittant cette terre d'épreuves et s'élançant victorieuse dans le ciel. Les anges eux-mêmes répondirent par des manifestations éclatantes à ces honneurs religieux ; car, les historiens assurent que, pendant toute la durée de la cérémonie, on entendit à plusieurs reprises et de la manière la plus distincte, une musique aérienne qu'on ne crut pouvoir émaner que des esprits célestes :

[1] Voir à la fin du vol. la note III du livre 4°

merveille attestée par nombre de personnes distinguées lorsqu'on ouvrit l'enquête qui devait frayer les voies à la canonisation de la sainte veuve.

Jadis, nous avons entendu de savans docteurs discourir entr'eux sur la vie admirable d'Elzéar et de Delphine pour en déduire, s'il était possible, des raisons de prééminence en faveur de l'un ou de l'autre. Quoiqu'il ne faille pas, selon la pensée du pieux auteur de l'*Imitation*, élever ou déprimer par des comparaisons odieuses et téméraires, le mérite des Saints, ni la manière dont ils ont servi Dieu sur la terre, il peut néanmoins y avoir quelque utilité à mettre en présence deux nobles caractères, ni plus ni moins qu'un habile lapidaire oppose deux beaux diamans, afin de les mieux apprécier. Dans ce rapprochement, il ne suffit pas d'envisager quelques vertus communes à nos époux-vierges, mais d'embrasser la généralité de leurs actes. Ainsi, sous cet aspect, en évoquant nos souvenirs, nous croyons nous rappeler avoir vu adjuger la palme à Delphine, sauf le jugement du Saint-Siége qui, seul, a qualité pour vider ces sortes de questions. Car, sans parler d'autres avantages qui appartiennent incontestablement à la compagne d'Elzéar, tels que la pauvreté effective dont elle donna un éclatant exemple, c'est elle qui l'avait fait entrer dans cette voie de sainteté où il se signala, par des progrès si rapides; c'est elle qui lui avait inspiré cet amour de la pureté qui changea les rapports de l'homme avec la femme en ceux du frère avec la sœur. Si donc Delphine a fait la sainteté d'Elzéar, c'est son plus bel ouvrage : qu'elle jouisse en plein dans le ciel de ce glorieux trophée! Les Aptésiens, de leur côté, n'oublieront jamais qu'ils doivent en partie à ce noble couple, la piété qui fleurit dans leurs murs, piété à l'ombre de laquelle se perpétueront long-temps encore les bonnes traditions.

Elzéar de Pontevés suivit de près dans la tombe, la comtesse d'Ariano. C'est à cette simple et unique notion que se bornent les renseignemens fournis par l'histoire sur la mort de ce dignitaire. Sa biographie, comme on voit, ne s'alimente que de particularités peu remarquables. Mais l'honneur d'avoir présidé à de saintes funérailles suffit à sa gloire et lui vaut titre de recommandation auprès de la postérité. Ainsi, malgré sa courte durée, cet épiscopat abrité du grand nom de Delphine n'en est pas moins une époque intéressante vers laquelle on aimera toujours à se reporter.

Un autre avantage dont on doit tenir compte à Elzéar de Pontevés, c'est qu'il fit partie de la pléiade épiscopale qui prévint le jugement tardif du Saint Siége, en préconisant du haut de la chaire le bienheureux époux de cette noble veuve. A la tête de ces panégyristes, marche le plus renommé de tous, Philippe de Cabassole; puis Elzéar de Villeneuve; vient ensuite le prélat Aptésien qui trouva encore à glaner après eux, dans les champs fécondés par leur éloquence. C'était un immense service rendu à la cause d'une canonisation ardemment désirée, et il n'est pas resté sans récompense. Car, dans le tableau où l'histoire reproduit les scènes religieuses du siècle auquel se réfèrent nos récits, l'on voit ces trois belles têtes d'évêques se groupper en face du couple virginal pour recevoir les doux reflets de sa resplendissante auréole: belle position, s'il en fût jamais, position d'autant plus merveilleuse qu'elle est rare, et auprès de laquelle s'efface l'éclat factice des grandeurs mondaines.

Jusqu'aux jours néfastes de la révolution, l'usage s'était maintenu à Apt de faire chaque année, l'éloge de saint Elzéar et de sainte Delphine [1]. Il était beau à une ville d'encourager ainsi par des hommages périodiques le culte de la sainteté, de présenter comme modèles à la jeunesse, des caractères vertueux qui apparaissent de loin en loin, environnés de toutes les marques de la prédilection divine, de fournir enfin un digne stimulant à tous les louables instincts dont une vie privilégiée a offert le développement. Cette solennité si intéressante pour nos pères, s'accomplissait sous les voûtes ogivales de la basilique franciscaine, au

---

[1] Voir à la fin du vol. la note 4ᵉ du livre *IV*.

milieu d'un immense concours de fidèles. C'était bien là, en effet, qu'il convenait de payer la dette de la patrie et de perpétuer, à l'aide d'une touchante institution, le souvenir d'héroïques vertus : institution de jouissance pour tous les amis de la religion, pour tous les admirateurs de ces époux-vierges, dont les mânes évoqués de la poussière du tombeau, venaient entendre leurs immortelles louanges : institution de triomphe pour notre ville qui s'énorgueillissait d'autant plus dans ces pompes annuelles, que souvent, par un noble échange, la gloire inspirait le génie, tandis que le génie préconisait la gloire : institution enfin d'utilité publique qui, par un appel fait aux maîtres de la chaire, les animait du désir de se surpasser eux-mêmes dans un rôle où avaient brillé leurs devanciers. Le vœu qu'il nous reste à former, c'est de voir revivre cet usage respectable interrompu par le malheur des temps. Les hommes voués au progrès social, le désirent autant dans l'intérêt du pays que de la religion. Viennent les jeunes talens que le clergé de France nourrit dans son sein, et ils sauront dignement exploiter un sujet dont le fond pouvait jadis paraître usé ou épuisé par l'éloquence, mais qui aujourd'hui est aussi nouveau que s'il n'avait pas encore été abordé par d'habiles orateurs.

LIVRE CINQUIÈME.

de 1362 a 1370.

Elzéar de Pontevès venait d'être opinément ravi à l'amour de ses diocésains. Cette mort prématurée qui l'enlevait presque sur le seuil d'une glorieuse carrière, excita de vifs regrets, des regrets proportionnés aux joyeuses manifestations dont on avait salué son avènement. Cependant, si on voulait rendre à l'église d'Apt son ancien lustre, il était indispensable de lui donner un digne époux. Le choix n'était pas difficile: il semblait qu'il n'y eût qu'un homme qui pût faire oublier Elzéar ou du moins consoler de sa perte; et la position de cet homme, ses services, ses talens le désignaient hautement au chef de la catholicité. Raymond de Bot fut donc l'objet de l'élection papale ; et ce bienfait qui en rappelait un autre de fraîche date, couronna les vœux du clergé et du peuple. Nul choix au fait ne méritait mieux d'être applaudi: car, ce prélat Aptésien comme son prédécesseur, sortait d'une famille distinguée qui, depuis un siècle, avait fourni des dignitaires à l'Église et devait bientôt acquérir un nouvel éclat en s'alliant avec la maison de Grimoard glorifiée par l'élévation d'un de ses membres à la papauté. Dernier évêque de cette noble lignée, il était fils d'Aicard, seigneur de Rocsalières et de Sanche de Dalmas. Désormais nous l'appellerons Raymond III, pour ne pas le confondre avec ses devanciers porteurs du même nom. Son épiscopat jalonné par des événemens remarquables, forme la période la plus brillante de nos annales. De là, pour nous, l'obligation d'en reproduire les particularités avec une scrupuleuse attention.

A peine Raymond s'essayait-il aux sublimes fonctions du ministère apostolique, que l'Église romaine veuve de son pontife travailla à s'en substituer un nouveau [1]. Heureusement la durée de cette viduité ne franchit pas des termes raisonnables. Les cardinaux prirent soin de l'abréger par un choix excentrique en nommant Guillaume de Grimoard, abbé de Saint-Victor de Marseille, homme respectable dont le caractère positif ne s'accommodait point de cette politique mondaine qui veut associer les intérêts du ciel avec les intérêts de la terre: il échangea son nom contre celui d'Urbain V. Tout, dans cette promotion, semble se réunir pour la faire envisager comme un coup providentiel destiné à confondre ceux qui, dans la suite, ont personnifié l'état de l'Église au XIVe

---

[1]. *Hist. de l'égl. galli.* Tom 14. — Papon, *hist. de Prov.* t. 3.

siècle, sous les traits de la captivité de Babylone. Rien, en effet, ne militait en faveur de ce pape que les plus éminentes vertus. Nourri dans les habitudes du cloître, ennemi de l'intrigue et de la cabale, éloigné alors du tourbillon de la Cour romaine, comment aurait-il pu se flatter d'enchaîner à son profit les suffrages des cardinaux intéressés à ne point élire en dehors du sacré-collége ? Aussi Pétrarque écrivait-il à ce pontife après son exaltation: « Ne croyez pas qu'aucun des votans ait ja-
« mais songé à vous investir de la pourpre papale :
« s'il y en a qui vous le disent, ils vous trompent :
« Dieu seul vous a élu, il leur a fait prononcer vo-
« tre nom sans qu'ils le voulussent... »

Au moment où le secret du ciel s'échappait ainsi de l'urne sacrée, Guillaume marchait vers Naples, portant les complimens de condoléance d'Innocent VI à la reine Jeanne, sur la mort récente de son époux. Tandis qu'il franchissait l'espace qui sépare Florence de la capitale des Deux-Siciles, un courrier vient lui apporter cette agréable nouvelle. Soudain l'abbé de Saint-Victor rebrousse et prend le chemin d'Avignon. Couronné dans la basilique des Doms, il monte les degrés du trône pontifical, escorté de trois rois, Jean de France, Pierre de Chypre et Waldemar de Danemarck. Alors, il n'était pas rare de voir les souverains renouveller à la Cour papale, le spectacle que leurs pareils avait donné jadis au milieu de l'ancienne Rome : car, à l'époque dont nous parlons, les successeurs du prince des apôtres subjuguaient encore les têtes couronnées par l'ascendant de l'opinion, comme autrefois le sénat romain les avait courbées à ses pieds par le prestige de la puissance.

En cousant ces détails à notre histoire, nous n'avons pas cru faire une digression inutile, parce que Urbain figure maintes fois dans les fastes Aptésiens, d'abord pour avoir honoré la ville de son haut patronage, puis, pour l'avoir enrichie d'une illustre paire de saints par la canonisation de l'un et la béatification de l'autre.

Ceux qui s'intéressaient à la gloire d'Elzéar et de Delphine (car c'est d'eux qu'il s'agit), envisagèrent avec bonheur l'avènement d'un pape qui, par son alliance avec la maison de Sabran, se ferait un devoir d'accomplir cette tâche. Une enquête préliminaire était indispensable pour placer Delphine au catalogue des saints; mais pour y inscrire son époux, il suffisait d'un jugement du chef de l'Église basé sur la procédure instruite par les évêques d'Uzès et de Carpentras. Cet exercice de la prérogative pontificale allait d'autant mieux à Urbain, qu'il aurait été, au dire de plusieurs auteurs, une preuve vivante de la sainteté du serviteur de Dieu [1]. S'il faut ajouter foi à ce qu'ils rapportent

---

[1]. *Hist. de l'Égl. Gallic.* Tom. XIV. — Borely, *Vie de Ste.-Dauphine.* — Bore, *ibid* — Duchesne, *Hist. des card. franç.* Tom II.

de la naissance de ce pape, il serait venu au monde comme une masse informe de chair, privée en apparence de toute organisation. Les parens extrêmement affligés ayant fait part de ce malheur au comte d'Ariano qui se trouvait alors au château de Grisac, celui-ci aurait obtenu par ses prières la réformation de cette figure monstrueuse. Quoi qu'il en soit de ce récit étayé de noms imposans, il est avéré qu'Elzéar tint sur les fonds de baptême, cet enfant de bénédiction, après avoir annoncé sa grandeur future. Ne soyons donc pas surpris qu'en ceignant la thiare, la première pensée d'Urbain ait été de terminer la canonisation de son père spirituel et de préparer les voies à une autre non moins désirée. L'homme de Dieu gratifié ainsi de l'auréole chrétienne par celui-là même qui avait été l'objet de son premier miracle, offre un de ces rapprochemens curieux ménagés à dessein par la providence. « Il semble, dit le P. Borely, que le ciel avait re-« tardé la solution d'une si grande affaire, afin de « fournir à Urbain V l'occasion d'acquitter envers « son parrain une dette sacrée ; car, comme Elzéar « était devenu un second père à l'égard de ce pape, « il paraissait juste qu'en retour, celui-ci lui ad-« jugeât les honneurs de l'église militante... »

La convenance de cette réciprocité n'échappa point à Raymond III. Voué comme ses devanciers à la cause du comte d'Ariano, il s'empresse de lui assurer le bénéfice de ses heureuses dispositions.

D'abord il agit auprès du Saint-Siége pour obtenir une enquête sur la vie merveilleuse de Delphine morte depuis deux ans, et sur les grâces extraordinaires que Dieu acccordait chaque jour à son intercession. Dans la pensée du prélat, cette constatation devait servir à mettre en relief les mérites d'Elzéar : car, puisque les vertus que l'on préconisait en lui s'étaient produites et avaient grandi à l'ombre du voile nuptial, la sainteté d'un conjoint impliquait nécessairement celle de l'autre. La démarche de l'évêque d'Apt ne fut pas isolée : les États-généraux de la Province en assumèrent la solidarité au moyen d'une requête adressée au Père commun des fidèles. Celui-ci en accédant à leurs vœux, nourrissait-il l'espoir de mener de front les deux apothéoses et de confondre dans les mêmes honneurs, des époux que le ciel avait déjà confondus dans la même gloire ? Cela paraît probable, quoique l'évènement ne l'ait pas vérifié. Mais, arrière les conjectures, venons au positif : Par sa bulle datée d'Avignon le 5 mars 1363, ce pape commit trois prélats pour recevoir les dépositions orales et réunir tous les élémens de la procédure. Ces prélats étaient Jean de Peisonni, archevêque d'Aix, Jean Maurelli, évêque de Vaison [1], et Gérard évêque de Sisteron. Les deux premiers ayant accepté la commission se rendirent

---

[1] Voir à la fin du vol. la note 1 du livre V.

à Apt vers le milieu du mois de mai. Quant au troisième, il déclina cet honneur par la lettre suivante que nous reproduisons textuellement. C'était une réponse à l'invitation que ses collègues lui avaient faite de venir se joindre à eux pour travailler de concert à l'exécution du mandat apostolique [1].
« J'ai reçu, dit-il, la lettre de vos Seigneuries par
« laquelle elles m'informent que S.S. nous a pré-
« posés à l'enquête qui doit s'ouvrir à Apt, pour
« la canonisation de Delphine de Signe, de sainte
« mémoire, dame de Puimichel, comtesse d'Ariano.
« Je déplore amèrement la nécessité qui me ravit
« l'avantage d'intervenir dans une œuvre si glo-
« rieuse. Appliqué depuis quelque temps à régler
« le diocèse de Sisteron que l'éloignement de ses
« prélats avait jeté dans le plus complet désordre,
« je ne saurais suspendre mon entreprise, sans
« préjudicier aux âmes que Dieu m'a confiées et sans
« compromettre le bien que j'ai déjà opéré. Je prie
« donc vos Seigneuries de me laisser tout entier à
« cette grande et importante affaire, en me dispen-
« sant du voyage d'Apt. Nul besoin d'ailleurs de
« mon concours pour l'exécution des lettres pon-
« tificales, d'autant qu'en donnant pouvoir d'agir
« à tous les trois ou bien à deux d'entre nous, elles
« semblent avoir prévu le cas d'une récusation.
« Ainsi, malgré mon absence, vos Seigneuries peu-

---

[1] Boisly. *Vie de Ste-Dauphine.* — Columbi. *notitia Episc. Sistaris.*

« vent validement procéder aux actes de l'enquête,
« selon les termes desdites lettres. Ecrit au cha-
« teau de Lurs, le 28 mai 1363. »

Charmés de l'esprit qui avait dicté cette missive plus encore que de l'élégance de sa rédaction, les deux commissaires se mirent en devoir de faire l'ouverture de leurs assises afin d'accomplir les prescriptions du souverain pontife. Déjà, ils avaient fait publier sa bulle dans les diocèses circonvoisins, en indiquant un jour où tous les fidèles qui auraient connaissance de quelque fait relatif aux vertus et aux miracles de la comtesse d'Ariano, eussent à se trouver à Apt pour en déposer par devant les délégués du Saint-Siége. Au jour marqué, ceux-ci se rendent en pompe à l'église des cordeliers. Ce vaste temple était rempli de tous les ordres de la cité et du clergé, parmi lequel on remarquait quatre crosses d'évêques ou d'abbés. Les magistrats, les nobles, les bourgeois, les confréries et les corporations encombraient tellement la basilique franciscaine, que le peuple accru de tous les curieux du voisinage, se vit obligé de stationner dans le parvis ou sur l'esplanade. Les commissaires firent siéger au bureau tous les prélats présens, savoir: le patriarche de Jérusalem, l'évêque diocésain, les abbés de Valsainte et de S. Eusèbe: ils s'adjoignirent aussi quelques chanoines et savans laïques versés dans la science du droit. Les personnes appelées en témoignage venaient déposer sous la foi du serment, et leurs dires soumis à une rigoureuse appréciation, étaient recueillis par trois notaires faisant fonction de greffiers.

On consacra plusieurs séances à cette longue et délicate opération. La liste des témoins étant épuisée, les religieux du couvent d'Apt furent oüis. « C'étoit une heureuse idée, » dit la chronique capitulaire, « de les réserver ainsi pour la « bonne bouche; car, nul mieux qu'eux n'étoit « initié dans les détails d'une vie angélique écou- « lée pour ainsi dire sous leurs yeux. » Le procès-verbal qui nous reste de cette information et qu'on trouve en triple exemplaire aux archives de la mairie [1], montre le soin extrême avec lequel, même à cette époque, on constatait les titres des serviteurs de Dieu aux honneurs officiels de l'église militante. Là, tous les traits saillans de l'histoire de Delphine, se produisent escortés de preuves qui en garantissent la certitude. Ainsi, il est avéré que cette noble dame n'avait que treize ans, lorsqu'elle fut fiancée au pieux rejeton des Sabran, et qu'elle vécut ensuite avec son époux dans une perpétuelle continence. Ce projet d'hymen la jeta d'abord dans un trouble extrême : pour une âme si haute, si pure, si contemplative, la virginité semblait comme de raison l'état le plus parfait

---

[1] Voir à la fin du vol. la note II du livre 5°.

qu'une femme puisse embrasser. On rapporte qu'elle se défendit long-temps, avec beaucoup de modestie, d'accéder aux vœux de sa famille et qu'elle la supplia humblement de consentir à ce qu'elle menât une vie innocente et libre de tous liens, excepté de ceux du Seigneur. Les sollicitations de Delphine trouvèrent peu de sympathie parmi les membres de son illustre maison : ils n'étaient point au niveau de pareilles vertus et pour des hommes du monde, cette ame toute céleste était un livre fermé de sept sceaux d'airain. Sa pensée qui heurtait les préjugés antiques de sa race, demeura incomprise, et tout ce qu'elle put alléguer pour éviter un état qui contrariait ses vœux les plus chers, ne lui servit de rien. Comment aurait-elle pu convaincre d'ailleurs, puisque Dieu même était contre elle? Son mariage avec un homme juste et de haut lignage qui devait découvrir un mystère de pureté et renouveller les vertus du chaste Joseph, entrait dans les vues du ciel. Une secrète inspiration avait fait connaître à la jeune vierge, que son époux ne serait pour elle qu'un protecteur, qu'un frère, qu'un gardien de sa chasteté. Cette considération triompha seule de ses répugnances.

A l'égard de sa pauvreté volontaire, il est constaté qu'après la mort de son époux elle vendit de riches seigneuries pour en distribuer le prix aux indigens et vivre elle-même dans le renoncement le plus absolu. Que des personnes aient blâmé cette admirable abnégation et l'aient traitée de folie, c'est à croire : mais n'est-ce pas se trainer à la rémorque des Gentils prodiguant les épithètes de fous et de stupides aux chrétiens qui renonçaient à leur patrimoine pour se retirer dans la solitude? Enfin, on ne saurait lire ce procès-verbal, monument le plus précieux de notre ville, sans être embaumé d'un parfum d'édification. A chaque page, éclatent de nouveaux prodiges : prodiges attestés par des personnes dont la probité ne peut être mise en doute. S'il fallait repousser ces faits, parce qu'ils se trouvent en dehors de l'ordre commun, ne serait-ce pas ravir au témoignage humain, ses motifs de crédibilité, à la religion ses moyens d'influence, à la piété ses charmes et à l'histoire sainte sa poésie?

L'enquête restée ouverte jusqu'au 18 juin, fut close le dimanche subséquent. Cette formalité devait s'accomplir en présence du clergé, de la noblesse et du peuple, au milieu de l'appareil auguste des pompes épiscopales. Les commissaires choisirent cette fois l'église majeure, comme un lieu plus favorable au déploiement de ces rites majestueux et pour honorer l'antique Chaire de saint Auspice. Lorsque commença à poindre l'aurore de cette grande journée, on vit affluer dans nos murs des groupes nombreux de fidèles partis de tous les points de la banlieue. Ces groupes se succédèrent sans interruption durant toute la matinée. En face d'un simple intérêt de curiosité, l'urgence des travaux agricoles aurait retenu ces bons villageois auprès de leurs moissons; mais il s'agissait de la gloire de Delphine, des préliminaires de sa canonisation, chacun s'empresse d'accourir joyeux et transporté d'avoir bientôt une fidèle et puissante amie de plus dans le ciel. Quant le flot populaire amoncelé aux portes de la basilique, eut franchi cette barrière pour s'épandre tumultueux dans l'intérieur, la cérémonie s'ouvrit par une messe solennelle. A l'issue du *Credo*, l'archevêque d'Aix monte en chaire et résume dans un discours improvisé, les principaux résultats de l'enquête. Après avoir passé en revue, les vertus sublimes qu'elle venait de livrer à la publicité, ce prélat demande si tous sont persuadés de la sainteté de Delphine. Profondément ému au récit d'une vie si belle que l'orateur a dessinée à grands traits, l'auditoire en masse répond par des cris affirmatifs dont le retentissement imite le bruit du tonnerre. Le silence s'étant rétabli, l'archevêque ajoute : « Puisque vous croyez « la comtesse sainte, levez chacun la main devant « l'autel et jurez d'avoir répondu en votre âme et « conscience. » Aussitôt se dresse une forêt de mains au-dessus de la tête des assistans qui protestent ainsi de la sincérité de leurs manifestations. Le Clergé alors remercie le ciel en chantant l'hymne d'action de grâce, et la messe se poursuit avec un redoublement de ferveur.

Il était tems pour les commissaires, après une si longue absence [1], de retourner à Avignon afin d'y rendre compte au pape de l'exécution de leur mandat. Arrivés dans cette ville, ils devaient d'abord coordonner toutes les pièces de la procédure pour en offrir le tableau au chef de l'Eglise. Néanmoins avant de commencer ce travail, ils crurent utile de faire un supplément d'enquête pour recevoir les dépositions de plusieurs dignitaires de la Cour romaine, dépositions très-favorables à la cause pendante. L'audition de ces nobles personnages défraya deux ou trois séances : on y recueillit d'utiles renseignemens dont les plus précieux furent ceux administrés par Anglicus de Grimoard, évêque d'Avignon, et par Philippe de Cabassole, patriarche de Jérusalem; ce dernier, non entendu à Apt à raison de son grade et de sa qualité d'assesseur apostolique. La déclaration de celui-ci porte: qu'ayant maintes fois proposé ses doutes sur des questions de Théologie et des textes obscurs de l'Écriture, en présence de la comtesse d'Ariano, il en avait reçu de très-grandes lumières, au point d'admirer cette rare sagacité chez une personne non versée dans ces sortes de matières. La déclaration de celui-là devait consa-

---

[1] Ils avaient séjourné à Apt depuis le 14 Mai jusqu'au 5 Juillet.

crer la vérité d'un fait que nous avons plus haut articulé, savoir : que Delphine dans une visite faite à Clément VI, avait parlé des mystères les plus sublimes de la religion en des termes si nobles et si précis, que ce pape très savant homme d'ailleurs, émerveillé de tant de doctrine, se serait écrié en plein Consistoire : « Non, jamais Théo« logien n'a discouru aussi doctement des choses « de Dieu; et à coup sûr c'est l'esprit Saint qui « inspire cette vertueuse dame. » Après avoir ajouté ces nouveaux traits au procès-verbal, les commissaires dressèrent leur rapport où sont relatées toutes les formalités par eux accomplies durant le cours de leur mission; ils concluaient de la manière qui suit : « Voilà, très-saint Père, « ce que nous avons jugé à propos de faire, pro« testant en toute humilité, n'avoir rien découvert « qui soit feint, dissimulé, vicieux ou suspect « chez les témoins que nous avons ouïs, et con« fessant notre conviction personnelle touchant « la sainteté de l'illustre veuve que nous croyons « siéger resplendissante dans le ciel, et par là être « digne de figurer sur les colonnes du Martyro« loge. » Cependant, malgré le zèle d'Urbain V pour associer Delphine aux honneurs qui attendaient son époux, nous ne voyons pas qu'il se soit prononcé sur cette cause si bien instruite. Est-ce parce qu'il en a été détourné par des affaires plus urgentes, ou bien qu'il a voulu en laisser la gloire à ses successeurs? On l'ignore : mais toujours est-il que ce pape s'est borné à couronner le nom d'Elzéar de l'immortelle auréole, sans y comprendre celui de sa compagne. Nous dirons dans la suite, comment cette grande sainte a obtenu le bénéfice du culte public, sans subir la dernière épreuve de la canonisation.

Tandis que les vertus et les miracles du couple virginal préoccupaient la religieuse Provence, une hérésie insolente retranchée dans la popularité de ses réformes radicales, y agitait les paisibles habitans des campagnes [1]. Telle est la triste condition de l'humaine nature toujours exposée à voir le génie du mal neutraliser au moyen des scandales, l'édification produite par la sainteté des élus. La secte des Bégards ou Fratricelles, depuis quelque tems assoupie, venait de se reconstituer forte et menaçante dans diverses localités du comté de Forcalquier et du baillage d'Apt; de plus, nombre de juifs qui s'étaient convertis au christianisme par crainte ou par calcul, à la suite des persécutions suscitées contre eux, avaient fait retour aux croyances de leurs pères et réparaient, à grand renfort de ferveur, l'affront dont ils se croyaient coupables envers le Dieu d'Israel. Attentif à écarter le loup de la bergerie et voulant le

---

[1] Wading *Annal. min.* — Odalric Raynaldus, *Annales Eccles.* Bouche. *Hist. de Provence*, T. 2. p. 396.

mettre dans l'impossibilité d'y pénétrer, Urbain adressa des bulles datées d'Avignon aux métropolitains d'Aix, d'Arles, d'Embrun et surtout aux évêques des lieux déjà envahis par l'hérésie. Les défections étaient nombreuses si on en juge par les plaintes que le pape formait auprès de ces prélats. « Nous avons appris, dit-il, avec la plus vive
« douleur, que dans beaucoup de paroisses de vos
« diocèses, les partisans de l'erreur, se sont tel-
« lement accrus, que la foi des fidèles cernée de
« tous côtés par cette fatale contagion, court les
« plus grands périls.... » Puis, pour stimuler leur zèle, le chef de l'Église déclare qu'il vient d'investir du titre d'inquisiteur, deux religieux Franciscains chargés non seulement de ramener les hérétiques par les voies de la persuasion, mais encore d'employer les moyens de droit contre les opiniâtres et les relaps.

Notre dessein n'est pas de suivre ces délégués dans l'exercice de leurs fonctions, d'autant que pour nous instruire de leurs faits et gestes, trop peu de notes sont restées sous la main de l'histoire. Disons toutefois que quatre ans après l'application de cette mesure, Urbain allarmé du grand nombre d'individus atteints du *crime d'hérésie*, essaya de mettre des bornes à *l'audace de ces rebelles en les privant de la liberté*[1]. Il écrivit

[1] Les mots soulignés appartiennent à l'historien Bouche.

en conséquence aux évêques des trois provinces pour les informer d'un projet conçu par lui, dans l'intérêt de l'unité religieuse : projet tendant à établir trois *fortes et grandes prisons* destinées à la réclusion de tous les hérétiques, juridiquement convaincus. Mais comme il fallait des fonds pour créer ces maisons centrales et fournir aux dépenses des inquisiteurs, S. S. enjoignait aux prélats de recueillir chacun dans son diocèse, avec les offrandes des fidèles, toutes sommes provenantes de restitutions incertaines, pour le produit en être affecté au *plein succès de cette pieuse entreprise*. Le Saint-Office quoique encore à son début, procédait déjà énergiquement : d'où il est facile de conclure que ce fut une création robuste et vigoureuse dès sa naissance.

En présence des dissidens, il n'est pas rare de voir le clergé s'améliorer par le rappel des mœurs primitives afin d'ôter tout prétexte aux récriminations. Ces symptômes d'amendement produits par les concurrences religieuses, on les remarque dans les temps anciens comme dans ceux rapprochés de nous. Ainsi, aux premiers siècles chrétiens, l'ordre clérical voyant chaque jour surgir des sectes rivales autour de lui, essaya maintes épurations dans le régime disciplinaire, signalées par les auteurs contemporains. Plus près de notre âge, il nous serait facile de montrer le génie de Bossuet s'exaltant et grandissant au milieu des combats théologiques qu'il soutenait contre les athlètes du calvinisme. Qui peut savoir si la douce piété de Fénélon ne s'était pas *inspirée* aux traditions récentes de la rivalité protestante ? A l'époque dont nous retraçons ici un rapide aperçu, le même ordre d'idées, la même série de faits se reproduisent sous nos yeux. Après la nouvelle explosion de l'hérésie contre laquelle Urbain organisait un système de défense, l'esprit de réforme gagna donc le sanctuaire.

Ce pontife crut que le meilleur moyen de lui rendre son antique lustre, était la tenue des Conciles provinciaux si utiles pour maintenir l'unité entre les églises, la pureté de la doctrine, la sainteté des mœurs, la vigueur de la discipline [1]. Il en donna l'ordre par une circulaire dont Fleury cite deux exemplaires, l'un adressé à l'archevêque de Narbonne et l'autre à l'archevêque de Rheims. M. de Belzunce en exhuma depuis un troisième exemplaire dans les archives de son église, adressé au métropolitain d'Arles et transmis par celui-ci aux évêques de la province. Voici de quelle manière le pape y déclare ses intentions : « Les « sacrés Canons, dit-il, font foi que les pontifes

---

[1] Belzunce, *Histoire des évêques de Marseille*, T. 2. — Boze, *Hist. de l'église d'Apt.* — Remerville, *Ibid.* — H. du Temps. *Clergé de France.* — Martenne, *Thesaurus anecdotor. ecclesi.* — Mansi, *Collection gén. des Conciles*, édition de Venise. — Baluze, *Vitæ Paparo Avenion.* T. 1 — Notes de M. l'abbé Giffon.

« romains et les prélats zélés pour le troupeau du
« Seigneur, ont eu grand soin de célébrer des
« conciles : et au fait, dans ces assemblées, on
« avise aux moyens d'extirper les vices, de mettre
« en honneur les vertus, de conserver les immu-
« nités cléricales, de régler enfin l'état des églises
« et des lieux consacrés au culte du Très-Haut.....
« Nul doute que ces réunions ne procurent au
« clergé mille avantages spirituels et temporels.
« Mais hélas ! l'incurie des prélats ayant inter-
« rompu cette louable pratique, qu'est-il arrivé?
« les vices pullulent, le peuple est devenu indé-
« vot, la liberté cléricale s'affaiblit, le culte perd
« de son éclat, la tribu lévitique est opprimée et
« sa dotation envahie par les séculiers. » Après ce
préambule, Urbain jaloux d'opposer une digue à
tant de maux, invite le primat à réunir sans délai
son concile, avec ordre d'informer le S. Siége du
jour où s'ouvrira l'assemblée et des résolutions
qui y seront prises. La parole du prince des pasteurs fut accueillie avec le respect qu'elle méritait :
les métropolitains d'Aix, d'Arles et d'Embrun
s'étant concertés entr'eux, décidèrent que le
Concile des trois provinces, ou mieux le Concile
national de Provence serait célébré à Apt, le
troisième dimanche après Pâques, qui, en l'année 1365, tombait le 4 du mois de Mai.

Une si flatteuse préférence en faveur de cette
ville, tenait peut-être à des souvenirs chers au

clergé. Jadis capitale d'un peuple, foyer puissant de grandeur, étendant dans un large rayon sa souveraineté, ces nobles précédens la firent envisager aux disciples de Saint Clément, comme une précieuse conquête à réaliser. Aussi reçut-elle de bonne heure les semences de la foi évangélique, de cette foi qui devait changer la face du monde ; car, tandis que Trophime arborait dans Arles l'étendard du christianisme, nos pères embrassaient la croix dont Auspice leur avait révélé la *sainte folie*. De là, le renom du siége épiscopal fondé par ce saint martyr, renom à l'aide duquel ses successeurs obtinrent plus tard un droit de préséance sur tous les suffragans de la métropole.

Tels étaient les titres d'Apt, non encore orné des embellissemens éclos sous l'influence de la civilisation moderne, mais qu'un chroniqueur provençal [1], sur la fin du moyen-âge, trouvait déjà une *gentille ville, assise au fond d'un val moult gracieusement configuré*. Ajoutons à cela, que depuis près d'un demi siècle, les rives du Caulon fixaient les regards de la Cour romaine, par les miracles sans nombre qui s'opéraient au tombeau du chaste Elzéar. Ce lieu était devenu le rendez-vous des célébrités de l'époque. Tout ce qui tenait un rang dans l'Église et dans l'État, aimait à franchir les défilés de nos montagnes pour

---

[1] César Nostradamus, *Chron. de Prov.*, in-folio

venir saluer les mânes du héros chrétien. Ainsi, un passé illustre joint à des gloires récentes, voilà ce qui explique le choix que l'on fit de notre ville pour la tenue du Concile national.

Lorsque les syndics Aptésiens en eurent reçu l'avis officiel, ils choisirent des commissaires chargés de préparer des logemens non-seulement aux évêques et prélats membres-nés de l'assemblée, mais encore aux barons et seigneurs dont l'assistance aux délibérations était jugée nécessaire [1]. La mention expresse de ces derniers, dans les registres de l'hôtel-de-ville, prouve qu'à cette époque, le clergé accordait encore le libre accès des conciles aux notabilités séculières. C'était avec leur concours qu'il statuait incidemment sur les matières politiques soumises à son examen. De grands préparatifs furent faits à la cathédrale, soit pour la rendre digne de cet auguste sénat, soit pour l'approprier à son usage. On tendit les murs et les piliers de riches tapisseries, empruntées aux maisons les plus opulentes. Suivant une coutume constamment observée, on plaça le texte de l'Évangile sur une espèce de trône, en face de la chaire du président. Les stalles des deux côtés de cette chaire devaient recevoir les évêques revêtus de leurs habits pontificaux, puis les abbés crossés et mitrés ; enfin, les députés des églises cathé-

---

[1] Notes de M. Vespier.

drales et collégiales. Ce fut à l'heure de la messe capitulaire, que l'ouverture du Concile s'accomplit avec le plus pompeux cérémonial. Presque tous les évêques des trois Provinces avaient répondu à l'appel des métropolitains, sauf un très petit nombre, qui se fit néanmoins représenter par des dignitaires du second ordre. Voici les noms des présens et des absens, tels qu'on les trouve dans les actes originaux.

Province d'Arles. — *Présens* : Guillaume de la Garde, archevêque, président. — Philippe de Cabassole, patriarche de Jérusalem, administrateur perpétuel de l'évêché de Cavaillon. — Jean, évêque d'Orange. — Jean Flandrini, évêque de Carpentras. — Guillaume Sudre, évêque de Marseille. — Jean Maurelli, évêque de Vaison. — Jacques de la Tour du Pin, évêque de Saint Paul-trois-châteaux. — Guillaume de la Voûte, évêque de Toulon. *Absens* : Anglicus de Grimoard, évêque d'Avignon, représenté par le prévôt de Notre-Dame-des-Doms et le doyen de la collégiale de Villeneuve.

Province d'Embrun. — *Présens* : Bertrand de Châteauneuf, archevêque [1]. — Bertrand de Seguret, évêque de Digne. — Pierre, évêque de Senez. — Etienne de Digne, évêque de Vence. — Laurent, évêque de Nice. *Absens* : Amédée de Digne,

[1] Voir à la fin du Vol. la Note 3 du Livre V.

évêque de Grasse, et Elzéar, évêque de Glandéves, représentés, le premier par un chanoine de sa cathédrale, et le second par son vicaire-général.

Province d'Aix. — *Présens* : Jean de Piscis ou Peisoni, archevêque. — Pierre Fabri, évêque de Riez. — Gérard, évêque de Sisteron. — Raymond de Bot, évêque d'Apt. *Absens* : Raymond Draconis, évêque de Fréjus, et Guillaume Stephani, évêque de Gap, représentés, le premier par le prévôt de sa cathédrale, et le second par le prieur de Voulonnes.

En résumé, cinq évêques absens et dix-sept présens, dont quatre décorés plus tard de la pourpre romaine.

La prélature secondaire se composait du personnel suivant : Les abbés de Boscaudon, au diocèse d'Embrun, de St.-Pons de Nice, de Sénanque, de Valsainte et de Saint-Eusèbe. Les actes originaux du Concile ne font aucune mention des trois derniers, dont la présence néanmoins est unanimement attestée par les écrivains Aptésiens.

Somme toute, vingt-deux crosses d'évêques ou d'abbés.

Parmi les députés du corps capitulaire, on ne trouve nominativement désignés que ceux qui suivent, savoir : Pierre Olivari de Falghario, chanoine-ouvrier de l'église d'Apt. — Raymond Crolle, docteur ès-droits, prieur de Ste.-Marthe de Tarascon. — Raymond Geoffroi de Castellane,

prévôt de la métropole de Saint-Sauveur, d'Aix.
— Artaud de Nitylan, prévôt de la concathédrale de Forcalquier. — Raymond de Vence, sacristain de l'église de Toulon.

Trois notaires étaient attachés à l'assemblée pour en rédiger les délibérations, savoir : Jean Portaneri, du diocèse de Toulon; Jean de St.-Ambrino, du diocèse de Langres, et Raymond Dariot, du diocèse d'Auch.

A l'heure prescrite, les Pères du Concile partis du palais épiscopal, marchent processionnellement vers le temple de la mère de Dieu. Le baron de Caseneuve, ce noble et puissant feudataire de l'église d'Apt, les escorte à la tête d'un détachement d'hommes d'armes. Les habitans, répandus sur les places ou échelonnés dans les rues, pleurent de joie en voyant défiler le vénérable cortége. Presque à chaque prélat qui passe devant lui, le peuple accorde un regard de bienveillance : car, déjà il est au fait de la biographie épiscopale; il les connait tous; sa voix vibrante et accentuée les désigne par leurs noms, par les siéges qu'ils occupent, par les services qu'ils ont rendus à la religion, par les travaux qui honorent leur mémoire. Voici d'abord Guillaume de la Voûte et Philippe de Cabassole : ils se partagent les regards contemplatifs de la foule, l'un en qualité d'Aptésien, et l'autre en celle de fils adoptif de la cité : dans eux se personnifie la patrie; c'est assez pour justifier les sympathies de citoyens flattés de la voir si dignement représentée. Voilà ensuite les prélats d'Aix et de Vaison qui, naguère, avaient pesé dans la balance du sanctuaire, les vertus et les mérites de sainte Delphine. A côté, marche Gérard de Sisteron, qui peignit si bien son ame dans la lettre qu'il écrivit à ces deux commissaires-apostoliques. Là, l'évêque d'Orange qui venait de se poser en Mécène des bonnes-lettres, par la fondation d'une Université : Ici, l'évêque de Saint-Paul-trois-châteaux, prélat grand seigneur, jouissant malgré l'exiguité de son siége, du droit regalien de battre monnaie. Des murmures approbateurs les accueillent tous; puis, on s'occupe des absens : il en est un dont le nom vole de bouche en bouche, c'est Anglicus de Grimoard, évêque d'Avignon, qui, comme ces illustres romains dont parle Tacite, absorba l'attention générale par cela même qu'il ne figurait pas avec ses nobles collègues.

Ce fut un moment plein de poésie et de charme, que celui où ces princes de la tribu sacerdotale, abordèrent les sacrés parvis. Alors, ainsi que nous l'avons dit, la cathédrale était loin de se produire avec la configuration qu'elle affecte aujourd'hui; car, cet édifice où l'on retrouve toutes les phases de l'architecture chrétienne, depuis le style roman jusqu'à celui de la renaissance, n'a pas été bâti d'ensemble, ni d'un seul jet, comme les basiliques du moyen-âge. Dans l'intérieur, l'art religieux si prodigue d'ornemens, n'avait déposé d'autres raretés que les mausolées de nos prélats et les vitraux dont la lumière ravivait chaque jour les délicieuses peintures. Cependant, de glorieux priviléges recommandaient ce temple au respect des fidèles. Personne n'ignore que, fondé par saint Castor, restauré par saint Étienne, décoré par Charlemagne, sacré par un archevêque de Reims, il était en possession d'une des plus insignes reliques de la chrétienté. Le Chapitre répondait à tant d'illustrations, par ses dignités et la science de ses membres, dont plusieurs se sont élevés à de hautes fonctions. A l'époque de nos récits, le culte déployait déjà ses pompes sous cette coupole ovoïde, vrai atlas qui porte sur sa tête le lourd fardeau du clocher. Mais de chœur proprement dit, il n'y en avait point encore. Seulement, en face de l'autel, dans la partie inférieure de la nef, s'élevait une tribune soutenue par une voûte surbaissée à nervures croisées. C'était là que se réunissait le clergé pour le chant de l'office; c'est là que le Concile tint ses séances d'apparat. Voilà quelle était, d'après les souvenirs traditionnels, la physionomie de la cathédrale au XIVe siècle. A l'égard de ses vitraux gothiques, si souvent mentionnés dans les archives municipales, il parait que toutes les fenêtres de l'édifice en étaient garnies, et qu'elles rayonnaient à l'instar de celle qui encadre maintenant les mystères de la Vierge.

Dans ces siècles fervens où la foi se formulait partout en ingénieux symboles, l'idée de la céleste Jérusalem resplendissante de divines clartés et construite de pierres précieuses, cette idée renouvellée à chaque dédicace d'église, avait dû généraliser l'usage de ces transparens qui réalisaient aux yeux du vulgaire, les illusions de la piété. Lorsque le soleil allumait ces vitraux, aussitôt comme par enchantement, les parois de la maison de Dieu dépouillaient leurs sombres teintes pour revêtir les joyeuses couleurs de l'arc-en-ciel.

A l'instant même où s'improvisa ce magique spectacle, les Pères du concile s'avançaient majestueusement vers l'autel, au milieu d'une triple haie d'assistans; les cloches jettaient dans les airs de solennelles volées; des chants se fesaient entendre, mais qui n'avaient rien de ceux de la terre; l'orgue soupirait mélodieusement; la nef était illuminée comme aux jours de fête; la contenance digne des vénérables prélats, leurs cheveux blanchis dans le saint ministère, leurs fronts couverts de mîtres radieuses, leurs crosses formant une forêt dorée qui reluisait à l'éclat de mille flambeaux, il y avait dans cette scène tant de grandeur, que le souvenir seul fait battre le cœur, tandis que la main cherche à la décrire.

Le concile d'Apt n'eut qu'une session de dix jours, et néanmoins il statua sur une foule d'objets de discipline. Aucun écrivain, avant nous, n'avait encore donné une relation circonstanciée de cette célèbre assemblée, dont on connaissait à peine les actes originaux. Ainsi, souvent on citait ce concile, son nom retentissait aux oreilles de nos jeunes théologiens, et nul d'eux n'en savait parfaitement l'histoire. Nous venons de remédier à cet inconvénient, à l'aide des détails qui précèdent : il s'agit de les compléter par l'analyse des règlemens bien dignes, à notre avis, de passer sous les yeux du lecteur.

Dans le préambule, les Pères s'expriment en ces termes : « Si les prélats auxquels est confié le « soin de gouverner l'église de Dieu, marchent au « milieu du peuple revêtus des insignes pontifi- « caux, n'est-ce pas afin qu'on respecte en leur « personne les droits et les priviléges du maître? « D'un autre côté, n'est-il pas juste que ceux qui « sont haut placés dans l'échelle des honneurs, se « montrent ardens au travail et tiennent les rênes « du pouvoir de manière à rendre les sujets heu- « reux ?

« Nous donc, archevêques d'Arles, d'Embrun « et d'Aix, assistés de nos suffragans, avec la coo- « pération des chapitres de nos Provinces, réunis « en concile dans Apt, ville de la Métropole d'Aix, « après avoir unanimement approuvé les statuts éma- « nés de nos prédécesseurs au concile de Saint- « Ruf-lès-Avignon, statuts où brille un si grand « sens et une si rare précision du langage, ordon-

« nous que ces saintes règles, sauf quelques chan-
« gemens motivés par l'esprit de l'époque, aient
« force de loi pour nous et pour tous les membres
« du clergé. »

« Jaloux d'ailleurs de nous mettre à l'abri de
« tout reproche, selon le conseil de l'Apôtre, nous
« allons d'abord nous réformer. De peur qu'ayant
« prêché aux autres, nous ne soyons réprouvés
« nous-mêmes, et ne devenions comme les ouvriers
« de l'arche de Noé, qui en travaillant pour le sa-
« lut d'autrui ne laissèrent pas de périr dans les eaux
« du déluge. Et afin qu'à l'exemple de nos véné-
« rables devanciers, notre vie soit fertile en œu-
« vres de sanctification, nous avons arrêté pour
« la gloire du Dieu tout-puissant, ainsi que pour
« l'avantage du Clergé et du peuple, les disposi-
« tions subséquentes :

Suivent vingt-huit canons que nous allons résumer au moyen d'une classification, pour éviter
la marche fastidieuse d'une analyse numérale.

Concession d'indulgences. — Les révérendissimes prélats ordonnent d'abord aux curés des trois
Provinces [1], de dire toutes les semaines, une messe
du Saint-Esprit ou de la Vierge pour le triomphe
de l'Église et la conservation de S.S., avec quarante jours d'indulgence aux prêtres qui diront
cette messe et aux fidèles qui l'entendront. Puis,

---

[1] Canons I, II, III, IV.

ils prescrivent de célébrer chaque lundi, une messe pour les trépassés, avec vingt jours d'indulgence. Ici ils promettent un pardon de quarante jours aux fidèles qui, après s'être confessés, visiteront avec piété les basiliques aux grandes solennités de l'année et aux fêtes du patron ou titulaire de ces églises. Là ils autorisent chaque évêque à octroyer la même faveur à ceux qui assisteront à sa messe ou à sa prédication, lorsqu'il officiera dans son diocèse, ou même lorsque avec l'agrément de l'ordinaire, il prêchera dans quelque église des trois provinces. Ailleurs, ils ouvrent une indulgence de vingt jours à ceux qui, pendant la messe, fléchiront le genou à ces paroles du symbole *qui propter nos homines...* et à celles-ci de la préface: *gratias agamus Domino nostro.* (Notre illustre compatriote Remerville qui a annoté les canons du concile d'Apt, émet à propos de cette dernière disposition la pensée suivante: Voilà, dit-il, qui prouve qu'on n'entendait point alors la messe toute entière à genoux. — N'en déplaise au savant gentilhomme, sa réflexion nous parait manquer de justesse. En effet, le concile n'envisage ici que les messes hautes, où, comme chacun sait, on reste tantôt debout et tantôt assis: car, pour les messes basses, il serait par trop absurde de penser que les évêques se fussent contentés d'une simple génuflexion aux endroits précités. Ainsi, par cette concession gracieuse, ils auront voulu d'une part, consacrer le respect dû aux mystères formulés dans le premier passage, et de l'autre, associer les fidèles à l'acte d'action de graces exprimé dans le second. De là, l'origine des pieuses manifestations dont on accompagne encore aujourd'hui, le chant des paroles mentionnées.)

Rappel de l'ancienne discipline. — L'auguste compagnie remet en vigueur les statuts particuliers de chaque diocèse, et oblige les évêques à en provoquer l'exécution, pourvu que ces statuts ne soient pas contraires aux ordonnances du Saint Concile [1]. — Elle renouvelle le canon *omnis utriusque sexûs* du concile général de Latran, sur la confession annuelle et la communion pascale, avec ordre, aux pasteurs, de séparer du troupeau, comme des brebis malades, ceux de leurs diocésains ou paroissiens qui négligeraient de satisfaire à ces devoirs. — Elle approuve, confirme et renouvelle les décrets du concile de Saint-Ruf que le laps du temps, l'ignorance ou l'incurie avaient fait tomber en oubli, avec ordre aux évêques de les rappeler dans leurs synodes et de les publier dans leurs diocèses, afin que chacun puisse en avoir connaissance. Parmi ces décrets, elle en désigne quatorze qui doivent être lus dans toutes les églises paroissiales pendant six dimanches consécutifs,

---

[1] Canons XIV, XV, XX, XXI XXIII.

et que l'ordinaire doit surtout faire observer: elle en relate sept autres dont lecture doit être pareillement faite, mais avec des modifications nécessitées par les circonstances: enfin, elle recommande de tenir la main à l'exécution de la mesure relative aux juifs, par laquelle ils étaient tenus, sous peine d'amende, de porter une cocarde jaune pour être distingués des chrétiens.

Dimanches et fêtes. — Le concile enjoint aux évêques de veiller à ce que les fidèles sanctifient les dimanches et fêtes [1]. Il veut que les prélats obligent même par la voie des censures, leurs diocésains à assister aux messes et aux instructions paroissiales; il défend enfin la tenue des foires et des marchés, les ventes et les achats aux jours fériés, avec invitation aux curés d'implorer l'assistance du bras séculier contre les délinquans, si les mesures ordinaires ne suffisent pas pour corriger ces abus. (Ce règlement a été textuellement reproduit parmi les canons de Prime dans le bréviaire de Fréjus).

Mariages et sépultures. — On fait défenses et inhibitions d'enterrer les morts ailleurs que dans l'église ou le cimetière paroissial, si ce n'est du consentement du curé qui pourra, s'il le veut, faire porter durant la marche de la pompe funèbre, sa croix arborée, à côté de celle de l'église où le dé-

---

[1] Canons XII et XIII.

funt doit recevoir la sépulture [1]. On prescrit aux évêques de ne rien exiger à l'avenir pour la dispense des bans matrimoniaux, laquelle ne doit être accordée que pour de graves motifs. Si cependant le mariage a été contracté clandestinement, l'ordinaire pourra accepter ce qu'on lui offrira, afin de mulcter ainsi les violateurs des lois de l'Église, mais ce qu'il recevra devra être ostensiblement converti en œuvres pies. — On permet à l'évêque de percevoir un gros d'argent pour les lettres d'ordination, et six gros pour celles portant collation d'un bénéfice.

Prescriptions relatives aux Évêques. — Le concile leur enjoint de ne pas s'absenter de la ville épiscopale, ni aux fêtes solennelles ni durant l'avent et le carême, avec invitation à chacun d'eux de dire la messe, de prêcher et de confesser [2]. — Il flétrit la cupidité de certains prélats qui multipliaient leurs tournées diocésaines en vue du gain, ou qui retiraient les honoraires de celles qu'ils n'avaient pas faites; après avoir réduit ces tournées à une seule de deux en deux ans, il alloue cinq florins d'indemnité au métropolitain pour chaque visite et quatre florins aux suffragans. — Il défend aux évêques et prélats de vendre ou d'affermer le produit éventuel de leurs bénéfices, d'entretenir,

---

[1] Canons XXIV, XXV.
[2] Canons VI. VII. VIII. IX, X. XI.

chez eux des bouffons et des comédiens, de nourrir des chiens et des oiseaux de proie pour la chasse, abus scandaleux qui ne régnait que trop parmi le haut clergé: *car*, disent les Pères du saint concile, *nous devons au peuple le temps que ces futilités emportent, et aux pauvres les dépenses qu'elles occasionnent.* Enfin, il règle la manière dont les damoisels des évêques et des abbés doivent se vêtir: on leur prescrit de porter une robe longue qui descende jusqu'au talon et dont les manches soient boutonnées au poignet, avec défense de chausser des souliers pointus et des bas bigarés de diverses couleurs. (L'habit ordinaire des hommes, selon Remerville, était la robe longue et le chaperon presque fait comme celui des moines. Mais la folie de la mode avait tellement raccourci ce vêtement, qu'il ne descendait qu'au-dessous des hanches et laissait indécemment se dessiner les autres formes du corps. Dans le monde élégant, on avait adopté une chaussure qui par devant se prolongeait en bec recourbé, et par derrière était armée d'éperons. Le concile défend aux damoisels des évêques de paraître en public sous ce costume aussi indécent que burlesque. Ces damoisels étaient de jeunes gens nés de parens nobles que ceux-ci plaçaient chez les prélats pour y prendre avec un vernis d'éducation religieuse, les manières de la bonne compagnie; on les appelait indifféremment damoisels et écuyers, *domi-*

celli: scutiferi: plusieurs même étaient chevaliers, *milites*, et fesaient pour ainsi dire les fonctions d'un valet de chambre. C'est pour cela que, dans la suite, on leur donna à la cour de nos rois le nom de *varlets* et de *pages*. Le concile ne touche pas à cet usage établi depuis long-temps; mais il fait une ordonnance pour diminuer le nombre des damoisels dans les maisons épiscopales et reformer la mondanité de leur habillement).

Mesures relatives aux moines : — Défense à tous religieux exempts ou non exempts de sortir du cloître sous un autre costume que celui de leur ordre [1], avec injonction à l'official de l'évêque, d'emprisonner les coupables et de les retenir jusqu'à ce que leur supérieur les réclame en promettant de faire justice; à ce sujet, on parle de certains frères quêteurs qui, spéculant sur la crédulité populaire, prêchaient pour attraper de l'argent. Indigné de pareils abus, le concile veut qu'à l'avenir tout religieux chargé de recueillir les aumônes des fidèles, soumette ses lettres de créance au *visa* de l'ordinaire.

Mesure relative aux fabriques. — Instruit que des fabriciens au préjudice des églises et des pauvres non moins qu'au détriment de leurs ames [2], s'appliquaient les legs et les aumônes par eux re-

[1] Canons XVII XIX.
[2] Canon XVIII.

cueillis, le concile oblige ces administrateurs à rendre compte chaque année, aux prieurs ou vicaires des paroisses respectives, du montant et de l'emploi des sommes perçues, avec ordre à l'évêque de les y contraindre en cas de refus par les voies de droit.

Mesures relatives aux excommuniés: — A l'égard des personnes comprises dans cette catégorie [1], lesquelles ne laissaient pas d'assister, contre le vœu des lois canoniques, au service divin, on les invite à rentrer légalement dans le giron de l'église, en se fesant absoudre de l'anathême. Si elles négligent de le faire, l'évêque doit les y contraindre au moyen des censures et requérir même l'assistance du bras séculier. — On défend aux curés de continuer après le décès d'un débiteur, la publication de la sentence d'excommunition portée contre lui, à la requête des créanciers, laissant à ceux-ci la faculté d'actionner en cas de non payement, les héritiers ou ayant-cause du défunt. — Enfin, on ordonne de convertir en usages pieux, les amendes dont on frappait les excommuniés qui refusaient de se faire absoudre.

Pouvoirs accordés aux vicaires généraux [2]. — L'auguste compagnie accorde à ces dignitaires le pouvoir d'absoudre les prélats de toute peine d'ex-

---

[1] Canons XVI, XXII, XXVI
[2] Canons XXVII, XXVIII

communication, de suspense ou d'interdit encourue à l'occasion des statuts et canons dressés par le présent concile, pourvu que cela ne soit arrivé que par surprise ou mégarde, c'est-à-dire, sans malice et sans mépris. Enfin elle dispose, que dans le cas où il ne paraîtrait pas que la dispense et l'absolution eussent été réservées par le concile, les évêques pourront dispenser ou absoudre, selon la nature du délit et la qualité de la personne, si mieux ils n'aiment renvoyer le coupable à son métropolitain ou à l'un des archevêques des trois Provinces.

Ce code de discipline religieuse fut solennellement promulgué dans le chœur de la cathédrale en présence de tous les prélats réunis ; il est à remarquer que le concile s'y préoccupe de l'amélioration du corps épiscopal, plus que de la réforme du clergé militant. C'est que, selon toute apparence, celle-ci avait été déjà suffisamment assurée au moyen du rappel des statuts synodaux et des salutaires ordonnances formulées dans le concile de Saint-Ruf. La veille de la clôture, les Pères accordèrent des indulgences à l'église de Saignon par un diplôme où le patriarche de Jérusalem est nommé le premier, tandis que dans le procès verbal du concile, son nom ne vient qu'après celui de l'archevêque d'Arles [1]. Cette priorité singulière en faveur

---

[1] Belzunce, *hist. des évêq. de Marseille*, tom. 2.
Martenne, *Thesaurus nov. anecd.* tom. 4.

de Philippe de Cabassole s'explique peut-être par la nature même de l'acte en question. Qui peut savoir en effet si, en vertu de quelque privilége particulier, la dignité nominale ne l'emportait pas sur la dignité effective dans l'exercice de la juridiction gracieuse? Au reste, la concession d'indulgences dont il s'agit, avait été motivée sur l'existence à Saignon d'une insigne relique de la vraie Croix, dont on se flattait de faire un centre de pélérinage [1]. La conclusion du diplôme daté du 13 mai, porte qu'il fut *libellé dans le saint concile d'Apt.* Les prélats y parlent collectivement, et ouvrent un pardon de quarante jours à tous ceux qui avec dévotion, visiteront la chapelle où la relique était déposée [2].

Suivant M. de Grossy, prieur de Lioux, une faveur analogue aurait été accordée à la cathédrale d'Apt, en contemplation des reliques de saint Auspice et de saint Castor. Enregistrons ce nouveau fait; mais n'oublions pas de dire qu'il a fourni au rédacteur des *Nouvelles ecclésiastiques* une objection spécieuse contre la présence réelle des reliques de sainte Anne dans notre église. Cet écrivain janséniste savait que la patrone des Aptésiens siégeait dans sa niche entre ces deux illustres pontifes. C'est pourquoi, il argüe du silence gardé

---

[1] Voir la note 4 du livre V.
[2] Voir à la fin du vol. la note 5 du liv. V.

par les Pères du concile à son sujet pour en conclure qu'à leurs yeux, ses reliques n'étaient rien moins qu'authentiques: « car, ajoute-t-il, si « l'opinion contraire avait prévalu chez eux, n'é- « tait-ce pas de leur part une irrévérence d'exclu- « re la suzeraine des honneurs qu'ils prodiguaient » à ses clients. » Voici notre réponse conçue en peu de paroles: Le concile, dit-on, ne mentionna pas l'aïeule du Christ; ce n'est pas merveille, puisque plusieurs papes, notamment Benoît XII et Innocent VI, avaient déjà accordé de très-amples indulgences à son occasion. Jusqu'ici les hommages du siége apostolique étaient à l'adresse de *madame sainte Anne* et non à celle de ses assistans. Que devait donc faire le concile pour indemniser ces derniers ? sinon favoriser l'essor de leur culte en y rattachant les sympathies populaires. C'est ce qu'il fit à l'aide d'une démonstration solennelle, sans toucher d'ailleurs aux droits acquis. En vérité, peut-on induire de cette mesure rien de préjudiciable aux traditions de l'église d'Apt ?

 Les détails qui précèdent sont les seuls que nous ayons recueillis sur cette vénérable assemblée, où l'on aborda toutes les questions de réforme à l'ordre du jour de l'époque. Néanmoins, nous avons fouillé dans les bibliothèques, compulsé les vieux manuscrits, interrogé les pièces inédites, afin d'en exhumer quelques lignes propres à faire jaillir une nouvelle clarté sur l'épisode le plus intéressant de nos annales. Sans avoir complétement réussi, les investigations auxquelles nous nous somme livrés, n'auront pas été infructueuses pour la science historique. Désormais, le concile d'Apt célébré sous les auspices d'un Pape cher à la religion, reprendra le rang qui lui appartient, et jouira du renom que son importance devait lui assurer. Le seul point qu'il nous ait été impossible d'éclaircir, sont les débats intérieurs de l'assemblée, toujours couverts d'un voile impénétrable.

Mais aussi, pourquoi nos devanciers ont-ils été si peu soigneux d'enregistrer les faits qui se passaient sous leurs yeux? En accomplissant cette tache, ils nous auraient épargné la peine de courir au hasard à travers les vastes champs des conjectures, et nous leur devrions de précieux matériaux qu'il ne s'agirait plus que de coordonner et de mettre en œuvre. Ainsi, avec les actes officiels de notre concile, nous posséderions aujourd'hui tous les élémens de la discussion engagée dans son sein; nous saurions les motifs des décrets, et les raisons pour lesquelles les Pères se sont montrés doux dans tel article et sévères dans tel autre; nous suivrions les orateurs dans les conférences particulières et dans les réunions préparatoires; nous comparerions les discours prononcés et les opinions émises de part et d'autre. Quel stimulant pour la curiosité des lecteurs, que ces improvisations épiscopales, lambeaux splendides de l'éloquence et de la littérature contemporaines! Avouons que tout cela aurait été bien autrement instructif, qu'une froide série de canons, la plupart tombés en désuétude et destinés à figurer pour mémoire dans nos immenses recueils [1]. Au reste, un point demeuré jusqu'à ce jour inaperçu, c'est que l'assemblée de 1365 a été le dernier grand concile dont la Provence puisse se prévaloir. Depuis lors, on n'y a plus vu que des conciles au petit-pied, réunis à de rares intervalles et formés des seuls prélats d'une métropole. Le trait qui ressort de ce rapprochement, nous a paru trop honorable à notre ville pour ne pas le livrer à la publicité.

L'auguste sénat venait à peine de se dissoudre, qu'une pompe non moins imposante, mais d'un caractère différent, se préparait dans l'ancienne capitale de Bozon [2]. Le désir de s'aboucher avec le pape, avait déterminé l'empereur à faire le voyage d'Avignon où l'éclat d'une entrée triomphale signala sa venue. Il s'agissait d'une croisade, non plus pour aller prendre Jérusalem, mais pour empêcher les Turcs, déjà maîtres d'Andrinople, d'accabler la chrétienté. Après cette visite, la proximité d'Arles inspira à Charles IV, la pensée de susciter au moyen d'une cérémonie à grand

---

[1] Voir à la fin du Vol. la note 6 du Livre V.

[2] Papon, *Hist. de Prov.*, T. 3. — Boyer, *Hist. de Vaison*, p. 160 — C. de Nostradamus, *Chroniq. de Prov.*, 4ᵉ partie, p. 418.

appareil, les souvenirs de l'autorité qu'il prétendait sur les riches contrées qui s'étendent du Rhône jusqu'aux Alpes. Renouer la chaîne des âges que les oscillations de la politique avaient interrompue, lui parut chose utile à ses intérêts et digne de sa gloire. Impatient de réaliser ce beau rêve de son imagination, il franchit la Durance et vole vers la cité Constantine, afin d'y recevoir la couronne d'un royaume historique, du royaume d'Arles, qui n'existait plus que de nom. Cette solennité tout à la fois civile et religieuse s'accomplit dans la basilique de Saint-Trophime, par le ministère du primat des Gaules, que nous avons vu naguères marcher à la tête de la prélature des trois provinces. Toutes les grandes notabilités provençales étaient accourues des pays les plus éloignés à la nouveauté de la gothique fête. On remarquait dans les rangs du Clergé, après les métropolitains d'Aix et d'Embrun, la plupart des évêques qui avaient siégé au concile national, savoir : ceux d'Orange, de Marseille, de Vaison, de Saint-Paul-trois-Châteaux, de Digne, de Senez, de Nice, de Vence, d'Apt, de Riez et de Sisteron. L'empereur tranchant du suzerain, reçut l'hommage de ces princes de l'église et confirma en leur faveur les priviléges qu'ils tenaient de la munificence de ses devanciers. La reine Jeanne vit d'un œil jaloux, l'enthousiasme qui éclatait au milieu de ses états en présence d'un souverain étranger. Au fait, ce couronnement était de nature à diminuer dans l'esprit du peuple, le prestige de l'autorité royale. C'est pourquoi, la princesse, autant pour mettre ses prérogatives à couvert que pour prévenir les inductions de la malveillance, sollicita de Charles une déclaration explicative de sa conduite. Ce monarque voulut bien faire savoir dans un diplôme, que s'il avait trôné à Arles avec les insignes impériaux, ce n'était point dans la pensée de préjudicier aux droits de la reine : chétive indemnité accordée par la courtoisie aux exigences de la faiblesse ! indemnité dont parut se contenter Jeanne de Naples, en n'ignorant pas que de tels actes restent toujours soumis aux éventualités de l'avenir.

A l'issue du couronnement, Raymond III ne regagna point le chef-lieu de son diocèse, sans avoir au préalable salué le pape dans sa résidence [1] : C'est alors que S. S. lui notifia le dessein qu'elle avait formé d'aller visiter bientôt la ville du concile. Urbain, en effet, ne tarda pas de s'acheminer vers nos murs. Son entrée solennelle eut lieu le 22 octobre [2]. Des princes et de grands seigneurs marchaient à sa suite avec quatre cardinaux, parmi lesquels l'histoire n'a mentionné que Hugues de Saint-Martial et Pierre de Beaufort-

---

[1] Carrière, *Chronologia Pontif. Rom.*, in-12. *Epist. liminaria.* — Tous les auteurs Aptésiens.

[2] Voir à la fin du Vol. la Note 7 du Livre V.

Turenne, qui ceignit la thiare sous le nom de Grégoire XI. Le génie expansif des Aptésiens, épuisa toutes ses ressources dans cette réception. Les rues généralement étroites, permirent de tendre des toiles d'une maison à l'autre, de manière à ne laisser pénétrer qu'un demi-jour favorable aux pompes de la religion. Tous les murs étaient drapés de tapisseries et de tentures, au-dessus desquelles serpentaient des guirlandes de fleurs, et à chaque carrefour s'élevaient des arcs-de-triomphe de verdure, objet de rivalité pour les divers quartiers, jaloux de l'emporter dans cette pieuse lutte. L'évêque et les syndics reçurent le cortége pontifical, à la tête du pont de la Bouquerie. Après les harangues obligées, une pompeuse procession déroulant ses longues spirales au bruit des fanfares, ouvrit la marche au chef du catholicisme, qui, à l'ombre d'un dais étincelant d'or et de broderie, s'avançait majestueusement à travers les flots d'un peuple prosterné à ses pieds et avide de recevoir sa bénédiction. Dans un siècle de doute et d'incrédulité comme le nôtre, dans un siècle vivement préoccupé d'intérêts matériels, ce spectacle ne laisserait pas de nous impressionner: que ne devait-il pas faire à une époque où l'indifférence philosophique n'avait point encore glacé les cœurs.

Le principal but d'Urbain dans ce voyage, était de prier sur le tombeau de son noble parent, dont il s'apprêtait à proclamer la sainteté. Cet événement glorieux vint s'ajouter aux titres qui donnaient déjà un si beau relief à la basilique Franciscaine. Dans cette église, les dalles du pavé recouvraient tout ce que la Provence avait eu de grand en naissance et d'illustre en courage. On y foulait la cendre de ces barons de Simiane, dont les effigies couchées sur le marbre, joignaient dévotement les mains, comme pour invoquer les doux noms que les catholiques ne savent jamais désunir. Là, planaient glorieuses les ombres d'Elzéar de Sabran et de sa chaste compagne. Autour de leurs saints mausolées, tout retentissait de pieux cantiques; et le soir, quand la tempête venait à mugir, que la clarté blafarde de la lune fesait scintiller les vitraux, que les bannières féodales suspendues aux rosaces de la vaste nef, tremblaient au vent, une terreur religieuse s'emparait de l'âme : on croyait toucher à l'heure du dernier jour et voir se dresser de leurs couches de pierre, ces vieux guerriers pour saluer l'arrivée du juge suprême. Partout sur les murs noircis par les années, des trophées militaires, des emblêmes héraldiques; partout la représentation de saints, que la foi populaire a investis de la gloire des armes : ainsi, au-dessus de la porte, une immense fresque reproduisait les traits de saint Georges, le *bon chevalier*, dont la vue devait plaire à ces fiers châtelains bardés de fer, qui venaient se retremper le cœur auprès des autels du Dieu des batailles. C'est dans cette vénérable enceinte que l'on vit Urbain V incliner la triple couronne devant les restes *humiliés* d'un héros chrétien, et poser les premiers jalons de sa canonisation. En se plaçant sur le terrain de nos ancêtres, on comprend aisément l'émotion dont ils furent saisis à l'aspect de cette touchante scène. Pour traverser les âges et arriver jusqu'à nous, elle n'a eu besoin d'autre véhicule que le zèle d'une population vouée d'instinct au culte des souvenirs: si le récit en a été omis par les historiens provençaux, ce n'est pas que la chose ne fut grande et importante en elle-même; mais, c'est qu'elle a manqué d'un organe contemporain qui la livrât à la publicité.

Avant de retourner à Avignon, le Pape accorda maintes faveurs à nos églises dont la mieux partagée fut une chapelle rurale fort célèbre dans la contrée. Il en usa ainsi pour honorer la mémoire d'Urbain II qui, après avoir proclamé la Croisade à la tête d'un concile, était venu à Apt sacrer ce sanctuaire dédié à la mère de Dieu [1]. Disons un mot sur le site et la forme de cet antique monument.

Non loin du val délicieux de Mauragne, dans cette partie du territoire appelée les Tourettes, se déploie devant vous un rideau de collines courant de l'Est à l'Ouest et formant les premières assises

---

[1] Tous les auteurs Aptésiens.

de la chaîne gigantesque du Luberon. C'est sur l'une de ces éminences qu'est posée l'église de N. D. de Clermont, autour de laquelle se groupaient jadis les possessions seigneuriales de nos évêques. Le saint prélat par qui elle fut bâtie, voulut ainsi s'avouer l'humble vassal de la reine du ciel, en lui faisant hommage de tout son temporel. Vous arrivez sous les murs du vieil édifice en suivant des sentiers escarpés; mais, une fois parvenus au but, l'admirable panorama qui se déroule à vos yeux, vous fait bientôt oublier la fatigue d'une marche pénible. Ce point culminant intéresse d'abord parce qu'il devint pour le célèbre Cassini, un centre d'opérations trigonométriques lorsqu'il leva la carte de Provence. En promenant ensuite vos regards vers le nord, vous voyez dans le lointain à droite, le sommet des Alpes qui termine un horizon immense; en face, le Ventoux presque toujours coiffé de son turban de neige, les montagnes de la Garde aux flancs noirâtres et fortement ondulés, les collines gypseuses de Gargas; enfin, à gauche, les plaines du Comtat-Venaissin, aux confins desquelles le Rhône dessine en serpentant un simple filet d'argent.

Le plan de N.-D. de Clermont est celui d'une basilique terminée à l'orient et à l'occident par une abside: la porte s'ouvre latéralement à la nef. Cette forme est, dit-on, très-rare en France; mais on en trouve quelques exemples sur les bords du

Rhin. Tout l'édifice est dans le style roman, dépourvu d'ornementation: piliers carrés avec des colonnes engagées sur leur face antérieure qui soutiennent des arcs-doubleaux à plein cintre. A l'égard de la concession faite par Urbain V à cette église, nous dirons qu'elle eut pour objet un jubilé de trois jours. [1] Alors, ce mot sonnait si agréablement aux oreilles des fidèles, qu'il ébranlait du haut de la chaire toutes les populations des alentours. L'évêque d'Apt vola au pieux rendez-vous, pour gager lui-même l'indulgence et en appliquer les fruits aux nombreux assistans. — Chargé par le Saint-Père de donner la bénédiction papale, il fend les flots de la multitude qui se précipitait sur ses pas, gravit un tertre d'où ses regards embrassaient une vaste étendue de son diocèse. Au moment où il lève ses mains bénissantes vers le ciel, comme pour y puiser les grâces qu'il doit communiquer à la terre, la plaine, les hauteurs voisines, les flancs de la montagne, offrent le spectacle de personnes de tout âge, de tout rang, de tout sexe, courbées devant cette vivante image de la divinité: les derniers reflets d'un beau jour viennent éclairer ce tableau attendrissant. Aujourd'hui l'église de Clermont témoin jadis de si grandes pompes, est entièrement abandonnée. Les fidèles n'y vont plus implorer la misé-

---

[1] Notes de M. Vespier.

ricorde divine: elle est veuve de ses autels et les cantiques de Sion ne se font plus entendre sous ses voûtes noircies de siècles. Telle est la triste position que les tempêtes politiques ont faite à la plupart de nos monumens sacrés. Soumis aux vicissitudes humaines, ils ont pu perdre leur haute destination; mais, du moins, les souvenirs religieux sont toujours subsistans, parce qu'ils empruntent du ciel quelque chose qui ressemble à l'immortalité.

En accomplissant le pieux pélérinage d'Apt, Urbain roulait déjà, dans son esprit, la pensée de replacer le Saint-Siége en Italie; car, ce Pape croyait avoir reçu mission de rendre à Rome cet éclat pontifical dont une simple ville des Gaules l'avait depuis long-temps dépouillée. Rentré dans son palais, sous le charme des saintes inspirations qu'il venait de puiser auprès des restes mortels d'un sage, il parla à sa cour de ce projet qui excita justement l'alarme du roi Charles V et des cardinaux français. Parmi les illustres Italiens que des intérêts divers avaient transplantés sur le sol de la Provence, nul autre mieux que Pétrarque n'encouragea Urbain à persévérer dans sa noble résolution. Il lui écrivit une lettre, chef-d'œuvre d'éloquence, où il rassemble tous les traits capables de faire impression sur un esprit juste et une âme sensible.

« Considérez, lui dit-il, que l'Église de Rome

« est votre épouse: on pourra nous dire que l'é-
« pouse du pontife romain n'est pas une Église
« seule et particulière, mais l'Église universelle.....
« Je le sais, très-Saint-Père, et à Dieu ne plaise
« que je resserre votre juridiction! je l'étendrais
« plutôt s'il était possible. — Je reconnais avec
« joie qu'elle n'a point d'autres bornes que celles
« de l'Océan.—Mais, quoique votre siége soit par-
« tout où J.-C compte des adorateurs, Rome ce-
« pendant n'en a pas avec vous des rapports moins
« intimes. Comme les autres villes ont chacune
« leur évêque, vous êtes seul l'évêque de cette reine
« des cités.—Toutefois, des esprits bornés ou
« passionnés ou prévenus vous parleront d'une
« manière bien différente: ils vous peindront l'Italie
« comme une terre qui dévore ses habitans, où l'on
« marche sur des feux mal couverts et au bord
« des précipices, où les alimens, les eaux, l'air
« même et surtout le caractère des peuples en-
« gendrent la mort et accumulent sous chaque pas,
« les périls de tout genre.

« Mais souvenez-vous, Saint-Père, de l'injure
« faite depuis peu par des brigands de vos cantons
« à votre Cour et à votre personne sacrée. L'I-
« talie fournit-elle un exemple de pareils attentats?
« Lorsque ces infâmes compagnies vous forcèrent
« de racheter au poids de l'or votre liberté et votre
« vie peut-être, aussi bien que celle de vos cardi-
« naux, vous vous plaignîtes en plein consistoire

« de ce que cet outrage avait quelque chose de
« plus poignant que le traitement infligé à Boni-
« face VIII , et vous eûtes raison de parler ainsi.
« Quoique ce soit toujours une énormité d'user de
« violence envers le Vicaire de J.-C., on peut dire
« que la fierté et la dureté de Boniface y avaient
« donné lieu. Chez vous, au contraire, il n'y avait
« que des bienfaits à reconnaître et des vertus à
« révérer, une bienfaisance généreuse, une béni-
« gnité vraiment évangélique, une douceur inalté-
« rable, un éloignement infini de tout ce qui peut
« blesser le moindre des hommes. Investi néan-
« moins par des troupes de forcenés, vous fûtes
« réduit à sacrifier vos trésors, ou pour mieux
« dire, le patrimoine de l'Eglise et des pauvres, afin
« d'éviter de plus grands maux: heureux cependant
« de sentir alors que ces maux étaient le salaire
« de l'abandon où l'on s'obstinait à laisser languir
« l'Église de Rome, cette épouse distinguée que
« vous a donnée J.-C. N'est-il pas temps enfin
« d'essuyer ses larmes et de lui faire oublier jusqu'à
« ses ennuis par une prompte et tendre réunion?
« O vous le souverain pasteur et l'évêque de l'É-
« glise universelle, que faites-vous sur les bords
« du Rhône et de la Durance, tandis que l'Hélles-
« pont et la mer Égée, les îles de Chypre et de
« Rhodes, l'Épire et l'Achaïe, les terres et les mers
« de l'Orient et de l'univers entier réclament votre
« sollicitude et votre protection? Quels que soient

« les agrémens du Comtat-Venaissin, tous imagi-
« naires ou bien minces en comparaison de ceux
« de la douce Hespérie, songez que votre place
« n'est point là où il y a de plus doux ombrages
« et des fontaines plus fraîches, mais où les loups
« frémissent avec le plus de fureur et le troupeau
« court de plus grands périls...»

Le poète lui représente enfin la brièveté de la vie et le compte terrible qu'il faudra rendre au souverain juge : « Quand vous paraîtrez, dit-il, à
« ce tribunal où vous n'aurez plus la qualité de
« maître, mais uniquement celle de serviteur comme
« le journalier et l'esclave, que répondre à J.-C.
« quand il vous dira : Je vous ai choisi, contre toute
« attente, afin de réparer les fautes de vos prédé-
« cesseurs ? —Que répondre encore au Prince des
« apôtres, quand, au sortir du tombeau, il vous
« demandera d'où vous venez ? Voyez si, en ce mo-
« ment, vous aimerez mieux vous rencontrer avec
« vos provençaux qu'avec les glorieux apôtres
« Pierre et Paul, les saints martyrs Étienne et Lau-
« rent, les confesseurs Sylvestre et Grégoire, les
« vierges Agnès et Cécile ? Plût-à-Dieu ! que cette
« même nuit où je vous écris (c'était la veille de la
« Saint-Pierre), vous fussiez présent aux divins of-
« fices dans la basilique du Saint apôtre dont vous
« occupez la chaire ? Quelle joie ne serait-ce point
« pour lui ! Quel moment délicieux pour vous ! Ja-
« mais votre séjour d'Avignon ne vous en procu-

« rera de semblable. Ce n'est pas la jouissance des
« douceurs sensibles, c'est l'onction de la piété qui
« fait le vrai bonheur... » Ce fût avec une abondance bien plus grande encore de raisons fortes et de riches images que le poète pressa le départ du Pape pour l'Italie.

Mais, avant d'exécuter cette noble entreprise, Urbain fit une promotion de cardinaux [1], mesure impatiemment désirée depuis qu'il tenait en ses mains les rênes de la chrétienté. L'un des élus fut Anglicus de Grimoard, son frère, créé par lui évêque d'Avignon, aussitôt après son exaltation au souverain pontificat. C'était un retour à l'ancienne discipline par rapport à ce siége qui, sous les deux derniers Papes, Clément et Innocent, demeura sans titulaire. Anglicus avait été fait, en débutant, chanoine régulier de Saint-Ruf-lès-Valence. Simple religieux, il excella dans toutes les vertus de son état; mais, sous la toge violette, il fit éclater les vertus des grands, la munificence et la libéralité. Fatigué de la gêne qu'imposent les honneurs, il aimait à s'échapper d'Avignon pour venir respirer l'air pur de nos montagnes dont la nature sauvage et l'aspect désolé lui rappelaient peut-être les accidens pittoresques des monts neigeux du Gévaudan sa patrie. Après avoir bâti à Avignon, un monastère de Bénédictines, il en fit

---

[1] *Histoire de l'église gallicau.* — Tous les auteurs Aptésiens

construire un autre à Apt pour les religieuses de Sainte-Croix. On assure que la vie toute édifiante de ce cardinal fut illustrée par le don des miracles ; et comme la sainteté n'est jamais mieux comprise que par ceux qui l'ont saluée de plus près, on ne sera point surpris de sa fervente piété envers saint Elzéar ni de son zèle à en propager le culte. Les hautes qualités d'Anglicus n'avaient pas attendu l'éclat de la pourpre pour se produire au grand jour. Néanmoins son frère, quoique sensible à la voix du sang, croyait avoir assez fait de le nommer au siége de la résidence papale. Pour lui accorder le chapeau, il voulut se laisser en quelque sorte forcer la main par les grands dignitaires de la Cour romaine. Urbain ne trouvait pas à Anglicus, une étendue d'esprit en harmonie avec cette position élevée qui assure une si large part dans le gouvernement général de l'Église. Cependant, le mérite incontestable de ce prélat glorifié par tant de voix généreuses, fit taire les répugnances fraternelles. La suite montra, en effet, qu'il n'était pas impropre aux grandes affaires : avec la pourpre il reçut le titre de Saint-Pierre aux liens, puis celui d'évêque d'Albano, et fournit une glorieuse carrière.

En groupant ici ces divers traits épars dans l'histoire, pour recomposer la noble figure d'Anglicus, nous n'avons fait que céder à un mouvement bien naturel de gratitude ; car, ce personnage fit éclater tant de dispositions bienveillantes envers notre ville, ce fut entre elle et lui un échange si continu de bons procédés, que nous pourrions l'appeler le *Cardinal d'Apt*: titre qui se justifiera mieux par la suite, quand on verra le nom de cette éminence mêlé aux principaux évènemens accomplis dans nos murs.

Dès que le Pape eut comblé les vides du sacré collége, il tourna ses pensées vers Rome, et poursuivit activement son projet favori. [1] La joie d'aller bientôt siéger au milieu de la ville éternelle, annulla dans son esprit la douleur de quitter le sol sacré de la patrie. Il fallait d'ailleurs se hâter de prendre un parti; car, les grandes compagnies reparaissaient encore sur le Rhin, et, de là, venaient tout dévaster jusqu'à la Durance. C'est une des causes qui déterminèrent le pontife à presser l'exécution de son dessein. D'un autre coté, les Visconti plus dangereux que les grandes compagnies, tenaient toutes les issues des Alpes: maîtres du Piémont, ils menaçaient d'envahir la Provence. Urbain n'ayant que de vaines paroles de l'empereur pour secours, se décida à faire par mer le voyage d'Italie. Il confia les rênes de l'état Venaissin à Philippe de Cabassole avec le titre de Vicaire du Saint-Siége, et reçut les députations provençales qui venaient prendre congé de lui. Celle d'Apt char-

---

[1] Papon, *Histoire de Provence*. T. 3. — *Histoire de l'église gallic.* T. 14. — Méry, *Hist. de Provence*, T. 3. — Archives de l'hôtel-de-ville d'Apt

gée de mettre à ses pieds les vœux et les hommages de citoyens éminemment dévoués, fut reçue avec distinction. Urbain avait un goût particulier pour la cité dépositaire de la cendre de son auguste parent. Il le fit voir dans une circonstance récente en permettant à nos syndics de tenir la bride de la haquenée papale [1], honneur ambitionné, comme on sait, des têtes couronnées. Après avoir pourvu aux éventualités de l'avenir il quitta Avignon le 30 avril 1367 et prit le chemin de Marseille, escorté de tous ses cardinaux, à l'exception de cinq dont Anglicus faisait partie.

Parmi les provençaux qui marchaient à la suite d'Urbain, nous citerons Jacques de Sève parce qu'il nous appartient à plus d'un titre. [2] Issu d'une noble et ancienne famille qui s'était distinguée dans la profession des armes, ce personnage embrassa des habitudes plus paisibles : porté d'instinct vers la science, de rapides progrès lui présagèrent bientôt un brillant avenir. Après avoir fait du droit son étude favorite, la place de juge et de bailli dans notre ville l'initia d'abord à la vie politique ; puis, ambitionnnant un plus vaste théâtre, il devint avocat consistorial près la Cour romaine. C'est là qu'il eut occasion d'ajouter aux lauriers de ses ancêtres, les palmes remportées dans les glorieux

---

[1] Voir à la fin du vol. la note VIII du livre 5e.

[2] Baluze, *Vitæ Pap. Aven.* T. 1. p. 1884. — Remerville. *Hist. d'Apt.* — *Hist. de l'église gallic.*

combats de la parole. Au nombre des causes célèbres confiées à son talent, l'histoire a noté celle où il s'agissait de statuer sur la possession des reliques de l'ange de l'école. Les disciples de Saint-Benoit, par des raisons qu'on trouve déduites ailleurs, disputaient ce précieux trésor aux enfans de Saint-Dominique qui en étaient les héritiers naturels. Cette affaire à laquelle s'attachait alors un vif intérêt et qui mit en jeu les influences les plus puissantes, fut contradictoirement débattue à Rome en présence d'Urbain V. Jacques de Sève occupait pour les Bénédictins: nul tribunal plus favorable à leurs intérêts; c'était un pape abbé de Saint-Victor, un ancien dignitaire de l'ordre qui devait prononcer. Malgré le prestige d'une parole entraînante qui captivait l'esprit des auditeurs, le pontife plus docile aux inspirations de l'équité qu'aux mouvemens de l'éloquence, adjugea ces saintes dépouilles à ceux à qui elles revenaient par droit d'hérédité. Illustration du barreau, Jacques de Sève mérita à ce point de vue, une mention honorable de la part des contemporains. Cependant, rien n'a plus contribué à sa renommée, que le rôle actif qui lui échut dans le grand schisme d'Occident. Mais, n'anticipons pas sur les événemens; les détails ultérieurs viendront se ranger d'eux-mêmes sous notre plume quand nous aurons à nous occuper de ce funeste drame.

Les Marseillais visités par le Pape, devinrent

ivres de joie: Pétrarque s'écrie qu'il le reçurent comme un Dieu. Urbain voulut, durant le séjour qu'il fit dans la ville de son abbaye, visiter l'antique monastère où il avait laissé le doux parfum de ses vertus : on le vit pleurer prosterné dans la chapelle du cloître, le front baissé sur la pierre. Le port de Marseille avait reçu les vaisseaux qui devaient le conduire en Italie ; la reine Jeanne, les républiques maritimes de la Péninsule rivalisaient entre elles pour donner au pontife des marques de dévouement : le 19 mai, une galère napolitaine reçut Urbain et sa cour. « Pétrarque, dit un écri-
« vain [1], s'égaie presque aux dépens de la douleur
« des cardinaux arrachés aux délices d'Avignon et
« transportés dans un pays qu'ils abhorraient : il
« leur fait crier ces étranges paroles : *O le maudit*
« *pape! ô le pape sans entrailles! en quelle terre*
« *traîne-t-il ses fils malheureux ?* Comme si,
« ajoute le poète, on les eut conduits à Memphis
« dans les fers des Sarrasins et non à Rome, cette
« citadelle suprême et unique de la foi catholique,
« à Rome dont ils devaient être les rois. »

La flotte pontificale voguant majestueusement au large, atteignit bientôt les côtes d'Italie. Urbain ayant pris terre à Viterbe, y demeura quelques mois pour prendre du repos. Ce fut le 16 octobre qu'il ménagea la vue d'un Pape aux Romains qui le re-

---

[1] Méry, *Hist. de Prov.* T. 3.

çurent tout à la fois en monarque et en premier évêque de la chrétienté. « La ville éternelle, dit l'é-
« crivain déjà cité, tressaillit sur ses antiques fon-
« demens devant ce pontife qui venait rendre à
« sa vénérable enceinte, la gloire sacrée dont
« une ville inconnue des Gaules l'avait privée pen-
« dant si long-temps. Elle lui ouvrit avec trans-
« port toutes ses basiliques, le salua de ses mille
« cloches, illumina ses marches de tous ses flam-
« beaux, et le dimanche *Lœtare Jerusalem*, elle
« fit rayonner d'un éclat céleste sa cathédrale où,
« à côté du roi de Jérusalem, le banni Lusignan,
« brillait dans toute la pompe de sa fortune, main-
« tenant sereine, après de si grandes traverses, la
« belle reine de Naples. Ce jour-là, les papes don-
« naient une rose d'or à la personne la plus dis-
« tinguée de leur cour ; Urbain la mit dans les
« mains de Jeanne, et, comme les cardinaux di-
« saient que jamais une reine en présence d'un roi,
« n'avait reçu une distinction si flatteuse, *c'est*, ré-
« pondit le pontife, *qu'on n'avait jamais vu un*
« *abbé de Saint-Victor sur la chaire de Saint-*
« *Pierre.* »

La présence de la Cour papale, dans la ville sainte devait être et fut en effet pour les Italiens exilés sur le sol français, un sujet de triomphe. Electrisé par cet événement qui réalisait le plus beau rêve de sa vie, Pétrarque adresse à Urbain une nouvelle lettre digne en tout point de son aî-

née: « Oui, très-Saint-Père, lui dit-il, on vous re-
« connaît à cette heure pour le pontife suprême,
« le successeur de Pierre, le vicaire de J.-C. Vous
« l'étiez auparavant par la dignité et la puissance,
« mais vous l'êtes aujourd'hui par les sympathies
« et les fonctions. S'il est encore dans votre cour,
« quelqu'un qui regrette les rives du Rhône, mon-
« trez-lui ces lieux vénérés où les princes des apôtres
« triomphèrent, l'un par la croix et l'autre par le
« glaive: montrez-lui la place d'où le premier s'é-
« lança sur le trône de son maître et le second
« tendit son cou à la hache du bourreau... » Toute
la pièce dont ce morceau fait partie, est sur le
même ton: c'est une verve d'esprit, une fleur de
goût, une saillie d'éloquence qui brille tour-à-tour.
Sous la plume du poëte, les choses les plus importantes et les détails les plus légers se produisent
avec un cachet et un vernis d'originalité qui leur
sont propres.

Profondément affligée du départ de son hôte
chéri, la Provence néanmoins se consolait en songeant à l'éclat qu'il allait répandre dans la capitale
du monde chrétien. Elle assistait par la pensée aux
pompes de sa réception, et parcourait avec lui les
rues, au bruit de la cavalcade dorée des prélats et
des seigneurs. Urbain s'était promis en y allant de
rétablir avec la majesté du culte public les splendeurs du sacerdoce suprême. Ainsi, réparer les
ruines des vieilles basiliques, pages de marbre et

de granit qui redisent la foi des siècles primitifs ; pourvoir les églises d'ornemens et de livres nécessaires à la célébration du service divin; placer avec décence les châsses des martyrs, tels furent les soins qui d'abord absorbèrent les instans du Père commun des fidèles. Toutefois, au milieu de ces nombreuses et incessantes occupations, le souvenir du sol natal resta gravé dans son esprit: un instinct secret le reportait avec bonheur vers les lieux premiers témoins de sa gloire. Jamais personne, mieux que lui, ne sut saisir l'occasion de prouver que les réminiscences de la patrie ne s'affaiblissent point dans un cœur sensible et reconnaissant. Les gages de bienveillance que ce pontife doit donner à ses compatriotes, ne peuvent tarder à paraître. Quand le moment marqué par sa haute sagesse sera venu, il conférera d'une main la pourpre à Philippe de Cabassole, et posera de l'autre, sur le front d'Elzéar de Sabran, l'auréole de la sainteté. C'est par cette double consécration du génie et de la vertu, qu'Urbain honorera le pays dont il a été l'élève ou plutôt le fils d'adoption.

A cette époque, des symptômes de guerre allarmaient les paisibles habitans de nos contrées. Peu après son arrivée à Rome, Urbain dût apprendre par de sûres correspondances, les courses et les ravages que fesait sur la rive gauche du Rhône, Louis d'Anjou, gouverneur du Languedoc.[1] Déjà,

[1] C. de Nostradamus, *Chron. de Prov.*, 4.ᵉ partie, p. 406.

[1368] la reine Jeanne avait transmis au grand sénéchal, des ordres très explicites pour s'opposer aux entreprises du prince et mettre les provençaux à couvert de ses vexations. A l'appui de cette mesure, elle écrivit aux évêques et aux barons dont le zèle ainsi stimulé entraîna leurs vassaux à la défense des points du territoire menacés par l'ennemi.

Outre ces tribulations communes à toute la Provence, il y en avait de particulières à la ville d'Apt. [1] Pendant que l'Italie tressaillait de joie à la vue du successeur de Pierre, un voile de deuil couvrait les bords du Caulon; car, l'évêque mécontent de ses ouailles venait de fulminer sur elles une sentence d'interdit. Sous le poids du terrible anathème les églises étaient fermées; les cloches, silencieuses, n'annonçaient plus l'heure de la prière et ne mêlaient plus leurs harmonies aux joies et aux douleurs des citoyens. Une population rare et désolée se montrait à peine dans les rues; et ces déplorables effets jaillissaient d'une source trop bien connue, la rivalité de l'empire et du sacerdoce, ou, pour parler en termes moins ambitieux, la lutte du pouvoir épiscopal avec la municipalité. En général, l'histoire de cet interdit est pour nous remplie d'obscurité et d'incertitude: nous ne connaissons avec précision, ni la date de son commencement, ni celle de sa fin. Sur le détail des évènemens, nous

[1] Remerv., *Hist. de l'église d'Apt.* —Comptes-rendus du trésorier de la commune

n'avons que quelques lambeaux détachés, quelques mots épars dans les chroniques. Remerville en a composé un tissu le moins mal lié qu'il était possible. Nous prenons pour guide cet illustre savant. Depuis que ces bandes aventureuses, connues sous le nom de grandes compagnies, avaient désolé le midi de la France, on voyait chaque jour s'étendre élégante et grâcieuse la ceinture de remparts qui jadis investissait notre ville. Ne disposant que de médiocres revenus, la commune se pressurait en quelque sorte pour consommer une œuvre aussi utile que grandiôse. Dans la vue de se créer des ressources applicables au même objet, elle avait établi maintes taxes acquittés par les citoyens avec une ponctualité exemplaire. Au milieu de cet élan de patriotisme d'autant plus méritoire qu'il émanait d'un pays à jamais déshérité par sa position territoriale des superfluités de l'opulence, la cléricature retranchée dans l'encens de ses longues cérémonies et excipant de gothiques priviléges, refusa son concours. Pourquoi s'en étonner? Les corporations comme les particuliers, n'éprouvent-elles pas des momens de vertige qui les empêchent de discerner le meilleur parti à suivre? Il n'y eut qu'un cri dans toutes les classes pour flétrir cette conduite, d'autant plus odieuse, qu'elle formait contraste avec le noble dévouement de la population. Persuadée de la justice de sa cause, la commune exposa ses griefs au siège apostolique qui prouva dans cette occasion comme toujours, qu'il savait peser à la même balance les droits du peuple et ceux du sanctuaire. Le jugement qu'il rendit, basé sur une haute intelligence du véritable esprit de l'Église, désarmerait aujourd'hui la philosophie la plus hostile. Après avoir reconnu pour les ecclésiastiques l'obligation de concourir de leurs deniers à la défense de la cité, puis qu'ils ne pouvaient le faire de leurs bras, le Pape enjoignit au clergé Aptésien de fournir un subside affecté à la bâtisse des fortifications.

Cette décision formulée en style impératif avec menace d'excommunication, avait amené les rénitans aux termes où on voulait les réduire. Toutefois, après une controverse ainsi terminée, il reste dans les esprits divers germes de discorde que le moindre incident fait éclater. Le cas ne tarda pas, en effet, à se rencontrer. Tandis que l'activité industrieuse des habitans alignait les assises des remparts contigus au palais de l'évêque, celui-ci crut être en droit de se faire ouvrir une poterne pour descendre à son jardin. Mais la commune, toujours en proie aux préoccupations suscitées par le péril incessant des guerres dont on était menacé, repoussa cette prétention en fondant son refus sur l'éventualité d'une attaque imprévue ou d'un coup de main tenté par l'ennemi à la faveur des ténèbres de la nuit. Le rejet péremptoire de sa demande dut profondément blesser le cœur du prélat : à ses yeux, il y avait dans ce procédé oubli des convenances et mépris de la dignité épiscopale. S'armant donc du glaive spirituel que l'Église confie à ses pontifes, il jette un interdit sur la ville, et rend ainsi de paisibles citoyens solidaires des torts prétendus de leurs magistrats.

Il est singulier qu'un évènement aussi extraordinaire dont s'émut toute la population, ne soit pas arrivé jusqu'à nous avec plus de détails : nul sujet cependant plus propre à exercer la verve des chroniqueurs. C'est à l'aide des notes disséminées dans les comptes du trésorier de la commune, qu'il nous a été permis de donner une faible esquisse de cet épisode qui offrit sans doute des scènes curieuses et dramatiques. On sait qu'un des principaux effets de l'interdit était de suspendre dans une ville ou dans un diocèse, tous les actes religieux du catholicisme, hormis le baptême des enfans et le viatique des malades ; dans l'intérieur des temples plus de prédication, plus de service divin ni de sacrifice de la messe : plus de sépulture officielle pour les défunts. Et puis, cette cessation des choses saintes, quand elle était notifiée aux fidèles, il fallait voir avec quel appareil lugubre et savamment calculé, on le faisait pour ébranler leurs timides imaginations ! En un mot, de toutes les peines canoniques dont disposait alors le pouvoir pontifical, l'interdit était la plus terrible à cause de ses conséquences matérielles ; de là, notre étonnement du silence gardé par l'histoire sur une mesure acerbe prise à l'appui de l'intérêt le plus chétif, la jouissance d'une poterne !!!

La fermentation des esprits dans cette conjoncture, devint telle que Raymond III, après avoir lancé son anathème, dut se sauver à Manosque pour mettre sa personne hors de la portée du courroux populaire imprudemment soulevé par ce coup d'éclat. Les syndics, toutefois, ne fléchirent point, jugeant indigne de leur caractère d'accorder à l'influence de la peur, ce qu'ils auraient peut-être refusé aux sollicitations de la prière. Ils pensèrent qu'il y avait abus dans un pareil usage des censures, et cette opinion trouvait de nombreux échos ; car, toutes les bouches exhalaient librement des paroles de blâme sur le prélat qui s'était oublié au point de tourner les armes spirituelles contre sa ville épiscopale, pour la punir du courage avec lequel elle avait défendu son droit. Raymond jouissait à Apt d'une très grande considération, grâce à ses vertus personnelles et au crédit de sa noble famille alliée à celle du Pape régnant. Néanmoins, malgré le prestige attaché à son nom, on ne vit dans l'exercice qu'il venait de faire du pouvoir des clefs, que ce qui pouvait et devait y être vu, un acte arbitraire et un abus d'autorité : sur ce, recours à l'archevêque d'Aix, au moyen de l'appel interjeté par les magistrats.

Ici, plus de documens pour nous instruire du

cours que prit cette affaire par-devant la juridiction métropolitaine ; point de fil conducteur pour diriger notre marche à travers le vaste champ des conjectures. Tout ce que nous savons, c'est qu'afin de se ménager la protection de Philippe de Cabassole, vicaire du Saint-Siége, la commune avait députe à Avignon, un notable citoyen chargé de s'entendre avec le Prévôt et l'Ouvrier du Chapitre d'Apt, résidans l'un et l'autre auprès du ministre papal. Par le crédit dont jouissaient ces deux dignitaires tant auprès du patriarche de Jérusalem, qu'auprès du cardinal évêque d'Albano, ils obtinrent la suspension de l'interdit pour un mois durant lequel on devait aviser aux moyens de terminer le différent. Mais, comme la solution s'en faisait attendre, et qu'une fois le délai expiré on retombait forcément sous les coups de l'anathème, les Aptésiens jaloux de célébrer les fêtes de la Pentecôte dont l'arrivée était prochaine, sollicitèrent et obtinrent une nouvelle suspension applicable à l'octave de ces grandes solennités.

Tandis qu'on négociait à Avignon ces mesures conciliatrices, des personnes respectables agirent auprès de l'évêque et des syndics pour les engager à soumettre leur litige à l'appréciation du cardinal Anglicus. C'était le moyen d'éviter les longueurs qu'entraîne toujours à sa suite l'emploi des formes judiciaires. La haute position de l'arbitre, son noble caractère, les liens du sang qui l'unissaient au chef de l'Église, l'intérêt qu'il portait à notre ville, inspirèrent une égale confiance aux parties. Aussi n'eurent-elles pas de peine à obtenir du grand-sénéchal de Provence, les lettres d'attribution à l'aide desquelles l'illustre prélat se saisit de l'affaire et ne tarda pas à la dénouer d'une manière aussi agréable à Raymond III qu'aux magistrats de la cité.[1]

La présence d'Urbain avait donné à Rome une physionomie nouvelle. Au souffle de la cour pontificale, de cette cour si noble et si éclairée, les siècles écoulés semblaient revivre pour la ville éternelle. Sous le prestige de la thiare, elle venait d'échanger sa livrée de deuil contre des habits de fête. Un lien national, il est vrai, manquait à l'Italie : le Capitole n'avait plus d'aigle victorieuse qui embrassât le monde dans sa serre ; mais, l'unité catholique fécondée par le génie de Grégoire VII et d'Innocent III, puis affaiblie par le déplacement du centre vers lequel gravitaient les intérêts religieux, cette unité devait se réformer et grandir dans une terre qu'avait consacrée le sang du Prince des Apôtres. Telles étaient, du moins, les pensées qui s'offraient aux esprits clairvoyans, à l'aspect de Rome ressaisissant le triple sceptre de la religion, de l'intelligence et des arts.

Depuis que le Saint-Siége était devenu sédentaire à Avignon, la ville des Césars n'avait été

[1] Voir, à la fin du volume, la note IX du livre cinquième.

témoin d'aucune pompe papale. Le moment était arrivé pour Urbain d'exercer sa prérogative au milieu de la Métropole du monde, dans une résidence à laquelle se rattachaient les plus glorieux souvenirs. A son début, il enrichit le Sacré-Collége de huit célébrités; mais, afin de conserver la prépondérance à l'Église Gallicane et de se ménager les chances d'un retour, si des raisons impérieuses l'exigeaient, il ne comprit en cette promotion qu'un seul italien sur six français : le huitième était un espagnol [1]. Parmi eux figurait Philippe de Cabassole : il y avait dans ce choix une pensée bienveillante pour la Provence dont ce prélat était un des plus nobles enfants. Pétrarque l'appelait le grand cardinal et quelquefois son père : deux titres remarquables dans la bouche d'un homme avare de louanges, surtout à l'égard des cardinaux nés en-deçà des Monts. Depuis long-temps on jugeait Philippe digne de cet honneur, et le même poète s'étonnait de ce qu'on différât tant à le lui accorder. A peine cette nouvelle fit explosion dans Apt, que l'enthousiasme populaire se traduisit en manifestations joyeuses, comme dans les grandes solennités nationales. Ce n'est pas tout : il fut décidé en conseil, que, comme le patriarche de Jérusalem avait toujours donné aux Aptésiens de vives marques de sympathie, une députation irait auprès

---

[1] Belzunce, *hist. des év. de Marseille*, t. 2. — Remerv., *hist. d'Apt* — Comptes du Trésorier.

de lui pour le féliciter de cette éminente dignité, avec prière d'étendre sa protection sur une ville qui le revendiquait comme son fils adoptif. Les citoyens chargés de ce message, devaient aussi offrir à l'élu un présent, présent modeste et conforme à la simplicité de mœurs que professaient nos ancêtres.

Philippe n'ayant rien changé sous l'éclat de la pourpre à ses habitudes premières, le chantre de Vaucluse ne manqua pas de préconiser cette disposition dans une épître qu'il adressa au prélat, épître écrite avec cet atticisme et cette urbanité qui distinguait Pline-le-Jeune. Il est fâcheux qu'au milieu des éloges prodigués à son héros, le poète trempant sa plume dans le fiel de la satire, cède au fatal besoin de jeter du blâme sur les autres membres du Sacré-Collége : comme si un mérite éclatant ne colorait pas assez la noble figure qu'il veut mettre en relief, Pétrarque se plaît à réunir auprès d'elle, des masses d'ombres pour lui ménager l'avantage d'un favorable contraste. Singulier jeu de cette destinée qui met presque toujours ici-bas, le mal à côté du bien, l'ignoble à côté du beau! Au moment où le génie glorifie ainsi une de nos illustrations, on le voit poursuivre d'amers sarcasmes, les dignitaires de l'Église qu'il taxe d'insolence, en leur reprochant de se laisser éblouir par un morceau d'écarlate, au point d'oublier qu'ils sont mortels. « Pour vous, dit-il à Philippe,

« vous êtes si loin de tirer vanité de cet oripeau,
« que la couronne et la pourpre des rois ne vous
« enfleraient point le cœur.....»

L'appel d'un évêque Provençal aux honneurs de la pourpre, ne fut qu'un premier gage donné par Urbain au pays dont il était l'élève. Cette faveur en attendait une autre plus retentissante encore : deux saints d'une haute renommée, réclamaient du Siége apostolique, l'un la consécration de ses droits au culte public des chrétiens, et l'autre une décision péremptoire sur le dépôt de ses reliques. Ces bienheureux étaient Elzéar de Sabran, illustré par d'héroïques vertus, et Thomas-d'Aquin, célèbre par ses écrits immortels. L'Ange de l'Ecole, il est vrai, se voyait investi des hommages officiels de l'Église ; mais la gloire *accidentelle* de cet incomparable docteur, semblait exiger que ses restes mortels gardés par des mains étrangères passassent en celles des religieux de son Ordre. De son côté, l'Ange de la Cour produisait à l'appui de ses prétentions, des titres juridiquement constatés que confirmait chaque jour le prestige des miracles. Le pape ordonna d'abord la restitution du corps de Saint Thomas aux Frères prêcheurs, héritiers naturels de ce grand homme ; puis, il s'occupa d'inscrire au martyrologe, à ce livre d'or des chrétiens, le comte d'Ariano déjà préconisé par la voix populaire presque toujours l'écho de celle de Dieu. Cette canonisation que l'Église Gallicane poursuivait de ses vœux, était envisagée par les Aptésiens comme un évènement majeur qui devait ouvrir à leur ville de nouvelles destinées.

Nul ne s'intéressait plus vivement au triomphe d'Elzéar que le confesseur de sainte Delphine, non encore descendu dans la tombe malgré son grand âge. Arrivé aux plus extrêmes limites de la carrière humaine, il s'était figuré que Dieu ne l'avait retenu si long-temps sur la terre, comme un autre Jacob, que pour le rendre témoin de la gloire d'un nouveau Joseph; mais la mort prévint ses désirs, et il prit congé de la vie avec le regret de n'avoir salué que l'aurore de ce beau jour. A ce portrait on reconnaît Philippe d'Aiguières, frère mineur, dont les écrivains contemporains ont tant célébré les vertus [1]. Destiné du ciel à devenir puissant en œuvres et en paroles, il avait embrassé de bonne heure, l'institut de Saint-François, *quoique* dit C. de Nostradamus, *ses parens de haut lignage ne l'eussent point trop pour agréable*. Là, s'appliquant à retenir sous le frein de la discipline, les passions tumultueuses de la jeunesse, il s'éleva par l'exercice fréquent de la prière à un degré sublime de perfection. Tant de belles qualités demeurèrent assez long-tems cachées à l'ombre du cloître: «mais « enfin, continue le même historien, une si rare vertu « ne pouvait rester tellement enfouie, qu'elle ne

[1] *Diction. des hommes illust. de Prov.* t. 1. — C. de Nostrad., *Chron. de Prov.* 4ᵉ partie, page 428.

« jettât quelques rayons de sa beauté : et Dieu per-
« mettant qu'elle franchit les barrières de la so-
« litude et se répandit dans le monde, Philippe
« fut établi à la prière du roi Robert et de la reine
« Sanche, son épouse, confesseur du monastère
« de Sainte-Claire de Naples, où il demeura tant
« que ce bon prince et sa femme vécurent, menant
« toujours une vie très-exemplaire, joignant une
« douce et bienséante gravité à toutes ses paroles
« et actions, qu'il mesurait et dressait au compas
« et à la règle du seul honneur et crainte de Dieu…..»
Voilà l'homme qui devint le père spirituel de sainte
Delphine et de son auguste époux ; voilà le prêtre
auprès de qui venait s'inspirer ce noble couple ! La
santé de ce vétéran du sacerdoce se maintint si
parfaite et si solide que, malgré les jeûnes et les
abstinences, il ne mourut qu'à cent ans, plus riche
encore de vertus que de jours.

Peu de mois s'écoulèrent entre la mort de cet
estimable religieux et la décision papale qui élevait
Elzéar au rang des bienheureux. Ce fut le 15 avril
de l'année 1369, que le chef de l'Église, usant de
sa prérogative, accomplit ce grand acte de rémunération. Dans une allocution riche de cette sève
méridionale, de cette verve d'imagination qui se
mariait, par un don bien rare, à la solidité des
pensées et à la justesse des aperçus, Urbain célébra
en plein consistoire la gloire du nouvel élu. Tous
les traits de ce discours étaient de nature à inté-

resser une cour qui avait vu de près les moindres détails d'une si belle existence. Après en avoir déroulé les principales phases, le pontife passa en revue les prodiges qui éclataient journellement sur la tombe du saint confesseur. Dans cet auguste auditoire où toutes les Églises de l'univers se trouvaient représentées, un sentiment d'indicible satisfaction rayonnait sur chaque visage: comment se dérober, en effet, au charme puissant d'une cérémonie qui se renouvelait pour la première fois à Rome, depuis le séjour en France du Siége apostolique? Urbain ne comprit point Delphine dans son décret de canonisation, comme il s'était promis de le faire et comme on l'attendait peut-être. Vainement chercherions-nous à scruter les motifs d'une pareille détermination, puisque l'histoire ne fournit aucune donnée à ce sujet. La glorification de la sainte ne vint que plusieurs années après, et son culte, quoique d'une plus fraîche date, n'en est pas moins devenu l'heureux rival de celui de son époux.

Deux bulles furent aussitôt expédiées, l'une à l'évêque d'Apt et l'autre aux Franciscains de la même ville, portant défense, sous peine d'anathème, de toucher à la sépulture du nouveau saint, sans le permis du Pontife romain [1]. Celui-ci apparemment avait prescrit cette mesure pour couper court aux contestations qui auraient pu surgir

---

[1] Remerv, hist. de Saint-Elzéar de Sabran. — Boze, ibid.

touchant le dépôt des reliques. Toujours sensibles aux attraits des pompes religieuses, les habitans de Rome saluèrent de leurs vœux, l'astre brillant qui s'élevait à l'horizon de l'Église. Entre l'Italie et le comté de Forcalquier, les relations étaient fréquentes. C'est pourquoi le bruit de cette canonisation franchit bientôt les Alpes et se propagea avec la rapidité de l'éclair jusque dans notre ville. A cette nouvelle, les vallées du Lubéron s'émurent d'allégresse; les échos de nos montagnes répétèrent à l'envi le nom glorieux d'Elzéar, de l'auguste rejeton de Sabran. Apt prit ses habits de fête, et se livra aux plus éclatantes manifestations. Autrefois, les évènemens mémorables n'y étaient célébrés que par le *Te Deum* et le classique feu de joie; mais le séjour en Provence de la Cour romaine, avait imprimé aux esprits le goût des grandes choses, et le bien-être amené par le progrès de l'agriculture était venu alimenter ce besoin. En même tems qu'elle se montra magnifique, la cité sût être aussi religieuse et charitable. De la même main et pour ainsi dire à la fois, elle offrit son encens au roi des cieux, ses aumônes à l'infortune, et de nobles divertissemens à la jeunesse. La basilique des Cordeliers fut constamment inondée par une foule immense de fidèles. Dans un rayon de plus de dix lieues, le peuple des campagnes suspendit ses travaux pour céder à l'entraînement général et venir rendre hommage à l'Ange tutélaire des Aptésiens.

Sur toutes les avenues, on voyait de longues files d'hommes et de femmes, de vieillards et d'enfans: les fronts respiraient la joie ; les cœurs étaient épanouis; chaque groupe marchait au rendez-vous en chantant des hymnes et des cantiques. Cette affluence de pélerins se soutint durant plusieurs mois, et ne se rallentit un instant que pour redevenir plus considérable lorsqu'on procéda à l'exaltation des reliques du serviteur de Dieu.

Urbain s'était réservé de fixer l'époque de cette grande fête ; mais des préoccupations politiques tournèrent son esprit ailleurs. Ce pape en quittant la France avait vogué vers l'Italie sans arrière-pensée, sans espoir de retour. Replacer le Saint-Siége dans son pays natal, rendre à Rome ses antiques prérogatives, telle fut son idée fixe dès qu'il eut ceint la thiare. Au fait, cette Métropole avec ses glorieux souvenirs, avec ses riches temples offrait à la religion des avantages que nulle autre résidence ne pouvait compenser. A la vue du successeur de Pierre, les factions avaient presque oublié leur ressentiment séculaire : Guelfes et Gibelins s'étaient confondus dans un sentiment commun de vénération pour le Chef de l'Eglise, dans une sainte pensée de nationalité italienne.

Cependant, soit amour de la patrie, soit complaisance envers les cardinaux français, soit envie de présider les pompes qui devaient s'organiser à Apt pour la levée prochaine du corps de

Saint-Elzéar, Urbain notifia, sur la fin de mai, son projet de reprendre la route des Gaules. « La « ville des Césars, dit un historien [1], frémit alors « et voila sa face mutilée dans son désert de tom- « beaux. » L'infant Pierre d'Aragon pressait le pontife de ne pas abandonner cette cité vénérable que la papauté pouvait seule consoler d'un si long, d'un si grand deuil. Une Sainte, venue en Italie pour obtenir la confirmation d'un institut qu'elle avait fondé en Suède, prédit des malheurs épouvantables, si, contrairement aux ordres de Dieu, Urbain délaissait Rome. Rien ne l'ébranla : il se contenta seulement de remercier par écrit les Italiens de l'accueil qu'il en avait reçu. Dans sa bulle, le pape déclare que lui et les siens n'avaient eu qu'à se louer de la conduite franche et loyale des Romains : que c'était à regret qu'il s'éloignait d'eux ; mais qu'obligé par la nécessité des affaires générales de l'Église à regagner les rives du Rhône, il aurait les peuples de la péninsule toujours présens à l'esprit, tant qu'ils demeureraient fidèles au Saint-Siège : qu'au surplus, il les exhortait à vivre dans la paix et la concorde, seul moyen de lui faire regretter le séjour de la ville éternelle.

Comme les princes d'Italie avaient fourni trois ans auparavant des vaisseaux pour transporter Urbain dans leur pays, ainsi le roi de France et la

[1] Méry, hist. de Prov. t. 3.

reine de Sicile équipèrent une flotte pour le ramener sur le territoire Provençal. Embarqué à Corneto le 5 septembre, il aborda le port de Marseille le 16, et entra dans Avignon le 24, étourdi par les sonores acclamations de la multitude.

Nos populations tressaillirent de joie à son retour. De toutes parts accouraient prélats et barons jaloux de recueillir les doux reflets de ce grand luminaire du catholicisme. L'évêque d'Apt, en qualité de parent du Saint-Père, ne fut pas des moins empressés. N'avait-il pas, d'ailleurs, à lui offrir les congratulations de sa ville épiscopale pour l'immense bienfait qu'elle venait de célébrer? Mais à peine réinstallé dans le palais apostolique, le vénérable vieillard y fut surpris par une maladie dont la gravité déconcerta tous les efforts de l'art. Il ne put donc lui-même, comme il se l'était promis notifier par une bulle au monde chrétien, *urbi et orbi*, la canonisation d'Elzéar, ni ordonner la levée de ses précieux restes. Cette noble mission fut dévolue à son successeur, à Grégoire XI dont nous allons bientôt parler.

Urbain a été, sans contredit, l'un des plus vertueux papes qui aient gouverné l'Église. Le véritable esprit du sacerdoce animait toutes ses actions: plus versé dans les mystères de la théologie que dans les subtilités du droit et les séductions des lettres profanes, il imprima cependant le plus vif essor aux études de son siècle. C'est à la suite de cette impulsion, que l'on s'occupa d'organiser à Apt, un enseignement complet où la jeunesse put aller s'abreuver aux sources pures de la science [1]. Deux Papes du même nom ont honoré cette ville de leur présence : le premier y vint pour prêcher la croisade, le second pour vénérer la sépulture d'un grand serviteur de Dieu. Le souvenir que les Aptésiens ont gardé de ce double événement, révèle la cause de la popularité dont jouit parmi eux, le nom d'Urbain, nom également cher à la catholicité et à la nation Française.

Libéral et magnifique, le pontife dont nous traçons ici le portrait, couvrit le sol de nos provinces de monumens religieux. Des manières douces et affables, en plaçant la thiare au point de vue du respect et non de la crainte, firent taire les esprits hostiles. Pétrarque, le censeur de l'époque, ne trouve sous sa plume que des paroles élogieuses pour Urbain, même dans la lettre où son départ d'Italie est taxé de faiblesse par le poëte. Pendant ce pontificat fut mis en pratique le principe, que le véritable prêtre n'a plus ni père, ni mère, ni famille, que la religion lui tient lieu de tout. Néanmoins, au milieu de ce concert de louanges, voici venir une voix qui jette timidement quelques paroles de blâme : « Dans de meilleurs tems et s'il
« eut été secondé, dit un historien [2], Urbain au-

---

[1] Archives de la commune. — Comptes Rendus du Trésorier.
[2] Racine, *hist. de l'Église*, tom. 6.

« rait fait beaucoup plus de bien, et rendu à l'É-
« glise de plus importans services : il ne se serait
« point amusé à bâtir continuellement des édifices
« matériels; les besoins spirituels de l'Église au-
« raient été une matière plus que suffisante pour
« remplir ses soins et ses sollicitudes..,....» A ces
traits, on reconnaît l'austérité puritaine de l'école
de Port-Royal. Il est fâcheux que de si hautes intelligences n'aient pu comprendre la poésie qui émane de l'exécution grandiose des monumens religieux, et qu'elles se soient posées avec la prétention d'assujettir le génie au régime exclusif de la prose qui résulte de l'accomplissement des fonctions officielles. De ce qu'il n'est pas permis de négliger le *nécessaire*, s'ensuit-il qu'on doive absolument s'interdire l'*agréable?* Point ne sera douteuse pour personne une négative péremptoire.

Après le décès d'Urbain, la voix des miracles parla si haut et si long-tems en sa faveur, qu'il fut question de le mettre au nombre des saints. [1] On fit, en effet, diverses informations sous le pontificat suivant. Le peuple impatient des longueurs qu'entraînent les formalités juridiques, prévint la décision du Saint-Siége. Aux yeux des Provençaux, la sainteté d'Urbain n'était pas contestable:

---

[1] *Hist. de l'Égl. Gallic.* Tom. XIV. — Belzunce, *Histoire des évêques de Marseille*, T. 2. — Bzovius, *Ann. Eccles.* anno 1370, § 17.

sous l'impression de ce sentiment, l'image de ce Pape passa sur les autels; son nom vint s'ajouter dans la liturgie aux célébrités du martyrologe; ses louanges se formulèrent en hymnes et en antiennes, délicieuses miniatures de la poésie sacrée; sa tombe devint le rendez-vous des infirmités humaines qu'animait l'espoir d'une surnaturelle guérison.

Ce n'est pas tout : le roi de France, la reine de Sicile, les ducs d'Anjou et de Bourgogne avec les évêques de Provence et de Languedoc, demandèrent à Clément VII dont ils suivaient l'obédience de mettre le sceau à la gloire de ce vertueux pontife. Pierre Olivari de Falghario, chanoine-ouvrier de l'église d'Apt, fut chargé d'agir en leur nom, et de suivre l'affaire en Cour de Rome. Il présenta à l'appui de sa requête, vingt-quatre articles énonciatifs des vertus et des actes par lesquels Urbain avait bien mérité de la religion. Dans le dix-septième, la canonisation d'Elzéar de Sabran est mentionnée comme une œuvre glorieuse à ce Pape, et digne de l'éternelle gratitude des chrétiens.

Clément toujours enclin à satisfaire des vœux raisonnables formés d'ailleurs en si haut lieu, nomma deux commissaires avec ordre d'ouvrir une enquête sur chacun de ces articles. Le Pontife honora de son choix, Raymond, évêque de Vaison, et Seguin, patriarche d'Antioche, administrateur de l'évêché de Nismes. On entendit plus de six cents témoins des divers pays de l'Europe ; on constata plus de quatre-vingts miracles éclatans ; mais, les troubles de l'Église empêchèrent le jugement définitif de cette cause introduite d'abord sous les plus favorables auspices, puis suspendue; et enfin biffée sur le rôle de la Cour suprême du Vatican, grâce à la trop coupable indifférence du siècle.

LIVRE SIXIÈME.

DE 1370 A 1373.

Quoique Urbain eut formellement élevé Elzéar au rang des confesseurs et inscrit son nom sur les colonnes du martyrologe, une dernière condition était prescrite pour la légalité de son culte. C'était le libellé de la bulle qui, en mettant le sceau à cette décision suprême, ou, comme parlent les canonistes, à cet oracle de vive voix, devait le notifier au monde chrétien. Tandis que les poètes jetaient à l'envi des fleurs sur la tombe du nouvel élu, que les artistes reproduisaient ses traits chéris, et que les cent bouches de la Renommée entonnaient ses louanges, le Conclave réuni à Avignon, dans le palais apostolique, poursuivait le cours de ses opérations. Les mêmes rivalités que par le passé, subsistaient entre les membres du Sacré-Collége; mais elles s'effacèrent bientôt devant les talens et les vertus de Pierre Roger qui prit le nom de Grégoire XI : il était âgé seulement de trente-cinq ans, et appartenait à l'illustre maison de Turenne. Les Aptésiens saluèrent avec transport l'avènement de ce Pape. Nul choix, en effet, n'était plus favorable à la cause d'un Saint qu'ils regardaient comme l'ange tutélaire de leur ville ; car, n'étant encore que le cardinal de Beaufort, Pierre Roger avait accompagné Urbain dans son pélerinage d'Apt, et s'était inspiré comme lui auprès de la cendre du comte d'Ariano.

Aussi l'un des premiers soins de Grégoire, après avoir pourvu aux plus urgentes affaires de la chrétienté, fut-il de couronner l'œuvre que le trépas d'Urbain avait laissée imparfaite. Il choisit pour la publication de sa bulle, les nones de janvier, vigile de l'Épiphanie. Le jour des Rois avait alors un grand attrait, et comme solennité religieuse, et comme fête de famille. C'était une heureuse pensée d'y lier la glorification d'un Saint qui avait été un des serviteurs les plus dévoués de la royauté. A l'égard du lieu de la cérémonie, Grégoire désigna l'insigne collégiale de saint Didier. Elle méritait cette préférence pour avoir jadis reçu en dépôt le corps de saint Elzéar, lorsqu'on le transportait à sa dernière demeure. Par ordre exprès du Pape, on devait donner le plus pompeux appareil aux solennités officielles de cette grande journée. Était-ce de sa part un trait de courtoisie envers la noblesse provençale qui comptait Elzéar au nombre de ses membres? ou bien, jugeait-il digne d'honneurs spéciaux la vertu entée sur un beau nom, la vertu embaumée d'un parfum aristocratique? Ce dernier terme de l'alternative nous paraît plus vraisemblable, d'autant que si dans le ciel, le mérite seul règle les préséances, ici-bas la sainteté qui se combine avec la grandeur, emprunte de cette alliance un lustre incomparable.

L'heure de la fête étant arrivée, le Pape accompagné des grands dignitaires de la Cour romaine, sortit de son palais pour se rendre à l'église qu'il avait lui-même honorée de son choix. Des trompettes et d'autres instrumens annonçaient cette marche solennelle. Grégoire était monté sur un haut destrier richement caparaçonné dont les syndics Aptésiens tenaient les rênes. Une foule immense encombrait toutes les avenues conduisant à la basilique, et c'est avec beaucoup de peine que le cortége pontifical parvint à se frayer un passage au milieu des rangs serrés de la multitude. Le Pape arrivé à son trône y accomplit d'abord les cérémonies préparatoires ; ensuite le cardinal diacre assistant de S. S., monta en chaire, et lut à haute voix la bulle qui contenait le résumé des vertus et des miracles de l'élu. Pendant cette lecture, de douces larmes coulaient des yeux des assistans. S'il est vrai que le courage fondé sur un caractère solide et sérieux, s'anime et s'élève par les récompenses d'honneur qui, comme un vent favorable, le poussent et le font avancer vers cette beauté de la vertu qui lui montre tous ses charmes, peut-on douter qu'il n'y eut dans cette assemblée de nobles cœurs, des ames d'élite méditant de généreux sacrifices en vue des sublimes rémunérations accordées aux serviteurs de Dieu? Le son des orgues et de toutes les cloches accueillit les dernières paroles de la bulle. Après quoi, le Pape entonna le *Te Deum* qui fut chanté par les fidèles avec un enthousiasme capable d'ébranler la voûte des cieux. Dans l'église même où cette touchante scène venait de se passer, on érigea en l'honneur du nouveau saint, un autel enrichi d'une Indulgence applicable à tous ceux qui y viendraient prier. Ce fut ainsi le premier lieu du monde où le culte de saint Elzéar se produisit officiellement, et depuis, les chanoines de cette collégiale jusqu'à sa suppression, honorèrent par des commémorations particulières, l'anniversaire d'une si glorieuse journée.

Il est tems de faire connaître à nos lecteurs l'œuvre de Grégoire XI. Nous l'empruntons de l'annaliste des Frères-Mineurs, qui assure l'avoir exhumée d'un vieux manuscrit [1]. A l'égard des morceaux qu'on va lire, la traduction nous en appartient tout entière, car aucun historien que nous sachions, n'a tenté encore de translater ce précieux document en notre langue. Qu'on ne s'attende pas ici à une version d'une exactitude

---

[1] Wading. *Ann. Min.*

rigoureuse ; la chose n'est pas possible, le latin de cette pièce étant si peu traductible qu'on ne peut guère en offrir qu'une imitation ou même qu'une analyse. Partout vous y rencontrez des périodes d'une longueur à faire perdre haleine, avec un luxe de redondances, un amas d'épithètes et un cliquetis d'antithèses qui finissent par fatiguer. Il paraît que, maintes fois, les écrivains Aptésiens se sont essayés à joûter avec l'original afin de l'assujétir aux formes élégantes de notre littérature ; mais, l'ayant trouvé rebelle à leurs efforts, ils ont abandonné la partie au grand regret du public qui s'est vu, par là, privé de la plus belle page de notre histoire religieuse. Avec moins de talent et plus de zèle peut-être, nous avons abordé la même tâche : puissions-nous ne l'avoir pas accomplie sans succès! Si la bulle de Grégoire XI ne brille point par la clarté du style, du moins se fait-elle remarquer par l'élévation des pensées et la grandeur du sujet. C'est le panégyrique d'Elzéar de Sabran dans une bouche sacrée : qui de nous ne se sent disposé d'avance à y prêter une oreille attentive ? Arrière donc nos réflexions, laissons parler le chef de l'Église.

« Il nous semble rationnel et convenable, » dit-il, « de donner suite aux projets conçus par le Pon-
« tife romain, lors même qu'à cause de sa mort
« soudaine, ils n'auraient pas été confirmés par
« l'émission des lettres apostoliques.

« Le Pape Urbain V d'heureuse mémoire, « notre prédécesseur immédiat, considérant que « les fidèles chrétiens doivent un tribut de louan- « ges et d'actions de grâce à J.-C., le roi des « rois, le Seigneur des seigneurs, sous le sceptre « duquel est courbée toute créature, quand ce « Souverain Monarque retire de la prison de ce « monde, pour les établir au centre de la béati- « tude éternelle, les Saints dignes de tout respect « par la perfection de leur vie ; quand il les « signale en quelque sorte à notre culte par de « nombreux miracles opérés à leur occasion ou « sous l'influence de leurs mérites; quand enfin il « témoigne d'une manière certaine que ces bien- « heureux, après les rudes travaux, les pénibles « épreuves d'un long pélérinage, goûtent à longs « traits les célestes douceurs, et sont nantis de la « palme d'immortalité :

« Considérant que le Dieu créateur dont la « générosité n'éclate pas moins dans ses dons « gratuits que dans ses récompenses, profondé- « ment ému des actions glorieuses à l'aide des- « quelles son digne confesseur Elzéar de Sabran, « seigneur provençal de haut lignage, brilla ici-bas « comme une lampe resplendissante, et voulant « le traiter d'une manière proportionnée à ses « mérites pour tant d'œuvres sublimes pénible- « ment élaborées au sein de cette vallée de larmes, « ce même Dieu l'a introduit dans la céleste de-

« meure, afin de l'y faire asseoir sur un trône de
« gloire à côté des Princes de sa Cour.

« Entraîné par le poids de ces motifs, et jaloux
« de mettre en évidence les belles actions à l'om-
« bre desquelles le noble caractère d'Elzéar s'é-
« tait révélé au monde, notre prédécesseur en
« l'inscrivant au catalogue des SS. aurait désiré
« rapporter quelques traits de sa vie, dans les
« lettres apostoliques qu'il se proposait de pu-
« blier : or, ce qu'il n'a pu accomplir lui-même,
« nous venons le faire aujourd'hui pour l'édifica-
« tion des fidèles chrétiens. »

A la suite de ce début, le Pape fait un résumé
succinct des vertus angéliques du serviteur de Dieu.
« Elzéar, dit-il, ayant aimé affectueusement le
« divin Maître dès son enfance, point ne cessa
« de l'aimer et de garder dans son cœur, le goût
« des biens célestes, au milieu de l'affluence des
« biens matériels. A chaque pas qu'il fesait dans
« le chemin de la vie, son amour pour Dieu crois-
« sait, grandissait, se fortifiait. Il chérit tellement
« la pureté, et résista si bien aux attaques de la
« chair, que, quoiqu'il eût une compagne aussi
« jeune que belle et d'une naissance égale à la
« sienne, il conserva avec elle le lys de la virginité
« dans toute sa fraîcheur, comme il conste par le
« témoignage de cette noble dame et par celui du
« confesseur de son auguste époux. En outre, ce
« saint qui, durant sa vie, fut en possession de

« ce que les hommes ambitionnent le plus, c'est-
« à-dire la noblesse, la fortune et le pouvoir,
« après avoir retranché de son cœur tout ce qui
« aurait pu en ternir la pureté, tourna ses sympa-
« thies vers les membres souffrans de J.-C., et se
« montra aussi enclin à les soulager dans leurs
« misères qu'à les secourir dans leurs maladies. Il
« était si embrasé de charité, que, pour lui, point
« d'autre bonheur que de faire l'aumône et de
« gagner des cœurs au vrai Dieu.

« Jamais aucune pensée de vengeance n'assom-
« brit son âme : afin de la retremper au foyer de
« la mortification et d'empêcher qu'elle ne subît
« le joug honteux de la chair, il émoussa les traits
« de la convoitise sous le tissu grossier d'un cilice
« qui étraignait son corps délicat, ainsi que la
« preuve en est acquise dans le procès de canoni-
« sation. A l'aide du frein de l'abstinence, il ré-
« prima avec tant de succès les écarts de la nature
« corrompue, que, marchant invariablement à la
« remorque de l'esprit et non à celle d'un instinct
« aveugle, il sut se garantir de tout plaisir sen-
« suel, et marquer ses actions au coin de la plus
« parfaite sainteté.... »

Grégoire XI rappelle ensuite plusieurs autres
pratiques de piété observées par Elzéar, et continue en ces termes : « L'éclat de son humilité égala
« la candeur de son innocence : gouverneur du
« duc de Calabre, il appuyait auprès de ce prince

« les requêtes des malheureux avec tant de zèle,
« qu'à la cour on l'appela l'avocat des pauvres.
« Sous le charme de sa parole toujours amie de la
« vérité, c'était merveille de voir les vertus re-
« prendre leur ascendant, les bonnes œuvres se
« généraliser, les tempêtes du cœur s'apaiser, les
« inimitiés disparaître et les âmes affligées goûter
« d'ineffables consolations.... »

Après cet éloge bien mérité, le chef de l'Église fait intervenir les miracles attribués au noble comte, ceux surtout qui motivèrent sa canonisation; puis, il clôt cette revue officielle par les paroles suivantes :

« Le Seigneur a aimé Elzéar, et l'a investi de
« l'héritage céleste : mais, voulant ensuite com-
« pléter son œuvre, il a fait éclater des prodiges,
« pour montrer aux yeux des peuples, même dans
« les siècles futurs, de quels hommages est digne
« l'élu de sa droite.

« C'est pourquoi, ajoute-t-il, notre prédécesseur
« convaincu de la vérité de toutes ces choses,
« autant que la fragilité humaine peut le permet-
« tre, et cédant aux vœux d'un grand nombre de
« prélats et de personnes distinguées, jugea à pro-
« pos, par un acte du 17 des kalendes de mai,
« an VII° de son pontificat, d'inscrire au catalogue
« des saints avec une pompe extraordinaire, de
« l'avis des cardinaux au nombre desquels nous
« étions, Elzéar de Sabran déjà reçu parmi les

« bienheureux à cause de son éminente sainteté.
« Et d'autant qu'il est juste d'accorder sur la terre
« des honneurs à celui que Dieu comble de gloire
« dans le ciel, le Pontife ordonna de célébrer
« chaque année avec grande révérence la fête du
« du nouvel élu, le 27 septembre, jour anniver-
« saire de son décès : enfin, dans la vue d'attirer
« un plus nombreux concours de fidèles chez les
« Frères-Mineurs d'Apt, où le corps d'Elzéar re-
« pose, et de contribuer à la pompe de cette so-
« lennité, il accorda l'indulgence d'un an et d'une
« quarantaine, applicable à tous ceux qui, avec les
« dispositions requises, iraient implorer le secours
« du ciel sous le patronage du saint confesseur. »

C'est une figure si poétique, celle de l'ange de la cour, qu'elle appelle naturellement sous la plume, toutes les idées touchantes et gracieuses aussi bien que toutes les expressions nobles du langage. Est-il donc étonnant qu'ici Grégoire XI, s'inspirant du génie des Prophètes, préconise la gloire de son héros dans le style le plus solennel ?

« Qu'elle est admirable, s'écrie-t-il, la bonté
« de notre Dieu, distribuant ses dons à ceux qui
« le servent !

« O céleste récompense ! sublime émanation du
« bien suprême ! récompense dont la possession
» ouvre à l'homme couronné d'une resplendis-
« sante auréole, le privilége de poser avec les
« Anges en face du Créateur !

« O champ d'une merveilleuse culture! champ
« fécondé par les sueurs d'Elzéar et couvert des
« plus riches produits! Jardin de prédilection où
« naissent des fruits savoureux, où les plus belles
« fleurs dressent leurs tiges sans jamais se flétrir,
« où les grains confiés à la terre ne pourrissent
« point, et promettent une abondante récolte!

« Que l'Église se livre à la joie, et célèbre de
« pompeuses solennités pour avoir engendré, mis
« au jour et élevé un si noble fils qui déjà brille
« comme une perle précieuse, au milieu des ma-
« gnificences de l'empirée. Oui, qu'elle dilate son
« cœur et entonne les louanges de l'Éternel, grâce
« auquel l'éclat de ce nouveau nom a rendu notre
« mère plus belle et plus radieuse!

« En décernant les hommages du culte public
« aux amis de Dieu, la religion nous apprend que
« celui-là seul est digne de l'héritage d'immorta-
« lité qui honore par la foi traduite en bonnes
« œuvres, l'Église, mère des fidèles et épouse de
« J.-C.; elle nous apprend que le Très-Haut ne
« permet l'accès de la patrie qu'à ceux à qui la
« porte en est ouverte par l'Apôtre chargé du
« dépôt des clefs.

« Que tous les membres de la céleste hiérarchie
« se félicitent à leur tour de l'arrivée d'un tel ci-
« toyen qui va se mêler parmi eux, après avoir
« été reconnu un des plus fidèles champions de
« l'Évangile! Que cette généreuse noblesse dont

« se trouve peuplée la Cité de Dieu, prélude à des
« chants de triomphe ! Que la cour des bienheu-
« reux prenne ses habits de fête pour faire la bien-
« venue à ce digne enfant de la gloire.

« Levez-vous donc, nobles phalanges du ca-
« tholicisme ! zélateurs de la foi, levez-vous, et
« faites retentir avec des voix sonores l'hymne de
« l'action de grâce. À la vue d'un aussi grand
« prince glorifié par l'Église, ouvrons nos cœurs
« à la rosée de l'allégresse afin qu'ils se remplis-
« sent de flots d'enthousiasme. Donnons l'essor à
« notre espérance ; car, il s'agit d'un compatriote
« devenu habitant du ciel où il exerce déjà, à
« notre égard, les fonctions d'avocat et d'inter-
« cesseur.... »

Cette brillante péroraison terminée, le Pape abandonnant les formes de l'art oratoire, prend celles de la chancellerie romaine, et continue en ces termes : « Afin, dit-il, de couper court aux
« difficultés qui pourraient naître sur l'affaire en
« question, sous le prétexte que la mort de notre
« prédécesseur a empêché la publication des let-
« tres pontificales, nous voulons et ordonnons
« par notre autorité apostolique, que les présen-
« tes destinées à confirmer et approuver tout ce
« qui s'est fait sous son règne à ce sujet, sortis-
« sent partout leurs effets sans qu'il faille invo-
« quer d'autre témoignage. Que nul, en consé-
« quence, soit assez osé pour enfreindre cette

« page, l'expression de notre volonté, ni pour
« contrevenir aux mesures qui y sont prescrites :
« car, si quelqu'un en avait la pensée, qu'il sache
« qu'il encourra l'indignation du Dieu tout-Puis-
« sant et celle des bienheureux Apôtres.

« Donné à Avignon, aux nônes de janvier, l'an
« 1er de notre Pontificat. »

Ces nobles paroles firent vibrer tous les cœurs. Dans un siècle où la religion se mêlait fréquemment aux actes de la vie sociale, dans un siècle où les intérêts du ciel ouvraient un vaste champ aux spéculations des intelligences, un pareil langage devait avoir de l'écho et susciter les sympathies populaires. Ceux qui s'étaient donné rendez-vous dans la ville papale pour y jouir du spectacle si rare de l'apothéose chrétienne, promirent de se revoir à Apt, afin d'assister à l'exhumation des reliques du bienheureux confesseur. L'accomplissement de cette dernière formalité met le comble aux honneurs publics que l'Eglise décerne à ses héroïques enfans : car, dès l'instant qu'ils sont jugés dignes d'être inscrits au livre de vie, leurs cendres précieuses réclament une place distinguée de celle du commun des hommes, une place sur les autels.

La canonisation d'Elzéar ne fut pas plutôt notifiée au monde catholique, qu'on célébra sa fête sous un rit solennel dans les églises de Provence et dans toutes celles de l'ordre Franciscain.

Des proses, des hymnes, des antiennes nombreuses furent composées et généralement usitées en son honneur. Plus tard, lorsque Clément VII, par un oracle de vive voix, eut permis d'exhumer le corps de sainte Delphine et de le placer dans la châsse de son époux, on formula des offices respectifs pour l'un et pour l'autre, offices que quelques diocèses ensuite leur rendirent communs. Ces effusions de la foi et de la reconnaissance chez les générations contemporaines, ont un charme particulier de naiveté, de grâce et de douce piété; mais, de toutes les pages liturgiques qui résument avec plus ou moins de bonheur, les vertus d'Elzéar et de Delphine, la plus belle, la mieux travaillée est celle qu'on lit dans le bréviaire de Fréjus. Les antiennes y sont propres et entièrement extraites de l'Écriture-Sainte. Nous ne pouvons résister au plaisir de donner ici la traduction des deux hymnes dont cet office est illustré : on verra que le poète dignement inspiré par un si beau sujet, a su l'envisager d'un point de vue remarquable.

I.

« Quel prodige nouveau sur la terre! Les anges
« eux-mêmes sont surpris d'y rencontrer des ri-
« vaux de leur gloire et de leur pureté : le ciel
« contemple avec admiration un noble couple
« qui, dans des corps de chair, vit comme ces
« sublimes esprits.

« Deux virginités subissent le joug du mariage :
« ornées de l'éclat de la pourpre, des grâces de la
« jeunesse, elles conservent la fraîcheur de leurs
« lys, au milieu des saintes libertés de la couche
« nuptiale.

« C'est la charité qui forma d'aussi beaux liens :
« c'est cette fille du ciel qui alluma le flambeau
« d'un si auguste hyménée.

« Pour de tels cœurs, nulle pensée dynastique,
« nul désir de postérité : trop heureux d'acheter,
« au prix de ce sacrifice, la possession de Jésus,
« l'unique objet de leur amour....

II.

« Il est chez les chrétiens des noces virginales
« où l'âme devient la fiancée de son Dieu : noces
« stériles pour la terre, mais qui peuplent le ciel
« d'habitans.

« Ici, par un admirable effet de la grâce, les
« rôles que la nature assigne aux époux sont in-
« tervertis. O pouvoir prestigieux de la parole
« sainte ! Delphine enfante Elzéar à J.-C. : c'est
« le premier fruit de son mariage.

« Les feux de la volupté s'éteignent sous l'im-
« pression du chaste amour : car l'âme embrasée
« de célestes ardeurs est incapable de s'asservir
« aux exigences du corps.

« Voilà un mystique mariage dont aucun jour
« ne verra la rupture, voilà le nœud qui enchaîne

« deux nobles cœurs, libres dans leur essor.

« Garder la foi que vous aviez engagée à Jésus,
« tel a été le but constant de vos efforts : aussi,
« après vous avoir étroitement unis à lui, ce di-
« vin maître vous réclame-t-il comme un glorieux
« trophée de sa grâce, dans le séjour d'immorta-
« lité.... »

Les muses françaises qui alors balbutiaient à peine, payèrent aussi le tribut de leur admiration et firent entendre des chants pleins de naïveté: témoin, les stances qu'on lit en tête de la plus ancienne vie du serviteur de Dieu [1]. Précieux échantillon de la littérature de l'époque, cette pièce est attribuée à un petit neveu d'Elzéar, ayant nom Pierre de Sabran, seigneur de Beaudinar. Elle nous intéresse d'autant mieux que nos pères en firent plus d'une fois retentir les couplets sous les voûtes des vieilles basiliques. Le châtelain, plus habile sans doute à manier l'épée que la plume, s'adresse à son auguste parent, et débute en ces termes :

I.

Très glorieux comte de grant parage
Qui d'Arian eu aviez le comté,
O bon baron extraict de grant lignage,
Bon chevalier de grant félicité ;
O saint Aulzias plein de toute bonté,

---

[1] *Vie de S. Aulzias de Sabran*, par le P. Jéhan Raphael, dominicain. à la Bibliothèque du roi.

A toi me rends du tout entièrement :
Je te supplie, au nom de charité,
Que te souviegne de ton poure servant.

II.

Car, je suis Pierre extraict de ta lignée,
Et de Sabran, de surnom comme toy :
Je te supplie quant sera assignée
Las ma journée de mourir comme croy,
Qu'il te souviegne, très doux parent, de moy
Ton poure indigne et humble serviteur :
De prier bien mon père et mon roy
Pour ma poure ame, par ta grande doulceur.

III.

A raconter trèstoutes les vertus
De ton saint corps, quant demouroys en vie,
Qu'un poure engin [1] se trouveroit confus !
Tant y en a, que je vous certifie
Qu'il n'y a maistre en ars, ni en théologie
Que toutes celles, il les sceust exposer :
Fust-il de France, d'Espagne ou d'Hongrie
Qu'il ne faillit bien à les contempler.

———

Pour glorifier Elzéar et sa compagne, ce n'est pas à la poésie seule que l'Église emprunta ses inspirations : elle fit appel à la peinture qui, de son côté, mit ses crayons au service de deux vertus sans pareille. De tous les artistes qui ont essayé leurs talens sur ce sujet, l'auteur d'une ancienne

---

[1] Engin. — Génie, dérivé d'*ingenium*.

gravure heureusement reproduite de nos jours, nous paraît avoir le mieux réussi. Il a parfaitement deviné l'air de tête noble et simple, la physionomie belle et sérieuse, l'attitude céleste de ces époux-vierges, vêtus de leurs habits de cour. On dirait qu'au milieu d'une fervente oraison, son œil éclairé d'un rayon d'en-haut les avait surpris au moment où se faisant confidence du vœu de virginité, ils se disaient l'un à l'autre : *Noli me tangere*. Ainsi, rien n'a manqué à la gloire du comte d'Ariano, ni la sympathie des peuples, ni la louange des poètes, ni les fleurs de l'éloquence, ni l'hommage des beaux arts, ni les consécrations de la liturgie. Ainsi, pour lui, s'est trouvé parcouru dès le principe tout le cercle de ces éclatans honneurs, de ces ineffables récompenses que Dieu a créées et reservées pour les saints.

Le mouvement de piété que la bulle de Grégoire XI avait suscité dans Apt, parut à Raymond III une occasion favorable d'aborder la réforme capitulaire. Nulle entreprise plus digne des hautes sollicitudes d'un évêque, que celle qui s'annonçait avec la pensée de rendre au premier corps ecclésiastique du diocèse, son lustre primitif, et d'en ramener les membres aux principes d'ordre et de régularité. C'était sans doute chose ardue et périlleuse dont l'exécution ne demandait pas moins de courage que de prudence; mais, pour un homme de la trempe de Raymond, la difficulté d'arriver au but ne devient-elle pas un motif de redoubler d'efforts en face même de la résistance?

Le chapitre fondé par l'évêque Thierry en 991, avait fait éclater jusqu'à la fin du XIII.ᵉ siècle toutes les vertus religieuses et sacerdotales. Il était né dans des conditions si favorables et sous les auspices d'un prélat si pieux! L'époque de son origine, avons-nous dit, remonte aux temps où maints évêques français travaillèrent à reconstituer l'institut canonial sur de nouvelles bases, avec l'appui de Hugues-Capet, prince dévoué à l'Église par position [1]. D'abord la vénérable compagnie ne fut composée que de chanoines : puis, on y introduisit des membres inférieurs, au moyen de la suppression d'une ancienne collégiale dont le personnel fut incorporé au clergé de la cathédrale. L'évêque auteur de cette mesure, après avoir stipulé les droits des nouveaux venus, unit la collégiale avec l'église majeure : « non pas, dit un ju-
« risconsulte, comme un accessoire joint à un prin-
« cipal; mais comme un principal joint à un autre. »
De là, par une singularité remarquable, le chapitre se trouva partagé en deux ordres de dignitaires, les chanoines et les clercs prébendés, moins distingués entr'eux par des priviléges tranchés que par des droits honorifiques. L'alliance ne put jamais s'effectuer d'une manière parfaite: l'esprit de

[1] *Réflexions historiques et curieuses sur les antiquités des chanoines.*

rivalité s'y opposa toujours ; car ; les desservans des deux églises après leur union, firent comme ces fleuves qui, en se jettant l'un dans l'autre, conservent long-temps distincte la différence de leurs eaux. Ainsi, cette diversité d'élémens au sein du corps capitulaire, devint dans la suite la cause perturbatrice de la bonne harmonie de ses membres.

D'un autre côté, rien de stable ni de permanent n'existe dans ce monde. Les institutions les plus saintes finissent par dégénérer tôt ou tard de leur antique pureté. Le chapitre subit à son tour cette loi des vicissitudes humaines, au point de devenir vers le milieu du XIV.ᵉ siècle, la proie de tous les abus qu'engendre l'absence de la discipline. La réforme ! la réforme ! tel était le cri de ralliement des hommes graves et consciencieux. Les pages que nous allons écrire sont les seules qui déparent l'histoire d'une compagnie où brilla depuis cette épuration, la double auréole du talent et de la vertu. Le danger d'initier le lecteur à des détails peu édifians, devait-il enchaîner notre plume ? Des esprits timorés peuvent le penser ; mais nous avons compris autrement notre tâche. Les réticences en ces sortes de matières sont souvent plus dommageables à la religion, qu'un récit impartial et véridique. Ainsi, à l'égard de la réforme capitulaire, nous n'imiterons pas la timide réserve de Remerville dont on a dit, que la crainte de se brouiller avec le clergé de son pays lui avait servi de frein pour le faire taire, ou d'éperon pour aller au-delà de la vérité. Nous n'imiterons pas non plus ce dignitaire qui radia sur les diptyques de notre église, le nom de l'apostat Simiane : calcul imprudent ! il avait prétendu par là éclipser une mémoire odieuse, et il ne fit que lui donner de l'éclat.—Que n'invoquait-il ses souvenirs classiques, et il se serait rappelé ce que Sénèque rapporte d'une maison de plaisance que Caligula fit abattre parce qu'elle avait servi de prison à sa mère : « En la détruisant, dit-il, il n'a fait que la rendre plus illustre; car, lorsqu'elle était debout, nous passions par là, sans y faire la moindre attention ; aujourd'hui, l'on demande pourquoi elle a été détruite. »—Au surplus, la religion ne saurait être responsable des vices de ses ministres : il y aura des abus, tant qu'il y aura des hommes; mais la chaîne des premiers n'est pas continue, et les bons intervalles servent de compensation pour les temps fâcheux.

Lorsque Raymond III prit les rênes de l'évêché, le plus complet désordre régnait parmi les capitulans. Ces pierres du sanctuaire étaient répandues sur la place publique d'une manière bien autrement déplorable que celle qui excitait les larmes et les soupirs des Prophètes. Les longues absences de nos prélats, les déplacemens multipliés qu'ils subirent, la diminution progressive de la manse capitulaire, les vieilles rivalités qui existaient entre chanoines et clercs prébendés, toutes ces causes réunies n'avaient pas peu contribué à faire déchoir les uns et les autres de l'esprit de leur état. A l'époque de nos récits, ces sommités de la cléricature, ces membres du premier corps diocésain avaient à peine le simple et strict nécessaire, et cela par le gaspillage des revenus du chapitre. Réduits à un état voisin de l'indigence, plusieurs d'entr'eux s'étaient vus forcés, pour améliorer leur sort, de demander à l'industrie ce qu'ils ne pouvaient obtenir de leurs bénéfices. Ainsi, les uns se livraient à l'exercice de la chasse et s'y étaient rendus fort habiles ; les autres plus versés dans les subtilités du droit que dans les mystères de la théologie, guidaient en praticiens les plaideurs à travers le labyrinthe de la chicane, et s'immisçaient dans les procès afin de les exploiter à leur profit ; ceux-ci exerçaient la médecine, et couraient les campagnes, pratiquant des saignées, et donnant des consultations ; ceux-là, enfin, formaient une société en commandite avec des maîtres cordonniers pour faire en grand le commerce des chaussures. On pense bien qu'avec de tels desservans mûs par le seul attrait du lucre, les offices étaient négligés et que, plus d'une fois dans la semaine, les voûtes de la cathédrale restaient tristement silencieuses. C'était un grand mal sans doute, que cette interruption de la psalmodie quotidienne; mais un plus grand peut-être, c'est qu'au chœur chacun se conduisait au gré de son caprice et que nulle règle n'y dominait plus les volontés individuelles. Nous éviterons d'entrer plus avant dans la divulgation de ces faits malheureux, de peur qu'on ne nous taxe de vouloir révéler les faiblesses de notre mère. Les documens officiels qu'il nous faudra bientôt produire, diront assez les maux qui pesaient sur elle, alors que le ciel accumulait dans son sein, tant de précieux élémens de sanctification.

Des voix touchantes et persuasives s'élevaient nombreuses vers l'Évêque, pour demander l'application d'un prompt remède à la fâcheuse situation que nous venons de décrire. Les motifs à l'appui d'une si juste demande se présentaient de toutes parts : c'était la religion éplorée gémissant sur les ruines du Sanctuaire, et réclamant avec force un sénat honorable, un ordre de coopérateurs bien pénétrés de la sublimité de leur mission : c'était la grandeur du sacerdoce dégradée par l'indigence, par des professions serviles, par des pratiques avilissantes : c'était enfin la dignité du culte compromise en des services incompatibles avec celui des autels. Le projet de réforme quoique peu agréable aux Capitulans, trouvait néanmoins au milieu d'eux quelques zélés défenseurs : car, même dans ses plus mauvais jours, une compagnie n'est pas entièrement privée de membres qui comprennent et veulent le bien. Parmi ces hommes de cœur, nous en désignerons deux tout-à-fait dignes de cette mention spéciale, savoir : Durand André et Pierre Olivari de Falghario. Le premier, prévôt de la cathédrale, homme d'un rare mérite, joignait à la réputation de savant distingué, celle d'ecclésiastique intègre. Issu d'une noble famille de Marseille, il était proche parent de Jean André, notaire, à la prière de qui les échevins de cette ville sollicitèrent un évêché pour l'un de ses oncles religieux de l'ordre des Carmes. Sur maintes pages de la vie de Sainte-Delphine, le nom de ce prévôt se trouve mêlé aux notabilités cléricales que l'histoire y a mises en scène. — Lorsqu'on parla de canoniser l'illustre veuve, il intervint comme témoin dans l'enquête juridique, et eut ainsi l'honneur de corroborer de son suffrage l'opinion de la religieuse Provence. Attaché à la Cour romaine, il fesait sa résidence à Avignon ; mais, à l'époque de la réforme, il s'empressa de venir à son poste pour la favoriser de tous ses moyens. Le second, Pierre Olivari, était tout à la fois chanoine d'Aix et d'Apt. Déjà, nous l'avons vu siéger en cette double qualité au concile national, parmi les députés des cathédrales. Il n'était pas rare alors de voir des prêtres haut placés par la naissance cumuler des bénéfices incompatibles. Ce fut là une des grandes plaies qui affligèrent l'Église durant le cours du moyen-âge. Cette coutume, dira-t-on, datait de loin : et une coutume ainsi établie peut se défendre par la prescription. Cela est vrai, quand la chose dont il s'agit n'a rien de contraire aux idées reçues; mais si on prouve qu'elle est déraisonnable et nuisible aux intérêts religieux, la prescription ne saurait plus l'autoriser; car, la longueur du tems n'a aucune force pour justifier la continuation d'une pratique dont l'origine n'a jamais pu être légitime. Sans doute ce cumul de bénéfices qu'on reproche à Pierre Olivari, était moins sa faute que celle de son siècle. Mais, si on ne peut l'absoudre d'y avoir prêté la main, il couvrit du moins l'illégalité de sa position par les services qu'il rendit à la religion et au Siége apostolique. Son talent était d'exceller dans l'art de la parole et dans celui du maniement des affaires. Le cardinal Anglicus l'ayant pris en affection, se l'attacha à titre de camérier [1]; d'où il advint qu'on le vit plus rarement encore faire acte de présence dans les églises qu'il était tenu de desservir. Nous le croyons frère ou parent de Raymond de Falghario, évêque de Toulouse. Durand André et Pierre Olivari étaient donc les premiers dignitaires de leur compagnie, et c'est en eux que se personnifiait la richesse intellectuelle du clergé Aptésien.

Le malheur du chapitre fut d'être privé de la présence de ces chefs expérimentés. Que ne se trouvaient-ils à la tête de leurs collègues! alors la réforme se serait accomplie plutôt et bien par la

---

[1] Baluze, *Vitæ Papar. Aven.* T. 2.

seule voie de l'exemple et de la persuasion. Il était tems néanmoins d'agir. Les murmures du public mettaient l'évêque en demeure de remédier aux désordres. Témoin du mépris que les capitulans affichaient pour les plus saintes règles, Raymond III avait médité long-tems et en silence, sur les moyens de courber ces privilégiés de la cléricature sous le joug salutaire de la discipline. Déjà, il s'était ouvert de son projet aux évêques qui célébrèrent le concile national, et surtout au cardinal Anglicus durant ses longues villégiatures en notre ville. Profitant de leurs vues et de leurs conseils, il avait tracé lui-même les linéamens de la réforme qui convenait à l'église d'Apt : mais, les abus nourris dans son sein, se dressaient trop nombreux et trop vivaces pour pouvoir être déracinés sur-le-champ et à l'aide seul de la crosse. Au moral comme au physique, le mode d'application d'un remède n'est jamais arbitraire : la prudence veut qu'on procède dans ce cas avec tout le discernement possible, sans cela, on aigrit les maux qu'il s'agit de guérir, et on ouvre la porte à de fâcheux symptômes.

Raymond III comprit ainsi, que la réforme, pour être efficace, devait émaner d'un pouvoir supérieur au sien, pouvoir qui, en développant tous les ressorts de son influence, inspirerait plus de respect aux esprits dociles, et ferait taire l'orgueil de ces esprits opiniâtres qui envisageaient la répression des abus avec une sorte d'horreur. Plein de cette pensée, il fait retentir ses doléances au pied du trône apostolique, et signale en traits expressifs mais véritables les calamités de l'église d'Apt. Grégoire XI, on s'en souvient, n'étant encore que cardinal, avait accompagné son vénérable prédécesseur, auprès de la tombe de Saint-Elzéar. Dans ce voyage, il avait pu se former une opinion sur l'état déplorable du corps capitulaire et sur le besoin d'une main puissante pour le sortir de l'abîme. Le Pape possédait donc par devers lui, tous les élémens de conviction : ses souvenirs s'accordaient avec les plaintes récentes de l'évêque ; il fallait d'ailleurs se hâter ; car, chaque jour, le mal tendait au pire en agrandissant sa sphère d'activité. Ebranlé par ces motifs, Grégoire nomma un commissaire qu'il investit de pouvoirs spéciaux, avec mission de se rendre à Apt, pour y procéder sans délai à la réformation des compagnies ecclésiastiques, tant dans leurs chefs que dans leurs membres. Le choix Pontifical tomba sur un homme de haute portée, le docteur Sabathéry, l'un des familiers du cardinal Anglicus. La bulle de sa nomination porte textuellement ce qui suit : [1]

« Grégoire, évêque, Serviteur des Serviteurs de
« Dieu, à notre cher fils maître Jean Sabathéry,
« docteur ès-SS. Décrets, recteur de l'église pa-

---

[1] Voy. à la fin du Vol. la Note 1 du Livre VI.

« roissiale de Saint-Jean-d'Olonzac, diocèse de
« Saint-Pons de Tomières : Salut et Bénédiction
« Apostolique.

« S'il est de notre devoir de veiller au bon gou-
« vernement des églises et des abbayes, il ne nous
« appartient pas moins d'en opérer la réforme,
« lorsquelles s'écartent du but de leur institution.
« Divers rapports provenant de sources non sus-
« pectes, nous auraient appris l'état déplorable
« dans lequel se trouvent tant au spirituel qu'au
« temporel, non seulement la cathédrale d'Apt
« avec les églises collégiales de ce diocèse, mais
« encore les monastères, hospices et autres lieux
« pieux, soit séculiers soit réguliers de l'un et de
« l'autre sexe, exempts ou non exempts : et cela,
« par la faute des dignitaires, recteurs et mem-
« bres desdites églises ou maisons religieuses, li-
« vrés entr'eux à l'esprit de discorde, insoucieux
« de leurs devoirs, ennemis de la répression des
« abus, coupables enfin d'énormités dignes d'une
« sévère punition, et que nous ne saurions plus
« long-temps dissimuler sans assumer sur notre
« tête la plus grave responsabilité.

« Nous donc, pénétré d'une vive douleur, à la
« vue de cet état de choses, et désirant procurer
« paternellement le bien desdites églises, monas-
« tères, hospices et autres lieux pieux ainsi que
« la correction des dignitaires, recteurs et per-
« sonnes écclésiastiques du diocèse d'Apt, nous

« commettons par la teneur des présentes et con-
« fions à votre sagesse, science et probité, la char-
« ge de travailler à la réforme des églises cathé-
« drale et collégiale dudit diocèse comme à celle
« des monastères, hospices et autres instituts re-
« ligieux des deux sexes, exempts ou non exempts,
« de l'ordre de Saint Benoit ou de Saint Augustin,
« en ne vous proposant d'autre vue que la gloire
« de Dieu, le salut des ames et l'avantage des mê-
« mes églises ou monastères. — Nous voulons
« qu'investi de notre autorité, vous visitiez le dio-
« cèse d'Apt: que vos investigations embrassent
« tout ce qui intéresse le régime des églises ou
« maisons religieuses, tant dans les choses que
« dans les personnes; et que, par voie d'enquête
« ou autrement, vous recherchiez ce qui a besoin
« de correction et d'amendement, afin d'y appli-
« quer un prompt remède.

« C'est pourquoi, nous vous accordons par les
« présentes la faculté de suspendre les délinquans
« de leurs bénéfices et fonctions, d'absoudre les
« excommuniés *à jure*, de relever de l'irrégula-
« rité ceux qui l'auraient encourue, et de connaî-
« tre de toutes les causes nées ou à naître entre
« notre vénérable frère Raymond, évêque d'Apt,
« et les chanoines de la même ville; avec pouvoir
« de citer devant vous, tous ceux que vous aurez
« besoin d'entendre, sans qu'il soit nécessaire de
« remplir les formalités usitées en pareil cas... En

« outre, vous aurez à vous occuper de l'adminis-
« tration curiale de l'Église d'Apt, de l'office du
« sacristain qu'il convient de doter sur les reve-
« nus capitulaires, et de toutes les choses que vous
« estimerez utiles ou nécessaires dans l'intérêt de
« la réforme: vous laissant maître d'ailleurs d'em-
« ployer les censures contre les rénitens pour les
« amener aux termes de l'obéissance...

« Donné à Avignon, le 15 des kalendes d'avril,
« l'an second de notre Pontificat.

Peu de jours après, parut une autre bulle explicative de celle qu'on vient de lire, où le Pape peignait avec plus de détails et en traits plus incisifs, les désordres du clergé d'Apt. Cette pièce étant du domaine de l'histoire comme la précédente, réclame ici une place que nous nous empressons d'accorder. Grégoire y parle toujours au docteur Sabathéry:

« Si l'une des principales attributions de notre
« charge, dit-il, est de veiller au bien des églises
« et des monastères, à nous aussi appartient de
« les réformer et amender, lorsque se fait sentir
« la nécessité de ce remède.

« En effet, nous aurions appris, non sans la
« plus vive douleur, que, dans la ville d'Apt et son
« diocèse, nombre de prêtres avec maints cha-
« noines de la cathédrale et autres personnes éc-
« clésiastiques tant régulières que séculières, fe-
« saient un trafic honteux de leurs bénéfices: que

« ces prêtres et chanoines, au détriment de ladite
« église, mettaient pour ainsi dire dans le com-
« merce, par des transactions, ventes, louages,
« stipulations sous seing privé ou par acte public,
« les biens dépendans de leurs bénéfices, savoir :
« terres, maisons, vignes, prés, pacages, bois,
« moulins et autres propriétés mobilières ou im-
« mobilières, reconnues de tout temps pour ap-
« partenir à ladite église et faire partie desdits bé-
« néfices : que les uns livraient pour un temps
« plus ou moins long, ces biens à de jeunes clercs
« ou même à des laïques qu'ils affectionnaient :
« que les autres les donnaient à ferme viagère ou
« à bail emphythéotique, moyennant une annuelle
« redevance : que ceux-ci les divisaient entre plu-
« sieurs particuliers : que ceux-là, enfin, allaient
« jusqu'à les vendre ou aliéner comme un domai-
« ne patrimonial.

« Ce n'est pas tout : on nous aurait aussi infor-
« mé que maints ecclésiastiques de la même ville,
« n'avaient obtenu les canonicats, prébendes et
« bénéfices dont ils étaient titulaires que par des
« procédés simoniaques : que, nonobstant le vice
« radical qui entache une pareille possession, ils
« continuaient à jouir desdits bénéfices, et qu'ainsi
« ils ne craignaient pas de compromettre le salut
« de leurs âmes, et de courir les chances du ma-
« lheur éternel.

« Nous donc, voulant repousser tout soupçon

« de connivence avec les auteurs de ces désordres
« et pourvoir d'ailleurs au bien de ladite église,
« non moins qu'au salut desdites personnes, nous
« confions et commettons à votre sagesse et dis-
« crétion, le soin d'informer sur tout ce que des-
« sus dans la cathédrale d'Apt, sans autre mobile
« que la plus grande gloire de Dieu; afin qu'après
« avoir reconnu dans ladite église et son chapitre,
« tout ce qui sera susceptible de réforme ou cor-
« rection, vous preniez sous notre autorité les me-
« sures les plus promptes et les plus capables d'at-
« teindre le but que nous nous proposons; vous
« autorisant, du reste, à mulcter tous chanoines
« ou autres membres du chapitre qui auraient ainsi
« abusé des biens affectés au culte de Dieu, et à
« les contraindre, par la voie des censures, à gar-
« der intacte la dotation de leurs bénéfices, à les
« desservir avec fidélité, sous peine de s'en voir
« définitivement éconduits.

« A ces fins, nous vous accordons par l'auto-
« rité apostolique, les pouvoirs les plus amples
« pour ajourner devant vous tous ceux que vous
« aurez besoin d'entendre; — pour suspendre de
« leurs bénéfices et fonctions, tous ceux que vous
« en jugerez dignes; — pour signaler et déclarer
« d'abord ceux qui ont dilapidé les biens de l'église,
« puis, ceux que vous aurez reconnus s'être mis,
« par des voies simoniaques, en possession de leurs
« bénéfices, et avoir, par cela même, mérité de les

« perdre; — pour couvrir toute irrégularité au
« moyen des dispenses, à l'égard de ces sortes de
« personnes, en leur imposant néanmoins une pé-
« nitence salutaire, dont le premier acte sera d'a-
« bandonner les bénéfices par eux iniquement
« possédés; — pour accorder à ces ecclésiastiques
« démissionnaires, une partie des sommes qu'ils
« ont indûment perçues sur lesdits bénéfices, et
« appliquer l'autre partie à l'amélioration des biens
« en dépendans; — pour abolir toute note d'in-
« fàmie et d'incapacité encourue par lesdites per-
« sonnes à l'occasion des faits précités; — pour
« conférer légalement les chanoinies, prébendes
« et bénéfices qui viendraient à vaquer durant le
« cours de votre commission, à des personnes
« idoines et capables, quand même elles seraient
« du nombre de celles qui, comme il a été dit, au-
« raient possédé bénéfice par simonie, pourvu
« qu'elles aient préalablement donné leur démis-
« sion; — pour mettre en possession réelle et
« corporelle de leurs bénéfices, chanoinies et pré-
« bendes, soit par vous en personne soit par un
« délégué, ceux à qui vous les aurez conférés; —
« pour recevoir les titulaires ou leurs procureurs
« en qualité de chanoines et de capitulans, et les
« installer dans l'église où leurs canonicats et pré-
« bendes sont attachés; — pour faire jouir lesdits
« titulaires de tous les revenus, rentes, produits,
« droits, prérogatives, immunités desdits bénéfi-

« ces, avec la faculté de pouvoir contraindre, en
« vertu de notre autorité, tous les renitens et re-
« belles à qui nous enlevons le moyen de se pour-
« voir en appel, et cela, nonobstant la bulle de
« Boniface VIII, d'heureuse mémoire, notre pré-
« décesseur, les constitutions apostoliques, les
« statuts et usages du chapitre d'Apt à ce contrai-
« res... Donné à Avignon, aux kalendes de mai,
« l'an second de notre pontificat. »

Muni de ces pleins pouvoirs, le docteur Sabathéry se rendit à Apt en toute diligence, et alla
descendre dans la maison prévôtale, où on l'accueillit avec tous les égards dûs à son mérite personnel et au caractère dont il était revêtu. Cependant, à son arrivée, l'émeute avec ses aspects me-
naçants, avec ses cris sinistres, gronda dans les
rues et les carrefours de la cité. C'était une manifestation du parti anti-réformiste, composé de toutes les personnes que la répression des abus frois-
sait dans leurs intérêts : manifestation qui couvrit
de honte ses auteurs, et leur valut une poursuite juridique suivie d'une condamnation. Mais, laissons
pour le moment cette scène que nous raconterons plus tard. Le récit de la réforme sera mieux
saisi, si rien n'en interrompt le fil ; c'est pourquoi
nous le dégageons de tous les faits qui y sont étrangers. Dès que l'ordre eut repris son cours, le chapitre se réunit au son de la cloche dans la salle capitulaire. Là, après une harangue pleine d'onction

sur le but de sa mission, Sabathéry donna lecture des bulles de Grégoire XI, et les fit ensuite afficher aux portes de la cathédrale.

Avant de porter la hache dans la forêt séculaire des abus, il fallait d'abord en étudier l'origine et les ramifications : le succès d'une réforme était à ce prix. Embrassant donc, dans sa pensée, tout ce qui intéressait les besoins spirituels et temporels de l'église d'Apt, le délégué pontifical se livra à une scrupuleuse recherche pour constater l'état des uns et des autres. Il fit appel à toutes les spécialités pour avoir des renseignemens sur la situation des choses et la disposition des esprits ; il s'aboucha avec des personnes influentes et capables de l'éclairer dans sa marche; il écouta avec la plus grande attention tous les prêtres qui avaient, soit des faits à lui communiquer, soit des vues à lui soumettre; il recueillit des données exactes sur la valeur des biens ecclésiastiques et sur le produit approximatif de chaque bénéfice; enfin, il classa avec soin, en les comparant, tous les détails qui étaient parvenus à sa connaissance. C'est à l'aide de ces élémens, qu'il formula plus tard, dans le silence du cabinet, un beau règlement qui devait reconstituer sur de nouvelles bases le corps capitulaire, et maintenir dans son sein les liens de la discipline. Après cette enquête préliminaire, Sabathéry arrêta plusieurs mesures dont l'urgence se fesait sentir. Ainsi, pour étouffer tout germe de division entre l'évêque et les capitulans, il procéda avec un soin minutieux à la description des quartiers du territoire soumis à la dixmerie épiscopale où à celle du chapitre [1]. Comme les plaintes des bénéficiers avaient, depuis long-temps, signalé une disproportion choquante entre leurs prébendes et celles des chanoines, il entreprit un nouveau partage, et eut la patience de faire placer des bornes dans tous les lieux où l'ancienne délimitation avait été rectifiée; enfin, il supprima le droit usurpé par les chanoines, d'administrer à eux seuls, les revenus de la mense capitulaire, voulant qu'à l'avenir les clercs prébendés intervinssent dans cette gestion : mesure juste et équitable dont le but était de rendre plus difficile le gaspillage, par le contrôle d'un plus grand nombre d'intéressés. Pour ce qui est du règlement distribué en 107 articles et formant ce qu'on appelle *les statuts du chapitre d'Apt*, Sabathéry le dressa à Avignon sur les notes prises dans le cours de sa visite. Rédigé avec clarté et précision, il explique en détail, l'ordre à suivre dans le partage des revenus, la discipline à garder dans le chœur, les fonctions à remplir par les divers membres de la compagnie. Rien n'y est oublié, de ce qui peut servir à l'amélioration des mœurs et à la répression des abus. Présenter un résumé des articles les plus remarquables avait

---

1 Voir, à la fin du volume, la note II du livre six.

été d'abord le plan que nous avions adopté; mais il a fallu y renoncer en songeant aux difficultés de la mise en œuvre. Au fait, comment placer tant de choses dans le corps de la narration, sans nuire aux proportions historiques ? Tout ce qu'on pouvait raisonnablement tenter, c'était de clorre avec le moins de paroles possibles, le sens des dispositions les plus saillantes, pour reporter cette analyse à la fin du volume. Par ce moyen, sans franchir de justes limites, on aurait donné une idée de ce code disciplinaire où revivent les mœurs cléricales du XIVe siècle. Mais le temps nous a manqué pour réaliser ce projet. Forcé d'en ajourner l'exécution, nous nous bornerons à rapporter la préface de Sabathéry, à la suite de laquelle marchent les statuts, préface digne par sa forme de piquer la curiosité des lecteurs.

« Ruth la moabite cédant aux conseils de Noé-
« mi, sortit pour aller glaner sur les pas de ceux
« qui moissonnaient dans le champ de Booz : ainsi
« suis-je accouru à la voix du Pontife suprême dans
« le domaine du Seigneur, vers l'héritage de l'é-
« glise d'Apt pour y recueillir derrière les mois-
« sonneurs et rassembler en gerbes les épis dis-
« persés, c'est-à-dire, les statuts de cette antique
« cathédrale. J'ai dit *derrière les moissonneurs*,
« savoir : les métropolitains d'Aix qui ont formulé
« ces salutaires règlemens dont les uns cependant
« lient trop fortement les âmes et les autres dé-

« passent les efforts des hommes de bonne vo-
« lonté : règlemens bien respectables sans doute,
« mais violés par ceux-là mêmes qui en juraient
« l'observation, ou tombés en désuétude dans l'é-
« glise dont ils devaient maintenir la dignité.

« C'est pourquoi, moi, Jean Sabathéry, doc-
« teur ès-saints décrets, nonce apostolique, ré-
« formateur de l'église d'Apt, tant dans son chef
« que dans ses membres, animé d'un vif désir de
« renouveller pour l'intérêt des âmes et l'utilité de
« cette église, les anciens règlemens abrogés par
« le non-usage, j'ai compulsé les statuts provin-
« ciaux et synodaux de ladite église, et, après avoir
« pris conseil des personnes les plus capables, j'ai
« reconnu que plusieurs de ces statuts restaient en
« oubli, parce que l'observation en était ou trop
« difficile ou presque impossible, circonstance
« très propre à multiplier les chances de la perte
« des âmes.

« J'ai donc opéré des changemens dans les uns,
« introduit des corrections dans les autres, ajouté
« à ceux-ci, retranché à ceux-là, selon qu'il m'a
« paru bon et utile à l'église d'Apt, non moins
« qu'avantageux aux chanoines et aux clercs qui la
« desservent.

« Ne soyez pas surpris si les institutions hu-
« maines se modifient avec le tems et les circons-
« tances. Une nécessité évidente fondée sur le bien
« public, justifie et conseille ce changement. Aussi,

« vous le voyez assez souvent, l'Eglise notre au-
« guste mère adopte dans l'intérêt de ses enfans et
« prescrit de nouvelles règles, sans pour cela s'é-
« carter de l'esprit de sagesse qui la dirige : règles
« qu'elle remplace par d'autres mieux entendues,
« mieux appropriées aux besoins de l'époque, et
« le motif de cette conduite est d'éviter la perte
« des âmes et de procurer leur salut.

« De tous les statuts auparavant épars, et réu-
« nis à cette heure par un lien commun, j'ai formé
« un faisceau ou plutôt une gerbe. En la secouant,
« vous en verrez sortir une mesure de froment et
« une mesure d'orge, symbole naturel des alimens
« dont se nourrissent l'âme et le corps. Si vous
« gardez les règles et observez les maximes offer-
« tes à votre fidélité sous cette gràcieuse image,
« alors, vous recueillerez à votre profit et à celui
« du prochain, le fruit des œuvres agréables à
« Dieu que vous aurez faites, je veux dire, ces
« deux mesures dont l'une représente la gloire du
« Très-Haut, et l'autre votre intérêt personnel uni
« à celui de vos frères : mesures, si vous aimez
« mieux, dont la première personnifie la vie de
« l'âme qui s'accroît par la prière, et la seconde,
« la vie du corps qui se maintient à l'aide du boire
« et du manger : mesures, enfin, qui peuvent se
« traduire par les deux grands actes de la charité
« chrétienne, l'amour de Dieu et du prochain, ou
« bien par les deux genres de vie préconisés

« dans l'Église, l'action et la contemplation......

« Vous donc, messires les chanoines, clercs pré-
« bendés et prêtres de l'église d'Apt, par l'autorité
« apostolique qui m'a été confiée, je vous exhorte,
« et, s'il le faut, je vous ordonne, en vertu de
« sainte obédience, d'observer fidèlement les pré-
« sents statuts renouvelés des anciens usages de
« votre église et introduits par moi dans ce recueil,
« avec obligation à tous et chacun, de les lire ou
« entendre lire en Chapitre, aux quatre tems de
« l'année, afin que nul, pour cause d'ignorance,
« puisse se croire dispensé d'en accomplir les sa-
« lutaires prescriptions. »

Cette harangue de Sabathéry ne manque ni d'esprit ni d'à-propos ; mais le morceau le plus curieux de son œuvre est celui où il annonce et motive le régime auquel le Chapitre va être désormais soumis. Ici, le réformateur cédant au besoin d'invectiver contre un Clergé oublieux de ses devoirs, colore son style d'un reflet de sa verve satirique :
« La loi, dit-il, a été établie en vue des transgres-
« seurs, et afin de retenir les esprits impatiens du
« frein de la discipline. Nous avions ouï parler et
« nos yeux ont été témoins de l'état déplorable de
« l'église d'Apt. L'étude du passé et l'expérience
« du présent montrent clairement que l'énorme
« dilapidation des revenus capitulaires, provient
« du fait seul des chanoines. C'est ce qui nous
« porte à leur adjoindre en qualité d'auxiliaires

« dans l'administration du temporel, les clercs
« prébendés, afin que la dotation de la compagnie
« ne puisse être à l'avenir gaspillée par ces digni-
« taires. Non contents de s'enrichir, eux avec leurs
« créatures, aux dépens du Chapitre qu'ils dé-
« pouillaient de ses biens, comme cela est arrivé
« maintes fois par un abus très criminel aux yeux
« de Dieu, ils se substituaient encore des étran-
« gers, non par un mouvement de charité, mais
« par une impression toute charnelle. Conduite
« monstrueuse! car, obligés sous la foi du ser-
« ment à garder ces biens pour leur usage et l'uti-
« lité du corps dont ils étaient membres, devaient-
« ils s'en dessaisir pour les livrer à des mains sé-
« culières? Aussi, pareils à des enfans prodigues,
« ils ont dissipé leur patrimoine en folles dépen-
« ses, et se sont exposés à mourir d'inanition en
« rassasiant les autres. Puis, pour appaiser leur
« faim, réduits à garder les pourceaux, ils ont
« avidement recherché la nourriture de ces ani-
« maux immondes, en se livrant, en dépit d'un
« noble état, à des industries profanes, à des spé-
« culations mercantiles et à des pratiques usurai-
« res... » On voit, par cet échantillon, à quel degré
d'avilissement était tombée la cléricature Aptésienne : le mal, à coup sûr, devait être grand; car,
autrement la censure qu'on vient de lire, n'aurait-
elle pas soulevé contre son auteur l'animadversion
du public?

Quand Sabathéry eut mis la dernière main à ses statuts, il s'occupa de les notifier aux parties intéressées. Le prévôt, chargé par le docteur d'accomplir en son nom cette formalité, reçut d'Avignon des lettres *citatoires* dont l'une pour lui-même, et l'autre pour le curé de l'église d'Apt. Dans toutes les deux, Sabathéry continue de se qualifier commissaire du Saint-Siége et réformateur de cette église, tant dans son chef que dans ses membres. Le prévôt ayant envoyé à Bertrand Aiguisier la missive qui était à son adresse, celui-ci la lut dans le chœur en présence des capitulans, et la fit ensuite afficher à la porte principale de la Basilique. Datée d'Avignon, le 5 décembre 1372, elle est conçue en ces termes : « La divine Provi-
« dence d'où dérivent tous les biens, ayant daigné
« nous assister dans les utiles ordonnances que
« nous venons de formuler pour l'église d'Apt,
« avec le concours d'hommes de piété et de sa-
« voir, nous nous flattons que l'offense de Dieu
« sera retranchée du milieu de la tribu lévitique,
« à l'aide de ces saintes règles qui deviendront un
« remède salutaire pour les ames et pour les corps.
« Mais, le fruit qu'on a droit d'en attendre serait
« bientôt perdu, si le Clergé dont elles doivent
« régulariser la conduite, n'en avait qu'une notion
« imparfaite ou se montrait indifférent à leur égard.
« C'est pourquoi, nous vous mandons et ordon-
« nons, en vertu de sainte obédience, sous peine

« d'excommunication, de citer publiquement dans
« votre église, de notre part ou plutôt de celle du
« Saint-Siége, le Révérend Père en Dieu, Ray-
« mond évêque d'Apt, avec les prévôts, chanoi-
« nes, clercs prébendés et autres prêtres de ladite
« église, afin que le quatrième jour après cette ci-
« tation, ils aient à se trouver à Apt en personne,
« dans le chœur de la Cathédrale pour y entendre
« la lecture des nouveaux statuts, et de leur dé-
« clarer qu'en cas de non-comparution, on pro-
« cédera à l'encontre des défaillans selon toute la
« rigueur du droit. »

L'horloge de la cathédrale frappait midi, et le beffroi sonnait l'*Angelus*, quand, au jour indiqué, les capitulans à la tête desquels marchait le vénérable évêque, traversèrent la grande nef pour se rendre au lieu de l'assignation. On doit ici remarquer, comme trait caractéristique de l'époque, l'humble attitude de l'épiscopat vis-à-vis de la Cour romaine, puisque, sur l'ordre d'un simple délégué, le prélat Aptésien est sommé de comparaître, et cela sans plus de façon, que le dernier de ses subalternes. Dès l'ouverture de la séance, le prévôt, qui, en ce moment, jouait un rôle supérieur à celui de son chef hiérarchique, exhibe la lettre qu'il avait reçue, et la passe à un notaire pour en donner lecture. Cette pièce était ainsi conçue : « Jean Sabathéry, docteur ès droits, etc.,
« au Vénérable Durand André, prévôt du chapitre

« d'Apt. Ayant, depuis peu, mis la dernière main
« aux statuts de votre église, que nous avons tâché
« de rendre aussi complets que possible; et dési-
« rant les mettre en vigueur et en cours d'exécu-
« tion pour la gloire de Dieu et le salut des ames,
« nous avions formé le projet d'aller à Apt, afin
« d'y faire publier nous-même ces salutaires régle-
« mens comme c'était notre intention; mais, la
« charge que nous tenons en Cour de Rome, ne
« nous permettant point de faire le voyage de
« cette ville, nous vous transportons tous nos
« pouvoirs, à l'effet d'accomplir vous-même cette
« publication, avec ordre à tous membres et ser-
« viteurs du chapitre, en vertu de sainte obédience
« et sous peine d'excommunication, de vous obéir
« en tout ce qui concerne votre mandat. Donné
« à Avignon, ce 4 décembre 1372. » — Cette
lecture achevée, le prévôt usant de ses pouvoirs,
ordonna la publication des statuts que l'assemblée
accueillit avec des marques non équivoques de
respect. Puis, dans l'intérêt des absens comme des
présens, il fut dit que ce nouveau code de discipline serait transcrit sur un livre déposé au chœur,
afin que chacun eut la liberté de le consulter, et
d'y avoir recours en cas de besoin. L'évêque alors,
s'inspirant du plaisir que lui causait la réforme,
improvisa une touchante allocution. Après s'être
félicité d'avoir vu luire ce beau jour si impatiemment désiré et si lent à paraître, il excite la gra-

titude de son clergé envers le siège apostolique qui vient d'ouvrir une ère de gloire et de félicité à l'église d'Apt; il rappelle aux chanoines les principes de sagesse, de piété et de modestie qui doivent animer les vétérans d'Israël; il tache de leur en faire sentir tout le prix, toute la douceur, et finit en les exhortant à montrer par leur conduite que ces principes sont profondément gravés dans leur cœur. L'ouvrier du Chapitre prit à son tour la parole, pour célébrer, de son point de vue, les bienfaits de cette régénération cléricale. Son discours roula, à peu de chose près, dans le même cercle d'idées que celui du prélat; mais, il offrit un plus grand nombre d'aperçus tant sur le caractère de Sabathéry, que sur l'excellence de son œuvre. L'attention religieusement soutenue jusqu'ici, commençait à s'épuiser; il était temps de mettre un terme à une séance si longue et si bien remplie : on touchait d'ailleurs aux plus petits jours de l'année, et le soleil couchant éclairait à peine d'un faible rayon, les hautes fenêtres du temple garnies de vitraux coloriés. L'assemblée se sépara donc en s'ajournant au lendemain; car, il restait encore une autre formalité à remplir, celle du serment que les capitulans devaient prêter au nouvel ordre de choses fondé par le ministre pontifical. Ce fut dans cette dernière réunion qu'ils jurèrent tous sur les saints Évangiles, *d'observer les statuts autant qu'il serait en eux.*

Cette réforme si heureusement consommée, ne s'était pas néanmoins ouverte sous des auspices favorables. Nous avons déjà dit que des scènes de désordre avaient éclaté à Apt, au moment de l'arrivée du nonce apostolique. Quel était le but de cette démonstration comminatoire? C'était d'intimider les réformistes pour les contraindre à délaisser leur entreprise. Quels en étaient les instigateurs? Ceux apparemment qui avaient intérêt au maintien d'un régime vicieux, ces familles nanties depuis long-tems des biens du chapitre, ces avides collatéraux auxquels de trop complaisans chanoines avaient inféodé leurs riches prébendes. Le clergé influa-t-il d'une manière quelconque sur cette levée de boucliers ? Plusieurs de ses membres, il est vrai, envisageaient avec peine le retour de l'ancienne discipline; mais rien ne prouve que, pour y mettre obstacle, ils se soient oubliés au point de faire appel aux aveugles passions de la multitude. Quoiqu'il en soit, au premier bruit de la prochaine venue de Sabathéry, maintes coteries s'étaient formées où l'on parlait fort librement de ses projets. Divers seigneurs hostiles à l'Église avaient formé entr'eux une ligue, pour paralyser le zèle du docteur, et l'entraver dans l'exercice de ses fonctions. On ne sait pas bien les motifs qui les fesaient agir; la plus puissante amorce qui les attirât, était peut-être le besoin de faire de l'opposition, et le plaisir de se livrer à des actes audacieux et illicites. Les ennemis de la réforme avaient donc disposé d'avance leurs batteries pour les faire jouer au moment convenu. Ce moment devait être celui où Sabathéry apparaîtrait dans nos murs. A peine le vit-on descendre dans la maison prévôtale, que les vociférations d'une populace ivre, éclatèrent aux alentours comme les rauques clameurs d'une mer orageuse. Des flots de prolétaires excités par des individus de la classe bourgeoise, s'étaient rués dans la cour du chapitre, en criant : *Point de réforme ! A bas le réformateur !...* Alors le scandale fut grand. Les rassemblemens tumultuaires ont cela de particulier, que la malice y dépouillant toute pudeur, ne reconnaît plus de bornes. Les perturbateurs, dociles à cet instinct, s'exaltent contre l'envoyé pontifical, et se livrent à tous les excès d'un délire satanique. Le domicile du prévôt est cerné de toutes parts, et une grêle de pierres tombe avec fracas sur les portes et les croisées. Plusieurs individus pénètrent dans l'intérieur, et là, ils se répandent en menaces et en imprécations contre les dignitaires de l'Église à qui on promet un mauvais parti, si la réforme s'exécute. Nous le répétons, le scandale fut grand. L'hôtel-de-ville heureusement était voisin du lieu où se passait cette scène. Les syndics y accourent aussitôt et parviennent, non sans peine, à calmer ces furieux. Il était du devoir de Sabathéry d'instruire le Pape de cet évènement ; il le fit avec toute la modération qu'on avait droit d'attendre de son caractère. Sa Sainteté en fut profondément affectée, et, sous l'impression de ce sentiment, elle commit, par un oracle de vive voix, Pierre, archevêque de Bourges [1], son camérier, pour informer contre les auteurs et instigateurs d'une si criminelle entreprise, avec ordre de les punir d'une manière exemplaire et selon toute la rigueur du droit.

A la suite des émotions populaires, pour ne pas trop élargir le cercle des coupables, les rigueurs de la justice tombent exclusivement sur les chefs. Ici, on se borna à poursuivre six individus des plus compromis parmi ceux qui avaient envahi la maison du prévôt. C'étaient Guillaume de Meylan, Antoine Ollier, Rostang Porqueriis, Jean Audric, Bertrand Jullian et François Stephani, tous bourgeois et appartenant à l'état laïque, sauf le dernier qui était clerc mais sans fonction, attendu qu'aucun lien ne l'attachait à l'Église (*clericum solutum*). L'archevêque de Bourges, faisant droit aux conclusions du procureur fiscal, décerna contre ces prévenus un mandat de comparution qu'un huissier de Sa Sainteté alla leur signifier en toute diligence. Ce mandat portait en substance, qu'à tel jour et à telle heure, ils eussent à se présenter en personne pardevant le juge-commissaire à Avignon, dans la salle de la trésorerie au palais apos-

[1] Voir, à la fin du Vol. la note 3 du Livre VI.

tolique, lieu ordinaire des audiences du tribunal, pour être entendus sur les faits articulés à leur charge par le ministère public. Au jour fixé, tous les prévenus parurent à la barre et y subirent un interrogatoire à la suite duquel, sur le réquisitoire du procureur fiscal, l'archevêque de Bourges délivra un mandat de dépôt pour les faire écrouer dans les prisons pontificales.

Peu de jours après, le même prélat, distrait de ses fonctions judiciaires par des soins plus urgents, se substitua, dans l'affaire Aptésienne, Simon archevêque de Tours à qui il adjoignit Sabathéry en qualité d'assesseur. L'appel de ce dernier comme arbitre dans une cause où il était partie intéressée, nous semble une inspiration malheureuse et contraire aux règles de l'équité naturelle. Ce changement ne fit que ralentir la procédure sans l'interrompre. L'ennui de la captivité inspire parfois des pensées salutaires. Les prévenus s'avouant leurs torts, rédigèrent en commun une humble requête pour obtenir la liberté provisoire. En vue de ce bienfait, ils promettaient de renoncer à leurs défenses et d'acquiescer au jugement qui interviendrait, quoique rendu sans débat contradictoire et sur le simple dire des témoins; de plus, ils s'obligeaient par serment à ne plus rien entreprendre désormais au préjudice de l'Église, et à mettre en garantie de cette promesse, leurs personnes et leurs biens aux pieds du Pontife romain.

Le succès couronna cette démarche : le prélat ayant consenti la fin de leur requête, indiqua aux prévenus le jour où ils devaient se représenter pour ouïr le prononcé du jugement. Mais, par le besoin qu'il eut de s'absenter de la Cour romaine, l'affaire revint au premier juge qui la reprit au point où elle avait été laissée. Celui-ci s'étant fait rendre compte des incidens survenus depuis sa retraite, fixa un terme péremptoire après lequel l'arrêt serait définitivement rendu. Ce terme étant arrivé, tous les inculpés se trouvèrent présens à l'audience. Alors, le juge-commissaire ayant égard à la déclaration qu'ils avaient souscrite, et considérant que l'Église ne ferme jamais son sein aux coupables qui désirent y rentrer ; après avoir de nouveau interpellé les prévenus et reçu d'eux le serment d'acquiescer au jugement à intervenir, de ne jamais plus rien entreprendre contre l'Église catholique et en particulier contre l'église d'Apt; d'être soumis aux ordres et volontés des prélats ; de ne plus entraver l'exercice de leur juridiction; de respecter les libertés cléricales, et d'engager enfin à la chambre apostolique, tous leurs biens présens et à venir, le juge-commissaire, disons-nous, prononça l'arrêt dont la teneur suit:

« Nous, Pierre archevêque de Bourges, com-
« missaire nommé dans la cause présente, par un
« oracle de vive voix de S. S. : — Attendu qu'il est
« constant que Guillaume de Meylan, Antoine

« Ollier, Rostang Porqueriis, Jean Audric, Fran-
« çois Stéphani et Bertrand Julian, tous citoyens
« d'Apt, mûs par l'esprit malin, se sont portés
« tumultueusement à la tête de groupes nombreux,
« comme des furieux, vers la maison prévôtale de
« ladite ville ; que là, ils ont proféré des cris inju-
« rieux à la sainte Église et à ses dignitaires, sa-
« voir : que l'Église devait cesser de régner ; que
« les Prophètes avaient prédit son abaissement et
« sa chute ; que l'heure était venue d'accomplir
« ces prédictions ; que beaucoup de pays avaient
« déjà pris l'initiative de cette mesure....

« Attendu que les inculpés se sont répandus en
« invectives violentes contre le vénérable docteur
« Jean Sabathéry, envoyé à Apt par S. S. pour la
« réformation des églises de cette ville, ainsi que
« contre le vénérable Durand André, prévôt de la
« cathédrale, et autres membres du clergé ; —
« qu'ils ont adressé maintes paroles outrageuses à
« ces deux dignitaires, paroles de nature à ne pou-
« voir être ici reproduites ; — qu'ils ont dit et pro-
« clamé que la réforme, loin d'améliorer le régime
« de l'église d'Apt, y jetterait au contraire le trou-
« ble et la perturbation ; — qu'ils n'ont rien né-
« gligé enfin pour entraver le réformateur dans
« l'exercice de ses fonctions et soulever contre lui
« les masses populaires.

« Nous donc, commissaire susdit, après un
« examen approfondi des pièces de la procédure

« et des moyens invoqués pour ou contre les pré-
« venus : prenant en considération leur soumis-
« sion volontaire à la justice du Saint-Siége, et
« voulant les traiter avec indulgence, pour toute
« peine, correction et punition, ordonnons et sta-
« tuons que, d'ici à la fête de Noël prochaine, un
« jour de dimanche, avant la célébration de la
« grande messe dans la cathédrale d'Apt, au mo-
« ment où le peuple y afflue pour assister au ser-
« vice divin, tous les prévenus aient à se trouver
« sur la place publique, avec une torche de quatre
« livres à la main, pieds nus, en tunique sans ca-
« puce ni ceinture, pour, de là, s'acheminer, en
« passant par la maison du prévôt, théâtre de ces
« scènes scandaleuses, vers ladite église où étant
« arrivés, chacun d'eux tiendra sa torche allumée
« depuis l'Introït jusqu'à l'Offertoire, au moment
« de laquelle il ira l'offrir au pied de l'autel, après
« que le prêtre célébrant aura notifié à l'auditoire
« en langue romance, d'une manière claire et dis-
« tincte, la peine infligée aux délinquants.

« En ce qui touche Jean Audric et Bertrand
« Julian : — Attendu que nous les avons reconnus
« plus coupables que les autres, et qu'ils ont donné
« à leurs discours un plus criminel essor; nous
« voulons et ordonnons qu'en expiation des délits
« dont ils sont atteints et convaincus, indépen-
« damment de ce qui a été par nous statué à l'égard
« de tous les inculpés, ces deux individus, d'ici à

« la Noël prochaine, aient à se présenter avec une
« torche à la main comme dessus, pendant trois
« consécutifs dimanches, à l'heure de la messe
« officielle, dans l'église de Bonnieux ou de Viens
« ou de Forcalquier, pour y tenir comme il a été
« dit plus haut, leurs torches allumées jusqu'à
« l'Offertoire, et puis aller en faire l'offrande au pied
« de l'autel, tandis qu'un prêtre exposera au peu-
« ple en langue romance, le motif pour lequel ils
« ont été condamnés à cette pénitence.

« De plus, nous imposons à tous les prévenus
« en guise d'amende, l'obligation d'offrir en l'hon-
« neur de Dieu et de la bienheureuse Vierge, sous
« le vocable de laquelle l'église d'Apt se trouve
« placée, d'offrir, disons-nous, une croix d'argent
« pur du poids de six marcs, et cela dans le mois
« qui suivra l'application de la peine par nous im-
« posée. — Nous voulons qu'ils fassent en per-
« sonne l'offrande de ladite croix, à l'autel de N. D.
« d'Apt ; qu'aux grandes solennités de l'année, le
« sacristain de la cathédrale place cette croix sur
« ledit autel, afin qu'elle constate, auprès de la
« postérité, le crime ainsi que la punition des pré-
« venus, et devienne un monument propre à inti-
« mider ceux qui seraient tentés de suivre leurs
« exemples. Nous déclarons, cependant, que, pour
« l'achat de ladite croix, notre intention est que
« chaque prévenu contribue en raison de ses fa-
« cultés ; en sorte que celui qui a beaucoup soit

« passible d'une plus forte somme que celui qui a
« peu. Mandons et ordonnons aux inculpés ainsi
« qu'aux magistrats, en vertu de sainte obédience,
« d'accomplir et de faire accomplir dans un esprit
« de charité, les peines par nous imposées; et, afin
« de garantir l'exécution complète de notre juge-
« ment, ordonnons que les condamnés engageront
« tous leurs biens à la chambre apostolique.

« En outre, pour qu'à l'avenir nul d'eux n'ait la
« pensée de rien entreprendre contre l'église d'Apt
« et son Clergé, nous les avertissons que, dans le
« cas où ils auraient le malheur de récidiver, il
« serait procédé à leur égard suivant toute la ri-
« gueur du droit.

« En ce qui touche François Stéphani, clerc
« libre et sans fonctions (*clericum solutum*) : —
« Attendu qu'il est atteint et convaincu d'être le
« principal auteur de cette émeute scandaleuse, et
« d'avoir levé le sabre sur des personnes ecclé-
« siastiques, en poussant contre elles des cris de
« mort : Nous, après une mûre délibération sur
« tous les chefs à la charge de ce prévenu, délibé-
« ration à laquelle ont intervenu de savans légis-
« tes et des conseillers de la Chambre apostoli-
« que, condamnons ledit François Stéphani, en
« punition de ses méfaits, sans préjudice de la
« peine qui lui est commune avec ses complices,
« à sortir de la ville et du diocèse d'Apt, avec dé-
« fense d'y rentrer durant l'espace d'une année :

« ordonnons qu'expédition du présent jugement
« sera délivrée au prévôt d'Apt qui en a formé la
« demande tant en son nom qu'en celui de sa com-
« pagnie. Fait et lu à Avignon, en audience publi-
« que, par nous archevêque de Bourges, dans la
« chambre de la trésorerie au Palais apostolique,
« l'an 1372, indiction X⁰, le 16 du mois de décem-
« bre, an second du pontificat de Grégoire XI, en
« présence du Révérend Père en Dieu, Pierre
« abbé du monastère d'Ananie, trésorier de S. S.;
« de Maurice de Borda, clerc de la Chambre apos-
« tolique, de Pierre de Sarcenat, auditeur des
« causes du Sacré-Palais, et de plusieurs autres
« témoins également qualifiés. »

Ainsi fut dénouée l'affaire de ces perturbateurs. Malgré leur accès de colère dont le bon sens public fit prompte justice, la réforme s'accomplit avec succès et ne tarda pas à porter ses fruits. Depuis cette époque le nom de Sabathéry, devenu célèbre dans notre ville, était invoqué par les capitulans, chaque fois qu'une contestation s'élevait parmi eux. Au sein du chapitre d'Apt, l'état de paix garanti par d'éclatantes vertus individuelles, subissait néanmoins maintes interruptions. Les élémens divers dont se formait le personnel de la compagnie, les rivalités de rang et de préséance entre deux ordres de dignitaires, la ligne de séparation qui divisait les chanoines et les clercs prébendés, l'orgueil aristocratique des uns à côté de l'humilité plébéienne des autres : les premiers perpétuellement jalousés des seconds à qui les priviléges de leurs collégues pesaient comme un lourd cauchemar : en fallait-il davantage pour troubler l'harmonie, et faire naître des dissentimens qui retentissaient aux quatre coins de la cité ? Quand un procès s'engageait au parlement entre les membres de la vénérable compagnie, l'oisif citadin qui aimait à les suivre dans l'arène de la chicane, se faisait un plaisir de lire les factums publiés de part et d'autre, parce que ces écrits promettaient toujours d'être piquans. Et au fait, les causes de ce genre avaient un côté comique qui ne manquait pas d'être saisi par les avocats. Ceux-ci, d'ailleurs, ne s'emprisonnent pas tellement dans l'état de la question, qu'ils ne s'en écartent souvent pour se livrer à des digressions; et ici il n'y avait pour eux que la peine de choisir. Puis, si les clercs prébendés obtenaient gain de cause, comme cela arrivait quelquefois, alors le peuple s'associait à leur triomphe par des manifestations bruyantes ; dans chaque quartier, les citoyens formaient des rondes autour d'un feu de joie, et faisaient retentir les cris de : *Vive Sabathéry !* Après quoi la farandole, cette saturnale indigène qui se déploie, se tord, s'enlace, se débrouille comme un fuseau de garçons et de jeunes filles, déroulait au son du tambourin, ses élégantes spirales dans le tortueux méandre de la vieille cité.

Encore un mot sur Sabathéry : ce sera un dernier sillon de lumière destiné à mieux faire ressortir cette noble figure, dont les Aptésiens n'avaient eu jusqu'ici qu'une idée confuse ; car, les écrivains du pays, sans en excepter Remerville, se sont montrés avares de détails tant à l'égard du réformateur que de son œuvre ; et en cela ils ont méconnu le devoir de leur mission, puisque tout ce qui offre des traits saillans mérite de trouver place sur les tablettes de l'histoire. Nul n'était plus à même que Sabathéry de mener à bien l'entreprise dont Grégoire XI l'avait chargé. Esprit d'ordre, coup-d'œil juste, connaissance des affaires, discernement des hommes, mélange heureux de douceur et de fermeté, telles étaient ses principales qualités. Bien convaincu de la nécessité de la tolérance, à l'égard des imperfections humaines, pourvu qu'elles ne franchissent pas certaines limites, il pensait comme cet ancien qui avait souvent à la bouche ce mot judicieux : « Ne pouvant pas « faire les hommes tels que nous les voudrions, « supportons-les tels qu'ils sont, et tirons d'eux le « meilleur parti possible. » Cette modération lui réussit à merveille, et il eut la satisfaction d'apprendre que les prêtres mondains étaient devenus bons par ses règlemens, et que les bons en étaient devenus meilleurs. Au reste, ne blâmons pas trop Remerville ni ses devanciers d'avoir gardé un silence rigoureux sur la réforme capitulaire. Peut-être craignaient-ils de blesser les susceptibilités cléricales, en publiant sous les yeux du chapitre des faits peu honorables. Mais, à présent que ce corps est disparu de la scène du monde, plus de ménagement à garder, plus de motif de taire la vérité. Les pages qui précèdent, nous les avons écrites avec circonspection afin d'éviter le double écueil de l'exagération ou de la réticence. Pour ce qui est du mérite de la rédaction, s'il ne nous est pas permis d'y prétendre, on ne nous contestera pas, du moins, celui d'avoir fourni aux écrivains capables de les mettre en œuvre, des matériaux dont l'histoire provinciale profitera tôt ou tard.

Malgré l'incident fâcheux qui avait signalé le début de la réforme, les Aptésiens jubilaient toujours sous le charme de la canonisation d'Elzéar de Sabran. La levée de son corps restait à faire. A l'époque de l'émission de la bulle de Grégoire XI, on formait des vœux, les vœux les plus ardents pour l'arrivée prochaine du commissaire chargé d'exhumer ce précieux trésor. On était alors au cœur de l'hiver, et cette saison où la nature couverte d'une livrée de deuil, ramène le règne des frimats, paraissait peu favorable à une cérémonie joyeuse. Il fallut donc l'ajourner à l'ouverture du printemps; mais, cette fois encore, le public se vit trompé dans son attente. Les apprêts de cette grande fête exigèrent un nouveau délai; car, on ne voulait rien négliger pour la rendre éclatante et parfaitement digne de son objet. Ce délai se prolongea d'environ deux années pendant lesquelles on travailla au mausolée que le cardinal Anglicus devait consacrer aux reliques du serviteur de Dieu [1]. Depuis l'exhumation du corps de St. Louis, évêque de Toulouse, faite à Marseille en présence de la Cour de Naples, nulle pompe de ce genre ne s'était reproduite en Provence. Ainsi, un attrait puissant, celui de la nouveauté, s'attachait à celle qui allait s'accomplir à Apt, sous les auspices du Siége apostolique.

Cette cérémonie si long-temps attendue et si impatiemment désirée, s'ouvrit enfin le 17 juin 1373. Aux approches de ce jour, la ville et ses environs furent inondés par une foule immense de fidèles de tous les rangs [2]. Leur affluence était telle, que l'autorité municipale dût prendre des mesures pour procurer des logemens aux étrangers, et assurer le service des subsistances. Sur l'esplanade des Cordeliers, en face de la Basilique, on avait élevé des tentes destinées à préserver les arrivans des ardeurs d'un soleil d'airain; car, le temple avec son large vaisseau, ses vastes chapelles, n'aurait pu contenir le flot populaire qui en couvrait les avenues. Le cardinal Anglicus, chargé par Grégoire XI de procéder à cette exhumation, était

[1] Voir, à la fin du vol. la note 4 du Livre VI.

[2] Tous les auteurs Aptésiens. — Comptes-rendus du trésorier de la commune.

arrivé la veille avec une escorte de cavalerie bourgeoise que la commune avait envoyé à l'Isle audevant de son Éminence. Le lendemain l'illustre prélat, accompagné des évêques qui devaient l'assister, se rendit en pompe au lieu du rendez-vous. Là, une ardente impatience dévorait les cœurs de ces nombreux assistans qui se pressaient autour de l'enceinte, qui attendaient la vue des saintes reliques, qui brûlaient du désir de les contempler, de les toucher, de les baiser à leur aise. L'ouverture du sépulcre se fit aussitôt avec toutes les formalités d'usage, en présence du clergé et des magistrats. Un catafalque immense établi au milieu de la nef et drapé de blanches étoffes, dressait son obélisque sous un dais à franges d'or. Pendant qu'on y plaçait les restes sacrés d'Elzéar, la scène s'anima tout à coup de l'éclat de mille bougies allumées comme par enchantement et mariant leurs jets de flamme à la splendeur des gothiques vitraux. C'est alors que les portes du temple s'ouvrirent, et offrirent un spectacle au-dessus de toute description. Des chants joyeux se fesaient entendre ; l'orgue soupirait mélodieusement : jamais la voix humaine ne s'était fondue en sons plus moelleux et plus suaves, même sous les doigts du plus habile organiste. Le sanctuaire était envahi par une phalange de prêtres au milieu desquels brillaient sept à huit crosses d'évêques ou d'abbés. La profusion des lumières, l'éclat de l'énorme lustre suspendu en avant du catafalque, la richesse des ornemens pontificaux formaient un magnifique coup-d'œil. Mais, au dire des chroniqueurs, rien ne donna plus de relief à ce religieux drame que la physionomie céleste du cardinal en qui se personnifiait la majesté de l'Église romaine. Les fidèles en posant le pied sur les sacrés parvis, étaient tellement émerveillés de ce sublime appareil, qu'ils croyaient contempler l'image resplendissante de la cité de Dieu, ou plutôt la *nouvelle Jérusalem descendue du ciel parée comme une épouse l'est pour son époux* [1], allant à la rencontre d'un de ses plus nobles enfans afin de protéger son essor vers le palais de l'éternité. A la vue de ce peuple si fortement ému, on comprend tout ce que la religion avait d'empire sur les ames avant que le philosophisme, ce bâtard impuissant de Luther, eut desséché les cœurs, remplacé l'enthousiasme par l'égoïsme, la foi par des passions mercantiles, la piété par la plus déplorable de toutes les erreurs, l'indifférence.

Après l'exhibition solennelle des saintes reliques, elles furent déposées dans le riche mausolée dont nous avons déjà parlé. Ce monument fruit de la pieuse munificence d'Anglicus, ce monument assis sur une large base, disposé en rétable derrière l'autel et figurant un portique de forme pyrami-

---

[1] Hymne de la Dédicace des Temples.

dale, s'élançait jusqu'à la voûte. Le stylobate chargé de bas-reliefs représentait les divers traits de la vie du saint. C'était son histoire taillée dans le marbre où l'art naïf du moyen-âge avait prodigué les merveilles de son génie. Le détail des formalités qui accompagnèrent et suivirent la levée du corps d'Elzéar, tombe dans le domaine de l'histoire ; nous ne saurions donc mieux faire que de transcrire ici le procès-verbal de la cérémonie, libellé par le ministre pontifical. Cette pièce, miroir fidèle d'une des plus belles pages de nos annales, cette pièce restée inédite jusqu'à ce jour, est de nature par sa forme à piquer la curiosité du lecteur. En voici la traduction :

« A tous les fidèles chrétiens qui ces présentes
« verront ou entendront : Anglicus, par la mi-
« séricorde divine évêque d'Albano, cardinal de
« la sainte Église romaine du titre de St.-Pierre-
« aux-liens, commissaire spécialement nommé par
« autorité apostolique aux fins ci-après énoncées :
« Salut en N. S. qui maintient sans souillure l'É-
« glise universelle après l'avoir régénérée dans les
« eaux du baptême : en N. S. ce roi de gloire, aux
« yeux duquel le plus digne est aussi le plus saint,
« comme celui-là est le plus parfait qui marche à
« la lueur de la foi, chargé du fruit de ses bonnes
« œuvres.

« Quelles félicitations ne mérite pas l'Église ca-
« tholique, et quels honneurs n'a-t-elle pas droit

« d'ambitionner à l'occasion d'un fils que la divine
« miséricorde a installé dans les rangs de l'Église
« triomphante? d'un fils qui, franchissant le seuil
« de l'éternité, s'est élancé vers la gloire, et que
« les habitans de la cité de Dieu se sont incorpo-
« rés comme un de leurs propres membres?

« Peu de tems, en effet, s'est écoulé depuis que
« le pape Urbain V, de pieuse et respectable mé-
« moire, se trouvant dans la ville éternelle avec
« toute sa Cour, crut devoir inscrire au catalogue
« des Saints selon le Rit de l'Église romaine, sous le
« titre de Confesseur, le comte Elzéar de Sabran,
« à cause de ses rares vertus et du courage héroï-
« que avec lequel il soutint le long martyre de sa
« propre chair, durant la pénible traversée de ce
« monde.

« Or, après le décès de ce Pontife, N. S. P. le
« pape Grégoire XI, son successeur immédiat,
« nous aurait chargé, par un oracle de vive voix,
« d'aller à Apt en l'église des Frères-mineurs où
« reposent les précieuses dépouilles d'Elzéar, avec
« ordre de procéder à l'exhumation d'icelles et à
« leur placement dans un lieu convenable de ladite
« église, pour être honorées là où le Père des lu-
« mières distribue ses grâces et ses bienfaits aux
« fidèles chrétiens par les prières de son serviteur,
« ainsi que nous en avons la ferme croyance.

« Nous donc, Anglicus, évêque-cardinal, com-
« missaire susdit, ayant reçu avec tout le respect

« possible, la jussion apostolique, et jaloux de la
« mettre à exécution, aurions pris le chemin de la
« ville d'Apt où étant heureusement arrivé, serions
« allé de notre personne, à travers les flots d'un
« peuple immense, le 17 du mois de juin 1373, à
« l'heure des Vêpres ou environ, en l'église préci-
« tée ; assisté des Révérends Pères en Dieu les
« prélats ci-après nommés, tous crossés et mîtrés
« selon la coutume, savoir : Gaucelme évêque de
« Maguelone, Guillaume de Marseille, Adhémar
« de Luna, François de Cavaillon, Stalin de Todi[1],
« Raymond d'Apt, Paul abbé de Valsainte, et Ros-
« taing de St.-Eusèbe, avec beaucoup d'autres
« dignitaires, barons et personnages de haut rang.
« Là, ayant mandé auprès de nous les gardien et
« religieux de ladite église, ainsi que les échevins
« de la ville d'Apt, aurions incontinent sous leur
« conduite, tourné nos pas avec les prélats de no-
« tre suite, vers le tombeau dans lequel lesdits
« religieux et échevins s'accordaient à dire qu'avait
« été inhumé et gisait encore le corps vénérable de
« St. Elzéar.
« Voulant, après l'ouverture de ce tombeau,
« constater l'identité du corps qu'il renfermait,
« aurions requis le serment tant des échevins que
« des religieux les plus âgés du couvent, lesquels
« tous jurèrent sur les Saints Évangiles, qu'ils

[1] Voir à la fin du vol. la note 5 du livre VI.

« croyaient, en leur ame et conscience, que le
« corps par nous trouvé, dont il ne restait plus
« que les os, par l'effet de la consomption des
« chairs, était véritablement celui du noble Con-
« fesseur.

« Nous alors, après avoir lavé et approprié nos
« mains, comme il est d'usage, aurions d'abord
« publiquement extrait et avec beaucoup de révé-
« rence retiré ce saint corps, ou, pour mieux dire,
« ces ossemens, du cercueil qui les contenait, et
« dans lequel lesdits échevins et religieux attes-
« taient qu'Elzéar avait été porté en la dite église,
« à l'époque de son décès ; puis, aurions déposé
« ces mêmes ossemens à l'exception du crâne et
« du *cubitus* dans une châsse neuve préparée à
« cette fin ; ladite châsse cerclée de trois bandes
« de fer et fermée à double clé dont l'une aurait été
« par nous confiée au gardien du couvent et l'au-
« tre aux échevins de la ville d'Apt.

« Cela fait, le lendemain 18 du même mois,
« après avoir célébré pontificalement la messe à la
« gloire du Dieu tout-puissant, dans l'église des
« Frères-mineurs, et adressé une allocution au
« peuple derrière cette église, en présence des
« personnages précités et du saint corps, aurions
« retiré les os de la châsse pour les montrer à l'as-
« sistance ; puis, les ayant remis à leur place, au-
« rions déposé ladite châsse fermée et cerclée de la
« manière susdite, sur le maître-autel de la même

« église, en un lieu éminent, afin que cette grande
« lumière sortie de l'obscurité du boisseau où elle
« était cachée, brille sur le chandelier pour éclai-
« rer de ses reflets tous ceux qui franchiront les
« portes de ce temple.

« En foi de quoi nous avons ordonné la publi-
« cation des présentes dressées et formulées par
« Bertrand de Cazes, notaire public et notre Se-
« crétaire particulier. Donné à Avignon, en l'hôtel
« de notre résidence, le 11 juillet 1381, l'an 3 du
« Pontificat de N. S. P. le pape Clément VII [1]. »

Avant de clorre ce livre, nous noterons la mort d'Anglicus et celle de Philippe de Cabassole, quoique séparées l'une de l'autre par un intervalle de trois lustres. Ces détails seront ici d'autant mieux placés que nous n'aurons plus occasion de parler de ces deux cardinaux protecteurs de notre ville [2]. Le décès de Philippe ayant la priorité, ce sera par lui que nous ouvrirons notre récit. Cet illustre prélat mourut en 1372, à Pérouse, où il avait établi le siége de sa légation, et fut inhumé selon ses désirs aux Chartreux de Bonpas. Quoique non mentionnée dans son testament, l'église d'Apt à qui il avait voué une affection filiale, hérita néanmoins d'une partie de sa chapelle. Ce legs fût-il le fruit d'un codicile ou d'une disposition

---

[1] Voir à la fin du Vol. la Note 6 du Livre VI.

[2] Remerville, *Histoire de l'église d'Apt*. — Fantoni, *Istoria d'Avignone*. — Cottier, *Notes sur les recteurs du Comtat-Venaissin*.

verbale? Nous l'ignorons : mais toujours est-il qu'au tems de Remerville, outre divers ornemens provenus de cette succession et conservés dans le trésor du Chapitre, on voyait appendus à la coupole de Ste.-Anne, les chapeaux rouges de Philippe et d'Anglicus qui oscillaient au choc de l'air entre les nobles insignes de l'épiscopat Aptésien ; « chapeaux, dit la chronique Capitulaire, qu'ils « nous laissèrent pour leur souvenance et que nous « gardons par grande spéciauté. » Tous les auteurs contemporains de Philippe, parlent de lui en termes élogieux. C'était un esprit vaste et pénétrant qui donnait dans toutes les sciences. La physique, la théologie, le droit, les belles-lettres et les beaux-arts se trouvèrent dans la sphère d'activité de son génie. Ses vertus étaient au niveau de ses brillantes facultés. Pétrarque qui était son ami et qui désirait à ses talens un théâtre plus élevé que le siége de Cavaillon, lui écrivait à ce sujet : « Vous seriez « déjà monté à une dignité supérieure, si vos « mœurs austères trop différentes de celles de no-« tre âge, n'y avaient mis obstacle. Toutefois, « sous l'excellent Pontife qui nous gouverne (Ur-« bain V), sous ce digne appréciateur du mérite, « il est impossible qu'en dépit de l'envie et de vo-« tre propre humilité, vous ne franchissiez bientôt « cette barrière. Alors justice sera faite, non dans « l'intérêt d'une ambition qui n'existe pas chez « vous, mais dans celui de l'Église qui brûle de

« récompenser vos services. » On sait que Philippe de Cabassole et le célèbre abbé Maury, sont les seuls personnages des ci-devant états du Saint-Siége en-deçà des Alpes qui aient été honorés de la pourpre romaine.

A l'égard d'Anglicus, il poussa sa carrière jusqu'en 1388. On le vit, à l'époque du grand schisme dont il sera plus tard question, embrasser de bonne foi le parti de Clément VII. Gratifié par ce Pontife de la faculté de tester, il dicta ses volontés suprêmes peu de temps avant sa mort. Après avoir nommé pour veiller à leur exécution, l'abbé de St.-André-de-Villeneuve, Audebert de Sade, prévôt de Toulouse, Pierre Olivari de Falghario, ouvrier du Chapitre d'Apt, dignes tous trois de sa confiance et admis dans son intimité, il fit des legs considérables aux églises, aux monastères, aux hospices, aux colléges et aux personnes dont il estimait le caractère. Parmi ces legs, voici ceux relatifs à notre sujet [1] : 40 florins d'or une fois payés à maître Nicolas Laurenchi, notaire d'Apt, qui intervint en qualité de procureur fondé de Raymond III, dans le procès de canonisation de la bienheureuse Delphine ; à l'abbaye de Sainte-Croix, une Bible déposée dans la maison du cardinal. Cette Bible était ornée de peintures fines et

---

[1] Duchesne, *Hist. des Card. franç.*; T. 1. — Baluze, *Vitæ Pap. Aven.*, T. 2. — Tous les auteurs Aptésiens.

spirituelles où resplendissaient harmonieusement les plus riches couleurs. Les lettres, les mots, les lignes dessinés avec élégance sur la chair délicate du parchemin, semblaient vivre et parler aux yeux. Alors, les livres de dévotion étaient rares, hors de prix et seulement à l'usage des communautés religieuses, des châteaux et de quelques riches particuliers. « Je veux », dit Anglicus, « que
« cette Bible reste à jamais dans l'église du mo-
« nastère, et qu'elle ne puisse être vendue ni autre-
« ment aliénée par qui que ce soit.... » C'était sans contredit un riche cadeau, puisque le testateur en stipulait ainsi la conservation. Ensuite il ajoute :
« Je lègue audit monastère de Ste-Croix, pour
« l'entier achèvement des édifices que j'y ai com-
« mencés, la somme de 200 florins d'or, une fois
« payés et uniquement applicables à cet usage.
« — Je lègue au monastère de Ste-Marie-des-
« fours d'Avignon, et à celui de Ste-Croix d'Apt,
« mes livres de piété destinés au service de ma
« grande chapelle où j'ai coutume d'ouïr la messe :
« je veux que mes exécuteurs testamentaires en
« fassent deux lots, afin que chaque couvent ait
« une portion égale desdits livres.... »

A combien de titres ne doit pas nous être cher cet auguste prélat qui a été, pendant une longue suite d'années, l'ornement du Sacré-Collége, les délices de la Cour romaine et l'hôte fidèle de notre ville ? Un esprit éclairé, un jugement solide, des mœurs pures, une foi vive et simple, une vie retirée, une prudence consommée et par dessus tout une charité héroïque, telles furent les qualités rares et précieuses qui le distinguaient, et qui formaient son caractère. Si les bornes que nous nous sommes prescrites, pouvaient nous le permettre, nous tracerions ici le tableau de cette foule de monumens qui déposent en faveur de sa bienfaisance, de son humanité et de sa sollicitude pastorale. On y verrait des lieux de retraite où prêtres et fidèles, moins distraits par les occupations mondaines, viennent travailler à leur propre perfection : on y verrait dans de nouveaux colléges, des aspirans à l'état ecclésiastique auxquels on fournit les moyens d'éprouver leur vocation et de s'en rendre dignes. Ici, c'est un asile où de jeunes personnes trouvent l'éducation et l'entretien dont les aurait privées la perte de leurs parens; là, c'est un hospice charitable qui met à l'abri de l'indigence et de la séduction de pauvres filles, et leur donne le tems de se procurer des ressources; ici, l'ignorant instruit par des maîtres pieux, vient s'affermir dans les principes de la religion, attiré qu'il est par l'attrait d'une école gratuite; là, c'est un hôpital agrandi par ses soins, pour mieux assurer aux malades le retour de la santé : ailleurs, son zèle dote des communautés religieuses, et leur procure tous les avantages matériels sans négliger les grands intérêts de l'âme. Enfin, il n'est aucun lieu de miséricorde fondé par les prédécesseurs d'Anglicus qui ne reçoive de lui, les preuves de la plus touchante sympathie. Personne n'était exclu de sa charité : elle aurait voulu comme celle de l'Apôtre, pouvoir embrasser l'espèce humaine, et adoucir tous les maux qui l'accablent.

Si l'action de grâce est un devoir inspiré par la nature aux cœurs reconnaissans, c'est aux Aptésiens surtout qu'il appartient de célébrer les bienfaits de ce grand cardinal. Jadis, du milieu de leurs murs, s'élevaient les témoins glorieux de sa munificence; mais, qu'est-ce que cela auprès des fruits de sa charité? Que ne nous est-il permis de soulever le voile qui dérobait aux yeux même de nos ancêtres, tant d'aumônes secrètes dont il n'eut que le ciel pour confident? Combien verrait-on de familles désolées dans le sein de qui il versa des flots de consolation? Combien de pères et de mères reçurent de sa main secourable, l'aliment qu'ils s'empressaient de porter à leurs enfans dont la faim tordait les entrailles? Combien de fois ne fit-il pas succéder la joie à l'abattement, les bénédictions aux blasphèmes? Combien de fois, enfin, ne soutint-il pas la vertu chancelante en lui procurant un établissement honnête, et en prévenant à son égard les maux qu'entraîne après soi une indigence désespérée ? Ce fut ainsi qu'Anglicus rendit le centuple à notre ville, pour prix de sa généreuse hospitalité. Des œuvres si méritoires jointes à tant d'autres vertus, ont sans doute obtenu, dans un monde meilleur, une solide récompense. Cependant, il nous reste encore quelque chose à faire envers ce noble prélat : c'est de chérir sa mémoire, et de la perpétuer par le culte des souvenirs. A défaut de statues, il aura des temples dans nos cœurs; ceux-là, du moins, ne sont pas exposés aux injures du tems et aux vicissitudes de la fortune.

LIVRE SEPTIÈME.

DE 1373 A 1382.

Depuis la canonisation d'Elzéar, l'église des Cordeliers était devenue le centre où convergeaient les esprits religieux en Provence. Des milliers de pélerins y affluaient chaque jour pour visiter le tombeau du serviteur de Dieu. « L'homme, dit un écrivain [1], est comme le lierre : il faut qu'il s'appuie quelque part ; il faut que quelque chose le soutienne, pour qu'il ait le courage de vivre. Quand il ne trouve ni sympathies ni consolations parmi ses semblables, il invoque d'instinct les habitans d'un monde meilleur, et réclame d'eux ce secours que la société lui refuse ou qu'elle est impuissante à lui accorder. » Dans cet élan de piété qui transportait ainsi des populations entières sur les rives du Caulon, les pontifes de la religion avaient déjà pris l'initiative. C'était à présent le tour des têtes couronnées et des grands seigneurs. L'époux de la reine Jeanne, Jacques d'Aragon, venait de faire son entrée dans la ville papale, pour rendre ses

[1] L'abbé Orsini, *Histoire de la Vierge*, T. 2.

hommages au chef de l'Église. On touchait alors à la fin de novembre, époque peu distante de la belle cérémonie qu'avait présidée le cardinal Anglicus. Ne trouvant pas à la Cour de Naples de quoi satisfaire l'inquiétude et l'activité de son génie, ce prince avait franchi les Alpes, dans la pensée de former sous le patronage de la France, un corps de troupe avec lequel il se proposait d'arracher la couronne de ses pères d'entre les mains d'un usurpateur.

Jaloux d'appeler sur ses armes les bénédictions du ciel, il voulut visiter les reliques d'Elzéar de Sabran [1]. Son dessein était de passer à Apt les fêtes de Noel, afin de s'y retremper le courage auprès de la cendre de ce noble guerrier, l'ange tutélaire du royaume des Deux-Siciles. Impossible de rendre l'enthousiasme qui éclata parmi les Aptésiens, à une aussi agréable nouvelle. Tous les âges et tous les sexes rivalisent aussitôt d'émulation pour célébrer l'arrivée de l'hôte royal, heureux du dévouement d'une ville qui, aux jours mauvais, a donné à sa souveraine tant de marques d'affection. Jacques paraît enfin, et descend avec sa suite au plus beau manoir de la cité chez le prince-évêque, qui jouissait du privilége de faire asseoir à son foyer toutes les célébrités qu'atti-

---

[1] Comptes Rendus du Trésorier de la commune. — Papon, *Hist. de Prov.* — Tous les auteurs Aptésiens.

raient nos saintes basiliques. Le goût le plus exquis, reflet de ce luxe italien importé par la Cour romaine, avait tout disposé pour cette réception. Là, l'auguste voyageur retrouva autour de lui, des somptuosités dont une petite ville semblait peu susceptible. La population, comme un essaim d'abeilles sorti de sa ruche, se presse sur l'esplanade des Cordeliers. A chaque instant, des groupes nombreux traversent la rivière, parés de leurs plus beaux habits, encore mieux parés d'une joie bruyante et expansive. Les uns, dominés par la curiosité, viennent contempler le brillant cortége qui va déployer ses rangs mobiles devant la façade du temple; les autres, mûs par un sentiment plus élevé, accourent vers l'église dont le carillon retentit, exécutant de joyeux accords en l'honneur de la Nativité de l'Enfant-Dieu. A l'heure fixée, le roi se rend aux Cordeliers : il monte un superbe destrier qui semble fier de son poids; toutes les maisons sont pavoisées; partout le classique buis étale ses guirlandes de verdure; partout des acclamations d'enthousiasme; car le nom de Jeanne vibre au fond des cœurs, électrisés par la présence de son noble époux. La foule a déjà envahi l'église; mais chacun s'écarte avec respect, à l'arrivée du prince. Après avoir humblement fléchi le genou devant le tabernacle du roi des rois, il s'approche du saint mausolée. Là, saisi d'une vive émotion, il humilie son front royal pour demander à l'illustre mort couché sous le marbre monumental, une céleste protection en faveur de ses armes : puis, il dépose sur l'autel une riche offrande et ordonne à ses officiers de compter aux religieux une grosse somme destinée à doter d'un buste de vermeil, le nouveau patron de leur couvent. C'est ainsi qu'au nom de la Cour de Naples jadis embaumée du parfum des vertus d'Elzéar, Jacques d'Arragon acquitta une dette sacrée par un acte de munificence digne de la royauté.

Cependant, au milieu de ces doux et touchans hommages dont le saint confesseur était l'objet, une chose, une seule chose manquait à sa gloire : c'était la canonisation de sa bienheureuse compagne. Il paraissait naturel que la piété populaire s'étonnât du long silence gardé par le Saint-Siége, surtout après une procédure solennelle où tant de miracles avaient été juridiquement constatés [1]. L'église triomphante, disait-on, ayant prodigué ses applaudissemens à la sainteté de la vénérable comtesse, l'église militante est obligée de lui rendre la pareille au moyen de ses honneurs officiels. Doit-elle hésiter devant cette mesure, après les éclatans et véridiques témoignages que le ciel a fournis à la terre? Ces deux églises, ajoutait-on, sont dans une si parfaite intelligence que l'une ne dément jamais l'autre, que l'une approuve toujours

[1] Borely, *Vie de Ste. Dauphine.*

ce que l'autre fait : ce sont deux sœurs qui n'agissent que par un même esprit, une même volonté; et quoiqu'elles soient toutes deux souveraines, elles se communiquent réciproquement leur autorité. Ainsi, concluait-on, quand la première a fait connaître une sainteté par la voie des miracles, il est du devoir de la seconde de confirmer cet arrêt par la voie de la canonisation. Tel était le raisonnement qu'on formait sans faire la part des circonstances qui enchaînaient peut-être le bon vouloir du siége apostolique. On se flattait toujours que Grégoire XI en se prononçant, mettrait le sceau à son propre ouvrage : trois années s'écoulèrent dans cette légitime attente; mais une combinaison imprévue vint dissiper ces belles espérances. Quoique ni l'histoire contemporaine, ni la tradition orale ne se soient expliquées sur la conduite de Grégoire, on peut néanmoins en soupçonner les motifs. C'est qu'alors une grande pensée préoccupait l'esprit de ce Pape : il s'agissait, en effet, de restituer le Saint-Siége à son pays natal; or, une affaire de ce genre devait naturellement absorber les méditations du père commun des fidèles. Ici, l'intérêt local s'éclipse devant cet immense évènement : il nous faut donc sortir du cercle retréci de l'un afin de suivre les phases variées de l'autre.

Depuis qu'Urbain avait exhalé le dernier soupir, après s'être montré un instant à Rome, nul ressort que les Italiens ne fissent jouer afin de rétablir auprès d'eux la chaire papale. Les paroles irrésistibles d'une femme éminente en piété et en doctrine, avaient enfin décidé Grégoire à quitter les rives du Rhône et le repos qu'il y goûtait, pour se hasarder au milieu des troubles et des factions de la Péninsule. La volonté puissante qui éleva jadis au pontificat, l'ancien archevêque de Bordeaux, qui lui arracha un décret de proscription contre les Templiers, ne pesait plus sur les destinées de l'Église. Permis à la politique française de conseiller aux Papes une prolongation de séjour dans une ville gauloise placée à l'ombre du trône des lis; mais, leur imposer d'autorité une pareille condition, ce n'était plus possible. En apprenant la résolution de Grégoire, le deuil et la tristesse envahirent le cœur des provençaux. La présence de la Cour pontificale leur avait ouvert des sources si fécondes de gloire et de félicité! Avignon rivalisait alors avec la capitale du monde. Ses rues étaient foulées par de grands monarques, par les ambassadeurs de toutes les couronnes. Dans ses murs étaient débattus, décidés les plus chers intérêts de la chrétienté. Toutes les routes qui rayonnaient vers cette ville, étaient chaque jour inondées de flots d'étrangers. Cette affluence vivifiait le pays, ranimait le commerce, et répandait partout des germes d'aisance et de civilisation. Nulle part l'activité des voyages ne se fesait mieux remarquer que sur la voie romaine, qui traversait le territoire Aptésien. Tantôt on y voyait des prélats et des docteurs qui, d'Italie, venaient solliciter les grâces du chef de l'Église ; tantôt des pélerins qu'un vœu appelait dans la vieille basilique de Notre-Dame-des-Doms ; tantôt des marchands, que leurs intérêts attiraient dans une ville où régnait le luxe toujours inséparable des grandes réunions. Mais, hélas ! à tant d'années de grandeur et de puissance vont succéder des jours tristes et sombres : après une longue chaîne de prospérités inouïes, Avignon ne sera plus que le squelette d'elle-même, et, se rappelant le sort pareil de Jérusalem, elle pourra avec amertume redire la sublime complainte de Jérémie, le grand poète des douleurs.

Le roi de France, Charles V, voulut encore essayer de retenir, s'il était possible, le Saint-Siége auprès de ses états [1]. Il chargea le duc d'Anjou qui gouvernait en Languedoc, d'aller chez le Pape pour l'engager à rompre son dessein. Les cardinaux saluèrent avec enthousiasme l'arrivée de ce prince ; car, eux aussi souhaitaient passionnément de voir suspendre cette mesure. L'idée seule de Rome, de ses troubles, de ses révoltes, les glaçait d'effroi. Le noble duc proposa ses raisons avec tout l'art d'un habile négociateur ; mais il ne put

---

[1] *Hist. de l'église gallic.*, T. XIV.

ébranler les convictions pontificales. Obligé de se retirer, il dit en partant : « Saint-Père, vous allez « dans un pays où vous n'êtes guère aimé, et vous « en laissez un autre où la religion est plus hono- « rée qu'en aucun lieu du monde ; car, si vous « mourez au-delà des monts comme il est proba- « ble, les Romains seront maîtres du Sacré-Col- « lége, et ils le forceront à vous donner un succes- « seur selon leur convenance. » Ainsi parla le prince, et son langage trouva de l'écho dans la famille même de Grégoire. Mais celui-ci résista courageusement, et partit le 13 septembre 1376, avec la plus grande partie des cardinaux. Six d'en-tr'eux seulement restèrent en France, parmi lesquels Anglicus de Grimoard.

Ce fut un jour de deuil, et le plus grand peut-être qui ait étendu son crêpe sur Avignon. Alors, on se plaisait à découvrir des présages pour justifier ou combattre quelque grande entreprise. Les plus légers incidens étaient saisis avec avidité par la foule, qui croyait y voir des indices certains de la volonté de Dieu. Le parti français, à ce qu'il paraît, ne manqua pas d'exploiter ce moyen, pour jeter de l'indécision dans l'esprit de Grégoire. Ainsi, on avait envoyé dans les églises, à l'heure de l'office, maintes personnes chargées d'établir des pronostics de succès ou de revers sur les versets des psaumes qui, chantés par le clergé, frapperaient les premiers leurs oreilles. Nous ignorons jusqu'à quel point fut poussé ce pieux manége, et si le hasard amena des allusions ingénieuses; mais, toujours est-il, qu'on regarda comme un argument sans réplique à l'encontre du voyage papal, le refus que fit d'abord le destrier de Sa Sainteté, de se laisser monter par elle : circonstance qui prit ensuite un nouveau poids, lorsque, près de l'abattoir public, le noble animal peu respectueux envers son maître, faillit à le désarçonner. Ce trait, qui figure dans une des Vies de Grégoire XI recueillies par le savant Baluze, nous a paru d'autant plus digne d'être ici relaté, qu'il offre une donnée utile pour l'appréciation des mœurs de l'époque [2]. Au premier bruit de cette douloureuse séparation, toutes les villes de Provence furent émues, et des ruisseaux de larmes coulèrent des yeux de leurs habitans. En voyant tomber et rouler dans la poussière la couronne de gloire qui ornait le front de la Capitale, elles durent craindre pour elles-mêmes le contre-coup de ce funeste accident : elles ne se trompaient pas. Bientôt, en effet, s'éloignèrent de leurs murs, ces étrangers venus de loin pour traiter avec la Cour pontificale, les grandes affaires qui agitaient dans ce siècle les sociétés européennes. A eux, se joignirent aussi ces familles italiennes que le feu des persécutions avait jadis forcées à s'expatrier : perte irréparable

---

2 Baluze, *Vitæ Pap. Aven.* T. 1

sans doute! car, c'était par l'intermédiaire de ces illustres réfugiés, qu'avait eu lieu pour nos contrées, une sorte d'initiation au mouvement qui se manifestait au-delà des monts, dans les lettres, les sciences et les arts. Apt ressentit cruellement les conséquences de cet état de choses. Autant cette ville avait gagné au voisinage du Saint-Siége, autant perdit-elle à son éloignement. Il fallait la voir quand, devenue résidence *cardinalice*, elle gravitait majestueuse vers l'astre romain qui resplendissait sur les bords du Rhône. Comme elle s'était relevée alors de son abaissement! comme elle avait réparé la perte de ses antiques prérogatives et accru ses prospérités matérielles! Mais tout changea pour elle, lorsque ce brillant luminaire disparut de l'horizon : dès ce moment, plus de nobles visiteurs dans son enceinte, plus d'imposantes cérémonies dans ses temples, plus d'hôtes distingués parmi ses citoyens, plus de vie et d'animation sur sa voie Julienne.

Nos historiens modernes à l'exemple des chroniqueurs, n'ont parlé de la grande mesure accomplie par Grégoire XI, que comme d'un simple épisode auquel s'attacherait le plus mince intérêt. Nul d'eux n'a peint le désespoir de la Provence au départ d'une Cour qui fesait sa gloire, consommait ses produits, couvrait ses villes de monuments, préconisait ses saints, rétablissait la discipline dans ses églises, et ouvrait à ses enfans les sources pures de la science. Cependant, cette retraite ne dut point s'effectuer sans donner lieu à des scènes dramatiques où se dessina le caractère de nos aïeux. Quel plus touchant spectacle que l'adieu solennel adressé par le vicaire de Jésus-Christ du haut de son balcon, aux peuples du midi de la France chez lesquels il avait reçu une si généreuse hospitalité? Pourquoi ces écrivains, au lieu de se borner à la simple constatation de l'événement, n'en ont-ils pas tracé un philosophique aperçu? Pourquoi, à l'aide de ces détails, ne nous ont-ils pas initiés aux mœurs contemporaines? Pourquoi, enfin, n'ont-ils pas révélé l'influence de la résolution papale sur les destinées du pays? C'est quand l'histoire est écrite dans cet esprit, qu'elle a droit de nous intéresser. A l'œuvre donc! hommes de bonne volonté, hommes de cœur, de savoir et de talent : ce n'est pas pour rien que Dieu a fait descendre sur vous un rayon de son intelligence. A l'œuvre! puisque ceux à qui on ne saurait refuser le mérite de manier la plume avec art, n'ayant sû jusqu'ici trouver la moindre réflexion sur un fait d'une portée immense, vous ont laissé une si riche mine à exploiter !

Grégoire alla d'Avignon à Marseille à petites journées, selon la manière de voyager de ce siècle. Pendant toute sa marche qui fut favorisée par un tems magnifique, il recueillit les plus vifs témoignages du regret des populations. Après un séjour d'environ deux semaines dans cette grande ville, il s'embarque sur les galères qu'on lui avait expédiées des divers états de l'Italie. La mer était calme : une foule immense encombrait les quais et les avenues adjacentes ; hommes, femmes et enfans attendaient une dernière grâce, la bénédiction suprême du père commun des chrétiens : ils reçoivent avec avidité, cette précieuse marque de sympathie, *tous regrettants*, dit un chroniqueur, *et plourants à chaudes larmes la partance d'un tel hoste*. La flotte élégamment pavoisée s'éloigne aussitôt du port ; elle ressemble à une ville flottante qui glisse sur la surface de l'onde. Grégoire adresse à ces nombreux fidèles un dernier geste d'adieu, et tant qu'il peut les apercevoir, l'auguste voyageur reste sur le pont, l'œil tourné vers le rivage. L'éloignement le lui avait déjà dérobé, qu'il le cherchait encore à l'horizon. Les vents secondèrent d'abord son impatience : mais, au bout de quelques jours de navigation, une furieuse tempête s'éleva, et fit courir aux passagers les plus grands périls : ce qui fesait dire aux français de sa suite, que le ciel ne favorisait pas cette transmigration ; mais lui, toujours intrépide autant que les vagues étaient émues, rassurait tout le monde par sa fermeté. Il excitait ceux qui l'accompagnaient à espérer en Dieu qui fesait toute sa confiance, et pour éloigner les funestes idées de la mort qui se présentait de tous côtés, il disait avec un air de sérénité qui déjà semblait ramener le calme, que la barque de Pierre ne pouvait jamais sombrer sous voile : c'est dans ces héroïques dispositions qu'il aborda le rivage italique après une longue et pénible traversée.

On trouve tous les incidens de ce voyage poétiquement décrits dans un itinéraire que composa un évêque Languedocien, attaché à la maison du Pape [1]. La vérité, que le prisme de l'imagination embellit de ses couleurs, n'en reste pas moins la vérité. Voici quelques traits empruntés à cet écrivain, témoin oculaire de ce qu'il raconte. On voit que, nourri de l'esprit des Prophètes, il a essayé de reproduire avec leurs pinceaux, les principales scènes de ce grand drame. Nous avons traduit le morceau suivant sur une latinité obscure et embrouillée; car, le mérite du poème dont il est détaché, consiste uniquement dans le choix des détails et l'expression franche des peintures locales.

Après une pompeuse invocation à Notre-Dame-des-Doms, patronne des Avignonnais, le poète débute en ces termes : « De votre ville, Vierge sainte, « est sortie une pierre précieuse aux magiques re- « flets, un prince auguste dont les ancêtres mar- « chaient de pair avec les rois, je veux dire Gré-

---

[1] Pierre Amelin de Banac, du diocèse d'Aleth, évêque de Sinigaglia. *Vid.* Duchesne, *Hist. des card. franç.*, T. II.

« goire, ce grand-prêtre du Seigneur, non moins
« aimé de Dieu que des hommes.

« Ce fut un samedi, 13 de septembre, jour con-
« sacré à votre culte et d'heureux augure; jour fa-
« vorable aux conceptions du génie, mais hélas!
« les joies de ce beau jour se sont tournées en
« deuil.

« Vierge resplendissante de gloire! comment vous
« exprimer l'amertume de ma douleur, en voyant
« vos traits chéris si profondément altérés? Qu'est
« devenu votre éclat qui effaçait jadis le brillant
« de l'ivoire antique? Au lieu d'un grâcieux visa-
« ge, je n'aperçois plus qu'un front ridé par le
« chagrin.

» Noble ville, on a dit de toi mille choses mer-
« veilleuses; mais te voilà aujourd'hui abattue dans
« la poussière. Sans avoir trahi la foi jurée, tu
« perds un époux digne de tes affections: sans
« avoir cessé d'être vertueuse, on te délaisse com-
« me une femme en proie au déshonneur.

« Tes yeux pareils à ceux de la colombe ont
« perdu leur transparence sous d'épais nuages:
« tes enfans se sont vus arrachés des douces ma-
« melles qui les nourrissaient; les fiancés des jeu-
« nes vierges errent tristement dans tes rues, cou-
« verts d'habits de deuil, et les timides regards que
« tu jettes sur les passans, accusent l'abondance
« de tes larmes.

« Nous voici à Noves: nouveaux citoyens, nou-

« veaux hôtes! C'est notre première halte; pays
« délicieux, site charmant, quoique sans attrait
« pour nous. C'est le dimanche; repos ce jour-là,
« dînée autrefois si agréable, mais bien triste à
« cette heure! La foule serre ses rangs et tourbil-
« lonne autour de nous, suffoquée par la douleur;
« hommes et femmes portent sur leurs figures,
« l'empreinte d'une profonde mélancolie; partout
« des soupirs et des gémissemens. Le moyen de
« ne pas sentir déchirer ses entrailles, lorsqu'une
« cruelle séparation éloigne le meilleur des pères
« du sein de sa famille! Que d'embrassades on nous
« prodigua en partant, toutes assaisonnées de san-
« glots!!!

« Le troisième jour, couchée à Orgon au ter-
« roir caillouteux. Ici des champs semés de ga-
« lets applatis par les flots de la Durance: çà et
« là quelques herbes épineuses qui pointent entre
« les pierres. Vainement le laboureur confie-t-il
« son grain à une terre ainsi privée de sucs nour-
« riciers. Combien est étroit le sentier qui mène
« au pied des remparts du bourg! Vous avez à
« gauche le lit de la rivière, et à droite une chaîne
« de rocs escarpés formant un infranchissable mur.
« Pourquoi ce chemin n'est-il point sans issue
« afin d'intercepter les pas du voyageur... »

Toute cette pièce qui est fort longue, se trouve écrite sur le même ton et en prose rimée, selon le mauvais goût de la littérature contemporaine.

Fruit d'une imagination féconde, elle offre des traits saillans et remarquables, malgré les fautes de style qui en déparent chaque phrase. Plus précieuse encore sous le rapport des aperçus historiques, nous sommes surpris qu'elle ait échappé aux recherches des écrivains provençaux, ou que ceux-ci n'en aient pas fait usage pour peindre la véritable situation des esprits au départ de la Cour romaine.

Cependant les ultramontains avaient salué avec des transports inouis, Grégoire XI dont l'arrivée senblait ranimer les espérances éteintes de la nationalité italienne ; mais, peu de tems après avoir rétabli le Saint-Siége dans son pays natal, ce Pape mourut regrettant amèrement le séjour paisible d'Avignon. Le choix de son succeseur fut le signal de l'anarchie religieuse, et donna naissance à un schisme dont les longs scandales désolèrent l'Église de Dieu. Il n'y avait alors pour concourir à l'élection papale que seize cardinaux dont onze français, un espagnol et quatre italiens. Les romains, malgré leur goût excessif pour la liberté, voulaient un Pape qui résidât au milieu d'eux, pensant que sa présence leur attirerait, comme par le passé, d'immenses richesses. Le conclave se forma sous de triste préoccupations, et remit sa garde a un noble aptésien allié du comte de Nôle[1]. Les mem-

---

[1] Guillaume de la Voûte, évêq. de Marseille. *Vid.* Belzunce *hist. des Évêques de Marseille*, tome v.

bres de l'auguste assemblée, avant d'entrer dans leur mystérieuse retraite, reçurent une députation du peuple qui venait leur intimer la prière de ne pas installer un français sur le trône pontifical : la réponse des cardinaux était loin de donner l'espérance de voir ce vœu réalisé [1]. La ville s'émut à la nouvelle qu'un étranger ceindrait probablement la thiare : le tumulte gronda autour du palais de l'élection. *Romano lo volemo*, nous le voulons romain ! telle était l'énergique vocifération, l'insolente demande que la foule mutinée, envoyait aux Pères de l'Église tremblans sous la menace d'une violation de leur asile sacré. A cette grossière invitation d'élire un Pape romain, le peuple ajouta une phrase qui dut introduire la terreur dans la salle des secrètes délibérations ; car, elle promettait, dans le cas où un gallican serait élu, de faire à ses électeurs la tête plus rouge que ne l'étaient leurs chapeaux. D'ailleurs, une dissidence manifeste s'était élevée entre ces princes de la pourpre : car, chacun voulait que le Pape appartint à sa nation. Mais le lion populaire dont les échos du palais prolongeaient le formidable rugissement, intimida ces cœurs de vieillards ; et, du sein de ce conclave, assourdi de cris, battu de flots déchaînés, sortit enfin un nom italien, celui de Barthélemi Prignano, napolitain, illuminé de tout l'é-

---

[1] Méry, *Hist. de Prov.* T. 3.

clat de la puissance pontificale. C'était, dit-on, un homme impétueux, farouche et peu propre par cela même à une telle dignité. A peine fut-il intrônisé sous le nom d'Urbain VI qu'il déclara, en plein consistoire, qu'il ferait justice des rois de France et d'Angleterre qui troublaient, selon lui, le monde par leurs querelles. Ces rois étaient Charles-le-sage et Edouard III. Alors le cardinal de La Grange, non moins impétueux que le Pape, le menaçant de la main, lui jette un éclatant démenti, et cet acte inqualifiable plongea l'Europe dans une discorde de quarante années.

La plupart des cardinaux, même les italiens, choqués de l'humeur altière et violente d'Urbain, se retirent à Fondi, déclarent nulle son élection, et mettent à sa place Robert de Genève qui, sous le nom de Clément VII, transportera bientôt son siége anti-romain dans Avignon. Nul choix ne méritait mieux les suffrages des catholiques; car, ce prélat aussi illustre par les saintes actions de sa vie que par l'éclat de son origine, était doué d'excellentes qualités: porteur d'une belle figure, il n'y avait, dit un historien [1], que douceur en ses mœurs, que clémence en sa personne. Ainsi, en supposant aux électeurs la pensée d'avoir voulu combiner, au préjudice d'Urbain, les effets d'un fâcheux contraste, ils y réussirent à merveille, d'autant que le caractère

[1] Duchesne, *Vie des cardinaux français* Tome 1.

acerbe de ce Pontife devait paraître plus odieux, en opposition avec les manières douces et séduisantes de son rival. A la suite de cette élection, l'Europe se partagea en deux camps ennemis. L'empereur Charles IV, l'Angleterre, la Flandre et la Hongrie reconnurent Urbain à qui Rome et l'Italie obéissaient. La France, l'Espagne, l'Écosse, la Savoie et la Lorraine embrassèrent la cause de Clément; déplorable spectacle où l'on voyait Pape contre Pape, concile contre concile, université contre université! spectacle qui rappelle les tems désastreux de César et de Pompée, lorsque, au dire de Lucain [1], mêmes armes et mêmes drapeaux brillaient dans les camps ennemis!

> . . . . infestis obvia signis
> Signa, pares aquilæ et pila minantia pilis.

A la manière dont se dessinait chaque souverain, on jugeait aussitôt des tendances de sa politique; car, le nom d'un Pape n'était ici qu'un signe de ralliement. Tous les ordres religieux se divisèrent, tous les docteurs écrivirent, toutes les écoles de théologie donnèrent des décrets. Pour les uns, être de l'obédience de Clément, devenait une obligation de conscience; l'unité catholique était à ce prix: pour les autres, au contraire, suivre la bannière d'Urbain formait la condition in-

[1] Pharsale

dispensable du salut : hors de sa communion, nul titre officiel dans les personnes cléricales, nulle légalité dans les actes administratifs. Les deux Papes se traitaient mutuellement d'usurpateurs et d'ante-christs : ils échangeaient leurs foudres, en les accompagnant des objurgations les plus véhémentes. Mais ce qui devint réellement funeste, on se battit avec la double fureur d'une guerre civile et d'une guerre religieuse.

Les vues ambitieuses des princes et leurs intérêts opposés, vinrent s'ajouter à l'activité d'un mal dont on ignora long-tems et les dangers et les remèdes. D'abord, la reine de Naples avait appris avec plaisir, le choix d'Urbain, persuadée qu'un Pape né sous son sceptre, se montrerait aussi dévoué que peut le comporter la sainteté du ministère apostolique : elle fit donc éclater sa joie par des fêtes, et sa magnificence par des présents. Mais les humiliations subies à Rome par ses envoyés, lui firent comprendre qu'il ne fallait pas compter sur la bienveillance d'Urbain, et que l'espoir d'un juste retour à des avances amicales, n'était qu'un de ces beaux rêves dont le prestige mensonger s'évanouit aux premiers reflets de l'aurore. Décidée à changer de système, Jeanne tourne soudain ses sympathies du côté qui semble lui offrir un plus solide appui. Déjà, le nom de Clément avait pris de l'ascendant sur des populations nombreuses. Ce motif la détermine à se ranger sous l'obédience de ce Pape, et, afin de lui mieux prouver son zèle, elle ordonne à son grand-sénéchal de le conduire à Avignon. Cette démarche valut à la reine-comtesse, avec la protection de l'antagoniste d'Urbain, celle de la France qu'elle implora plus tard, en appelant à son secours le duc d'Anjou.

La Provence, à quelques exceptions près, suivit l'exemple de sa souveraine; car, à cette époque, les peuples se sentaient peu disposés à faire de l'opposition au pouvoir ou à censurer ses actes. D'ailleurs, le retour du Saint-Siége à Avignon flattait l'orgueil national, et cela suffisait pour imposer silence aux esprits hostiles, et ralentir la châleur des disputes. Cependant, comme les ressorts de la politique s'entremêlaient dans cette affaire avec les intérêts de la religion, toutes nos villes ne se maintinrent pas ainsi sous la houlette du Pape reconnu de la reine Jeanne. La dissidence éclata, lorsque deux compétiteurs aspirèrent ouvertement à la succession de cette princesse, veuve de quatre époux et sans enfans. D'un côté, c'était Charles de Durazzo, appuyé par le Pape de Rome; de l'autre, Louis d'Anjou, soutenu par le pape d'Avignon. Urbain avait promis au premier le trône de Naples, s'il se portait le vengeur de l'infortuné mari de la reine; Clément avait excité celle-ci à adopter le second, et à le déclarer son héritier. Chacun de ces adversaires comptait en

Provence des amis et des adhérens. Les partis religieux n'étaient que des cadres où venaient se classer les opinions politiques. Maintes communes cédèrent aux exigences de la raison d'état, pour se dessiner dans un sens plutôt que dans un autre. L'une voulant narguer son seigneur, se détachait de lui et embrassait une obédience contraire à la sienne; l'autre changeait de bannière, afin de ne pas suivre la même ligne que sa voisine : en général, les populations presque partout impassibles, se trainaient à la remorque des prélats et des barons; elles quittaient et reprenaient un drapeau, selon l'humeur de ceux qui les dirigeaient.

Aix, la capitale du Comté, Aix, où les amis de Durazzo eurent la majorité, tenait pour Urbain [1]. Ce Pape, après son exaltation, avait disposé de cet archevêché en faveur d'une de ses créatures; mais la nomination de Jean d'Agoult faite par Clément, prévalut sur celle de son adversaire. Quelques villes restèrent neutres, et ne reconnurent aucune obédience; d'autres, au contraire, se virent transformées en champ de bataille où les partisans des deux Papes se livraient à de sanglans démêlés. Ceux qui succombaient dans la lutte, étaient traités comme martyrs par leurs amis et comme excommuniés par leurs ennemis.

[1] Pitton, *Annales de l'église d'Aix*. H. du Tems. *Clergé de France*, T. 1

Ce fut alors plus que jamais le cas de dire, après le célèbre Pascal [1] : « qu'il n'y avait rien de licite ou d'illicite, de religieux ou de profane qui ne changeât de qualité par le changement de résidence. » Quelques degrés d'élévation du pôle en variant les juridictions, renversaient les idées les mieux accréditées. Un méridien décidait de la certitude du salut : déplorable situation ! sur la rive droite de cette rivière, l'espérance de la vie éternelle, sur la rive gauche, la damnation : la vérité en deçà de cette montagne, l'erreur au-delà.... [2].

Après ce rapide coup-d'œil jeté sur la face de notre Provence, revenons à l'infortunée Jeanne. Heureuses ne furent pas les suites de sa démarche en faveur de Clément. Rien de compliqué, sans doute, comme la position que le schisme lui avait faite. Placée dans la sphère d'activité de deux parties belligérantes, cette princesse ne pouvait échapper à l'influence de l'une ou de l'autre. En s'alliant à Urbain, elle s'exposait à perdre le Comté, le plus riche fleuron de sa couronne; mais, en s'alliant à Clément, elle courait la chance de perdre Naples, la portion la plus considérable de ses domaines. Tel est le sort des états dont les pro-

---

[1] *Pensées*, 1re Partie, article 6.

[2] Dans ce schisme, la vérité catholique n'était pas en cause, ni même la discipline : on contestait seulement sur la légalité des pouvoirs et des actes hiérarchiques. Ainsi notre réflexion s'applique exclusivement à ces derniers.

vinces ne sont pas contiguës : forcés de s'assimiler avec les puissances voisines, ils se laissent emporter dans le tourbillon d'une politique étrangère, et subissent ainsi les conséquences de principes opposés à leurs intérêts. Tout bien considéré, le premier parti était préférable à l'autre, et entraînait moins d'inconvéniens. Il y eut donc chez Jeanne, faux calcul de quitter l'obédience d'Urbain pour celle de Clément. On sait que cette princesse accusée du meurtre de son premier mari, vivait alors tranquille avec Othon de Brunswick, son dernier époux. Afin de la punir de sa défection, Urbain tout puissant au-delà des monts, suscite contre elle Charles de Durazzo, et colore son inimitié du prétexte de venger un horrible attentat. Charles arrive de Hongrie, pour servir la colère du Pape qui lui promet le trône. Mais, chose affreuse! ce prince était adopté par la reine déjà avancée en âge; légalement déclaré son héritier, il aima mieux entreprendre sur les jours de sa bienfaitrice, que d'attendre la couronne de la nature et du tems.

Indignée de voir ce favori ourdir des trames contre sa vie, afin de jouir plus tôt de la toute puissance, Jeanne changea ses dispositions, et, d'après les conseils de Clément (23 juin 1380), elle institua Louis d'Anjou son héritier universel. Celui-ci n'accepta pas d'abord l'adoption, malgré les pressantes sollicitations du pontife, qui, en plaçant sur le trône de Naples un prince français, espérait obtenir, par ce moyen, assez d'influence en Italie pour se faire reconnaître à Rome, et enlever la thiare à son compétiteur. Cette affaire demeura en suspens plus de deux années; mais Louis d'Anjou, qui s'était fait à l'idée de porter une couronne, se prononça enfin pour l'acceptation; il déploya une ardeur extraordinaire, à l'effet de se procurer les moyens d'accabler son rival. C'est ce qui explique comment il se montra si avide d'argent pendant sa régence : injustices, exactions, rien ne lui coûta. Ce prince, que l'on avait surnommé la *joie de la France*, ruina le royaume et commença le premier à creuser le gouffre où l'état faillit s'abîmer quelques années plus tard.

Huit mois après l'acceptation définitive du duc d'Anjou, on apprit que Jeanne courait le plus grand danger. Charles de Durazzo regardant son adoption comme la seule légitime, voulut contraindre la reine à rétracter la déclaration faite en faveur de Louis. Sur le refus de la princesse, il vint mettre le siège devant Naples, qui renfermait un nombre considérable de ses partisans. La Provence, toujours vouée au culte du malheur, évoque alors ses vieux souvenirs de fidélité[1], elle équipe ses forces navales pour voler au secours de sa souveraine. Un Aptésien, Bertrand-Rambaud de

[1] Ruffi, *Hist. de Marseille*

Simiane, fils du baron de Caseneuve, sollicite l'honneur de porter l'étendard national : on accède à sa demande en vue des glorieux services de ses pères. Le duc d'Anjou, de son côté, instruit de ce qui se passait, ne balança pas à seconder ce noble élan ; il fit aussitôt partir pour Avignon, l'évêque de Chartres, son chancelier, afin de s'aboucher avec le Pape et l'assurer de ses dispositions. La présence de ce prélat combla de joie la Cour romaine, et cette joie devenait plus vive à mesure qu'approchait le moment de l'arrivée du prince [1]. Il survint, en effet, peu de jours après (22 février 1382), accompagné de Marie de Blois, son épouse, et de Louis son jeune fils. Clément, avec ses cardinaux, prodigua à cette royale famille de vifs témoignages d'intérêt. Au premier bruit de sa venue, quantité de nobles et de barons, s'empressèrent de le reconnaître, et de lui prêter hommage; le comte de Savoie avec une brillante suite, vint aussi le visiter. Mais les communes montrèrent peu d'empressement. Quelques-unes, il est vrai, lui firent des démonstrations amicales, sans toutefois se dessiner, voulant, disaient-elles, avant de prendre un parti, se concerter entr'elles dans le conseil suprême de la nation. De ce nombre, furent les villes d'Arles, de Marseille, d'Apt, de Forcal-

---

[1] Baluze, *Vitæ Papar. Aven.*, T. 1. — Journal de Jean Le Fèvre, évêque de Chartres : manuscrit à la Bibliothèque du Roi.

quier et de Sisteron ; celle d'Aix, au contraire, se tint constamment à l'écart avec plusieurs autres dont elle dirigeait les résolutions. Ainsi, Louis d'Anjou ne trouva pas parmi ses futurs sujets l'enthousiasme qu'il s'était promis. Il n'y eut d'exception que pour les élèves provençaux, qui fréquentaient l'université d'Avignon. Leur zèle contrasta d'une façon admirable avec la tiédeur des corps municipaux. Cette jeunesse, aussi brave que studieuse, conduite à l'audience du petit-fils de saint Louis, par un docteur Bénédictin, ouvrit sa harangue par ces paroles d'Isaïe : *Leva in circuitu oculos tuos et vide* : Prince, levez les yeux et regardez autour de vous; toute cette multitude vient se ranger sous vos drapeaux. — A quoi l'évêque de Chartres répondit au nom de son maître, par ce passage tiré des psaumes : *Oculi mei semper ad Dominum; quia ipse evellet de laqueo pedes meos*: Mes yeux demeurent toujours fixés vers le Seigneur ; car, c'est lui qui sauvera mes pas du piége de mes ennemis. — Le goût dominant de l'époque, était de mettre ainsi la Bible à contribution, même en discourant sur les matières politiques : poètes et orateurs, c'était à qui lui ferait les plus agréables emprunts. Un compliment en laissait-il échapper quelque trait heureux, la réponse, comme dans l'exemple qui précède, devait aussitôt se formuler par une citation analogue.

Le duc ne voulut pas néanmoins entrer en Italie, sans au préalable s'assurer du concours des Provençaux. D'après ses désirs, les états-généraux de la province, se réunirent à Apt : on avait fait choix de cette ville afin que le lieu de l'assemblée fût plus rapproché de la Cour pontificale d'Avignon. Assurer d'abord la paix publique contre les éventualités de l'avenir, en réglant l'affaire de la succession au trône ; puis, aviser aux moyens d'arrêter les suites d'un conflit dangereux, tels étaient les graves objets qui appelaient l'attention des mandataires du pays ; ceux-ci devaient en outre allouer des fonds au prince, prêt à voler à un rendez-vous d'honneur. Son entrée en campagne, dépendait de la manière dont on se dessinerait à son égard. Ce fut le 15 avril, dans l'église des Cordeliers, que les états ouvrirent leur session. Le prince s'y fit représenter par son chancelier ; la Cour de France, par Pierre de Thurey ; custode de l'église de Lyon et maître des requêtes [1] ; le Pape, enfin, par George de Marles et par Raymond d'Agoult, sire de Sault.

Une portion de la noblesse et des communes, avons-nous dit, s'était montrée peu favorable au duc d'Anjou, lors de son arrivée à Avignon ; mais il trouva des amis dévoués, parmi les barons les plus considérables du pays. Ceux qui le servirent le mieux, furent Reforciat de Castellane et Foul-

---

[1] Voy. à la fin du Vol. la Note 1 du Livre VII.

ques d'Agoult : le premier, se montrait chaud partisan de la reine, non par esprit de soumission, car, lui et ses ancêtres se firent remarquer par une humeur des plus indépendantes ; les Castellane avaient conquis le tiers de la Provence sur les Sarrazins, et, à ce titre, ils refusaient de rendre hommage de vassal à leur suzerain. Jeanne, loin de vouloir les y contraindre, accorda de nouveaux priviléges à Reforciat qui, par reconnaissance, embrassa avec enthousiasme le parti de la reine ; d'ailleurs, il entrait dans les devoirs d'un preux chevalier, de défendre une femme opprimée. A l'égard du second, il était grand-sénéchal de Provence et frère du sire de Sault. Sa famille était en possession depuis des siècles, de la riche baronie de ce nom, sise à quelques lieues de notre ville. L'aspect de la vallée dont elle est formée, avait quelque chose d'âpre et d'abrupte que l'on n'y retrouve plus aujourd'hui. Ces montagnes, qui vont en s'abaissant graduellement jusques aux rives du Caulon, étaient alors couvertes de bois ; leurs ramifications courant de l'est à l'ouest, encadraient ce grand fief d'une écharpe de verdure. Quelques pics isolés les dominaient, et leur cîmes blanchies par les neiges, semblaient étinceler sous le ciel pur et bleu du midi. D'immenses prairies se déroulaient au pied de ces forêts, riantes solitudes que troublait seul le chant monotone du pasteur nomade, tandis qu'il gardait son troupeau ou trainait sa hutte roulante qui glissait sans bruit sur l'herbe épaisse. Au milieu de cette vallée, dont la culture et l'industrie ont si prodigieusement varié la configuration, s'élève la petite ville de Sault. Jadis on y admirait un château, somptueux monument de l'ancienne puissance féodale. C'est du haut de ses tours crènelées, que les fiers descendans d'Isnard d'Entrevennes découvraient la vaste étendue de leurs domaines; c'est de là qu'ils bravaient le courroux de leurs voisins et quelquefois même la juste colère des comtes de Provence; ils ne voyaient dans le pays aucune famille qui pût se croire plus illustre que la leur; quelques-unes l'égalaient en splendeur, mais nulle ne la surpassait. Ce Foulques d'Agoult dont il s'agit ici, était grand et beau de sa personne; cependant, son regard avait quelque chose de rude et de sévère; il parlait d'un ton de maître par sentences courtes, nerveuses et prononcées avec autorité; jamais la modestie du doute, toujours le faste de la décision. — Grâce aux soins de ces deux grands seigneurs, l'opposition qu'on avait montrée contre le duc d'Anjou, cessa d'être dangereuse. A l'issue de l'assemblée d'Apt, quinze cents chevaliers demandèrent à marcher sous ses bannières, afin d'aller briser les fers d'une souveraine qu'ils chérissaient.

Les détails concernant cette réunion parlementaire sont assez curieux pour orner l'histoire de notre ville. Nous les empruntons de l'évêque de Chartres, qui notait dans un journal tous les faits relatifs aux affaires de son patron. Nous laisserons parler ce prélat lui-même, sans toutefois nous astreindre aux formes surannées de son langage. Il n'y aura d'exception à cette règle, que quand la phrase de l'auteur offrira quelque chose de pittoresque et d'original, ou que le tour de sa pensée sera de nature à piquer la curiosité.

« Le lundi de Quasimodo, dit-il, Monseigneur de Berry vint à Avignon; j'allai au devant de lui comme les autres; puis, après diner, je partis avec le custode de Lyon et *venismes au giste à Lisle de Venyse.*

« Le mardi, eut lieu notre arrivée à Apt, où nous dînâmes chez l'archevêque d'Arles, chambellan du Pape; au sortir de table nous tinmes conseil, le sénéchal de Provence, son frère, le sire de *Casenove* et moi, sur la manière de procéder le lendemain.

« Le mercredi, 16 avril, arrivés au couvent des Frères-mineurs, on nous introduisit au sein de l'assemblée. Là, Pierre de Thurey ayant réclamé la parole, exposa que le roi de France, Charles VI, portait le plus vif intérêt à la cause du duc d'Anjou, son oncle, et qu'il ne négligerait rien pour assurer le succès de ses prétentions au trône de Naples. Il vanta les belles qualités du prince, le montrant tout à la fois courageux, libéral, magni-

fique, et rappelant les services qu'il avait rendus à sa patrie, soit en gouvernant le Languedoc, soit en défendant la Guyenne contre les Anglais. Après avoir analysé l'affaire de l'adoption, et fait ressortir les droits de son client, il finit par prier les états de lui donner une réponse catégorique qu'il pût adresser au monarque français, espérant, ajouta-t-il, qu'elle serait favorable et conforme à l'idée qu'on s'était faite de leur loyauté. — Je fus entendu après cet orateur : dans mon discours, je m'étendis aussi sur le mérite personnel du prince, sur ses vertus héroïques qui avaient séduit l'esprit de la reine de Naples ; je me portai garant de ses dispositions envers la nation provençale, dont la descendance de saint Louis avait toujours fait le plus grand cas ; enfin, j'assurai l'assemblée du désir qu'avait le duc d'Anjou de rendre le calme à la province, en terminant le plus tôt possible ce grave démêlé. — Vint ensuite le tour des envoyés du Pape ; ceux-ci parlèrent de la même manière, ajoutant que Sa Sainteté verrait avec un singulier plaisir, les états se prononcer en faveur d'un prince qu'elle regardait comme le champion du Siège apostolique. « Sur quoi, respondu fut par
« le sénéchal, en remerciant de la bonne voulonté
« que Notre Saint-Père avoit au païs et monsei-
« gneur aussi ; et que le païs feroit pour sa dame
« ce que bons subjets devoient faire. »

« Lorsque nous eûmes ainsi exposé le sujet de

notre mission, on nous pria de nous retirer, disant que les députés allaient prendre leur repas, mais qu'aussitôt après, ils reviendraient dans le local de leurs séances. Ce qui fut dit, fut fait: l'assemblée formée de nouveau, resta en délibération jusqu'à la chute du jour : « Lors me signifia le
« sénéchal que je fusse tout réconforté, — que
« nous aurions response agréable, — présents
« l'archevesque d'Arles, l'archevesque d'Aix, l'é-
« vesque d'Apt, l'évesque de Grasse, l'évesque de
« Marseille..... »

« Le jeudi matin, fusmes aux Cordeliers et mu-
« sâmes très longuement : la cause estoit pour les
« communités (communes) qui n'estoient pas
« bien d'accord, et avec elles, furent le sire de la
« Volte, François des Baux et le seigneur de Cesa-
« reste..... à ce matin se déclara la cité d'Apt et la
« chatellenie du Puget pour la part de Mgr. (le
« parti). »

Ici, arrêtons-nous, et suspendons ces citations, pour suppléer à ce qui manque au récit du prélat. L'assemblée avait pour mission de faire un choix entre les deux concurrens au trône, et c'était là le nœud de la difficulté. Le duc d'Anjou, sans doute, avait de puissans amis; mais il était repoussé par la ville d'Aix et par un assez bon nombre d'autres, que celle-ci avait ralliées sous ses bannières. Ce prince leur était odieux, à cause des vexations que ses troupes avaient exercées, douze ans auparavant dans le territoire d'Arles et de Tarascon. On savait qu'il était courageux, spirituel, affable et même libéral jusqu'à la profusion; mais une insatiable cupidité fesait oublier son mérite. Ayant ruiné le Languedoc et une partie du royaume par ses extorsions, on craignait qu'il n'en fît autant en Provence. Lorsque cette grande question fut débattue, l'archevêque d'Aix développa avec beaucoup d'habileté, les raisons qui militaient en faveur de Louis [1]. Il dit que ce prince était de la race des Angevins, et que la première branche s'éteignant avec la reine, force était de prendre la seconde; il fit valoir l'acte de son adoption que rien ne pouvait infirmer, l'investiture qu'il avait reçue soit de la part du Pape Clément, soit de la part de l'empereur : enfin, il rappela que le noble duc avait en main toutes les forces de la France, et qu'ainsi il fallait faire de bonne grâce ce à quoi on ne manquerait pas d'être tôt ou tard contraint. Ceux du parti opposé répliquèrent, que la race de Charles II, roi de Naples, et par conséquent celle de Béatrix de Provence, n'était point éteinte, qu'elle subsistait en la personne de Charles de Durazzo, véritable héritier de ce monarque et appelé à la succession par testament; — que les publicistes déniaient à l'empereur la faculté de pouvoir disposer du royaume d'Arles, sur lequel il

---

[1] Pitton, *Ann. de l'église d'Aix*.

n'avait qu'un simple droit d'hommage ; — qu'il en était de même du Pape, vu que le Comté n'était pas un fief de l'Église ; — qu'en définitive il serait dangereux de s'abandonner à un prince dont les Provençaux avaient eu si peu à se louer; qu'il vaudrait mieux peut-être prononcer l'exclusion des deux concurrens, et s'occuper ensuite de l'élection d'un roi ou d'un comte. La majorité de l'assemblée rejeta cet avis, pour adopter celui de l'archevêque d'Aix. L'honneur de l'initiative sur cette grande résolution appartient tout entier à la commune d'Apt, et c'est avec plaisir que nous en avons trouvé la preuve sous la plume de l'évêque de Chartres. L'avantage de s'être dessinée la première en faveur de la maison de France, lui valut dans la suite la bienveillance de nos anciens comtes et surtout celle du bon roi René. Quel nom plus retentissant et plus populaire en Provence, que celui de ce monarque, petit-fils de Louis d'Anjou? Là, du moins, les adversités sans nombre qui signalèrent sa carrière, ne lui sont pas reprochées comme des fautes; de nobles souvenirs effacent des taches légères.... L'admiration, due à sa rare loyauté, est encore vivante au milieu d'un peuple voué au culte des vieilles races, et la reconnaissance n'y a pas été glacée par l'égoïsme. Mais, revenons à l'assemblée provinciale, et continuons la parole au prélat déjà cité :

« Je fus prié, dit-il, par l'évêque de Grasse, de

soumettre à monseigneur les propositions suivantes: 1° qu'il se garde de donner au *sire de Casenove*, aucune ville de Provence et surtout celle d'Apt; 2° qu'avant de franchir les monts, il pourvoie au bon gouvernement du pays, en avisant que *justice y soit faicte*; 3° que les Juifs *n'aient pas trop faveur devers les officiaux en destruction du peuple*; 4° que la cité d'Apt soit particulièrement honorée du prince, parce qu'on y traite de ses affaires; 5° que monseigneur agisse auprès du Pape, pour que les bénéfices ecclésiastiques du Comté ne soient conférés qu'à des indigènes; 6° qu'il prenne dans les douze principales villes les *plus sages et notables personnes et avant son partir, se conseille à elles, sur l'ordonnance qui sera à mettre au pays quand il sera absent*; 7° enfin, que monseigneur soit invité à prendre des mesures contre les Sarrazins qui *par emblées viennent infester Prouvence et y rapvir des gens*... Tel fut le programme que le Clergé me chargea de présenter au prince, avec promesse, s'il en exécutait le contenu, de fournir un large appui à ses projets ultérieurs.

« Les États, dit toujours le même prélat, tinrent leur dernière séance, le 18 avril. Pierre de Cros, archevêque d'Arles, y prononça un long discours sur les affaires de Naples, et conclut, en accordant de la part de l'ordre clérical, les subsides que le duc d'Anjou sollicitait. Le sénéchal de

Provence, parlant pour la noblesse et le tiers-état, observa que quelques députés ne se croyaient pas suffisamment autorisés à consentir les demandes du prince; mais qu'ils allaient en toute hâte se rendre dans leurs communes respectives, pour y prendre l'avis de leurs commettans et revenir aussitôt avec des réponses favorables. Le noble baron ajouta que les Provençaux, en accordant des subsides, y mettaient la condition, que Louis irait de sa personne dans le royaume de Naples pour rompre les fers de la reine et obtenir la confirmation des privilèges du pays. Après cette déclaration, le seigneur de Sault comme le plus digne des envoyés de la Cour papale, remercia les États au nom de Sa Sainteté, le custode de Lyon au nom du roi de France: j'en fis autant au nom du duc d'Anjou « lors fut requis par le sire de Sault, con-
« tinue-t-il, que en mémoire de cette bonne res-
« ponse faicte à Apt, nous fussions intercesseurs
« devers le Pape, pour la canonisation de la fame
« du comte d'Arian qui gist céans, nommée Del-
« phine, de qui le mari sainct Alziaire fut cano-
« nisé par le pape Urbain.... » Telle est la pieuse proposition, par laquelle l'évêque de Chartres termine son récit. On ne pouvait mieux, à notre avis, couronner les travaux de l'assemblée. Le duc d'Anjou et les siens acceptèrent ce noble mandat et le remplirent si bien, que, dans peu, nous verrons la vertueuse compagne d'Elzéar partager

avec lui, les honneurs de l'Église militante [1].

Le succès que Louis venait d'obtenir, succès d'heureux augure, dût bercer son esprit de douces espérances. C'est alors qu'il s'occupa activement des préparatifs de son départ. Déjà, les vaillantes milices qu'il avait levées en France, arrivaient de tous côtés, et se groupaient autour de ses drapeaux [2]. Apt était le point par où elles devaient passer pour gagner les monts. Depuis l'armée des Croisés conduite par le comte de Toulouse, jamais troupes plus belles et plus nombreuses n'avaient traversé nos murs. Un historien contemporain les assimile pour la magnificence, à l'armée de Xercès, et il ajoute, que, pour la bravoure, c'était la fleur des chevaliers français. Les Aptésiens versèrent leurs recrues dans ces bataillons, où nos célébrités nobiliaires vinrent confondre leurs noms avec ceux des plus grands seigneurs de l'époque. Le duc d'Anjou méritait la qualité de général, non moins par sa naissance que par ses vertus guerrières. Les riches convois qui marchèrent après lui, étaient les dépouilles de la Cour, des Provinces et de l'église gallicane. On aurait cru, en voyant défiler tous ces fourgons chargés de richesses, qu'il s'agissait non de conquérir le royaume de Naples, mais d'acheter l'Italie entière.

[1] Voir à la fin du vol. la note 2 du livre VII.
[2] *Hist. de l'Église Gallic.*, Tom. XIV. — *Souvenir des Croisades.* (Echo de Vaucluse).

Par malheur, le dénouement de ce grand drame ne répondit point à ce beau début: car la Providence, qui se joue des combinaisons de l'homme, préparait au prince la douleur de voir bientôt périr ses soldats et de périr ensuite lui-même, plutôt par la disette que par le fer des ennemis.

(29 Mai 1382.) Le Pape cependant, voulant attirer les célestes bénédictions sur les armes du duc d'Anjou, ordonna une procession solennelle [1]; elle devait sortir de la cathédrale de Notre-Dame-des-Doms et atteindre, par de longs circuits, l'église des Cordeliers. Ce fut une des plus belles cérémonies dont Avignon ait jamais offert le spectacle. Clément y assista, environné de ses cardinaux et d'un grand nombre d'évêques accourus des villes voisines. Il était clair que, par cet appareil inusité, on voulait, en frappant vivement les imaginations, rendre populaire une cause dont le fils de France était alors la personnification. Le surlendemain de cette solennité religieuse, Louis partit d'Avignon, après avoir salué le souverain pontife. Conformément aux désirs de Sa Sainteté, les membres du Sacré-Collège suivirent à pied le prince au-delà des remparts, jusqu'à la distance de deux portées de flèche. Le clergé, en effet, pouvait-il trop prodiguer d'hommages à celui que l'on supposait devoir bientôt étouffer l'hydre du

---

[1] Baluze, *Vitæ Pap. Aven.*, T. I.

schisme dans ses bras victorieux. A ce cortége, figuraient le duc de Berry et le comte de Savoie; les étendards d'Anjou et de Calabre y flottaient resplendissans ; car, depuis quelques mois, la reine Jeanne avait fait expédier des lettres-patentes portant collation au profit de Louis, du titre de duc de Calabre, titre donné à l'héritier présomptif de la couronne des Deux-Siciles. Celui-ci, avant de rejoindre son armée, qui s'acheminait vers les Alpes-Cottiennes, alla au pont de Sorgues où l'avait devancé Marie de Blois, son épouse. Là, il signa l'acte qui confiait à cette princesse, la régence avec les pouvoirs de l'*alter ego*. Cette mesure une fois accomplie, Louis partit pour Carpentras, Marie pour Orange, et le comte de Savoie pour Cavaillon. Mais, bientôt réunis à l'Isle, les deux princes arrivèrent en vue d'Apt, le 13 du mois de juin. Ils furent reçus dans la ville, au milieu d'un concours prodigieux; les gens de la campagne étaient accourus de plus de six lieues à la ronde. L'enthousiasme des Aptésiens éclata de la manière la plus vive, à l'aspect de leur futur souverain ; partout, les cœurs volaient sur son passage; partout, des vœux et des prières pour le succès de son entreprise. Au débouché du portail de la Bouquerie, le fils de France trouva un dais tenu par quatre notables; il s'avança lentement dans la grande rue, à travers une foule innombrable qui témoignait sa joie, sans crier néanmoins, car le respect imposait silence. Seulement une multitude de petits garçons de six à dix ans, vêtus de blanc, rangés en haie, chantaient: Noël! Noël! Vive monseigneur de Calabre! Les femmes, parées de leurs atours, garnissaient les fenêtres. Louis descendit de cheval devant la porte de la cathédrale, entra dans l'église, accompagné de flots de peuple; il y fit sa prière avec une ferveur touchante. On le conduisit ensuite à l'évêché, choisi pour sa résidence. Les notables, les riches particuliers se disputèrent le plaisir de loger les grands seigneurs, les barons et les simples écuyers; chaque maison prit quelques soldats de l'escorte du prince, de manière que la ville offrait l'image d'une seule famille. Les quelques jours que Louis et sa suite restèrent dans Apt, se passèrent en fêtes. Puis, quand sonna pour lui l'heure du départ, il se mit de nouveau en marche, et arriva le 21 juin à Briançon, d'où, pour aborder le territoire italien, il ne reste plus que le mont Genèvre à franchir.

Le bruit de l'armement qui se fesait en France pour délivrer la reine, fut ce qui hâta sa fin. Elle avait été faite prisonnière dans le château de l'OEuf. Son vainqueur, qui craignait apparemment le retour des sympathies populaires, la fit sortir de Naples et la relégua dans une maison de force de l'Abruzze. Elle y passa quelques mois, partagée entre l'espoir d'un rétablissement de fortune et la crainte d'un sort plus rigoureux. Charles de Durazzo, afin de préparer les esprits à un épouvantable régicide, se déclara le vengeur du malheureux André. Il consulte Louis de Hongrie, qui, inflexible dans sa haine, mande de faire périr Jeanne de la même mort que, suivant lui, elle avait donnée à son mari. Trop docile à cet ordre barbare, Charles la fait étouffer entre deux matelas. On voit partout des crimes punis par d'autres crimes. Naples, depuis Charles d'Anjou, était devenu le théâtre d'attentats contre les têtes couronnées. Telle fut la fin d'une princesse qui a épuisé tous les éloges et tous les blâmes, avec la différence que les belles qualités qu'on lui a reconnues sont restées incontestables, tandis que les forfaits dont on a chargé sa mémoire, trouvent encore aujourd'hui des contradicteurs. L'anarchie religieuse, après avoir empoisonné les dernières années de cette royale existence, en arrêta le cours par une horrible catastrophe.

Le duc d'Anjou ne put apprendre qu'en Italie la mort de sa bienfaitrice [1]. Instruit de cet affreux malheur, il se fait proclamer roi de Sicile et comte de Provence. Le grand intérêt du Pape Clément, était que l'armée expéditionnaire, forte d'environ soixante mille hommes, marchât droit à Rome pour y détrôner le schisme. Urbain pres-

---

[1] Papon, *Histoire de Provence.* T. 3

sentit le danger; aussitôt il publie une Croisade contre les Français, accordant l'indulgence de la Terre-Sainte à tous ceux qui marcheraient pour la défense de la ville éternelle. Ce n'est pas assez; une bulle armée de foudres, hérissée d'invectives, part du palais de Latran et va déclarer schismatiques, excommuniés, criminels de lèse-majesté divine et humaine, le duc d'Anjou, les comtes de Genève et de Savoie, avec notre grand-sénéchal Foulques d'Agoult, sire de Sault. C'était le traitement que ce pontife avait infligé naguère au roi de Castille, parce qu'il s'était attaché à l'obédience du Pape avignonnais. Mais ces anathêmes n'effrayèrent personne; car, on les envisagea plutôt comme une déclaration de guerre que comme un acte régulier du pouvoir des clés. Dominé néanmoins, par le désir de venger promptement la royale victime et d'appaiser le cri de son sang, le duc d'Anjou tourna vers l'état napolitain où quelques villes le reçurent sur le pied d'un libérateur. Mais bientôt, la fortune désertant ses drapeaux, il eut à lutter moins contre des ennemis armés que contre des élémens meurtriers. Frappé lui-même de l'épidémie qui décimait ses bataillons, il mourut dans la Pouille sans succès et sans gloire, sans parti et sans argent. Son héritier fut un enfant de cinq ans, qu'il avait laissé à Avignon sous la tutelle de Marie de Blois, son épouse. Ce jeune prince, qui prit le nom de Louis II, et dont nous aurons occasion de parler dans la suite, devint nominalement roi de Sicile, et en réalité, comte de Provence.

La nécessité de suivre le fil de ces évènemens, nous a fait perdre de vue l'épiscopat de Raymond III sur lequel s'est jalonnée notre marche. Regagnons maintenant les rives du Caulon pour nous enquérir de ce qui s'y passait, tandis que les troupes du duc d'Anjou foulaient le sol de la Péninsule. D'abord, rien de comparable à la douleur qui éclata parmi les Aptésiens, en apprenant le triste sort de la malheureuse Jeanne. L'indignation contre le lâche meurtrier était à son comble. A peine cette nouvelle fait irruption dans la ville, qu'une sombre tristesse se peint sur les visages. Toute pensée étrangère à cet affreux malheur est soigneusement mise à l'écart; un besoin, un seul besoin préoccupe la multitude, c'est de se précipiter dans les temples, afin d'implorer la béatitude céleste pour une princesse chérie. Les magistrats prennent l'initiative de ces pieuses manifestations. Tous les sexes, tous les âges, tous les rangs se confondent au pied des autels; tous expriment les mêmes vœux; tous mêlent leurs prières, leurs soupirs et leurs larmes. Hors de l'enceinte des édifices sacrés, d'autres scènes non moins touchantes attestent plus vivement encore la publique douleur. Assis sous les ormeaux séculaires qui ombragent les avenues de la cité, des vieillards, des femmes, des enfans racontent en pleurant cette tragique histoire ; chaque passant est arrêté ; on est avide de nouveaux détails, et la moindre particularité ignorée devient aussitôt le texte de commentaires animés. Cette douleur des Aptésiens n'étonnera personne, quand on saura tout ce qu'il existait de sympathies naturelles et de motifs de confiance entr'eux et la reine Jeanne. Quelle population, en effet, a surpassé la nôtre dans son amour pour sa souveraine ? Quel nom royal a joui dans nos murs de plus de renommée, que celui de la petite fille de Robert ? Nos franchises municipales, cette princesse les avait octroyées ; nos écoles, elle les avait dotées ; nos foires et nos marchés, elle les avait privilégiés ; nos églises, elle les avait embellies ; nos prélats, elle les avait appelés à sa cour ; nos citoyens, elle les avait toujours traités en sujets fidèles. Quoi de plus ! Jeanne se souvenait avec bonheur, du serment de fidélité que lui prêtèrent nos ancêtres dans une circonstance difficile, et elle aimait à le leur rappeler. Cet élan de zèle, au moment où les dispositions des Provençaux étaient douteuses, lui fut si agréable qu'en témoignage de sa satisfaction, elle déclara la cité d'Apt à jamais inaliénable du domaine Comtal.

A cet immense deuil venait s'ajouter un autre sujet d'affliction ; car, alors, la ville était veuve de son pasteur, qu'elle avait perdu un peu avant la mort de la reine Jeanne. Raymond III possédait toutes les qualités d'un grand évêque, naissance illustre, talens distingués, vertus exemplaires. Nos fastes religieux ne révèlent aucun épiscopat plus digne que le sien d'être crayonné par l'histoire. De combien d'évènemens glorieux Apt fut-il témoin, pendant que ce prélat siégeait sur la chaire de saint Auspice? L'église, que cet apôtre des Gaules avait fondée, reçoit sous Raymond III des honneurs inouis; un Pape la visite, un concile national y formule ses oracles; le culte public ramené aux règles primitives, y prend le plus noble essor; et, ce qui éclipse peut-être tous ces avantages, l'auréole de la sainteté vient y orner le front d'un héros chrétien. Nous n'exagérons rien : malgré le rang où elle s'éleva dans l'antiquité païenne, notre ville, gardienne de la cendre d'Elzéar, a tiré plus de lustre de ce dépôt que des monumens dont l'avait embellie la puissance civilisatrice du peuple-roi. La renommée du saint comte ne s'arrête pas, comme maintes célébrités, à des circonscriptions de territoire, mais elle vole vers les points les plus reculés du globe. « En effet », dit un historien [2], « Elzéar doit être regardé comme un chef-d'œuvre « de la grâce divine : qu'il est beau de voir un « seigneur de haut lignage, donner dès sa jeu- « nesse, les marques de la plus sublime vertu, et

---

[2] Racine, *Hist. Ecclés.*, T. VI.

« y faire jusqu'à la mort de continuels progrès !...
« sa noble compagne, loin de l'affoiblir dans le
« généreux dessein de ne vivre que pour le ciel,
« l'y exhorta puissamment, et ne marcha pas avec
« moins d'ardeur dans les sentiers de la perfec-
« tion. Leur maison avoit plutôt l'air d'un monas-
« tère que d'une résidence féodale ; il semble que
« l'esprit de Dieu, qui paroissoit alors s'être re-
« tiré de certaines communautés religieuses, ait
« pris plaisir à faire éclater les merveilles de sa
« puissance dans la cour d'un grand du monde. »
Cet éloge, tracé par une main habile, trouvera de
l'écho dans tous les cœurs que la piété a initiés
aux détails d'une vie si admirable; vie sans doute
trop rapidement écoulée, mais dont la gloire est
devenue le patrimoine de l'église d'Apt.

Revenons à Raymond III. Ce prélat, fort versé
dans la science du droit canon, avait essayé sa
plume sur diverses questions de matière théolo-
gico-légale; mais aucun de ses écrits n'a échappé
au naufrage des siècles. Quelques écrivains [1] lui
attribuent la rédaction d'une messe votive, pour
obtenir la cessation de la mortalité (*pro vitandâ -
mortalitate*), messe adoptée depuis, par la li-
thurgie romaine. Si cette opinion est admissible,
l'œuvre dont il s'agit aurait vu le jour durant le
règne de la dernière épidémie qui sévit en Pro-

---

[1] San-Marth. *Gallia Christ.*, T. I.

vence, et attira dans Apt un si grand concours de pélerins auprès du sépulcre de *madame sainte Anne*.

Jadis, un évêque de la maison de Bot, on s'en souvient, avait signalé son zèle envers saint Castor, dont le nom plane encore aujourd'hui sur plusieurs diocèses avec un parfum de popularité. Raymond III, à l'exemple de son parent, voua une tendre dévotion à saint Auspice. Alliant la piété à la magnificence, il renferma le chef de cet apôtre dans un superbe buste de vermeil exécuté à ses dépens, buste où l'art du moyen-âge avait prodigué mille détails grâcieux et finement travaillés. Si on doit faire honneur à cet évêque de la réforme capitulaire, n'est-ce pas justice de dire, qu'il fut vivement secondé par le prévôt Durand-André, homme de sens et de savoir qui, après avoir joui de la confiance de sainte Delphine et respiré la bonne odeur de ses vertus, devint lui-même un parfait modèle de la régularité sacerdotale.

Sans la malencontreuse affaire de l'interdit, jeté sur la ville pour une cause assez légère, la mémoire de Raymond III serait tout-à-fait irréprochable. Des écrivains, cependant, ont essayé de le justifier non en contestant sur le fait qui est incontestable, mais en se retranchant sur le droit, qui, selon eux, n'est point encore éclairci. Nous ne demanderions pas mieux que de prononcer un verdict d'absolution ; mais notre esprit a de la peine à comprendre, qu'un prélat puisse licitement pour quelques coupables, punir une foule d'innocens, et priver tout un peuple de l'usage des choses saintes, lorsque la foi, surtout, ne périclite point. Quoiqu'il en soit, depuis cette époque, livré à l'exercice paisible de ses augustes fonctions, Raymond ne paraît plus qu'à de rares intervalles dans l'histoire de son tems, et chacune de ces occasions révèle le cours d'une vie édifiante, toujours appliquée au bien du Diocèse. Sa mort, survenue au mois de mai, mit fin à cette dynastie des Bot, qui durant ce siècle, tinrent glorieusement les rênes de l'église d'Apt; noble filiation, heureuse lignée où les dignités et les vertus se transmettaient comme un héritage de famille!

Durant les beaux jours de la religion, on vit monter sur les chaires de nos cathédrales, quantité d'évêques d'un mérite éminent. Cette profusion de grands hommes dans les rangs de l'épiscopat, vint du soin que l'on prenait d'élever à ce grade les plus dignes et les plus capables. Alors, la biographie des saints illustres s'enflait de noms empruntés aux sommités cléricales; mais, par la suite, les prélats marqués au type de l'âge d'or chrétien, s'éclaircirent, et le XIV° siècle, surtout, n'en fournit qu'un faible contingent. Cette période n'ayant vu surgir à l'horizon du sanctuaire, que très-peu de ces astres brillans qui répandaient une si vive lumière, il nous a paru équitable de mettre en relief les hautes qualités de Raymond III. S'il n'a pas droit d'être classé parmi ces évêques puissans en œuvres et en paroles, dont le ministère réjouissait l'Église par une heureuse fécondité, on peut du moins l'assimiler aux prélats les plus distingués de son tems; et c'est là encore une assez belle position; car, si le comble de la gloire consiste à occuper la première place, il est très honorable, dit Cicéron [1], de figurer en seconde et même en troisième ligne : *Honestum est in secundis et in tertiis consistere.*

[1] Cicer. *in Bruto.*

LIVRE HUITIÈME.

de 1382 a 1391.

Louis II venait de succéder à son père ; mais l'autorité de ce jeune prince était loin d'être généralement reconnue. Son règne forme une période fameuse dans nos annales, période durant laquelle la Provence éprouva des malheurs dont les siècles passés fournissent peu d'exemples. Le duc d'Anjou s'était créé de puissantes inimitiés soit par ses manières hautaines, soit par la faute qu'il fit de réunir à son domaine des terres cédées à la noblesse par ses prédécesseurs. Aussi, quand la nouvelle de sa mort se fut répandue, les villes que la crainte retenait dans son parti, se soumirent à Charles de Durazzo, et entrèrent dans une ligue connue sous le nom de l'*union d'Aix*. Il n'y eut qu'Arles, Marseille, Apt, Pertuis et un petit nombre d'autres moins importantes qui restèrent fidèles à Marie de Blois et à son auguste pupille. Raymond de Turenne, fils de Guillaume de Beaufort et d'Eléonore de Comminges, était l'âme de cette ligue dont il attisait l'ardeur. Plein de fierté et de courage, il cherchait à venger par le fer et par la flamme, le tort que lui avait fait le duc d'Anjou, en le dépouillant d'une partie de son patrimoine. Il serait difficile de citer un guerrier dont la vie ait été plus occupée que la sienne. A l'âge de douze ans, il embrassa le métier des armes, et s'y voua avec tout l'entraînement d'une ame jeune et passionnée. Nourri dans un monde où brillaient d'illustres capitaines, il avait respiré l'air de l'héroïsme : ses regards n'avaient aperçu de tous côtés que de pompeuses renommées. Quel est le cœur qui ne se serait pas enflammé près d'aussi beaux modèles! Malheureusement, tant de nobles qualités furent obscurcies par un caractère ambitieux et cruel. Animé de l'amour du bien public, Turenne aurait pu devenir un grand homme; mais un besoin insatiable de vengeance lui fit manquer le chemin de la gloire.

Quoique ce baronnet dût à la thiare, le lustre et la grandeur de sa maison, il dirigea plus particulièrement ses hostilités contre Clément VII. D'abord, il se plaignait que la Cour romaine lui retint avec de grosses sommes, divers meubles précieux provenant de la succession de Grégoire XI son oncle; puis, il voulait punir l'ingratitude dont cette Cour avait payé ses services, lorsqu'à la tête de nombreux vassaux il dispersa les brigands qui étaient venus assaillir Avignon. Voilà les prétextes vrais ou faux dont il colora sa rebellion. Après avoir répandu des émissaires chargés de grouper autour de lui les mécontens, d'exploiter à son profit les vieilles rancunes et les amours-propres froissés, il lève des troupes, et met ses châteaux en état de défense. Voulant neutraliser dans l'esprit du soldat, un reste de respect pour des autorités vénérées, il traite Clément et Louis de puissances imaginaires; il en parle avec mépris, et emploie à leur égard cette formule flétrissante:

>Au Pape sans Rome,
>Au roi sans royaume,
>Au prince sans terre,
>A tous trois ferai la guerre.

On sait que le dernier de ces personnages était Charles du Maine, prince de Tarente, frère de Louis II.

Les plaies de la patrie se rouvrirent au bruit de cet armement. Bientôt affluèrent sous les drapeaux de Turenne des gens sans aveu capables des énormités les plus monstrueuses. A la tête de ses satellites, il sillonnait la Provence et le Comtat, laissant derrière lui les tristes marques de son passage. On crut d'abord qu'il en serait de sa colère, comme d'un effrayant météore qui s'éteint après l'explosion; mais il n'en fut pas ainsi: car la guerre allumée par ce nouvel Attila, embrasse un espace d'environ dix années, et montre qu'un mal peut être long sans cesser d'être violent. C'est de là que date la ruine des châteaux et des nobles manoirs qui décoraient jadis nos bourgs et nos hameaux. Aujourd'hui, on ne voit presque plus vestige de ces vénérables témoins du moyen-age. Battus en brèches par les siècles, non seulement ils n'ont pu résister à l'action plus meurtrière encore de la main de l'homme, mais leurs débris mêmes se sont effacés sous des tourbillons de poussière. Le peu qui reste debout, le peu qui atteste la puissance ancienne et les splendeurs passées, est dérobé aux regards du soleil. C'est sous la terre qu'il faut l'aller chercher.

Le parti de Louis II, trop faible pour arrêter ces désordres, accrédita auprès du prince qui se trouvait alors à Paris, le comte de Saint-Séverin et le sire de Sault. Les députés de Marseille y arrivèrent presque en même temps. Le seul fruit que les uns et les autres retirèrent de leurs démarches, fut le prompt départ pour la Provence de la reine régente et de son fils. Effectivement ces royales personnes firent leur entrée à Avignon le 24 avril 1385. La Cour romaine leur prodigua tous les honneurs décernés en pareil cas aux têtes couronnées. Après avoir reçu l'hommage de Louis, elle lui donna l'investiture du royaume des Deux-Siciles, sous la réserve expresse de ratifier son acte de vassal lorsqu'il serait majeur. C'est tout ce que Clément put faire, bien que ses dispositions envers la maison d'Anjou ne fussent douteuses pour personne; car, nul n'était plus intéressé que ce Pape à voir trôner dans Naples, un prince français, à l'aide duquel, peut-être, il serait parvenu à ramener la Péninsule sous sa houlette pastorale. Mais le peu d'autorité qu'il avait dans les états catholiques, la pénurie de ses finances concoururent également à rendre son zèle infructueux. Plusieurs villes néanmoins ne laissèrent pas d'offrir au jeune roi le secours de leurs bras. Marseille, entr'autres, fit preuve d'un généreux dévouement; ses troupes mêlées à celles du prince emportèrent quelques places qui tenaient pour Charles de Durazzo, et y commirent des dégâts considérables. Partout ailleurs c'était le même système de dévastation appliqué avec plus ou moins d'acharnement : car, cette guerre renouvelée des jours où la féodalité régnait dans toute sa force, ne s'exerçait que par de cruelles représailles en brûlant les villages, en incendiant les moissons, en démolissant les granges. Quel temps pour nos paisibles populations, que cette époque d'affreuse mémoire. C'est alors que les habitans des villes et des campagnes exposés à des attaques incessantes et souvent surpris dans une fausse sécurité, imaginèrent de bâtir sur des lieux escarpés, ces tours dont la plupart subsistent encore, et du haut desquelles, après avoir aperçu l'ennemi au loin, on donnait le signal de ralliement.

Ainsi, depuis qu'avait été scélée la tombe du duc d'Anjou, la Provence était déchirée par des combats meurtriers, la guerre civile organisée, le prestige du pouvoir annulé. Ajoutez à cela le débordement de grandes rivières, des hivers rigoureux, l'apparition de comètes dont l'aspect seul troublait la raison des peuples, la dépravation des mœurs, l'anarchie religieuse, un souverain non encore arrivé à l'âge de puberté, la régence entre les mains débiles d'une femme, et vous aurez en raccourci le tableau des calamités qui pesaient sur ce malheureux pays.

A côté de ce déplorable spectacle, l'histoire nous offre néanmoins un objet consolant dont la vue repose les esprits. C'est l'église d'Apt qui, depuis sa réforme, s'était tellement améliorée, qu'elle excita l'enthousiasme des auteurs contemporains. Durant ce schisme de nouvelle espèce où, selon la pensée de Bossuet, J.-C. semblait endormi et la barque de Pierre prête à s'engloutir sous les flots, les talens et les vertus ne laissèrent pas de germer sur cette terre privilégiée. Les montagnes saintes desséchées ailleurs par le feu des disputes, y avaient conservé une heureuse fécondité. Là, en très peu de temps se formèrent et grandirent des noms qui, après plusieurs siècles, n'ont rien perdu de leur éclat. Quatre d'entr'eux appelés aux honneurs de l'épicopat, justifient ce choix par de nobles qualités; d'abord, l'évêque de Vintimille, prédicateur distingué, l'un des ornemens de l'ordre séraphique ; puis, nos trois prévots: Raymond de Savines, pourvu de l'évêché d'Apt après Raymond III, Guillaume Hortolan, investi du patriarchat de Jérusalem, et enfin Raymond de Bretennes nommé au siège de Lombez. A l'égard de Guillaume, ce fut afin de lui ménager le moyen de soutenir son éminente dignité, que Clément VII le gratifia presque aussitôt de l'évêché de Rhodez. Et qu'on ne croie point que ce prélat ait dû son avancement à l'intrigue ou à la faveur; car, simple prêtre, il avait déjà pris rang parmi les bienfaiteurs de l'humanité, en fondant l'hôpital-général de notre ville. Si, donc, on se rappèle les circonstances défavorables contre lesquelles luttaient la plupart des diocèses, n'est-ce pas pour celui d'Apt, un beau résultat à constater, que cette quadruple élection d'évêques, accomplie dans son sein, à une époque où tant de faits scandaleux obscurcissaient la gloire des plus illuslustres églises de la chrétienté !

Raymond de Savines que nous venons de nommer, ne tint le siège d'Apt qu'environ deux années. Faut-il s'étonner que sa biographie se réduise au simple éloge de ses vertus avec la date obligée de son décès ! Gérauld fut appelé à le remplacer, et il figure plus souvent dans les récits de son temps, à titre d'homme d'état, qu'à celui d'évêque. La discorde qui secouait alors ses torches incendiaires, l'annulation presque complète du pouvoir royal, le retour fréquent des assemblées délibérantes, les vives dissidences qui mettaient des communes aux prises avec leurs voisines, les populations qui flottaient indécises entre deux compétiteurs au trône, tout cela ne permettait guère aux personnages éminens de se tenir en dehors de la politique. Quand à l'origine de Gérauld, nul autre donnée que celle qui le fait neveu du cardinal Bertrand de Lagery, évêque de Glandèves et d'Ostie [1]. Il ne le cédait pas en mérite à son oncle : si celui-ci brillait par un profond savoir, celui-là, dit la chronique capitulaire, *étoit de fort gentil esprit, très habile, bien disant, fort beau et agréable de sa personne, comme on a pu le voir en sa pourtraicture.*

Ce fut à peu près vers l'époque où finit l'épiscopat de Raymond de Savines, que Clément VII réalisa une grande pensée qui, depuis l'assemblée représentative de 1382, était entrée dans le vœu de la nation provençale. Nous voulons parler de la levée du corps de Ste.-Delphine, encore enfoui au fond de son sépulcre, tandis que celui d'Elzéar était installé sur les autels. Les écrivains Aptésiens divisés entre eux sur la date précise de cette exhumation, s'accordent néanmoins à y faire intervenir le cardinal Anglicus, évêque d'Albano; cela est vraisemblable, d'autant que cet illustre membre du Sacré-Collége était alors plein de vie, et qu'à lui, mieux qu'à tout autre, appartenait l'hon-

---

[1] Voir, à la fin du volume, la note 1 du livre VIII.

neur d'une telle mission. Quoique aucune pièce authentique ne corrobore ce sentiment, il paraît certain que l'époque précitée a servi de point de départ, au culte officiel rendu par l'Église à l'auguste compagne du noble confesseur [1].

On sait qu'à l'égard de cette grande sainte, Clément VII n'avait point encore statué sur la demande formée par le duc d'Anjou, dans le but de sa caconisation. Livré à de tristes et profondes préoccupations, ce pape n'avait pû jusqu'ici aborder un objet dont l'importance s'annulait à ses yeux, auprès d'intérêts majeurs compromis par le schisme. Il fallait pourtant se décider; car, les vœux des fidèles devenaient d'autant plus pressans, que les miracles se multipliaient dans la basilique franciscaine. Que fit alors Clément pour satisfaire la dévotion populaire, et remplir les pieuses intentions du prince? Il permit, par un oracle de vive voix, l'exhumation des cendres de la vénérable comtesse, sans prononcer juridiquement sur sa sainteté. Loin d'encourir le moindre blâme, la cour papale d'Avignon nous paraît ici avoir fait preuve de discernement et de prudence. Ayant distingué dans cette cause, la question de fait et la question de droit, elle trancha la première dont la solution n'exigeait pas l'appareil solennel d'un débat contradictoire et réserva aux pontifes à venir l'apprécia-

---

[1] Voir, à la fin du Vol. la note 2 du Livre VIII.

tion de la seconde, si jamais des disputes en provoquaient un jour l'examen. Ainsi, en résumé, la canonisation de Ste.-Delphine est encore à faire ; mais l'Église n'a pas laissé pour cela de lui rendre des honneurs officiels; devait-elle souffrir que, sur un simple défaut de forme, des vertus héroïques fussent mises à l'index? Bien au contraire, depuis la décision de Clément VII, nulle différence sous le rapport des manifestations religieuses entre Saint Elzéar et sa digne compagne; leurs reliques sont également exposées à la vénération des fidèles, et promenées en triomphe dans les rues de la vieille cité. Auprès de ces nobles époux, viennent s'inspirer les âmes chrétiennes, et à tous deux sans distinction s'adressent les prières soupirées par les cœurs vertueux. C'est donc de l'autorité du tems jointe au suffrage tacite de l'Église, que le culte de sainte Delphine bien légitime dans son objet, a emprunté ce vernis de légalité qui, à cette heure, ne s'acquiert que par un jugement positif du Siége apostolique.

La journée qui fut témoin de cette exhumation a été une des plus belles de notre ville. Conformément aux ordres de Clément VII, grand nombre de prélats partirent d'Avignon pour accompagner à Apt le ministre pontifical. Les ossemens de Delphine, après leur extraction de la tombe, furent déposés dans la châsse de son époux, pour y recevoir l'encens de l'Église et les hommages du peuple fidéle. Une pareille cérémonie ne pouvait manquer de mettre en verve les poètes contemporains. S'armant de la lyre prophétique, ils chantèrent sur tous les tons, la gloire de la nouvelle héroïne, et de nos jours encore leurs pieux refrains, après avoir ébranlé les voûtes de nos temples, vont réveiller les sonores échos d'alentour. Voici le début d'une charmante pièce latine publiée à cette occasion [1] : on y verra que tout ce que la mythologie païenne avait profané, se sanctifie en passant par les mains du catholicisme. Ainsi, avec les roses consacrées à la déesse impure qu'on adorait sous les myrtes touffus du mont Idalium, la muse chrétienne compose pour Delphine de gracieuses guirlandes, qui, après quatre cents ans, ont autant de fraîcheur que si elles étaient d'hier:

« Aptésiens! répandez des lys à pleines mains
« devant l'ange de votre ville et devant sa noble
« compagne, bienheureux couple, vrai type de
« chasteté.

« Zéphyrs, agitez l'air de vos haleines cares-
« santes, et vous jeunes enfans, vite des couron-
« nes de fleurs, des bouquets de violettes, des
« branches de laurier, glorieuse récompense du
« vainqueur.

« Ici, la rose au délicieux parfum : ici les fleurs
« dont le calice d'or fait l'ornement de nos par-
« terres:

---

[1] Gariel — *Senis præsulum Magalonensium*, in folio

« Mais, autour de cette reine du printemps, point
« d'épine, point d'épine meurtrière, afin qu'une
« main amie puisse l'aborder sans craindre ses pi-
« qûres.

« Conservez-lui sa fraîcheur et ses grâces na-
« tives; car elle doit embaumer un chaste sein à
« jamais exempt des feux de l'amour : laissez-lui
« épanouir et déployer ses mille feuilles, pourvu
« qu'elles soient éblouissantes de blancheur ; ou,
« si vous désirez tempérer l'éclat de la neige par
« par celui du carmin, donnez à ce mélange, don-
« nez une teinte modeste pareille à celle qui re-
« lève les traits d'une jeune beauté... »

La fête de sainte Delphine se célèbre à Apt avec
beaucoup de dévotion. Autrefois, elle y était chô-
mée comme fête d'obligation. Sans doute, les siècles dans leur marche, les révolutions dans leurs
tourmentes, dérangent, bouleversent et emportent les vieux souvenirs; mais les légendes que la
religion a écrites de sa main ne sont point enle-
vées dans les tempêtes, ne sont point perdues
dans la longue suite des âges. Le sceau qu'elle
appose à ces souvenirs, les maintient perpétuels.
Ainsi, dans les familles attentives à conserver les
bonnes traditions, il y a toujours de la joie quand
revient la fête de sainte Delphine : ce nom a été
jugé si beau, qu'on le donne à des milliers de jeunes filles. De là, bien des fêtes, bien des bouquets,
bien des vœux quand arrive le 26 novembre. Ce

jour-là, on expose à la vénération des fidèles, les reliques de la sainte avec celles de son époux. La châsse qui les contient, d'abord déposée sous le portique du mausolée servant de rétable au grand autel de la basilique franciscaine, passa ensuite dans une élégante chapelle à main droite du chœur. Rien n'était plus propre à inspirer de douces rêveries ou à susciter de touchantes émotions, que cet édifice élevé par la piété à ces nobles émules des esprits célestes. Une obscurité mystérieuse y appelait le recueillement, la prière et le silence. Les regards s'arrêtaient avec un charme involontaire sur des pilastres gracieux qui soutenaient la voûte sans cacher aucun des ornemens ouvragés sur les murs. Des dons de toute espèce, des tableaux votifs, des armures dorées, des bijoux étincelans y étaient suspendus, et les vitraux des fenêtres arrondies en ogive reproduisaient diverses scènes empruntées aux légendes du martyrologe Aptésien.

Après la suppression des ordres religieux en France, on transféra ces saintes reliques dans la cathédrale où elles furent déposées sous inventaire, avec celles de sainte Anne et de nos saints patrons. Le corps municipal escorté d'un détachement de la garde nationale, musique en tête, assista à cette translation qui se fit avec un pompeux appareil. Alors venait de s'ouvrir le grand drame de la révolution française. Plusieurs singularités remarquables signalèrent cette fête, la première où l'église constitutionnelle ait solennellement présidé. Ce qui donna d'abord le plus à penser, c'était de voir glorifier par des manifestations civiques, les deux types les plus parfaits de la grande et ancienne aristocratie, au moment où les classes privilégiées battues en brèche par le flot populaire, croulaient de toutes parts. Durant le trajet des cordeliers à la cathédrale, le clergé chanta la poétique antienne: « Salut à vous, nobles fleurs écloses sous des « lambris dorés et unies par le nœud d'un chaste « hymen; après avoir embaumé la terre de vos « parfums, vous portez de doux fruits que cueillent « joyeux tous ceux qui ont goûté les dons de « Dieu [1]. » Mais cet hymne des anciens jours, alternant avec les airs nationaux de l'époque, devenait un contre-sens en face d'une société qui répudiait son passé, pour se jetter à l'aventure dans un avenir gros de tempêtes. Aussi, combien d'impressions opposées se peignaient sur le front des assistans? Les uns, épris du nouvel ordre de choses, sentaient leur cœur vibrer au bruit retentissant de ces fanfares belliqueuses qui conviaient tous les peuples à la liberté; les autres, au contraire, tristes et inquiets du lendemain, croyaient assister aux funérailles du catholicisme en entendant une musique profane marier ses accords avec la mélodie des sacrés cantiques.

[1] Borély. *Vie de Ste-Dauphine.*

C'est au milieu de sentimens si divers que la nouvelle église avec son entourage officiel, son allure mondaine, son vernis de légalité, installa les saints de haut lignage dans la cathédrale déjà veuve de ses pompes séculaires. S'il faut en croire les relations contemporaines, un orage se serait mêlé comme un incident effroyable aux splendeurs de cette translation. Le peuple naturellement porté au merveilleux, voulut voir dans ce cas fortuit, un symptôme de colère céleste et une éclatante protestation contre les formes extérieures de la fête. Nous disons les formes extérieures, parce que seules elles étaient susceptibles de censure : car, pour la cérémonie en elle-même une impérieuse nécessité la motivait après la mise en vente de par la loi, du couvent des Cordeliers. Grâce au patriotisme de nos magistrats, ces précieuses reliques ont échappé au naufrage révolutionnaire; mais il n'en a pas été de même du mausolée où, durant près d'un siècle, elles avaient reçu l'encens des fidèles. La hâche du vandalisme s'étant acharnée sur ce marbre inanimé, les figurines qui reproduisaient des traits chéris, les élégantes colonnettes et les ornemens sans nombre qui décoraient ce glorieux trophée, tout fut mutilé, réduit en pièces et jeté pêle-mêle sous le portique du temple, où des mercenaires artisans autorisés à s'emparer de ces débris, les métamorphosèrent en consoles, en chambranles ou en vases grossiers: et, chose étonnante! ce n'est pas à la multitude, étrangère par le cercle étroit de ses idées aux douces jouissances de la vie intellectuelle, qu'on doit imputer ce dégât; mais il faut s'en prendre au froid calcul d'hommes haut placés dans le monde, ignorant par malheur, ce qu'il y a de poétique, de mystérieux, de national dans le passé d'un peuple et dans les monumens qui en sont la vive personnification. C'était un temps de délire dont la France cherche à effacer les tristes souvenirs; car la folie des peuples ne dure pas toujours, et, dès qu'un éclair de raison leur revient, ils courent s'abriter à l'ombre du sanctuaire. L'époque qui vit glorifier Ste.-Delphine se compose aussi d'années calamiteuses; mais là, du moins, l'esprit de foi ne perdit rien de son empire. Il faut retourner vers ce point d'où nous nous étions écartés et suivre de nouveau l'ordre chronologique des faits.

Depuis son arrivée à Avignon, la reine-régente n'avait négligé aucun moyen de gagner les seigneurs provençaux qui lui étaient contraires [1]. Promesses et flatteries, tout avait été employé pour les rallier à sa cause. Quelques barons transfuges de la ligue, s'étaient rendus auprès du jeune roi afin de le reconnaître; mais le plus grand nombre, n'osant imiter cet exemple, persistèrent dans leur rebellion. A l'égard de Raymond de Turenne, il fut

---

[1] Baluze, *Vitæ Pap. Aven.* T. I. — Journal de Jean-Le-Fèvre.

sommé de prêter foi et hommage: sa réponse était connue d'avance : *il s'excusa*, dit l'évêque de Chartres, *parce que les aultres n'avoient fait icelle soumission et ne vouloit estre le premier.* Cependant, quelque temps après, l'évêque d'Apt désirant ménager à ce baronnet une entrevue avec la régente, obtint de Clément VII, un sauf-conduit qui permettait à son ennemi de rester en toute sûreté à Avignon, durant quinze jours. L'entrevue eut lieu en présence de plusieurs dignitaires de la cour romaine. Là, touché des bontés de l'auguste veuve et des caresses enfantines de son fils, Raymond se sentit profondément ému; car, femme et mère de roi, cette excellente princesse portait admirablement ces titres : elle les relevait encore, s'il était possible, par la noblesse de ses manières, et s'appliquait à les tempérer par tant d'affabilité, qu'on ne savait lequel des sentimens de respect ou de dévouement prévalait en face de sa personne. L'orgueilleux feudataire prêta donc son serment de fidélité, qu'il ne tint guères dans la suite, quoique Marie en reconnaissance lui eut confirmé toutes les rémunérations faites à ses ancêtres par la couronne de Sicile.

Jaloux d'activer les affaires du jeune roi, le pape fi agréer à la reine-mère, la convocation à Apt des états-généraux [1]. La centralité de cette ville, le bon

---

[1] Ruffi, *Hist. de Marseille*, p. 226.

esprit de ses habitans, le voisinage d'Avignon qui mettait les députés mieux à portée d'agir sous la double influence du pontificat et de la royauté, le souvenir récent de l'heureuse issue dont avait été couronnée la dernière assemblée représentative, tout cela justifiait le choix d'une localité d'où s'étaient échappées les premières acclamations en faveur de la maison d'Anjou. A l'égard du congrès national en lui-même, on pensa que les amis de Louis II s'y trouveraient en force, et qu'en s'abouchant avec ceux du parti contraire, ils pourraient les rallier à la nouvelle dynastie.

Pour enlever aux dissidens tout prétexte de se tenir à l'écart, Clément conseilla à Marie de révoquer l'édit par lequel son époux, en punition d'une résistance coupable, avait transféré d'Aix à Marseille les hautes cours de justice. La princesse fit prier la ville favorisée de se départir de ses avantages en vue de la paix. Un étroit égoïsme eut repoussé cette demande, mais une politique généreuse l'accueillit avec convenance. Tandis qu'on fesait à Apt les préparatifs de la prochaine assemblée qui devait se réunir aux Cordeliers, la reine avait envoyé dans le comté, des commissaires avec la charge expresse de calmer les haines, de recueillir les doléances, de faire droit aux griefs et d'engager les communes à élire leurs députés. Deux seigneurs de la plus haute distinction, François des Baux et Reforciat de Castellane apportèrent à cette œuvre de conciliation une ardeur incroyable.

Les états convoqués pour le 25 mai, entrèrent en séance ce jour-là même, sous la présidence du cardinal de Cros, archevêque d'Arles. L'assemblée empruntait une physionomie auguste tant de la majesté du lieu où elle siégea que du riche costume des prélats et des seigneurs. A voir ces fiers barons assis à côté des évêques et des abbés avec la croix d'or pendante sur la poitrine, on se serait crû au sein d'un de ces conciles célébrés du tems de Charlemagne. Les débats conduits avec habileté par le grave personnage qui occupait le fauteuil, se prolongèrent jusqu'au 5 juin. L'évêque de Chartres nous a conservé les résolutions de l'assemblée, sans les accompagner de détails historiques, parce qu'alors, il était à Vienne en Dauphiné pour les affaires de sa souveraine. Les seuls traits que nous ayons recueillis dans son journal, se bornent aux suivans : — D'abord, on fit des prières spéciales pour le repos de l'âme de l'infortunée Jeanne. Cette marque de sympathie dictée par l'esprit religieux, était aussi une manifestation politique contre l'indigne meurtrier de cette princesse que les provençaux avaient aimée jusqu'à l'idolâtrie: « Le lundy devant la feste du « sacrement, dit le prélat déjà cité, en l'assem- « blée d'Apt, furent faictes vigiles solempnelles « pour la royne Jéhanne trépassée. Le lendemain, « la messe dicte par l'évesque de Cisteron, le ser-

« mon faict par l'évesque de Vintimille, lequel
« prononça la mort de ladite royne moult piteu-
« sement. » Puis, la représentation nationale assista en corps à la procession de la Fête-Dieu, si remarquable en notre ville par les pompes et les jeux allégoriques dont elle était accompagnée. Jamais, sur les rives du Caulon, le roi du ciel n'avait vu à sa suite, un plus noble et magnifique cortége. Enfin, lorsqu'il fallut plus tard consacrer par un vote solennel, le choix de Louis II, messire Raymond Bernard, juge-mage, ouvrit la séance par une belle improvisation où, au dire de Jean-Le Fèvre « il proposa pour Madame et pour le
« roy son fils, prenant texte de ces paroles: *Ecce*
« *Rex tuus venit tibi mansuetus.* » Les conclusions de l'orateur furent adoptées, et de nombreux suffrages donnés à son royal client. Mais, comme un corps politique nanti du pouvoir constituant, serait blâmable de faire de l'enthousiasme aux dépens de la liberté, l'assemblée stipula les droits du pays, et légua un précédent mémorable en formulant ses volontés de la manière la plus explicite.

Ainsi, on consentait à reconnaître la régente et son fils, à condition qu'elle ne ferait ni paix ni alliance avec Charles de Durazzo, meurtrier de Jeanne de Naples, ni avec ses adhérens ; — que les comtés de Provence et de Forcalquier avec les terres adjacentes demeureraient indissolublement unis sous le sceptre de Louis II et de sa descendance ;

— qu'en cas de mort sans héritier de ce prince, ils passeraient aux enfans de Charles de Maine, son frère; — que les provençaux seraient déliés du serment de fidélité, et maîtres de se donner un nouveau souverain, si le duc d'Anjou ou ses successeurs manquaient à l'une de ces clauses; — que ceux-ci n'aliéneraient aucune partie du domaine Comtal, qu'ils confirmeraient les franchises, immunités, usages, coutumes et statuts accordés par les anciens comtes; — qu'ils ne lèveraient aucun impôt, ni n'exigeraient aucun subside, sans le consentement des États; — qu'ils sanctionneraient toutes les donations faites par la reine Jeanne et le roi Robert à leurs sujets de Provence soit laïques soit ecclésiastiques; — qu'enfin les causes civiles et criminelles qui y naîtraient, ne pourraient être évoquées à aucun tribunal étranger, ni autrement jugées que selon les lois du pays... Qui ne serait frappé de la conformité de ces articles avec les dispositions fondamentale de la charte dont le génie du roi-législateur avait gratifié la France? La monarchie tempérée, comme on voit, est de beaucoup antérieure au despotisme; l'une est le droit, tandis que l'autre n'est que l'exception. D'où il faut conclure que les concessions faites par les princes au profit de la liberté, sont moins un abandon de leurs prérogatives que le rappel des anciennes maximes qui régissaient l'ordre social.

Après avoir mis à couvert les intérêts nationaux,

l'assemblée désigna quelques-uns de ses membres pour aller présenter cette déclaration à la reine-régente. Elle prit les uns dans l'ordre clérical et les autres dans l'ordre nobiliaire. Les premiers étaient Artaud, évêque de Sisteron, promu plus tard à l'archevêché d'Arles, et Audebert de Sade, prévôt de Pignans; les seconds, au contraire, furent Raymond d'Agoult sire de Sault, grand chambellan de Sicile, Louis d'Anduze, François des Baux et Barral de Barras. Marie parut surprise du ton de fierté et de hauteur qui régnait dans ce programme; mais, sentant que les têtes étaient échauffées par un patriotisme chaleureux, elle accepta toutes les conditions qu'on voulut lui faire. Charmée d'ailleurs de la tournure que venaient de prendre les affaires de son fils, elle dépêcha un courrier au duc de Berry, son beau-frère, pour communiquer à ce prince, l'*exploict de la journée d'Apt*, ainsi que s'exprime l'évêque de Chartres.

Alors commença, en présence de plusieurs cardinaux, la prestation de foi et hommage au jeune roi par les prélats et barons qui s'étaient ralliés à sa cause. Voici les noms et les qualités de ces personnages tels qu'on les trouve dans le journal de Jean Le Fèvre: Le cardinal d'Arles, à cause de son archevêché; — le chambellan du pape à cause de l'évêché d'Avignon; — messire Robert, évêque de Senez; — messire Artaud, évêque de Sisteron; — messire Thomas, évêque de Grasse;

— messire Gérauld, évêque d'Apt; — Pierre d'Albe, commandeur d'Avignon; — Pierre, abbé de Crouis; — Audebert, prévôt de Pignans; — messire Foulques d'Agoult, sénéchal de Provence, vicomte de Reillanne; — messire Raymond d'Agoult sire de Sault, comte-chambellan; — le vicomte de Talars; — le sire d'Oraison; — le sire de Cabrières; — le sire de Sabran; — messire Raymond vicomte de Valernes; — messire Guyart de la Garde; — le sire de Château-Renard; — Louis de Glandevès, sire de Faucon; — Bertrand de Marseille, sire d'Ollioules; — Guibert Cornut, sire de Lincel; — Guyon de Lincel; — François des Baux, pour lui et le sire de Foz; — Bertrande comtesse de Luna; — Henriette de Foz, dame de Tretz; — Doucette d'Aure; — la dame de Sault, femme du comte-chambellan; — René de Sabran, sire de Lourmarin, — Carles d'Albe et Guigonet de Jarente.

Les communes qui suivaient la même ligne de conduite, remplirent à leur tour cette formalité. Celle d'Apt accourut des premières pour saluer le prince que le congrès national venait d'élever sur le pavois. Cette mission d'honneur, le corps de ville l'avait confiée aux syndics et à un certain nombre de notabilités parmi lesquelles figuraient Antoine Ollier maître rational, Guillaume de Meylan, François de Beissan, Jacques Aicar, Raymond Anglezy, Louis Manentis et Elzéar Iteriis. La députation afin de se donner plus de relief, adopta un uniforme dont l'éclat fit sensation à la cour :

« Le lundy 12ᵉ jour de juin, écrit l'évêque de Char-
« tres, les syndics de la cité d'Apt ayant procu-
« ration de ce, firent hommage à Madame et au
« roy son fils, solempnellement; ils disnèrent avec
« le roy et estoient d'habitans de cette ville, bien
« XII personnes vestues de livrées tout de vermeil;
« ce jour-là, firent hommage aussi les habitans
« d'un chastel nommé Saignon près d'Apt...

C'étaient-là de nobles exemples qui promettaient pour l'avenir : mais il s'agissait de les rendre fructueux en aiguillonnant l'instinct de l'imitation. Dans cette pensée, la reine qui avait prolongé son séjour à Avignon, plus long-temps peut-être qu'il ne convenait à ses intérêts, prit enfin le parti de pénétrer en Provence. Les mouvemens insurrectionnels qu'y suscitaient les partisans de Charles de Durazzo, avaient jusqu'ici suspendu cette mesure. Marie comprit qu'il ne fallait plus l'ajourner, et que le seul moyen de vaincre les mauvaises passions était de leur montrer le jeune roi paré de toutes les grâces de l'enfance. Après les heureux résultats de l'assemblée représentative, celui-ci pouvait s'attendre à un accueil amical dans beaucoup de villes et surtout dans celle de Marseille qui s'était toujours distinguée, par un attachement sincère à la maison d'Anjou. Cependant, cette démarche toute pacifique, ne devait point ralentir le cours des opérations militaires : car, quoique résolue à ramener ses sujets par la douceur, la régente n'avait pas laissé de lever des troupes commandées d'abord par Rochefort en attendant qu'un plus habile capitaine, le sire de Vinay, vint se mettre à leur tête. Marie s'achemina donc vers Marseille, sur la fin du mois d'août, dans l'espoir d'y trouver des ressources d'autant plus certaines que les habitans lui étaient acquis de longue main. Mais, épuisés par la guerre et par la stagnation du commerce, ils ne purent faire que d'impuissans efforts ; néanmoins, l'effet moral auquel visait la régente, fut obtenu. Partout les cœurs volaient au devant du jeune prince ; partout les populations empressées accouraient pour lui prodiguer leurs hommages.

Au retour de son excursion, Marie se rendit au Pont de Sorgues, jolie commune dans le voisinage d'Avignon où les grands dignitaires de la Cour romaine allaient passer leurs villégiatures. La princesse y fut bientôt rejointe par Clément VII. A peine ce Pontife eut abordé la première habitation du bourg, que le jeune roi se présenta pour conduire par la bride le coursier de Sa Sainteté. Comme Louis, âgé seulement de huit ans, marchait avec lenteur, le sire de Vinay le porta dans ses bras, afin de lui faciliter le moyen de remplir un office que les têtes couronnées exerçaient alors auprès du chef de l'Église. Un historien moderne [1],

[1] Papon.

flétrit cet acte qu'il appelle *un spectacle ridicule en face même des préjugés qui l'autorisaient.* Mais, où est donc le ridicule d'inspirer à un enfant destiné au trône, des sentimens de vénération envers la plus haute dignité qui existe sur la terre? Dans les conférences qui se tinrent en présence du Pape, Marie consentit, par suite du dégoût que lui fesait éprouver la conduite tortueuse du cabinet français, à souscrire une trêve de vingt mois avec Charles de Durazzo. Arles reçut, quelque tems après, la mère et le fils, qui confirmèrent les priviléges de cette ville. Mais, le pouvoir de Louis II n'était rien moins qu'assuré. Il en aurait été bien différemment, si le roi de France eut voulu intervenir dans sa cause; le parti Angevin possédait des places importantes dans le royaume de Naples: Charles de Durazzo et le Pape de Rome, jadis si unis, étaient maintenant séparés par une haine violente; les Romains se seraient volontiers déclarés pour le prince français, et Barnabé Visconti paraissait vivement disposé en sa faveur; mais, Marie abandonnée par le roi de France, se trouvait hors d'état de tirer parti, pour son fils, de si favorables conjonctures; tout ce qu'elle pouvait faire, c'était de ne pas renoncer à l'autorité disputée qu'elle avait en Provence.

Depuis que les Aptésiens s'étaient si noblement dessinés à l'égard de la maison d'Anjou, trop de motifs militaient en leur faveur, pour que la régente, après avoir honoré Arles et Marseille de sa présence, ne songeât pas à ces fidèles sujets dont la joie tint presque du délire, à l'annonce officielle d'une royale visite [1]. On touchait alors au mois de janvier de l'année 1386, selon notre manière de compter [2]. Le jour fixé pour son départ, le roi, en audience publique, donna un superbe diamant à chacun des cardinaux d'Embrun et de Cuse, dont le dévouement méritait bien cette touchante marque d'amitié; puis, ayant salué Sa Sainteté, il prit avec sa mère, la route d'Apt, en passant par l'Isle, à jamais illustrée par les souvenirs de Laure et de Pétrarque. Marie avait auprès d'elle en qualité de dames-d'honneur, Béatrix d'Agoult, comtesse de Sault, — Briande d'Agoult, comtesse de Luna, — Huguette, de Forcalquier, dame de Tretz. Parmi les chevaliers qui composaient sa cour, on distinguait les plus grands seigneurs de la Provence, et ceux surtout, dont nous avons plus haut articulé les noms.

Le corps municipal avait détaché jusqu'à l'Isle, une escorte de dix cavaliers armés et de quinze arbalétriers. Toute la bourgeoisie à cheval, avec l'évêque monté sur un magnifique destrier, se porta

---

[1] Baluze, *Vitæ Papar. Aven.*, T. 1. p. 1254. — Nostradamus, *Chroniq. de Prov.*, 1re partie, p. 484. — Remerv., *Hist. d'Apt.* — Journal de Jean Le Fèvre, à la Bibliothèque du Roi.

[2] Dans le moyen-âge, l'année commençait à Pâques : ainsi, ce mois de janvier fesait partie de l'an 1385.

au devant de LL. MM. jusqu'à la limite du territoire, au Pont Julien, l'un de ces monumens par lesquels la civilisation romaine a constaté son passage dans nos contrées. Il parut piquant au noble prélat de recevoir et de saluer son souverain, dans un lieu embelli par les légendes populaires, le génie de l'histoire, et plus encore par le prestige qui s'attache à toutes les œuvres du peuple-roi [1].

Dès que le jeune prince eut abordé nos remparts, l'imagination expansive des citoyens s'exalta à la vue d'un enfant que la Providence appelait à de si hautes destinées, et dont l'extérieur gracieux semblait présager un règne fortuné. La tendresse de l'âge du royal pupille, la couronne mal affermie sur son front, les traits de sa noble mère voilés d'une douce mélancolie, le souvenir intéressant d'un père malheureux; que de motifs pour faire naître un enthousiasme dont les Provençaux sont peut-être plus susceptibles qu'aucun autre peuple!

L'évêque de Chartres nous a laissé un croquis de la joyeuse scène qui se passa lors de l'arrivée de Louis II; nous reproduisons ici les propres paroles de cet écrivain : « Lundy, 29ᵉ jour de jan-
« vier, dit-il, Madame et le roy vinrent à Apt ;
« les petits enfans avec bannièrettes aux armes du
« roy, lui furent au devant, criant : *Vive le roi*

---

[1] Voy. à la fin du Vol. la Note 3 du Livre VIII.

« *Loys !* l'évesque et les bourgeois allèrent à che-
« val à sa rencontre, et, faicte la révérence, messire
« Gérault s'en retourna... Vetu *in Pontificalibus*,
« à procession vint au dehors de la ville ; et à une
« croix proche des murs, trouva le roy, le paile
« d'or (le dais) brodé à ses armes, que les syn-
« dics à pied portèrent sur lui estant à cheval jus-
« ques à l'hostel de l'évesque.... »

On conduisit au palais épiscopal, à travers les flots de la multitude, les augustes voyageurs entourés de fidèles chevaliers Angevins et Provençaux. Alors, comme de raison, l'habitation de l'évêque la plus belle de la cité, avait le privilége de loger les têtes couronnées. S'il faut en croire les souvenirs traditionnels, l'intérieur de ce vieux manoir n'était pas fort remarquable ; mais, au-dehors, tout trahissait la demeure d'un prince-évêque, tourelles, pont-levis, créneaux, donjon, attributs distinctifs de l'autorité féodale.

« Le lendemain, dit encore Jean Le Fèvre, les
« gens d'Apt vinrent faire la révérence à la royne
« et fist une moult belle proposition (discours),
« l'évesque de Vintimille, frère-mineur-né de la
« ville [1]. »

La cité Julienne, vit bientôt arriver dans ses murs une si grande affluence d'étrangers avides de contempler le jeune roi, que Marie et son fils ne

---

[1] Voir, à la fin du vol. la note 4 du livre VIII.

pouvaient se montrer sans être pressés par la foule qui se précipitait sur leur passage. Oubliant que le prince dont ils célébraient l'arrivée serait obligé de conquérir ses états, les armes à la main, les Aptésiens, ivres d'enthousiasme, dépensèrent alors en fêtes, un argent qu'ils auraient pu, sans doute, mieux employer, si l'excès de la joie permettait quelque réflexion. Durant plusieurs jours, ce ne furent que danses et festins accompagnés de salves d'artillerie, confondues avec le son des cloches et les accens d'une musique joyeuse.

La Cour ayant séjourné à Apt jusqu'au 21 juillet, y poursuivit activement son œuvre de pacification. Ici, sans doute, les lecteurs s'attendent à des particularités curieuses que semble promettre la position brillante d'une ville, devenue résidence royale. Mais, par malheur, les écrivains Aptésiens n'ont fait qu'effleurer cette partie de nos annales. D'où vient cela? C'est qu'apparemment les contemporains ont été peu attentifs à enregistrer les faits qui se passaient sous leurs yeux. Nous croyons pouvoir assurer que Remerville, le père de notre histoire, n'a point trouvé de manuscrit sur cette époque remarquable; car, si les archives de la ville ou du Clergé en avaient possédé quelqu'un, laborieux comme il était, cet auteur en aurait exhumé les traits les plus saillans. Pour suppléer à cette omission, nous reproduisons les anecdotes conservées dans le Journal de l'évêque de Chartres, et, afin de procéder méthodiquement, nous allons les offrir sous des divisions générales, avec maints détails topographiques qui se rattachent à l'histoire du moyen-âge dans nos contrées.

Commençons par ces derniers : — *Apt.* Pas un mot de son étendue, de son assiette, de son industrie, de ses monumens, du caractère de sa population, de son régime municipal, et c'est fâcheux; car, le moindre trait échappé de la plume naïve des chroniqueurs, peint souvent les choses mieux que ne le fait l'historien, avec ses pompeuses descriptions. — *Saignon* : ainsi s'exprime l'écrivain précité: « Le sire de la Volte (Voûte) et « le seigneur de Cuers disnèrent avec moy, et puis « allasmes esbattre à Saignon, chastel mal mai-« sonné assis sur horrible roche. » — *Forcalquier:* « Samedy, tiers jours de mars, dit-il ailleurs, mes-« sire Robert de Dreux, maistre Jéhan de Sains, « et maistre Richard, le médecin, allasmes à For-« calquier, VI lieues grandes : viguier et syndics « nous convièrent à disner le lendemain. — Di-« manche oysmes messe à une église près de la « porte du chastel et est église Collégiale fundée « *in honore S. Marii;* visitasmes le chastel moult « belle place; mais nul édifice entier n'y a; mais « les murs des édifices y sont notables. » — *Lurs:* « Après disner, continue-t-il, allasmes à un chas-« tel qui est à l'évesque de Sisteron, nommé Leurs « et est à lieue et demie de Forcalquier près de la

« Durance, très fort chastel et très fort notable-
« ment édifié. » — *Reillanne :* « Revinmes, dit-il
« ensuite, gésir à *Forum Neronis :* et après messe
« oye en une église fundée de N. D. nous venis-
« mes disner à Reillanne grand chastel qui estoit
« anciennement du domaine ; mais le seneschal
« trespassé Foulques d'Agoult le tenoit *ex dona-*
« *tione reginæ* et est à 2 lieues très grandes. »
Puisqu'il est question de Reillanne, joli bourg,
dominant une riche vallée au milieu de laquelle
serpente notre route royale, nous dirons qu'une
députation vint à Apt auprès de la reine, d'abord
pour se plaindre des entreprises de l'évêque de
Sisteron, et puis, pour la prier de ne point dis-
traire de la dotation de la couronne, ce bourg,
que le comte-chambellan convoitait : « Aux am-
« baxieurs je fis response, écrit le chancelier
« d'Anjou, en leur promettant de par Madame,
« que l'évesque venu, elle essayerait de remédier
« sur la haulte jurisdiction à lui donnée : Item
« qu'au regard du comte-Camberlan, pas ne souf-
« frira la royne, l'usurpation de seignhorie que il
« veut entreprendre. »

Priviléges accordés à la ville d'Apt : — Nos syndics obtinrent divers priviléges de la reine régente ;
car, jamais les souverains n'ouvrent plus libéra-
lement le trésor des grâces que lorsqu'ils chan-
cellent sur leur trône. La princesse ne se contenta
pas de confirmer toutes les anciennes franchises

municipales, et d'y en ajouter de nouvelles; mais elle ordonna de les transcrire toutes sur un registre particulier. On y lisait à la dernière page, une déclaration datée du 10 juin, par laquelle il était enjoint à tous les officiers de l'ordre judiciaire, d'ajouter foi à chacun de ces articles, comme aux actes originaux. Cette déclaration fut formulée au palais épiscopal, dans la grand'chambre de parade, en présence de l'évêque de Chartres chancelier d'Anjou, de Robert de Dreux premier chambellan du roi, d'Isnard de Glandèves sire de Cuers, de Jean du Chemin maître-d'hôtel du roi, d'Ollivier de Coigny écuyer-d'honneur de la reine, d'Antoine Ollier et Ollivier Durand maîtres nationaux de la Cour royale, de Pierre Raymond juge-mage des premières appellations, de Geoffroi Gagnon avocat de la reine, et de plusieurs autres témoins également qualifiés.

Amnistie accordée aux habitans de Brignoles: — La reine reçut à résipiscence maintes villes qui avaient embrassé le parti de Charles de Durazzo. Au nombre de ces communes coupables de félonie, figurait Brignolles, berceau d'un saint né sur la pourpre et mort sous la bure franciscaine. Marie, portée à la miséricorde par instinct autant que par politique, grâcia la cité repentante, et commua en une amende d'un seul tournois par feu, celle de cinq cents tournois d'argent dont on l'avait mulctée. Durant le cours de la même clémence, des bourgs et des villages qui, à l'instigation de leurs seigneurs, avaient refusé de reconnaître Louis II, firent leur soumission, et profitèrent du bénéfice de l'amnistie.

Cérémonies religieuses : — La régente intervint avec sa Cour à divers actes du culte public. Un des plus remarquables, fut le service funèbre célébré par ordre de cette princesse, pour le duc de Bretagne oncle du jeune roi. Voici de quelle manière le chancelier d'Anjou a libellé ce fait : « Jeudy, 12 « avril, furent dictes vigiles pour Guy de Breta-« gne frère de la royne, aux Cordeliers, par l'éves-« que de Vintimille. Le lendemain, nous trois « évesques dismes la messe; l'évesque d'Apt, du « S. Esprit; moi, de Notre-Dame; l'évesque de « Vintimille, *de requiem*, et fist prédicacion moult « grâcieuse. » Marie avait un grand attrait pour l'église Franciscaine, mais plus souvent elle entendait la messe à la cathédrale, *où se trouve*, dit Jean Le Fèvre, *le corps de St. Hospice*. Le nom de l'apôtre des Aptésiens, invoqué ici de préférence à celui de Ste. Anne, pourrait jeter quelque doute dans l'esprit, touchant la célébrité des reliques de cette grande patronne, si nous n'avions prouvé ailleurs, que son culte avait déjà acquis une immense renommée. La reine et son fils assistèrent à la procession de la Fête-Dieu; cependant l'évêque de Chartres n'a laissé aucune note sur cette grande pompe du catholicisme, qui revêtait

à Apt les formes les plus solennelles. On les avait vu, aussi, suivre avec régularité les cérémonies de la Semaine-Sainte : c'est la seule fois, où l'exhibition du douloureux drame du Calvaire ait été faite dans notre vieille basilique, en présence de si illustres témoins : « Dimanche, dit l'écrivain
« déjà nommé, 15ᵉ jour d'avril, Pasques flories :
« toute la journée plut: l'évesque fist le service au
« conspect de la Cour. » Même mention pour le jour de Pâques, qui, cette année, tombait le 22 avril. Marie accomplit-elle le devoir pascal? Voilà ce que Jean Le Fèvre n'a pas jugé à propos de nous faire savoir; et cela est étonnant: car le prélat avait l'habitude de noter les choses les plus indifférentes. Ainsi, on reste surpris d'un pareil oubli, en lisant des traits minutieux comme ceux qui suivent: « Je m'en retourné à Apt, dit-il, et
« fis la révérence à Madame, mais non plaine re-
« lacion de mon voyage, parce qu'on l'avoit sai-
« gnée.... » et encore : « Je ne pus aller à la cour
« pour mal d'aventure qui me prist ès yeulx et
« avois les paupières laidement enflées. » Quoique ce silence du chancelier d'Anjou ait droit de nous surprendre, n'en concluons rien néanmoins de contraire à l'idée qu'on doit se faire d'une reine élevée à l'école du malheur. Les nobles cœurs, en s'inspirant de la piété, se résignent plus facilement aux grandes infortunes. Qui mieux que la religion, possède le secret de les adoucir ? Qui

mieux qu'elle, porte bonheur aux princes de la terre ? Si quelquefois une destinée inexplicable semble immobiliser l'adversité dans certaines familles dynastiques le plus fidèles au culte de Dieu, cette fille du Très-Haut est toujours là pour consoler; elle couvre de parfums les mains qui s'élèvent vers le ciel ; elle remplit d'onction les cœurs qui la célèbrent; enfin, elle place de merveilleuses paroles sur les lèvres qui la bénissent.

Octroi d'une charte aux juifs : — Les Israélites d'Apt, échappés aux coups de la dernière persécution, attirèrent quelques instans l'attention de la régente. Depuis le XIIe siècle, plusieurs familles de cette nation étaient venues s'établir dans nos murs, où elles n'exploitaient pas toujours en paix, la part chétive de liberté qu'une main avare leur avait mesurée. Comme à Avignon et à Carpentras, ces malheureux proscrits, vrais parias politiques, étaient enfermés tous les soirs dans leur quartiers. Captifs sans être coupables, ils ne pouvaient la nuit aller librement dans les rues: on les parquait ainsi que des troupeaux. Ce n'est pas tout ; un ordre émané de la puissance pontificale, les condamnait tous à porter un signe distinctif, la cocarde jaune, sans acception de rang, d'âge, ni de fortune. Signalés de la sorte à l'animadversion publique, ils étaient exposés aux insultes de la populace et surtout aux outrages de l'enfance, *de cet âge sans pitié*. L'arrivée de Marie dans la cité Julienne, parut à ces infortunés, une occasion favorable de solliciter quelque adoucissement au code draconien qui, depuis des siècles, appesantissait sur eux son joug de fer. Après un examen approfondi de leurs requêtes, la princesse octroya aux Israélites une charte confirmative des priviléges qu'ils avaient précédemment obtenus. Cette charte, en maintenant aux sectateurs de la loi mosaïque, le droit d'habiter la ville comme par le passé, les investissait, en outre, de la faculté d'aller de nuit par les rues, de s'assembler entr'eux pour leurs fêtes, et de faire des règlemens de police intérieure sans l'intervention des officiers royaux, avec défense à ceux-ci de violer le domicile d'un Israélite, sauf le cas du flagrant délit. L'extension progressive de la même faveur à tous les juifs de Provence leur ouvrit une ère nouvelle, transition obligée de l'état d'esclavage à celui d'affranchissement, qui devait plus tard rendre ce peuple aux bienfaits de la vie sociale.

Serment curieux : — Comme trait caractéristique de l'époque, nous citerons le serment prêté par un capitaine breton, qui vint s'engager au service de la reine : « En la présence de Madame, te-
« nant le missel, dit l'évêque de Chartres, sur le
« *Te igitur* tenant les mains, jura Haussart le
« plus fort serment que je sus deviser : que le
« chastel d'Aureille (près Tarascon) tiendra pour
« Madame et le roy son fils, ni jamais ne le rendra

« à homme et femme, sans exprès commandement
« de Madame ; et toutefois que à Madame plaira,
« le chastel franchement lui délivrera.... A nul des
« obéissans de Madame, guerre ne fera, ni les
« dommagera, mais les aydera.... » Raymond de
Turenne, trouva mauvais que Marie eut ainsi disposé d'une place qu'il disait lui appartenir : « Re-
« vinst maistre Jéhan de Sains, d'Avignon, conti-
« nue le prélat, revinst Bosquet avec lui, lequel
« dict à Madame, que messire Raymond de Tu-
« renne fortement se plaignoit de ce que Haussart
« estoit en Aureille, lequel dict estre sien : dict lui
« fut que Madame estoit merveillée, comment le-
« dict messire Raymond avoit fait courir sus à
« ceux d'Aureille, depuis les bannières de Madame
« et du roy Loys mises, et en avoient ses gens oc-
« cis trois. » Puisque nous voilà sur l'article de
cet ennemi acharné de la maison d'Anjou, nous
dirons que, pendant le séjour de la reine à Apt, ce
baronnet était en assez bons termes avec la princesse. Ainsi, on lit dans le Journal de Jean Le
Fèvre : « Que Madame envoya le chevalier Fran-
« cisque au vicomte à la requeste du seigneur
« d'Oraison, auquel Madame prie qu'il veuille
« modérer la sentence pour laquelle il a con-
« dampné ledit seigneur à payer 300 francs à
« Fosseran, capitaine du chastel de Malemort. »
Peu après, Raymond envoya Tristan, son frère,
avec deux autres députés, « pour requérir Ma-

« dame qu'elle l'aydât devers le duc de Berry, qui « avoit mis la main à sa terre. » Enfin, ce redoutable chef de parti qui, avec ses bandes indisciplinées, était devenu le fléau de la Provence et la terreur du pape Clément, se rendit à Apt pour voir la reine, dont il fut reçu avec tous les égards commandés par la politique.

Hommes célèbres : — Parmi les personnages qui occupaient alors la scène du monde et fixaient sur eux l'attention, soit à la cour de Marie, soit à celle de Clément, on distingue Jacques de Sève, dont nous avons déjà parlé. C'était un des plus savans jurisconsultes de son tems ; on l'estimait pour son instruction et son éloquence, mais l'instabilité de ses principes politiques le décrédita dans tous les esprits, qui lui avaient été si long-temps favorables. Il se trouvait à Rome, quand eut lieu la double élection d'Urbain VI et de Clément VII. D'abord, dès le début du schisme, il se jetta dans le parti d'Urbain pour l'abandonner ensuite. On doit à la plume facile de ce profond légiste, le récit de l'élection de ce pape, récit que l'abbé Fleury a reproduit dans l'histoire de l'Église. Toutefois, les assertions de l'écrivain provençal lui ont suscité de nombreux contradicteurs ; car, trop partial envers le pontife ultramontain, il dissimule les vices et les irrégularités qui entâchèrent sa nomination. — A cette époque, rien ne se fesait à Rome, sans prendre conseil de

Jacques de Sève ; il fut envoyé en France, afin de ménager à Urbain l'amitié du roi très-chrétien ; mais, comme déjà on y suivait l'obédience de Clément, notre habile compatriote ne put remplir sa mission ; il y a plus, les fanatiques du parti avignonnais, ayant trouvé moyen de se saisir de lui, le retinrent en prison ; ce qui était une violation manifeste du droit international, admi par tous les peuples civilisés. Aussitôt sa mise en liberté, Jacques, au lieu de repasser les monts comme il aurait dû le faire, vient en Provence, s'achemine vers Apt où se trouvait le chancelier d'Anjou, pour la tenue des États-généraux. Le but de son voyage était de réclamer la protection de ce ministre auprès de Clément VII, dont il voulait désormais suivre les bannières. On entre donc en pourparler, et, afin d'applanir les voies au retour d'un si grand personnage, *dans le sein de l'unité catholique*, selon l'opinion des Français, on lui fait déclarer avec serment qu'il n'a jamais rien écrit à l'appui du schisme, ni en faveur de *Barthélemy* (c'était ainsi qu'on appelait le compétiteur de Clément, le pape de Rome), et qu'il s'est retiré de son obédience. Voici comment le chancelier d'Anjou a relaté ce fait : « Messire Jac-
« ques de Sève, dit-il, me pria que je voulusse être
« son intercesseur devers N. S. Père que il le vou-
« loit oyr : me jura par sa foi que oncques n'avoit
« fait escripture pour Barthélemy *in materia*

« *schismatis* : dit que par instrument il avoit re-
« noncié à la part de Barthélemy ; l'évesque de
« Grasse intercédoit fort pour lui.... » Peu après,
Jean Le Fèvre, revenu à Avignon, y reçut au nom
de son souverain, le serment de Jacques de Sève
en présence « de Charles de Poitiers, du sire de la
« Volte et de maistre Jéhan de Sains. » C'était
une importante conquête pour le parti du pape
Clément ; mais on ne put long-tems en faire trophée ; car, soit par calcul, soit par caractère, l'illustre orateur, en dépit de toutes ses promesses,
embrassa de nouveau la cause d'Urbain ; cette fois,
afin de le punir de sa défection, on confisqua ses
biens. Le chancelier d'Anjou écrit, que le 3 octobre 1385, il avait scellé des lettres par lesquelles
Marie, reine de Sicile, confirmait au sire d'Oraison, le don fait par elle à lui et à ses héritiers, de
trois parties du château de Cadenet, jadis appartenant à Jacques de Sève, coupable de félonie. Il
paraît que ce dernier mourut avant 1388, puisqu'on trouve dans le journal de ce ministre, sous
la date du huit janvier même année, que des lettres furent expédiées d'Avignon au sénéchal de
Provence, portant injonction de *restituer aux
enfans de Jacques de Sève, les fiefs de Lauris,
de Cadenet et autres dont ils avoient esté dépouillés.*

Conseils de cabinet : — C'était dans la salle
de parade de l'évêché, que Marie réunissait son

conseil. Les évêques en fesaient partie toujours, et les abbés quelquefois. Quand le chancelier s'absentait, la princesse gardait les sceaux de l'état dans un coffret, puis les lui rendait à son retour : « J'ar-
« rivé à Apt, dit le prélat, et j'allé devers Madame;
« après que je lui eus parlé, elle me rendit les
« sceaulx, en disant que de celui de Calabre, plus
« on n'en useroit, et que je le pouvois bien faire
« fondre. » Dans un conseil tenu au mois d'avril, le courrier de la reine, venu d'Avignon avec ses dépêches, « rapporta, dit Jean Le Fèvre, que Pape
« Clément se tenoit mal content de Madame; car,
« elle s'estoit plainte de luy et de son frère, le
« comte de Genève; et bien le crois, continue le
« prélat, parce que j'ai ouy, qu'il ne se tient pas
« bien content de moy. » De dire quelle cause avait amené ce refroidissement entre la cour d'Avignon et celle d'Apt, c'est sur quoi il ne nous est pas possible d'édifier les lecteurs. Il paraît même, que cette mésintelligence se prolongea durant plusieurs mois, puisqu'après le retour de Marie dans la ville papale, son ministre écrit ce qui suit :
« Madame estoit à grande douleur, car les italiens
« lui apportoient dures nouvelles, que l'antipape
« de Rome alloit secourir ceux de Naples, et que
« nostre pape ne faict semblant d'ayder à Ma-
« dame.... »

Ce fut durant son séjour à Apt, que la régente apprit la mort de Charles de Durazzo. Ce meurtrier de sa bienfaitrice avait voulu ajouter à la couronne de Sicile qu'il ne méritait plus de porter, celle de Hongrie qui appartenait à une fille du roi défunt. Élizabeth, veuve de ce monarque et maîtresse des affaires pendant la minorité de la jeune reine, parut d'abord favoriser les projets ambitieux de Charles; elle consentit même à le voir solennellement couronner par les mains de l'archevêque de Strigonie. Mais bientôt, craignant le sort de Jeanne de Naples, elle prévint les mauvais desseins que pouvait former le prince parricide, et le fit assassiner par un gentilhomme hongrois; juste châtiment du ciel, qui se sert d'une reine pour en venger une autre, et punit ainsi par la femme d'un roi de la maison de France, celui dont la cruauté déshonorait cette race illustre! Le bruit de cette catastrophe parvenu à Avignon, ne fit qu'un bond de la Cour de Clément à celle de Marie, et on peut juger du plaisir qu'il y causa, par les paroles qui suivent du chancelier d'Anjou: « Grande nouvelle si elle est vraie! *Magna nova,* « *si vera!!!* s'écrie naïvement le prélat: aujour- « d'hui 2 mars, vinrent lettres à Madame que « Charles de Duras son adversaire avait été occis « avec ceulx de sa compagnie en Hongrie, le « 5ᵉ jour du mois précédent, par un comte nommé « Stéphano : Madame donna 20 francs d'étrennes « au porteur desdites lettres. » Cet événement changea la face des affaires. Presque toutes les communes, qui, jusqu'alors, avaient refusé de reconnaître le duc d'Anjou, s'empressèrent de lui faire hommage. La capitale ne tarda pas à suivre leur exemple, et cela avec d'autant plus de raison, que, pour défendre le parti contraire, elle avait vu la fleur de sa population moissonnée par le fer de l'ennemi. Les magistrats parlèrent enfin de soumission, et ce fut avec l'assentiment populaire, qu'ils vinrent à Apt négocier les bases d'un traité de paix avec la régente. Sensible à cette démarche, la princesse voulut bien déclarer que les citoyens d'Aix et leurs alliés, en prenant les armes contre Louis II, ne s'étaient pas rendus coupables du crime de félonie, parce qu'ils n'avaient violé aucun serment. Après cet aveu, Marie n'eut pas de peine à proclamer l'oubli du passé, et à maintenir Aix dans des privilèges que cette ville aurait obtenu d'ailleurs, pour prix de son obéissance, s'ils n'avaient été le fruit d'une possession immémoriale.

Voici les détails que donne l'évêque de Chartres, sur le conseil de cabinet tenu à ce sujet, le 19 juillet : « Madame, dit-il, tint conseil et tous
« furent de conclusion qu'elle ratifiât, ce que par
« ses gens avoist esté traitié, excepté le comte
« Camberlan, qui trois fois requis par Madame,
« dit qu'il ne diroit rien : enfin, à grand paine dict :
« *Madame est dame, ce qu'il lui plaira soit faict.*
« Après ce, elle oyt ses messes : puis vint en con-

« seil, et y furent ceulx d'Aix. — Je leur dis de par
« Madame, qu'elle avoit agréable ce que par ses
« gens avoit été traitié : puis, parla messire Jéhan
« de Mayronis, récitant en substance le traitié :
« puis, parla messire Raymond-Bernard Flaming,
« confirmant mes paroles : puis, Madame jura sur
« les SS. Évangiles d'accomplir les choses conte-
« nues en l'instrument du traitié. A ce second
« conseil ne fut le comte Camberlan : mais alla
« disner et tantôt monta à cheval, s'en alla à Sault
« mélancolieusement et peu sagement. » Le même
écrivain, articule ensuite les noms des personnages présens à cette négociation. Les voici, tels
qu'ils sont couchés dans son journal : L'évêque de
Sisteron, — l'évêque de Vintimille, — le vicomte
de Turenne, — messire Pierre de Craon, — messire Robert de Dreux, — messire Guillaume Ro-
yère, — messire Raymond Bernard, — le comte
Chambellan, — messire d'Agoult, — le sire de
Caseneuve, — Angeluce, — P. Raynaud, — Ollivier Durand, — Geoffroy Gagnon, — Antoine
Ollier, — Albert de Montimont et les ambassadeurs d'Aix.

Pendant tout le tems que notre ville posséda ses
illustres hôtes, elle s'animait chaque jour d'une
vie nouvelle, par l'arrivée d'une foule de députations venues de divers points de la Provence et de
l'Italie. Marie les accueillait avec bonté, et leur
accordait les demandes qu'elles lui présentaient.

Cette princesse rendit aussi plusieurs ordonnances, dont le souvenir s'est perpétué comme un témoignage de son amour pour ses peuples et de la pénétration de son esprit qui savait embrasser tous les détails; enfin, après un séjour à Apt d'environ six mois, elle jugea utile à sa cause de continuer ses excursions. C'est ainsi qu'elle visita successivement Ceyreste, Forcalquier, Sisteron, Manosque et Pertuis, dont les habitans prodiguèrent au fils et à la mère, les marques de la plus vive sympathie. Le but spécial de cette tournée était de s'enquérir de l'état du pays, et de pourvoir à son bien-être, en écoutant les doléances et en remédiant aux abus; puis, de récompenser par quelque acte de munificence, ces Communes dont la fidélité et l'attachement à la maison d'Anjou avaient éclaté d'une manière particulière. Marie demeura quelques semaines à Pertuis, dont la position centrale mettait mieux la princesse à portée de correspondre avec les populations d'outre-Durance. S'il est dans cette charmante ville, quelque érudit occupé à recueillir les matériaux de son histoire, nous lui indiquerons, comme une mine neuve à exploiter, le journal de l'évêque de Chartres. Là, se trouvent divers faits à l'aide desquels une plume exercée saura renouer la chaîne du tems, et embellir les traditions du passé. Pour nous, exclusivement voués au culte de la cité Julienne, point il ne nous appartient d'aborder des détails étrangers à notre sujet; l'ennui des recherches à ceux à qui elles doivent profiter! La reine ne quitta Pertuis pour aller à Avignon, qu'après avoir laissé la Provence, sinon dans un état de paix parfaite, du moins, dans un état satisfaisant de tranquillité.

Le calme n'était qu'à la surface; car, les mauvaises passions qui fermentaient à l'intérieur, se révélaient par de fâcheux symptômes. Néanmoins, Clément VII profita du moment où Louis II était partout reconnu, pour le couronner roi de Sicile, et lui donner une seconde fois l'investiture de ce royaume, feudataire du Saint-Siége [1]. L'arrivée de la Cour de France ajouta à l'éclat de cette cérémonie, qui eut lieu le jour de la Toussaint, et que l'on regardait alors comme le supplément indispensable du pouvoir souverain. Autour du jeune prince, se pressait l'élite de la noblesse provençale; fière et impétueuse, elle ne soupirait qu'après l'occasion de se signaler sur un champ de bataille, et, en attendant que le cri de guerre retentit, que les rangs se formassent, les tournois et les passes d'armes charmaient par des combats simulés, mais non sans danger et sans gloire, cette bouillante ardeur. La Cour papale, avec son appareil pacifique, était aussi brillante que le cortége royal; elle avait convié tous les arts à prêter leur concours à une pompe nationale, dont les

---

[1] *Hist. de l'Église gallicane*, tom. 14.

tableaux variés saisirent vivement l'esprit des assistans. A la messe, on vit avec surprise Charles VI qui donnait à laver au Pontife. Après l'accomplissement des rites obligés, le jeune monarque communia sous les deux espèces, pratique empruntée du sacre de Rheims. La fête se termina par un festin splendide, où le chef de l'Église mangea seul à une table et les deux rois à une autre, servis par les grands officiers de leur Cour.

Louis II avait alors douze ans ; et, à cet âge, il se voyait souverain d'un royaume qu'il s'agissait de conquérir, et maître d'une province qu'un ennemi implacable était encore sur le point de ravager. Toujours irrité contre Clément, toujours hostile à Marie, Raymond de Turenne venait de reprendre les armes et renouvelait les scènes atroces que donnèrent jadis les Sarrazins [1] ; les troupes sous ses ordres composées de voleurs, d'assassins et de gens sans aveu recrutés dans les pays limitrophes, avaient la férocité de ces barbares sectateurs de l'islamisme. Le Pape, effrayé de leurs cruautés et voulant en préserver l'état Venaissin, n'oublia rien pour susciter le zèle de la reine-régente. Après avoir défendu aux fidèles de fournir aucun secours à Raymond et à ses partisans, il fulmina contre eux les foudres de l'excommunication, et promit l'indulgence de la Croisade

---

[1] Papon, *Hist. de Prov.*, t. 3.

à tous ceux qui prendraient les armes pour combattre les ennemis de l'Église. L'implacable vicomte ne se déconcerta point pour cela : « Ils « cuident », disait-il, en parlant de Clément et de ses Cardinaux, « ils cuident me lasser par leurs « excommunications : mais non fairont : ils prient « chevaliers et écuyers et les absolvent de paine et « de coulpe, pour me faire guerroyer, mais ils n'en « ont nul talent : j'aurai beaucoup plus de gens « d'armes pour mille florins qu'ils n'en auroient « pour toutes absolutions données en sept ans. » — C'est vrai, ajoute Froissard, « car les gens « d'armes ne vivent pas de pardon, ni n'en font « pas trop grand cas, fors au destroit de la mort... » Mais, jetons le voile de l'oubli sur cette époque désastreuse ; au lieu de nous arrêter plus longtems à peindre les maux de la guerre civile, offrons à nos lecteurs un tableau plus consolant, celui d'angéliques vertus : ce sera comme la fraîche oasis dont l'aspect repose la vue après une pénible traversée dans les vastes plaines du désert.

Un projet de canonisation était dans ce moment à l'ordre du jour dans l'obédience de Clément VII, et toutes les bouches proclamaient à l'envi les droits de l'élu à cette éminente distinction. On voit qu'il s'agit ici du bienheureux Pierre-de-Luxembourg, dont la gloire n'est point étrangère à l'église d'Apt. L'honneur qu'il lui fit de venir la visiter, sans parler d'autres titres non moins précieux, nous impose le devoir d'inscrire son nom sur les pages de notre histoire [1]. Décoré de la pourpre romaine, à un âge où les autres abordent à peine les premières marches du Sanctuaire, Pierre fut un de ces prodiges de sainteté, que le ciel envie à la terre, et se hâte de rappeler à lui. Son père, Guy de Luxembourg, allié de la maison impériale, avait épousé Mathilde de Chatillon, cousine au troisième degré du duc de Bourbon et de Jeanne de France; admirable effet de loix providentielles, qui ménageaient ainsi à ce nouveau Samuel une haute naissance, afin de rendre ses vertus plus glorieuses! Devenu orphelin presque au seuil de la vie, il passa sous la tutelle de Jeanne de Luxembourg, sa tante, princesse d'un rare mérite, qui, ayant pris au sérieux cette charge légale, veilla sur l'éducation de son pupille avec la tendresse d'une mère.

Instruit des heureuses dispositions de cet enfant, qu'un instinct particulier attirait au doux plaisir de la prière, Clément VII lui donna un canonicat dans l'église de Paris. Pierre n'avait alors que dix ans, et fesait déjà l'admiration de ses vieux collégues, par son assiduité aux Offices et par son application à la psalmodie sacrée. Nommé cinq ans après au siège épiscopal de Metz, il

---

[1] Remerv., *Hist. de Saint-Elzéar de Sabran.* — *Hist. de l'Église gallic.*, tom. XIV.

montra, dans cette position éminente que, chez les cœurs bien nés, la vertu supplée au défaut des ans, et qu'un saint ne peut jamais être un trop jeune évêque. La politique, on doit le dire, avait dicté ce choix; il importait, en effet, à la Cour pontificale d'Avignon, d'avoir un prélat de crédit dans une église où le Clergé était partagé entre les deux obédiences. Cette nomination précoce et comme telle opposée à l'esprit des canons, n'encourut cependant aucun blâme, parce que l'élu avait révélé au monde, tous les trésors de grandeur, de noblesse, de piété qui peuvent embellir une âme, et que souvent les carrières les plus longues sont impuissantes à produire. A mesure que les dignités ecclésiastiques s'accumulaient sur sa tête, les vertus de Pierre prenaient un plus noble essor. Clément n'hésita donc pas à lui ouvrir la porte du Sacré-Collége; c'est ce qu'il fit en le créant Cardinal-diacre, avec le titre de St.-George au voile d'or.

Pierre vint aussitôt s'établir à Avignon, et y vécut sous l'éclat de la pourpre comme le pénitent le plus mortifié. C'était alors le tems où la piété se formulait de toutes parts en pieux pélérinages vers des sanctuaires célèbres. Le désir de se conformer à cette pratique autorisée par l'Église, joint à celui de se soustraire au tumulte du monde, lui avait inspiré la pensée de visiter Notre-Dame-du-Puy en Velay, Saint-Jean d'Amiens, Sainte-Anne d'Apt, Saint-Thomas de Cantorbery, Sainte-Ursule de Cologne; mais une maladie de langueur, causée par des austérités excessives, ne lui permit pas de suivre l'élan de son zèle. Néanmoins, il put, à raison de la proximité, accomplir le vœu qui l'appelait à Apt auprès d'insignes reliques que le ciel glorifiait chaque jour par d'éclatans miracles. Ce fut en y faisant ses dévotions, que Pierre laissa à la basilique franciscaine, un beau reliquaire de vermeil pour honorer la mémoire de saint Elzéar de Sabran. Quoique la date de ce voyage soit incertaine, nous ne croyons pas nous écarter de la vérité, en le fixant à l'automne de 1386. Depuis la fin de décembre de la même année, qu'il se sentit attaqué, jusqu'au second jour de juillet de l'année suivante qu'il mourut, on remarqua en lui un air de gaîté extraordinaire; indice certain d'une belle ame qui désire s'envoler vers le ciel. Par un sentiment profond d'humilité, l'illustre prélat ordonna sa sépulture dans le cimetière des pauvres avec le plus modeste appareil. Une ferveur angélique en recevant les derniers sacremens, une patience rare au milieu des ennuis de la maladie, une affabilité extrême envers ceux qui venaient le visiter, tout cela, dans un âge de moins de dix-huit ans, acheva de dessiner son caractère. Mûr pour le ciel, il y fut appelé. La Cour romaine, inconsolable de cette perte, changea bientôt ses habits de deuil en ornemens de fête, ses funèbres cyprès en guirlandes de fleurs, quand elle vit les merveilles qui éclataient sur la tombe à peine fermée de son auguste élève.

La canonisation du jeune cardinal ne tarda pas à être demandée. Les plus grands princes de l'Europe la sollicitèrent vivement. Le Chapitre de Paris d'accord avec l'Université, supplia Clément VII d'accorder cette consolation à l'église gallicane. Des vœux, partis de si haut, trouvèrent un accueil favorable auprès du Pontife, qui écrivit sur le champ aux Cardinaux, pour les inviter à entamer la procédure préliminaire [1] : « Attendu », dit-il en terminant sa lettre, « que le Saint-Siége
« a coutume d'agir avec la plus grande circonspec-
« tion, surtout dans les affaires de ce genre, nous
« commettons celle-ci à votre prudence, et vous
« chargeons par les présentes d'informer (un ou
« d'eux d'entre vous) sur la vie et les miracles du
« cardinal de Luxembourg, en ayant soin de met-
« tre par écrit, tout ce que vous aurez découvert
« à ce sujet, et de le porter à notre connaissance,
« afin que, sur le vû des pièces, nous puissions
« statuer ce qui sera agréable à Dieu, et remplir le
« devoir de notre charge. Au reste, si vous ne
« pouviez commodément vaquer, par vous-mê-
« mes, à l'audition des témoins qui doivent être
« produits dans cette cause, nous voulons que

---

[1] Duchesne, *Hist. des cardinaux français*, Tome 2.

« vous vous reposiez de ce soin sur le zèle de nos
« vénérables frères, Jean évêque de Glandèves et
« Gérauld évêque d'Apt, déjà chargés de faire ces
« informations hors de la Cour romaine. » Ce qui
avait été prévu, arriva ; les deux prélats remplirent seuls les prescriptions du mandat apostolique ; mais l'enquête qu'ils dressèrent est restée
sans effet, puisque la canonisation du Saint n'a
jamais été conclue dans les formes. La raison
qu'on apporte du silence gardé par le Saint-Siége
sur cette affaire, même postérieurement au schisme, ne nous paraît pas dépourvue de justesse.
C'est que Rome n'a point voulu accorder au jeune
cardinal, la qualité de Confesseur-Pontife, qui
impliquait la reconnaissance du titre épiscopal,
qu'il avait reçu dans la Cour de Robert de Genève ;
condition rigoureuse, dit un historien [1], laquelle
n'aurait point été admise sans difficulté, dans les
pays attachés autrefois à Clément VII. Au reste,
comme pour sainte Delphine, l'Église a fait en faveur de Pierre-de-Luxembourg l'équivalent d'une
canonisation juridique. Après avoir déclaré bienheureux cet illustre membre du Sacré-Collége,
elle en a autorisé le culte dans maintes églises et
surtout dans celle des Célestins d'Avignon, où ses
reliques étaient conservées.

L'intervention de Gérauld dans l'enquête pré-

---

[1] *Hist. de l'église gallic.*, t. 1 {.

cédente, clôt la carrière épiscopale du prélat. Cette circonstance, par laquelle il se trouve désormais lié à une célébrité contemporaine, est ce qui a le plus contribué à le sauver de l'oubli, et à lui assurer une place dans les colonnes de l'histoire; car, malgré le rôle qu'il joua, soit à la Cour papale, soit à celle de Marie de Blois, cet évêque n'aurait eu, au point de vue religieux, qu'une faible renommée, sans l'éclat que jette sur lui le nom de saint Pierre-de-Luxembourg; c'est ainsi que les grandes illustrations colorent toujours de leurs reflets, ceux qu'un heureux hasard a groupés autour d'elles. Nous ne trouvons dans nos annales, ni le jour du décès de Gérauld, ni le lieu de son inhumation, quoiqu'il soit probable qu'il ait cessé de vivre en 1391, époque où de nouvelles mains saisirent les rênes de l'église d'Apt. Ce silence des historiens est d'autant plus surprenant, que ce prélat était non-seulement neveu d'un cardinal, mais grand homme d'état lui-même, méritant bien, par conséquent, qu'on laissât à la postérité quelques marques particulières pour le souvenir de ses rares talens. — Avant de terminer ce livre, il nous faut relater ici quelques traits de deux documens inédits, qui se rapportent, par leur date, au double épiscopat de Raymond de Savines et de Gérauld ; nous voulons parler des testamens de Jean de Sabran et de Guirand de Simiane ; ces sortes de pièces peignent mieux les hommes et les tems, que les plus savantes dissertations. Jean de Sabran [1], baron d'Ansouis, dicta son testament à Forcalquier, le 27 septembre, jour de la fête de saint Elzéar; après un exorde, empreint de l'esprit de foi qui animait alors toutes les manifestations de la pensée, le testateur articule minutieusement ses volontés : « Et d'abord », dit-il, « je me recommande à mon Créateur, à la « glorieuse Vierge, à Mgr. saint Elzéar mon on- « cle, et à toute la cour céleste.—Je fais élection « de sépulture, au cas que je meure en Provence, « dans l'église des Frères-mineurs d'Apt, en tel « endroit de leur église qu'il plaira aux religieux « de m'assigner.

« Quel que soit le lieu de mon décès, je veux « être inhumé dans l'habit de saint François que « je sollicite en toute humilité, avec prière aux « Frères de me revêtir de leur costume pendant « ma maladie s'il est possible.

« Je ne veux à mes obsèques ni palefroi, ni « pompe funèbre, ni solennité extraordinaire, ni « rien de l'appareil usité dans l'enterrement des « barons et des seigneurs. J'exige que toute mon- « danité en soit bannie, et qu'on y brûle seulement « quatre torches d'une moyenne grosseur.

« Si je meurs hors du pays de Provence, ma « volonté est d'être conduit en terre dans le plus

---

[1] Manuscrit de Peyresck, à la Bibliothèque de Carpentras.

« proche couvent des Franciscains ; toutefois, je
« désire que mes restes, après l'entière consomp-
« tion des chairs, soient transportés par les soins
« de mon héritier, dans l'église des Frères-mineurs
« d'Apt, que je choisis pour le lieu de mon repos,
« à cause du respect que je porte au révérendis-
« sime saint Elzéar, mon oncle, et afin que ce
« grand confesseur me soit en aide au jour de la
« résurrection. »

Viennent ensuite divers legs faits aux églises et aux personnes ecclésiastiques, à la suite desquels le testateur continue en ces termes : « A l'égard
« des dommages que j'aurais pu commettre par
« moi-même ou par mes subordonnés, envers des
« tiers ou au préjudice des églises, soit en tems de
« guerre, soit en tems de paix : attendu que je
« m'en suis confessé à N. S. Père le pape Gré-
« goire XI qui me donna l'absolution, sous la ré-
« serve d'une pénitence pécuniaire, de 100 florins
« d'or destinés à des œuvres pies, avec faculté de
« payer cette somme pendant ma vie, ou de la
« faire payer après mon décès : j'exige, en consé-
« quence, que ladite somme soit comptée par mon
« héritier, au plus tard dans le cours de la seconde
« année qui suivra ma mort, si pourtant je n'avais
« point déjà accompli moi-même cette obliga-
« tion. »

Jean de Sabran avait épousé Isoarde de Roche-feuille. Après avoir spécifié ses volontés à l'égard

de sa compagne, le noble baron prescrit les dispositions suivantes au sujet de ses filles : « Je veux
« et ordonne, dit-il, que mes deux filles légitimes
« et naturelles, savoir : Marione et Filippone
« prennent le voile dans l'abbaye de Sainte-Croix
« d'Apt, où il sera pourvu à leur entretien par
« mon héritier universel, et je laisse à chacune
« d'elles 10 florins d'or de pension, leur vie du-
« rant ; en sorte qu'elles ne puissent exercer aucun
« recours sur ma succession à quelque titre que
« ce soit.... » Convenons que c'était mal, de faire
ainsi des religieuses *à priori*, et de vouer par testament ses filles à la vie monastique, sans consulter leurs goûts ni leurs inclinations ; mais les
mœurs du siècle légitimaient alors cet abus ; pour
maintenir l'intégrité des héritages transmis par de
nobles aïeux, ne fallait-il pas, bon gré, mal gré,
condamner plusieurs de ses enfans à un célibat
forcé ?

Enfin, le testateur institue pour héritier universel, Elzéar de Sabran son fils, et, au cas que
celui-ci vienne à mourir sans postérité, il lui substitue l'enfant dont Isoarde de Rochefeuille est
enceinte, s'il est mâle, sain d'esprit et de corps :
« Je veux, ajoute-t-il, qu'on lui impose le nom
« d'Elzéar ainsi qu'aux aînés de ma lignée qui se
« succèderont dans la baronie d'Ansouis, et cela,
« afin de témoigner de ma profonde sympathie
« envers Mgr. saint Elzéar mon oncle.... »

Passons maintenant à Guirand de Simiane: on sait qu'il était seigneur de Caseneuve, et que Louis II l'appela à faire partie de l'expédition de Naples. L'acte de dernière volonté du noble baron, contient maintes dispositions curieuses dont voici la plus saillante: « A la veille, dit-il, de
« partir pour aller subir le sort des armes dans de
« lointaines contrées, je recommande mon ame à
« Dieu, à la Vierge et à toute la cour céleste. —
« Si je viens à mourir en terre étrangère, et que
« mes cendres ne puissent facilement être transfé-
« rées à Apt, j'ordonne de bâtir sur le lieu de ma
« sépulture, une chapelle sous le vocable de Ste.-
« Anne, laissant pour cette fin 100 florins d'or,
« avec une autre moindre somme pour les orne-
« mens de l'autel et les honoraires du desservant.
« Mais, si mon corps peut commodément être
« conduit à Apt, je veux qu'aussitôt après être
« expiré, on me revête du costume de chanoine, et
« me porte à ladite ville dans une litière, avec
« quatre flambeaux seulement, pour être inhumé
« dans l'église majeure de St.-Castor où se trouve
« la sépulture de mes aïeux...... » Qui ne se sent émerveillé d'un pareil langage, en pensant qu'il émane d'un illustre guerrier! Observons ici que la mention d'une chapelle dédiée à Ste.-Anne, prouve très-bien que le culte de notre grande patronne florissait alors dans nos murs. C'est un témoignage qui annule les inductions contraires qu'on

aurait pu tirer d'un texte, déjà cité, de l'évêque de Chartres. Enfin, il est à remarquer que, dans ces deux testamens, on ne trouve pas la moindre allusion au schisme qui divisait l'Église; pas la moindre déclaration de principes, relative aux deux contendans à la papauté. Ce qui nous donne le droit de conclure, que les simples fidèles, retranchés dans la bonne foi, suivaient sans scrupule leur obédience, et ne redoutaient aucunement, sous ce rapport, les chances de l'avenir. Au fait, l'église d'Apt marcha toujours avec fidélité sous les bannières de Clément VII, qu'elle reconnaissait pour vrai successeur de Pierre. Grâces au ciel, nulle dissidence n'y éclata touchant la légitimité de ce pontife; de là, le calme dont jouit le diocèse, tandis que les querelles religieuses ouvraient ailleurs la porte à des scandales sans nombre.

LIVRE NEUVIÈME.

DE 1391 A 1410.

A la mort de Gérault, Jean de La Grange cardinal d'Amiens, l'un des ornemens du Sacré-Collége, fit préconiser évêque d'Apt, Jean Fillety, son neveu. Alors, les évêchés voisins de la cité papale, suscitaient l'ambition des grandes maisons à l'égal des premiers siéges de la France. Ce nouveau prélat, natif du diocèse de Clermont, était bien venu à la Cour de Charles VI où il jouissait de l'amitié du duc d'Orléans. Conseiller privé de ce prince, il devint bientôt, à l'aide de son puissant patronage, membre du grand conseil du roi. Paris et Avignon, les deux centres vers lesquels gravitaient les affaires religieuses, furent tour à tour sa résidence. De là, cette part active qu'il prit à toutes les mesures qui avaient pour but la paix de l'Église et l'extinction du schisme [1].

La prise de possession de l'élu ayant suivi de près l'expédition de ses bulles, la viduité de notre

---

[1] Boze, *Histoire de l'église d'Apt*. — Fornéry, *Hist. du Comtat-Venaissin*, manuscrit à la Bibliothèque de Carpentras.

église ne se prolongea point au-delà de deux mois; et cela se comprend ; car, la nomination aux prélatures émanant à cette époque d'une seule autorité, sortissait son effet plus rapidement que de nos jours, où l'intervention du pouvoir royal est requise pour le choix des premiers pasteurs. Installé dans la chaire de saint Auspice, Fillety confia les rênes diocésaines à Raymond de Ripert prévôt de Sisteron, ecclésiastique aussi recommandable par ses vertus que par son savoir. Ainsi, après avoir pourvu aux affaires les plus urgentes, le prélat reprit le chemin d'Avignon, d'où il ne revenait au milieu de ses ouailles qu'à de longs intervalles et seulement lorsque des intérêts majeurs réclamaient sa présence.

Aussitôt que Raymond de Ripert se vit à la tête du diocèse, il s'efforça, tout en remédiant aux abus qui s'étaient glissés dans la discipline, de rendre son administration agréable par des procédés pleins de sagesse et de douceur. Habile dans l'art de manier les esprits, il fut assez heureux pour mettre un terme aux contestations qui divisaient l'ordre canonial. Le vieux litige touchant les prébendes reproduit on ne sait comment, y causait encore des collisions fâcheuses; car, un changement d'évêque est pour l'ordinaire l'époque où d'anciennes prétentions bien ou mal fondées, se réveillent plus vives que jamais. Le docteur Sabathéry, en dressant le célèbre statut pour la réforme

Capitulaire, avait posé le principe qui devait servir de règle dans cette matière délicate; on ne se plaignait pas de la loi, mais on protestait contre l'application qui en était faite. De là, maints symptômes de brouilleries entre Chanoines et Bénéficiers, quand Jean Fillety monta sur le siége d'Apt. Les uns et les autres, entraînés par l'esprit de chicane, n'auraient pas sû peut-être se défendre de faire retentir leurs griefs dans le sanctuaire de la justice, si le Grand-Vicaire du nouveau prélat, n'avait trouvé le moyen de prévenir ce scandale, en faisant agréer aux parties, un accord qui a subsisté jusqu'à la révolution française.

Raymond de Ripert ne négligea pas non plus les intérêts temporels de son patron; il exigea des grands vassaux de l'Église, l'accomplissement des formalités auxquelles les us et coutumes du tems assujétissaient les possesseurs de fiefs envers l'évêque leur suzerain [1]. Ce fut donc entre les mains du délégué de Fillety, que prêta foi et hommage Delphine de Sabran veuve d'un grand seigneur Aptésien, du sire de Caseneuve. Tutrice de ses deux fils en bas-âge, la noble dame remplit cet acte de vassalité dans l'église de Notre-Dame l'épiscopale, à genoux, les mains jointes, devant le Grand-Vicaire assis, qui lui donna sa main à baiser. Dans la prestation d'hommage des cheva-

---

[1] *Gallia Christiana*, tom. I.

liers, ceux-ci ôtaient leurs capuces et baisaient à la bouche, le prélat ou son représentant. Mais les dames se bornaient à lui baiser la main : *cum osculo manûs*, disent les chartes, *ob mulierum hujus modi debitam honestatem.* Louis d'Anduze de l'illustre maison de la Voûte, s'acquitta aussi personnellement du même devoir, pour le château de Saint-Martin de Castillon, fief de l'église d'Apt; dans cette circonstance, il prononça debout la formule obligée du serment, parce qu'il était chevalier : avec réserve expresse de la part du Grand-Vicaire, que si, à la place du gentilhomme, tout autre intervenait à la cérémonie, ce dernier l'accomplirait à genoux.

Fillety comptait déjà la troisième année de son épiscopat, quand mourut Clément VII déchiré de remords, à la vue des maux causés par le schisme que l'élection de Fondi avait allumé dans le monde catholique. Néanmoins, aux approches de sa dernière heure, ce pontife s'inspirant de saintes pensées sur la miséricorde de Dieu, dit avec une naïveté touchante, qui pénétra les assistans : « Ah! beau sire Dieu! je te prie que tu ayes merci « de mon ame, et veuilles pardonner mes péchés? « Et toi, très-doulce mère de Dieu, je te prie que « tu me sois en ayde auprès de ton benoît fils : « et vous tous saints du Paradis, je vous supplie « que vous veuillez ayder à mon ame aujourd'hui; « ah ! ah ! Luxembourg, je te prie que tu me

« veuilles ayder..... [1]. » Ce Luxembourg, était le jeune cardinal de St. George, dont nous avons plus haut esquissé la vie et qui mourut en odeur de sainteté. Le corps de Clément, d'abord déposé dans l'église de Notre-Dame-des-Doms, fut ensuite transporté avec pompe dans celle des Célestins, où l'on voyait son tombeau en marbre, que l'art du moyen-âge avait enrichi d'admirables décors ; les arcades ogives, les fleurons, les découpures en trèfle, les pignons aigus, les colonnettes en faisceaux et isolées, n'étaient qu'une partie des beautés qui rendent à jamais regrettable la perte de ce monument. — Robert de Genève se recommandait par de grandes qualités, mélangées de quelques imperfections inséparables de l'humaine nature. L'éclat de sa haute naissance, rayonnait sur toute sa personne : taille majestueuse, air distingué, parole entraînante, voilà pour le physique : douceur, bienfaisance, politesse, affabilité, voilà pour le moral. On lui reproche bien des fautes ; mais, pourquoi les imputer à son caractère plutôt qu'aux circonstances ? Une position équivoque, une dignité douteuse et vivement contestée, en faut-il davantage pour expliquer le contraste de quelques-uns de ses actes avec son cœur noble et généreux ?

Les Cardinaux réunis en conclave, donnèrent

---

[1] Papon, *Hist. de Prov.*, t. 3.

leurs suffrages à Pierre de Luna, espagnol, qui prit le nom de Benoît XIII. Il avait signé avant le scrutin, un écrit, d'après lequel les cardinaux firent le serment de réunir tous leurs efforts pour coopérer à la fusion des deux obédiences, et promirent individuellement d'abdiquer même le pontificat, si on le jugeait indispensable au plein succès de cette œuvre de pacification. Pierre de Luna était un homme qui, élevé sur la chaire apostolique en une autre conjoncture que celle d'un schisme, lui aurait fait honneur. Il avait beaucoup d'esprit, d'adresse, de pénétration, de doctrine, d'habileté dans le maniement des affaires, et appartenait à une famille illustre du royaume d'Aragon; mais, dans l'état où étaient les choses, tant de belles qualités ne pouvaient être que funestes à la chrétienté, se trouvant jointes dans la personne de ce nouveau pape, avec une extrême ambition, beaucoup d'opiniâtreté et très peu de franchise. Aussitôt après son élection, il songea à faire dessiner en sa faveur la couronne de France: condition d'autant plus essentielle, qu'au point de vue politique, elle se résolvait pour lui en une question de vie ou de mort. C'est pourquoi il députa à Paris, Gilles de Bellamèra évêque d'Avignon, que de très beaux commentaires sur le décret de Gratien avaient fait avantageusement connaître dans le monde, et lui donna pour collègue, Jean Fillety évêque d'Apt.

Le roi, persuadé que Benoît XIII voulait sincèrement l'extinction du schisme, nomma, pour en conférer avec les envoyés pontificaux, le docteur Pierre d'Ailly, chancelier de l'Université de Paris. A Rome comme en France, on s'était flatté de l'espoir de voir l'Église pacifiée après la mort de Clément, et cet heureux évènement se serait réalisé sans doute, si les cardinaux d'Avignon n'avaient eu hâte d'user de leurs droits. Boniface, qui siégeait sur les bords du Tibre, plus attentif que personne à profiter de la circonstance, avait prié Charles VI d'empêcher qu'on ne donnât un successeur au pontife défunt. Mais, déjà, le choix du cardinal d'Aragon étant fait, les sollicitations de Boniface devenaient inutiles. Dans cette étrange situation, qui ajournait la paix d'une manière indéfinie, le monarque, pressé par les instances de l'Université, convoqua le clergé de son royaume pour prendre une résolution décisive sur les affaires religieuses. L'assemblée, ouverte le 2 février de l'an 1395, compta dans son sein, deux patriarches, sept archevêques, quarante-six évêques et onze abbés. Après d'assez longs débats, sous la présidence du patriarche d'Alexandrie, la majorité fut d'avis de recourir à la voie de cession, comme au seul moyen d'extirper le schisme. Tandis que l'église gallicane discutait ainsi les grands intérêts de la chrétienté, le pape Benoît combinait ses mesures pour faire tête à l'orage dont il était menacé. Déposer la thiare, abdiquer la plus belle position qui existe dans l'univers, était un trop grand sacrifice pour un cœur aussi altier que le sien.

Cependant le roi, fort de l'opinion de son Clergé, envoya sous le titre d'ambassadeurs auprès de ce Pontife, les ducs de Berry, de Bourgogne et d'Orléans, c'est-à-dire, tout ce qu'il y avait de plus grand à la cour de France après le chef de l'état. Les princes, partis de Paris avec leur escorte, arrivèrent à Avignon le 22 mai. L'évêque d'Apt avait fait préparer pour eux des logemens à Villeneuve où Benoît les envoya complimenter par une députation de Cardinaux. Le lendemain, les augustes voyageurs revinrent à Avignon pour saluer le Pontife, qui les reçut avec de grandes manifestations de joie et de confiance. Leur mandat se bornait à lui faire souscrire la voie de cession, en conformité des résolutions de l'assemblée de Paris. Tout le tems de leur séjour dans la ville papale, se passa en conférences soit avec les Cardinaux, soit avec Benoît lui-même : mais les efforts des négociateurs échouèrent devant une volonté inflexible, qui ne put jamais être amenée aux termes où on voulait la réduire. Convaincus de l'inutilité de nouvelles tentatives, les princes reprirent la route de Paris, après avoir rendu tous les honneurs possibles à Benoît, en vue de la triple couronne dont il était en possession.

Sur ces entrefaites, l'évêché de Marseille vint à vaquer par le décès d'Adhémar II de la Voûte, issu d'une famille Aptésienne, que notre église comptait au nombre de ses feudataires [1]. Guillaume Letort ayant été élu, expédia une procuration à Pierre Pavaillon, secrétaire de Marie de Blois, à Jean de Mercoire, clerc-prébendé de l'église d'Apt, et à Aymeric David, gentilhomme Angevin, pour les charger d'intervenir en son nom, dans la prise de possession de ce siége. Guillaume, avant sa promotion, était notaire impérial et apostolique près la reine de Sicile. Cette princesse lui avait confié l'éducation du jeune Louis, qu'il suivit à Apt avec toute la cour. Déjà son auguste élève avait demandé pour lui l'archevêché d'Aix, vacant par la mort de Jean d'Agoult ; mais, le Pape ayant cassé l'élection faite par le Chapitre de l'un de ses membres, pourvut de ce siége Pierre d'Agoult, proche parent du prélat défunt. La recommandation du prince ne fut pas, néanmoins, inutile à son précepteur; car, Benoît offrit bientôt à celui-ci l'évêché le plus important de la Province.

Les affaires religieuses formaient alors le cercle où s'agitaient tous les esprits. Jusqu'à ce moment, on s'était flatté en France d'obtenir la paix de l'Église par des voies de douceur ou à l'aide des négociations. Dans cette pensée, on avait eu des

---

[1] Belzunce, *Hist. des évêques de Marseille*, T. II.

ménagemens infinis pour le Pape Avignonnais: on avait respecté son pontificat avec ses prérogatives, on s'était incliné devant sa thiare, comme si elle eût été bien affermie sur son front; mais, l'insuccès de l'ambassade des princes, les délais apportés par Benoît à une mesure décisive, les ressources dont il ne manquait jamais pour tourner les difficultés et éluder ses promesses, mirent enfin à nu ce caractère ambitieux.

On se proposa donc de le réduire par des procédures de rigueur, et la première qui se présenta à l'esprit fut la soustraction d'obédience. Ce moyen, discuté d'abord dans le conseil du roi, puis dans un comité épiscopal, suscita partout de sympathiques adhésions. Le roi, avant d'adopter aucun parti, voulut consulter les représentans officiels de l'église de France. C'est pour cela, qu'une assemblée générale du Clergé fut indiquée à Paris, dans une salle du palais de St.-Paul. L'ouverture s'en fit le 22 mai, sous la présidence du patriarche d'Alexandrie; on y comptait onze archevêques, soixante évêques parmi lesquels figurait celui d'Apt, avec beaucoup de députés des Chapitres et des Universités du Royaume. Les princes et plusieurs grands seigneurs assistèrent aux délibérations, savoir : le roi de Navarre, les ducs de Berry, de Bourgogne, d'Orléans et de Bourbon; les ambassadeurs du roi de Castille, le chancelier de France, et divers membres distingués du Parlement. Charles VI, qui devait être à leur tête, fut retenu dans ses appartemens par la fatale maladie dont il était atteint.

Le patriarche d'Alexandrie ayant pris la parole, fit un résumé lumineux de tous les incidens qui avaient signalé la marche des affaires religieuses depuis la mort de Clément VII : résumé où il n'oublia pas d'invoquer les éloges qu'on avait prodigués à la voie de cession, dans les principales Cours de l'Europe. Après ce discours, l'évêque de Mâcon entièrement voué aux intérêts de Benoît, demanda à parler en sa faveur. Les princes et les évêques, loin de s'y opposer, le permirent de grand cœur. Bien plus, afin de donner à l'avis de l'assemblée, toute l'autorité d'une décision rendue après l'épreuve solennelle d'un débat contradictoire, on choisit dans l'opinion représentée par ce prélat, six personnes d'un talent remarquable, pour engager la dispute avec six autres de l'opinion contraire.

Les défenseurs et les adversaires de Benoît plaidèrent alternativement pour ou contre la soustraction d'obédience. La liste des orateurs épuisée, on ferma la discussion. Alors le chancelier, avant de recueillir les voix, invita tous les membres à opiner avec liberté et sans respect humain ; évêques et abbés émirent leurs votes de vive voix; mais, afin de mieux procéder selon les règles de la prudence, on engagea chaque député à s'expliquer par écrit, avec les raisons à l'appui de son suffrage. Le besoin de faire un nouvel examen des votes ainsi motivés, ajourna la décision de l'assemblée au mois suivant.

Sur trois cents suffrages exprimés de la sorte, il s'en trouva deux cent quarante sept pour la soustraction d'obédience sans délai. Disons ici, qu'il nous a été impossible de savoir au juste dans quel sens avait voté l'évêque d'Apt. Admit-il la soustraction pure et simple? ou bien, se rangea-t-il du côté de ceux qui la voulaient avec ajournement? Pas la moindre donnée historique pour résoudre cette question. En se livrant aux conjectures, on pourrait penser que le prélat Aptésien souscrivit à l'avis de la majorité, parce que le cardinal de La Grange dont il suivait les impressions, penchait vers ce parti. Au fait, cette Éminence avait signé la lettre écrite par les cardinaux d'Avignon à Charles VI, après le départ des princes français, pour le prier de ne point ralentir son zèle et de tenir ferme, l'assurant que, malgré les sollicitations de Benoit, ils persistaient toujours à vouloir ce qui pourrait procurer la paix et l'union de l'Église.

Sur le rapport du chancelier, le roi dont la raison avait alors des intervalles lucides, ordonna la soustraction d'obédience dans toute l'étendue du royaume, par un édit du 27 juillet. Le lendemain, on en informa l'assemblée qui poursuivait encore le cours de ses opérations. Une si grande mesure qu'aucun précédent ne justifiait, avait besoin d'une consécration religieuse, pour lui servir de sauf-conduit auprès des ames simples et timorées. C'est dans ce but, qu'on indiqua une procession générale à Ste Geneviève. Rien de magnifique comme cette cérémonie, honorée de la présence de tous les grands corps de l'état ; cérémonie où un docteur de l'Université prononça un discours, qui servit de préface à l'acte de rupture qu'on allait publier.

Bientôt on en répandit des copies dans toutes les villes, pour avertir les citoyens de ne plus reconnaître le pape Benoît, de cesser tout rapport avec lui, et de ne plus rien payer désormais à ses collecteurs. L'édit royal avait prescrit, touchant les bénéfices qui viendraient à vaquer, les dispositions suivantes : On pourvoira aux prélatures par voie d'élection, et aux autres bénéfices par la collation des ordinaires des lieux. Quant aux bénéfices des partisans et fauteurs du schisme, ils seront mis en commende entre les mains de personnes capables, jusqu'à la nomination canonique des titulaires. La Cour de Sicile, qui suivait en tout les erremens du cabinet français, adopta sans restriction ces diverses mesures, et les fit notifier à la nation provençale.

On n'aurait pas fait une si éclatante démonstration, sans la ferme volonté de la soutenir par des moyens énergiques. Le roi écrivit aux cardinaux d'Avignon, pour leur donner avis de la soustraction d'obédience. Tous l'approuvèrent, sauf les cardinaux de Terracine et de Pampelune, amis indéfectibles de Benoît. Les premiers promirent au monarque d'appuyer son édit, bien décidés à déclarer leur pape hérétique et fauteur du schisme, parce qu'il avait violé le serment prêté par lui avant son élection, de quitter la thiare si l'intérêt de l'Église l'exigeait.

Benoît n'ayant pu enchaîner à son parti les membres du Sacré-Collége, fit entrer dans Avignon des troupes Aragonnaises qu'il avait eu la précaution de faire venir pour se défendre, si on usait de violence contre sa personne. Les cardinaux, effrayés de cette démarche, jugèrent que le séjour de la ville papale était dangereux pour eux, et que rien ne les y mettrait à l'abri de la colère d'un pontife irrité. L'instinct de la conservation inspira à ces personnages la pensée de se sauver à Villeneuve sur les terres du roi, où ils seraient en sûreté. Alors, Boucicaut, maréchal de France, eut ordre de sa Cour d'investir le palais apostolique, et de l'assiéger dans les formes : « C'estoit bien », dit Froissard, « la plus belle, la plus forte maison « du monde », et aujourd'hui encore, quel sublime poëme! quelle histoire en relief, que ces murs gigantesques, que ces audacieuses ogives, que ces colossales arcades dont l'enchaînement atteste l'immense pouvoir dont jouissait la triple couronne, à l'époque de leur construction !!!

Pendant que les opérations du siége se poussaient avec activité, un incident fortuit déconcerta les mesures de Boucicaut, et ralentit la vigueur de ses attaques. Trente français, qu'animait l'espoir de surprendre le château, s'engagèrent témérairement dans un égoût de cuisine, et y furent faits prisonniers. Sur l'avis donné par Rodrigue de Luna, qu'il livrerait à la mort ces braves soldats si l'on poussait à bout son oncle, le maréchal suspendit l'assaut, et donna le tems aux amis que Benoît avait à la Cour, d'agir auprès de Charles VI. Ici, nous retrouvons les calculs de la politique en opposition avec les intérêts de la chrétienté. Des pensées de domination furent le seul mobile de ceux qui vinrent en aide au Pontife dans sa mauvaise fortune. Le duc d'Orléans, qui toujours le favorisa en secret, s'inspirait moins de ses convictions religieuses, que de sa profonde antipathie contre le duc de Berry. Cette rivalité des princes, était le fruit de la maladie de Charles VI. Pour comble de malheur, le monarque reprenait quelquefois sa raison : s'il eut été malade sans retour, on aurait pu pourvoir au gouvernement du royaume : le peu de raison qui resta au roi fut plus fatal que ses accès : on n'assembla point les états, on ne régla rien; le roi restait roi, et confiait son autorité méprisée ou sa tutelle tantôt à son frère et tantôt à ses oncles : de là, tout était faction, tout, jusqu'à l'Université, se mêlait du gouvernement ; de là, ce décousu continuel dans le système suivi pour l'extinction du schisme.

Quelques mois après l'incident dont nous venons de parler, les cardinaux séparés de Benoît, envoyèrent à Paris trois députés de leur faction, savoir : les cardinaux de Poitiers et de Saluces avec le cardinal Pierre de Thurey, que nous avons vu figurer aux états-généraux de notre ville, avant qu'il fut décoré de la pourpre romaine. Ces prélats, mûs par une haine aveugle contre leur patron, demandèrent si la Cour trouverait bon qu'on le déposât pour ensuite l'emprisonner comme parjure et fauteur d'hérésie. Certes, ce n'était point là, agir avec loyauté et dans des vues pures. Le moyen de contenir son indignation, en entendant ces dignitaires solliciter des rigueurs, non parce qu'elles seraient justes, mais parce qu'elles agréeraient à la politique du prince !.... La pensée intime des députés parut bientôt au grand jour, quand ils firent des propositions tendantes à mettre leurs intérêts à couvert des éventualités de l'avenir : rôle peu honorable, qui nous rappelle la conduite tenue de notre tems par le sénat de l'empire, et l'explosion de murmures qu'elle provoqua en France, lorsque les membres de ce corps, sans l'aveu du pays, prétendirent imposer au roi revenu de la terre d'exil, un projet de constitution où le maintien de leurs dignités et de leurs pensions avait été soigneusement stipulé.

On répondit à ces cardinaux, qu'à l'égard de l'incarcération du Pape, comme ce serait pour cause d'hérésie, point il n'appartenait au prince d'en connaître, mais qu'on soumettrait le surplus de leurs demandes à l'assemblée du Clergé qui devait se réunir incessamment. Cette assemblée s'ouvrit, en effet, le 20 février. Quoique formée de la minorité des prélats français, on jugea qu'elle représentait suffisamment l'église gallicane. L'évêque d'Apt présent à la Cour, entra dans le comité chargé d'examiner la requête du Sacré-Collége d'Avignon. Après avoir débattu en congrégation générale, les conclusions du rapporteur, le Clergé décida qu'aucune espèce de grâce expectative ni de réserve, n'aurait lieu désormais, et qu'on pourvoirait aux bénéfices vacans, selon le mode prescrit par la dernière assemblée. Charles VI approuva ce décret, par une déclaration adressée à tous les officiers de l'ordre administratif et judiciaire. Ainsi, un rejet péremptoire fit justice de propositions indiscrètes suggérées par l'égoïsme, et paralysa en même tems les conseils de violence. Dès lors, les infortunes de Benoît firent naître de vifs mouvemens de sympathie. Plusieurs grands seigneurs embrassèrent sa cause, influencés qu'ils étaient par le duc d'Orléans. Le roi d'Arragon, allié de ce pontife, envoya sur-le-champ des ambassadeurs, afin de lui ménager un rapprochement avec le monarque français.

Cependant, les trois cardinaux, malgré leur défaite, ne laissèrent pas de rester à la Cour. Charles VI les invita à l'accompagner dans les diverses excursions qu'il était obligé de faire : car, comme une épidémie décimait la population de Paris et faisait des progrès rapides, on conseilla au chef de l'état d'abandonner le séjour de la Capitale [1]. Le cortège royal avec ses pompeux équipages, sa brillante escorte, alla d'abord à Pontoise, puis à Meudon, et parcourut ensuite divers lieux de la Normandie pour s'éloigner du cercle de la contagion. Arrivé à Rouen le 11 octobre, il y demeura jusqu'au commencement de décembre, époque à laquelle la maladie ayant perdu de son intensité, rappela à Paris ces illustres émigrans. Parmi les personnages qui marchaient à la suite du roi, on distinguait dans l'ordre séculier : le roi de Sicile, comte de Provence ; — le prince de Tarente son frère ; — les ducs d'Orléans, de Berry, de Bourgogne, de Bourbon ; — les comtes du Nivernais, de St.-Paul, de Clermont, de Tancarville, de Longueville ; — le Chancelier avec le grand-conseil ; — l'amiral de France, — le trésorier de France avec beaucoup d'autres grands dignitaires : dans l'ordre ecclésiastique, on remarquait les trois car-

[1] Baluze, *Vitœ Pap. Aven.* T. I. p. 1151.

dinaux d'Avignon, le patriarche d'Alexandrie, les archevêques de Rouen, de Sens, d'Auch et de Vienne, avec les évêques de Paris, de Chartres, de Noyons, d'Apt, d'Arras, de Lisieux, de Meaux, de Senlis, de Poitiers, d'Auxerre, d'Angers et d'Acqs, tous membres de la dernière assemblée du Clergé.

Benoît, loin de se laisser abattre à la mauvaise fortune, songea dans sa captivité à rétablir ses affaires qui marchaient sur un meilleur pied, depuis que de nobles protecteurs s'étaient déclarés pour lui en haut lieu. Déjà, cet infortuné pontife avait écrit au roi, une lettre, véritable chef-d'œuvre d'éloquence, où il offrait de renoncer à la thiare si son compétiteur se décidait à en faire autant. Le prince, attendri jusqu'aux larmes, promit sa protection à l'auguste prisonnier, sans préjudice de la soustraction d'obédience; et c'est alors que le siége du palais apostolique fut converti en blocus.

Ce retour de faveur royale fut suivi d'un évènement moins important, que le pontife exploita avec habileté, et fit tourner au profit de son pouvoir. Nous voulons parler de la vacance de l'évêché de Carpentras, l'un des plus richement dotés du Comtat-Venaissin [1]. L'avantage, en effet, de disposer d'une aussi belle prélature, devenait entre

---

[1] Fornery, *Histoire manuscrite du Comtat-Venaissin*, à la Bibliothèque de Carpentras.

les mains de Benoît, un puissant moyen d'influence dans la crise actuelle ; car, les princes fixent bien mieux les fidélités chancelantes avec des grâces qu'avec des lois d'intimidation. Afin de se conserver l'amitié du duc d'Orléans, son plus ferme appui auprès de Charles VI, et de vaincre l'opposition du cardinal de La Grange, le Pape donna cet évêché en commende à Jean Fillety, neveu de cette éminence. Nanti du siége d'Apt qu'il désirait garder, nul autre moyen pour lui de posséder celui de Carpentras, qu'en le tenant à titre d'administrateur, d'autant que les plus saintes règles de l'Église, flétrissaient alors non moins qu'aujourd'hui le cumul des grands bénéfices. Dès qu'il eut connaissance de sa nomination, le prélat Aptésien se hâta de quitter Paris, pour venir s'installer sur sa nouvelle chaire. Comme la ville de Carpentras s'était retirée de l'obédience de Benoît, Fillety craignit que les habitans ne voulussent pas le recevoir, ou que le choix fait de sa personne, par un pape dont l'autorité était douteuse, ne fût un mauvais passe-port auprès du chapitre et des syndics. C'est pourquoi, le cardinal d'Amiens écrivit à ces magistrats des lettres pressantes en faveur de l'élu. Boucicaut, gouverneur du Dauphiné, frère du maréchal, et le seigneur de Lespinasse, chambellan du roi, en firent de même. Bien plus, le premier de ces deux personnages poussa l'obligeance jusqu'à députer Genillon, prévôt de Cavaillon, avec charge de négocier l'affaire relative à la réception de l'évêque d'Apt. Rien de plus flatteur, que l'éloge fait par le noble baron des vertus de son protégé : « Je voudrois, dit-il aux syndics, je « voudrois le bien de ce prélat, son honneur et « avancement, et l'ayder à croître en toute ma-« nière, comme je ferois le mien propre : et cela, « tant pour les grands biens que domine seul la « discrétion de ce révérend Père en Dieu, comme « aultres vertus et bons mérites que Dieu lui a « donnés : et aussi, parce qu'il est du grand-conseil « du roy, conseiller et familier de Mgr d'Orléans, « moult avec iceux et très-grandement en leur « gré : neveu et nourry de Mgr le cardinal d'A-« miens, qui est serviteur, ami très espécial de « Mgr le maréchal et le mien, et pour contempla-« cion de plusieurs aultres officiers et serviteurs « du roy qui sont ses parens et affinés amis.... » Grand fut l'effet de cette triple recommandation : l'évêque d'Apt fut reçu avec honneur et révérence dans la capitale du Comtat, et ses craintes s'évanouirent à l'aspect des habitans qui protestaient tous de leur bon esprit par de sympathiques hommages.

Toutefois, le bruit courut bientôt dans la ville, que Boucicaut devait y venir sur les instances de Filletty, avec l'intention de modifier le régime clérical, en qualité de vicaire de l'empire. Soudain, les magistrats songèrent à préserver de toute atteinte, le dépôt des libertés civiles et religieuses. Mais, le trouble que cette nouvelle causa parmi les citoyens, ayant eu du retentissement à Avignon, le cardinal d'Amiens écrivit aux syndics pour la démentir, et expliquer les véritables motifs du voyage que se proposait de faire le gouverneur du Dauphiné. Voici de quelle manière s'exprime l'illustre prélat dans sa lettre :

« Aux honorables hommes, nos très-chers et
« grands amis, les élus du Comtat-Venaissin, syn-
« dics et conseil de la ville de Carpentras.

« Honorables et très chers amis, — Notre vive
« anxiété nous a fait comprendre qu'on vous a in-
« duits en erreur sur le voyage projeté de Mgr le
« gouverneur du Dauphiné, en votre ville, comme
« s'il méditait en qualité de vicaire de l'empire,
« d'introduire des nouveautés dans le régime de
« l'église de Carpentras, à la sollicitation de notre
« neveu l'évêque d'Apt. Décidés à donner un écla-
« tant démenti à des rapports perfidement imagi-
« nés pour jeter des brandons de discorde parmi
« vous, nous vous déclarons que jamais pareille
« idée n'est entrée dans l'esprit de l'un et de
« l'autre.

« Si M. le gouverneur va à Carpentras, croyez
« que son dessein en traversant cette ville, est de
« se rendre dans ses baronies : alors, il ne man-
« quera pas de vous offrir ses services pour l'hon-
« neur de votre cité et l'avantage du Pays - Ve-

« Venaissin, comme aussi de faire éclater les meil-
« leures dispositions à votre égard.

« Au reste, ce seigneur vous écrit lui-même, et
« par sa lettre non moins flatteuse qu'amicale,
« vous pourrez juger des sentimens qu'il professe
« envers les Carpentrassiens.

« Vous tiendrez donc pour certain que l'évêque
« d'Apt et moi, nous userons de tout notre crédit
« afin de procurer le bien d'une ville qui nous est
« chère. C'est pourquoi, nous vous prions ins-
« tamment de n'ajouter aucune créance à ces mau-
« vais bruits, et de recevoir avec honneur, comme
« il le mérite, M. le gouverneur, non-seulement
« en considération de S. M. dont il est un des
« grands officiers, mais par respect pour sa di-
« gnité personnelle : d'autant que M. le maréchal de
« Boucicaut et lui peuvent beaucoup auprès du
« roi et de messeigneurs les ducs, et qu'ils sont
« des personnages fort considérables dans le
« royaume. Écrit à Avignon, le 30 novembre :
« signé Jean, cardinal d'Amiens. »

Le tems durant lequel Fillety siégea sur la chaire épiscopale de Carpentras, embrasse une période d'environ sept années. Ce long intervalle semble promettre à l'histoire une ample moisson de faits, et néanmoins, il ne lui en a fourni qu'un petit nombre dont deux ou trois méritent de fixer les regards de la postérité : le seul document qui porte le nom de ce prélat, est un rescrit où, s'intitulant évêque d'Apt et commendataire de Carpentras, il confère, en cette dernière qualité, un canonicat sans prébende, à l'un de ses aumôniers, sous la condition que l'élu ne pourrait pas opter. Fillety eut encore l'insigne avantage de faire les honneurs de sa nouvelle résidence à saint Vincent Ferrier, confesseur de Benoît XIII, qui vint à cette époque, illustrer le couvent de son ordre, par un séjour de plusieurs mois [1]. A l'arrivée de ce grand missionnaire, les syndics lui firent agréer les cadeaux qu'ils étaient en usage d'offrir aux personnes de distinction qui visitaient leur ville. On parle aussi d'un sermon qu'il prêcha en présence de l'évêque et du recteur, sermon qui avait attiré chez les Dominicains, un prodigieux concours de fidèles saintement avides d'entendre les nobles accens d'une parole inspirée.

Mais le plus beau titre de gloire que ce prélat se soit acquis dans Carpentras, c'est d'avoir présidé [2] à la fondation de l'église de St.-Siffrein, une des plus remarquables du département de Vaucluse. La première pierre en fut posée au nom de Benoît XIII, par l'archevêque d'Arles. Construit dans le style ogival qui convient si bien aux temples du catholicisme, cette basilique se recom-

---

[1] Cottier, *Notes sur les Recteurs du ci-devant Comtat-Venaissin*, in-8°.

[2] En ce sens que l'entreprise fut ourdie et commencée sous son épiscopat.

mande par une grande sévérité de lignes, la majestueuse simplicité des formes, l'harmonie de l'ensemble et la légèreté des piliers, frêles appuis en apparence d'une voûte dont la hardiesse étonne. C'est en face de ce monument, qu'il faut étudier l'admirable effet de la courbe aigue, caractère principal de l'architecture du moyen-âge. Les personnes qui aiment les rapprochemens, sauront que deux prélats Aptésiens, à quatre siècles de distance, se trouvent mêlés aux affaires religieuses de Carpentras, dans des circonstances mémorables. L'un intervient à l'inauguration du corps capitulaire, chargé d'élever chaque jour des prières vers le ciel en échange des grâces qui en descendent; l'autre, suscite ces nobles élans de zèle qui enfantent une superbe cathédrale, vrai poème de marbre et de granit : car, il fallait une voix puissante pour pousser à l'œuvre et réunir dans un même but, hommes, femmes, enfans, vieillards, les générations qui inclinent vers la tombe et les générations espoir de l'avenir. Cette voix qui faisait battre des milliers de cœurs, qui dirigeait et coordonnait un gigantesque travail, cette voix sortait du sanctuaire. L'évêque avait à peine parlé, que les larges assises de pierres se profilaient en arcades, s'arrondissaient en voûtes, se courbaient en ogives, et devenaient ainsi, sous les efforts de mille bras, la maison de Dieu bâtie sur des fondemens inébranlables.

Filiety saisissait à peine les rênes du diocèse de Carpentras, quand notre ville fut édifiée d'un acte de piété d'autant plus capable de faire impression, que la personne dont il émanait jouait un rôle plus éclatant dans le monde [1]. Briande d'Agoult, dame de Saint-Saturnin-lès-Apt, qui devint comtesse de Luna et belle-mère de Martin V, roi d'Aragon, venait de faire son testament à Saragosse d'où une copie avait été expédiée à Apt. Il y eut explosion de louanges, concert de bénédictions à la lecture des dispositions suivantes : d'abord, la testatrice lègue sa succession aux pauvres de J. C.; puis, elle ordonne la vente du château de Saint-Saturnin, pour le prix en être appliqué à des œuvres pies et surtout à la réparation de l'abbaye de Sainte-Catherine d'Apt, objet particulier de sa sympathie. Quant à ses obsèques, la noble dame prescrit le transfert de son corps vêtu de l'habit Franciscain, dans l'église des Cordeliers de la même ville, où se trouve la sépulture de ses aïeux. « Briande et Béatrix d'Agoult, comme deux autres
« Sapho, dit M. de Remerville, firent de merveil-
« leux progrès dans l'étude des lettres et des scien-
« ces : on les compte parmi les illustres dames
« qui, durant le XIV° siècle, formèrent ces assem-
« blées galantes et chevaleresques connues sous
« le nom de *cours d'amour*. L'aréopage féminin,

[1] Remerville, *Histoire d'Apt*

« composé de *conseillères* et de *clergesses* étin-
« celantes de beauté, tenait ses réunions en cer-
« tains jours de l'année, dans l'antique manoir de
« Romanil où on prononçait, selon les règles de
« la courtoisie, sur tous les différends qui nais-
« saient entre dames et chevaliers... » S'il est parmi
nos lecteurs, des personnes que le titre seul de
ces assemblées effarouche, nous leur dirons avec
M. de Gauffridy [1] : « Qu'on se tromperait fort en
« taxant de contraires aux mœurs, les questions
« débattues dans les cours d'amour : la preuve
« que tout s'y trouvait conforme à l'ordre, c'est
« que les hommes les plus graves et les ecclésias-
« tiques même ambitionnaient l'honneur d'abor-
« der ce grâcieux prétoire. »

Revenons aux affaires générales de l'Église.
Tandis que les évêques réunis à Paris, combi-
naient leurs efforts pour rendre la paix au monde
chrétien, les inconvéniens de la soustraction d'o-
bédience frappaient les bons esprits [2] : et, au fait,
cette mesure n'était qu'un faible palliatif contre
les maux extrêmes qui affligeaient le sanctuaire.
Aux yeux des hommes les plus distingués, la
grande querelle des deux contendans à la papauté,
ne pouvait être vidée que dans le champ-clos
d'un concile général. Tel était l'avis de plusieurs

[1] *Histoire de Provence*, in-folio.
[2] *Histoire de l'Église gallicane*. T. XIV. — Rastoul, *Tableau d'Avignon*

cardinaux et surtout du cardinal d'Amiens, oncle de l'évêque d'Apt, qui mourut à Avignon au commencement de l'année 1402. A son lit de mort, il déclara s'en rapporter à la décision du futur concile, sur le choix d'un pape, souverain pasteur des fidèles. Honoré de l'amitié de Charles V, roi de France, cet illustre prélat fit éclater sa gratitude en fondant des services religieux pour l'ame de ce grand monarque. Les nombreux établissemens qui eurent part à ses largesses, dénotent les immenses richesses qu'il possédait et le soin qu'il prit de les faire refluer dans l'Église, source féconde où il les avait puisées.

Cependant, Benoît XIII était toujours enfermé dans le palais apostolique, d'où il ne devait sortir que *jusques à tant*, dit Froissart, *qu'union seroit à saincte Église*. Quoique toutes les issues de cette forteresse fussent soigneusement gardées, en vertu du blocus formé par le maréchal de Boucicaut, néanmoins, quelques personnes distinguées avaient la liberté d'y pénétrer. Déjà, Louis II, roi de Naples et comte de Provence s'en était fait ouvrir les portes, pour consoler l'auguste prisonnier, et lui rendre l'obédience de ses états. Ennuyé d'une si longue captivité dont il ne prévoyait pas le terme, Benoît concerta un projet d'évasion avec un seigneur normand, nommé Robert de Braquemont, qui venait souvent le visiter. Après s'être assuré d'une escorte de cinq cents hommes qui l'attendaient à quelques portées de flèche en avant des remparts, le pape exécuta son dessein, à l'aide d'un déguisement qui le fit prendre pour un valet du gentilhomme. C'était alors le 12ᵉ de mars de l'an 1403. On dit qu'il n'emporta avec lui, qu'une lettre du roi de France, pleine de protestations amicales, et la sainte Eucharistie dans une boîte d'or, afin d'observer la coutume des pontifes romains, qui voyagent toujours nantis de ce précieux gage de foi et de salut. Ayant heureusement franchi une des portes de la ville, il rejoint son escorte, marche à Château-Renard, gros bourg, situé sur la rive gauche de la Durance, où Louis II avec ses prélats et ses barons arriva bientôt pour le féliciter.

Dès que Benoît se vit en liberté, il adressa à Charles VI, aux princes et à l'Université de Paris, des lettres qui respiraient, en apparence, le zèle le plus pur en faveur de la paix et de l'union de l'Église. Les cardinaux, que le malheur avait séparés de leur chef, travaillèrent alors à se réconcilier avec lui. Grande fut l'émotion du pontife, en voyant prosternés à ses pieds les vénérables membres du Sacré-Collége, qui sollicitaient de sa part une parole de bienveillance. Benoît rendit à chacun d'eux ses bonnes grâces, en les exhortant toutefois à faire oublier leur défection à force de dévouement. L'objet qui le préoccupait le plus, était la sûreté de sa personne. Aussi marchait-il escorté d'une forte garde qui formait un triple cordon autour de lui, à l'église et à l'autel durant la célébration des saints mystères. Enfin, après avoir demeuré un mois et demi à Château-Renard, il repassa la Durance pour aller se fixer à Carpentras, séjour qu'il échangea bientôt contre celui de Marseille; partout fêté dans ses allées et venues, partout bien accueilli des populations dont les sympathies lui étaient acquises : car, pour son compétiteur, à peine si le nom en était connu parmi les provençaux.

Depuis que le duc d'Orléans avait embrassé le parti de Benoît, chaque jour on donnait une nouvelle atteinte à la soustraction d'obédience. Le roi, flottant entre deux opinions opposées, indiqua une réunion du clergé de France, pour entendre de rechef le pour et le contre sur cette grande mesure. Les débats s'ouvrirent le 15 du mois de mai, époque où le pape se trouvait encore à Carpentras. Un de ses premiers soins avait été d'accréditer à Paris, deux cardinaux, avec mission expresse de plaider sa cause et de ramener par là, s'il était possible, l'église gallicane au giron du Saint-Siége. Ici, nous voyons encore l'évêque d'Apt figurer dans les rangs de la docte assemblée. Les députés de Benoît manœuvrèrent si bien, qu'à l'aide du duc d'Orléans, grand nombre de prélats se prononcèrent pour la restitution d'obédience. Nous pouvons assurer que notre évêque, en qualité d'ami du prince et de Benoît, agit activement dans le même sens. Lorsqu'on eut acquis la certitude d'une majorité de suffrages en faveur de cet avis, le duc, qui avait des motifs particuliers pour soutenir le pape Avignonnais, convoqua à l'hôtel Saint-Paul, les ecclésiastiques favorables à ce pontife; puis, marchant à leur tête, il vint se présenter au roi, qui, alors, priait dans son oratoire. Après le rapport de tout ce qui s'était passé au sein de l'assemblée, le noble duc exhiba une liste renfermant les noms des prélats qui condamnaient la soustraction. Le monarque reçut grâcieusement cette nouvelle ; il s'expliqua même sur le compte de Benoît en termes flatteurs, louant le mérite de ce pape et l'intégrité de ses mœurs. Charmé de cette ouverture, d'Orléans prend aussitôt la croix placée sur l'autel, et la présentant au roi, il le prie de jurer son indéfectible persévérance dans les mêmes sentimens. Charles ne balance pas, et les mains posées sur ce signe vénérable, il s'oblige à faire reconnaître Benoît dans toutes les villes du royaume. Une déclaration si positive et en mêmetems si précieuse, ne devait pas échapper aux amis de ce pape : soudain, ils en firent dresser l'acte, que le roi confirma par une apostille de sa main et revêtue du sceau de l'état. Ensuite, pour montrer le libre et parfait abandon de son cœur à ce parti, il se prosterna devant l'autel, et entonna lui-même le *Te Deum*, que les assistans poursuivirent avec enthousiasme. On remarquait dans cette assemblée avec les cardinaux ambassadeurs de Benoît, les archevêques d'Auch et de Tours, les évêques d'Apt, de Rhodes, de Cambrai, de Couserans, de Lodève, d'Uzès, de Nantes, de Sarlat et d'Angers. Charles fit bientôt après expédier un édit, qui enjoignait à tous ses sujets de reprendre l'obédience de la cour pontificale d'Avignon. La date en était du 30 mai 1403.

Marseille avait déjà reçu Benoît XIII dans ses murs, quand on apprit l'heureux retour de l'église gallicane sous la houlette de ce pape. Celui-ci n'abandonna un moment cette ville que pour aller à Beaucaire, auprès du duc d'Orléans désireux de s'aboucher avec lui. L'évêque d'Apt qui avait accompagné son patron, le quitta après l'entrevue, et se mit à la suite du pontife: plus tard, il en obtint une bulle qui autorise avantageusement la dévotion populaire envers les reliques de Ste.-Anne. Benoît y atteste que le corps de l'aïeule du Christ, a reposé depuis un tems immémorial dans une chapelle ou crypte, sous le grand autel de la cathédrale [1]. C'est le dernier témoignage émané du trône apostolique, dont notre église argüe à l'appui de sa légende. Sans doute le fait dont il s'agit, n'est avancé par le pape que sur la foi de ceux qui l'en instruisirent; mais cette déclaration

---

[1] *Breviar. Aptense.* édit. de M. de Cély.

n'en ajoute pas moins un nouvel anneau à la chaîne des traditions Aptésiennes. Une chose à remarquer, c'est que les rédacteurs du Bréviaire sous M. de Cély, y rapportent dans un office public, le passage précité de la bulle anti-romaine de Pierre de Luna. S'il paraît singulier que ces écrivains aient ainsi invoqué le suffrage d'un pontife rayé du catalogue papal, on doit penser qu'ils auront envisagé Benoît au moins comme un docteur particulier dont les assertions méritent toujours quelque respect.

La restitution d'obédience ordonnée par Charles VI, sans préjudice de la voie de cession, fut accueillie avec joie par les provençaux. On la célébra dans nos églises comme un évènement fortuné, digne des plus vives actions de grâce. Aux yeux du peuple, Benoît XIII était la personnification d'un principe vital chez les catholiques, savoir : la nécessité pour l'Église d'un chef suprême et inviolable ; on regardait ce principe comme sacré. Se dérober à la juridiction de la thiare paraissait aussi révoltant que de se soustraire à l'autorité du sceptre royal. Le besoin d'un chef se faisait également sentir dans l'Église et dans l'état ; ne plus reconnaître de pape, et s'ériger ainsi en république chrétienne, était une entreprise si en dehors des idées populaires, qu'elle devenait une énormité inqualifiable. Dans cet état des esprits, la restitution d'obédience devait être saluée comme un retour à l'élément constitutif de la hiérarchie, comme une mesure d'ordre et de conservation qui résumait cette maxime professée par le plus grand nombre : Mieux vaut avoir un pape douteux, que de n'en reconnaître aucun.

Après avoir montré tant de condescendance pour Benoît, on se flattait qu'il prendrait enfin pitié de l'Église. On le savait homme de foi et de probité : c'était un motif de croire que, mieux inspiré, ce pontife se mettrait à couvert des traits de l'envie, par une démarche qui honorerait sa mémoire aux yeux de la postérité. De toutes parts s'élevaient des accents plaintifs capables d'ébranler l'ame la plus obstinée : chaque jour, des voix puissantes venaient le sommer d'accomplir ses promesses et de rendre la paix au monde. Rien de plus curieux que les licences et les hardiesses de la chaire à la même époque. Des orateurs se permettaient à l'égard de ce pape les plus dures vérités, et avaient moins souci de mesurer leurs termes, que de faire entendre un langage sévère. Ceux-ci louaient Benoît de quelques-unes de ses vertus, mais le blâmaient sans détour pour sa grande obstination; ceux-là se livraient à de beaux mouvemens d'éloquence, en paraphrasant ce jeu de mots qui s'échappait de toutes les bouches : *Benedicte, benedic hæreditati tuæ!* (Puisque vous êtes Benoît, bénissez donc votre héritage et lui rendez la paix.) D'autres, enfin, plus hardis, jouant sur le nom de famille du pape, formaient des vœux pour l'éclipse complète de cette *fatale lune* qui causait tant de maux à la catholicité.

Rien ne put vaincre l'entêtement de ce pontife; on le vit assez long-temps dans notre province, trainer de ville en ville sa coupable opiniâtreté, pesant sur les populations par ses besoins, manquant d'argent et de crédit, réduit à invoquer la caution de quelque grand seigneur pour ouvrir l'emprunt le plus médiocre[1]. Ce qui nous étonne, c'est moins la persistance de ce pape à garder un titre dont il avait promis de se dépouiller, que la bonhommie de certaines nations qui, ayant suivi ses bannières, croyaient devoir y rester fidèles par principe de religion; comme si la religion travaillée d'un schisme effroyable, ne condamnait pas les dévouemens capables de le prolonger. Caractère altier et inflexible, Benoît fort de l'opinion qui courbait maints royaumes à ses pieds, promettait ou refusait d'abdiquer au gré de son caprice; il se jouait ainsi de la patience des rois et de la crédulité des peuples, sans que les uns et les autres eussent la force de recourir au seul moyen légal de terminer ce scandale: moyen fort simple indiqué par tous les docteurs, et qui n'était autre que la déposition papale prononcée dans un concile général.

[1] Papon. *Hist. de Prov.*, t. 3.

Les trois papes qui se succédèrent à Rome à la même époque, ne mirent guères plus de sincérité dans les belles protestations dont ils avaient fait parade au début de leur pontificat : car, eux aussi pouvaient finir le schisme en renonçant à la papauté. Quelle gloire pour ces vicaires de Jésus-Christ, si, au lieu de jouer au plus fin avec Benoît et d'opposer à ses déceptions des moyens peu évangéliques, ils s'étaient montrés supérieurs à lui, en résignant un titre auguste afin de donner la paix à l'Église! Les évêques d'Afrique, à la persuasion de saint Augustin, ne donnèrent-ils pas jadis ce rare exemple de désintéressement? Jaloux de ramener les donatistes au giron de l'unité, ne firent-ils pas l'offre d'abandonner de hautes positions, et d'en gratifier leurs adversaires? Loin de s'inspirer de ce noble trait de charité, les pontifes du premier Siége, non moins opiniâtres que Benoît, et usant comme lui d'une tactique mondaine, prolongèrent le schisme dans des vues personnelles, tandis que les peuples prosternés devant eux attendaient vainement l'effet de leurs promesses.

Malgré les mouvemens qu'on se donnait alors à la Cour de Charles VI, pour conclure l'affaire de l'union et procurer la paix de l'Église, les dissidences religieuses subsistaient toujours, et les deux contendans ne se montraient pas mieux disposés à faire le sacrifice de leurs dignités. Ni l'un ni l'autre ne se sentait le courage de dire comme Jonas :

« Prenez-moi, et me jetez dans la mer; car, c'est à
« mon occasion que cette grande tempête a éclaté
« sur vous [1]. » Chaque jour, Grégoire XII et
Benoît XIII paraissaient en scène avec de nouveaux stratagêmes pour amuser la chrétienté. Ennuyé d'être si long-tems spectateur de cette indécente parodie, le roi supprima de rechef l'obédience au pape Avignonnais. Aussitôt les cardinaux français et italiens, sortis d'un trop long sommeil, mirent en jeu le seul ressort capable de rendre aux lois ecclésiastiques leur autorité, à la religion son éclat, aux peuples leur repos. Abjurant tous liens qui les unissaient à leurs patrons, ils appelèrent des prétentions des deux papes au futur Concile, convoqué à la ville de Pise. On datait alors de 1408, et la vénérable assemblée devait s'ouvrir le 25 mars de l'année suivante. Employé vingt ans plus tôt, ce frein que les Canons mettent aux mains de l'Église pour arrêter le progrès du schisme et de l'hérésie, aurait épargné bien des maux à la catholicité.

Jaloux de préparer le dénouement de ce grand drame, le Clergé de France se réunit à Paris le 11 août, et continua ses séances jusqu'au 5 novembre. L'objet essentiel des prélats, fut de dresser un règlement sur la manière dont l'église gallicane devait se gouverner durant l'interrègne papal [2].

---

[1] *Jonæ*, cap. 1. v. 12.
[2] *Art de vérifier les dates*, p. 231.

Ce code, applicable à une société placée en dehors des conditions ordinaires, ce code, accepté dans tous les diocèses, renvoyait la plupart des causes litigieuses aux Conciles provinciaux, en qui se trouve, disait-on, le pouvoir de les terminer comme le pape lui-même, s'il y en avait un reconnu dans l'Église.

Les évêques de chaque métropole, immédiatement après leur retour de Paris, ouvrirent aussi une session législative, soit pour nommer des députés à Pise, soit pour prescrire des mesures de police religieuse. De là, sur tous les points du royaume, des conciles particuliers occupés à combiner les élémens de la pacification prochaine de l'Église. La Provence, qui embrassait plusieurs métropoles, préféra néanmoins tenir une seule assemblée, qu'on décora du titre pompeux de Concile national. L'ouverture s'en fit à Aix, au mois de janvier 1409. L'évêque d'Apt y parut avec toute l'autorité que lui donnaient d'honorables antécédens dans la gestion des affaires politiques. Les décisions qu'on y prit à la suite de longs débats, décisions inconnues des historiens provençaux et calquées sur celles du Clergé de France, méritent d'arriver au grand jour de la publicité. Ainsi, on nous saura gré d'en offrir une analyse succincte [1].

1° Les prélats seront réintégrés dans l'exercice

---

[1] Martenne, *Ampliss. collectio*, T. VII, p. 914.

complet de leurs droits ; on n'aura aucun égard aux réserves faites par le pape Benoît ; les Chapitres nommeront aux bénéfices électifs, et les évêques à ceux conférés par voie de collation.

2° Les ordinaires des lieux interviendront dans le régime intérieur des réguliers exempts, et suppléeront à la négligence des chefs, si ceux-ci n'ont d'autre supérieur majeur que le pape.

3° Défense aux commissaires pontificaux de procéder dans les causes même communes ; celles introduites par devant eux, se suivront à la Cour de l'évêque, en l'état où elles étaient lors de la suspension. Les causes dont il y appel seront jugées, non par les ordinaires des lieux, mais par le supérieur hiérarchique. En cas d'appel d'une sentence portée par un archevêque, la cause sera déférée au Concile provincial, s'il n'existe point de primat.

4° On règle les formes de la procédure à suivre dans les tribunaux ecclésiastiques, tant en première instance qu'en appel.

5° On arrête, qu'il sera traité de trois objets principaux dans le prochain concile général, savoir : de la paix de l'Église, des moyens de recouvrer ses libertés, et de la réunion des grecs aux latins.

6° Douze personnes au moins de chaque province se rendront au Concile ; et, à cet effet, on rapporte ce qui a été statué à celui de Narbonne, dont la députation se compose de l'archevêque de cette ville ayant titre de patriarche d'Alexandrie, avec les évêques d'Uzès, de Nismes, de Lodève, et trois abbés. Leur dépense a été taxée comme il suit : Quatre francs aux métropolitains, trois francs aux évêques, et deux francs aux abbés.

7° Les provinces pourvoiront aux frais de leurs députations; tous ceux qui possèdent bénéfices y contribueront au marc le franc, à l'exception des cardinaux présens au Concile. Les évêques, dans leurs diocèses, feront la levée des taxes assises sur les bénéfices, et imploreront à l'égard des renitens le secours du bras séculier.

8° Chaque province interviendra, et agira au Concile par elle-même, sans adjonction d'aucune autre; elle avisera au moyen de retenir à Pise des logemens convenables pour les députés. Dans la crainte d'un trop grand concours d'étrangers en cette ville, plusieurs prélats proposent d'y envoyer des subsistances pour prévenir une disette.

9° Enfin, ordre aux évêques de faire observer et exécuter dans leurs diocèses respectifs, toutes les précédentes dispositions, en se conformant aux règles du Concile et aux usages de l'église gallicane.

L'assemblée de Pise, avons-nous dit plus haut, devait s'ouvrir le 25 mars, fête de l'Annonciation de la Sainte Vierge. C'était un jour d'heureux augure : jadis, à pareille époque, brilla l'aurore du salut de l'humanité. On se flattait que ce joyeux anniversaire, en dissipant les sombres brouillards dont était couverte la face de l'Église, projetterait sur elle de célestes reflets. Si le résultat ne démentit point ces nobles espérances, il ne les réalisa pas entièrement. Toute l'Europe avait les yeux tournés vers la ville où allaient se réunir les états-généraux du catholicisme. Il importait aux évêques de hâter leur départ ou d'élire promptement leurs suppléans. Aussitôt après la clôture du Concile national, Jean Fillety, qui ne pouvait aller de sa personne en Italie, chargea un chanoine de le représenter à Pise et de suivre en son nom, les affaires qu'on y traiterait[1]. Le Chapitre de la Cathédrale avait d'abord désigné plusieurs de ses membres pour comparaître devant la docte assemblée, et en accepter les décisions. Quoique les élus dussent aller ensemble au Concile, néanmoins dans une pensée de prévoyance, la vénérable compagnie avait donné à chacun d'eux les mêmes pouvoirs qu'elle accordait à tous, en sorte qu'un seul était apte à remplir les diverses clauses du mandat; mais, s'étant ensuite ravisée et voulant simplifier la dépense, elle confia sa procuration au député de la concathédrale de Forcalquier. De là vient, que dans les actes du Concile, mention est faite du député de l'évêque d'Apt, sans le moindre

---

1 *Spicilegium d'Acherianum*, T. I. in-folio. versùs finem.

mot de celui de son Chapitre. Les métropolitains d'Aix, d'Arles et d'Embrun accréditèrent aussi des remplaçans, de même que les évêques de Riez, de Glandevès, de Toulon, de Vence et de Grasse. Ainsi, l'épiscopat provençal ne compta à Pise, d'autres membres, que les évêques de Marseille, de Fréjus, de Digne et de Sisteron. Rien de plus auguste qu'une assemblée, dont le personnel était composé de la manière qu'il suit: Vingt-quatre cardinaux, vingt-six archevêques, cent quatre-vingt douze évêques, deux cent quatre-vingt neuf abbés, les députés des Universités, ceux des Chapitres-Cathédraux, trois cents Docteurs en théologie, le grand-maître de Rhodes et les ambassadeurs de toutes les puissances chrétiennes.

Le Concile entra en fonction au jour fixé, et fournit une carrière d'environ quatre mois, pendant laquelle vingt-une sessions se succédèrent. Le 10 mai, on célébra la huitième où l'Office divin fut accompli par l'évêque de Marseille. La déclaration qu'on y dressa, porte textuellement: que l'union des deux Colléges de cardinaux, avait été bien et dûment faite; — que ces princes de l'Église étaient compétens pour assembler le Concile général; — que celui de Pise représentait l'Église universelle; — que les deux contendans à la papauté, Ange Corario et Pierre de Luna, ayant assez prouvé qu'ils ne voulaient ni l'un ni l'autre, procurer la paix du monde chrétien, au moyen de la voie de cession jurée par chacun d'eux en acceptant la thiare, on avait pu et du se soustraire à leur obéissance.

Dans la quinzième session, tenue le 5 juin, veille de la Fête-Dieu, on les déclara d'abord schismatiques, opiniâtres, hérétiques, coupables de parjure, scandalisant l'Église de Dieu et incorrigibles; puis, on ajouta qu'ils s'étaient rendus indignes des honneurs, prérogatives et juridiction du pontificat; enfin, après les avoir exclus du sein de l'unité et privés de tous droits, on défendit aux fidèles de leur obéir, et on proclama l'Église romaine vacante.

Les cardinaux entrèrent bientôt au Conclave dans le palais archiépiscopal, sous la garde du grand-maître de Rhodes, et ils élurent pape, Pierre Philargi, natif de Candie, cardinal du titre des douze Apôtres, qui prit le nom d'Alexandre V. Le schisme semblait donc fini par cette élection, approuvée de tous les membres du Concile ; mais, la politique des princes toujours divisés entr'eux de vues et d'intérêts, prolongea les dissidences religieuses. L'empereur revendiquant pour lui, le droit exclusif d'assembler les conciles, ne voulut pas reconnaître l'œcuménicité de celui de Pise. D'où il advint que cette grande législature, en croyant tout terminé, avait laissé trois papes à l'Europe au lieu de deux. Mais l'état de l'Église ne fut pas pire qu'auparavant. S'il fallait en croire Voltaire et son école, tant de laborieux efforts se seraient évanouis en fumée ; le fonds de la situation aurait été le même ; la question religieuse n'aurait pas fait le moindre progrès ; un désordre de plus à enregistrer, un nouvel acteur mêlé aux figurans principaux de la pièce, voilà, suivant cet écrivain, tout le fruit qui serait résulté de ce prodigieux concours de prélats. Pour peu que l'on soit exempt de préjugés, il est facile de reconnaître la fausseté de ces assertions ; car, le véritable pape, le pape canonique, fut celui qu'on venait de proclamer. Quelques partisans restèrent encore à Grégoire XII et à Benoît XIII ; mais, du moins, les catholiques de bonne foi eurent un centre d'unité autour duquel ils se groupèrent avec enthousiasme. Nous ne pousserons pas plus loin ces détails, qui franchiraient les bornes que nous nous sommes prescrites.

Jean Fillety survécut peu au concile de Pise ; car, il décéda le 10 juin de l'année suivante, avec la douce pensée d'avoir contribué autant qu'il était en lui, à l'extinction d'un schisme désastreux. Sincèrement attaché à l'Église, ce prélat ne put voir la fin des maux qui la désolaient, mais il entrevit pourtant dans l'acte qu'elle venait de consommer, l'aurore d'un meilleur avenir. C'était, en effet, un grand progrès vers la solution d'une difficulté inextricable. Quand on considère combien la discorde était allumée et combien il fallait vaincre d'obstacles pour l'arrêter, peut-on ne pas admirer la bonté de Dieu d'être venue au secours de la société chrétienne, et d'y avoir rétabli l'union qui paraissait si éloignée? L'obstination des papes, la jalousie des cardinaux, les intérêts opposés des couronnes, tout contribuait à faire craindre que le schisme ne devint éternel. Mais l'Église a des promesses, et celui qui veille sur Israël, sortit enfin de son sommeil apparent. Vivement sollicité par les prières des justes, et mis en demeure de consoler son épouse affligée, il brisa tous les obstacles que le génie du mal opposait au retour de la paix religieuse.

Nos mémoires ont été plus soigneux de nous instruire de l'époque du décès de Fillety, que du lieu de sa sépulture. Mais, parce qu'on aime à savoir ces sortes de particularités, lorsqu'il s'agit d'hommes illustres, nous avons dirigé maintes recherches à ce sujet, toutes également infructueuses. Cependant, s'il était permis de se livrer aux conjectures en une chose qui, au fond, est de peu d'importance, nous regarderions comme très probable l'inhumation de ce prélat aux Célestins de Gentilly, près le Pont de Sorgues; car, Fillety portait un vif intérêt à ces religieux, qu'il appela au partage de sa succession, concurremment avec les Chartreux de Villeneuve-lès-Avignon. Cela résulte de son testament, reçu le 6 septembre 1409, par Louis de Rochâ, notaire d'Apt, dont les écritures se voyaient jadis en l'étude de M⁰ Cortasse, secrétaire de l'évêché. Cet acte contient les dispositions suivantes : 1 « Le seigneur évêque d'Apt, « voulant donner aux Célestins de Gentilly et aux « Chartreux de Villeneuve, une preuve de sa pro- « fonde sympathie, fait don à ces deux Commu- « nautés, par portions égales, de l'universalité de « ses biens meubles et immeubles, à la charge par « lesdits religieux, d'ordonner certains suffrages « durant la vie et après la mort du testateur, qui « laisse à leur conscience toute latitude quant à la « détermination de ces suffrages, et n'exige que ce « qui paraîtra raisonnable.... »

Quoique des liens particuliers attachassent Filletty soit à la cour de France, soit à la cour Romaine, néanmoins il visitait de temps à autre son diocèse, pour présider aux cérémonies d'éclat, et opérer les réformes qui lui étaient signalées par son vicaire-général. C'est ainsi qu'au mois de juillet 1407, il sacra l'autel de l'église de Saint-Pierre, ancienne collégiale qui devint ensuite la chapelle des Pénitens noirs. L'année précédente, Benoît XIII, à la prière du roi de France, avait chargé le même prélat, de faire la consécration de l'église des Célestins d'Avignon; l'une des plus belles et des plus vastes de cette ville [2]. Fruit de

---

[1] Remerville, *Histoire de l'église d'Apt.*

[2] Ce fait nous est attesté par M. de Suarès, évêque de Vaison, dans ses Notes historiques en manuscrit.

la piété de Charles VI, elle fut élevée par ce prince à la mémoire de St.-Pierre-de-Luxembourg. Le corps de Clément VII, prédécesseur de Benoît, y avait été transféré avec grand appareil, pendant que ce dernier pontife était assiégé dans son palais, par le maréchal de Boucicaut. Une portion notable de la basilique, sert actuellement de chapelle aux militaires Invalides. Les hommes voués au culte des souvenirs et pour qui un édifice chrétien n'est pas une lettre morte, visitent encore aujourd'hui avec intérêt, ce précieux monument que des mains pieuses ont soustrait au vandalisme moderne. Séduits et charmés par ces pierres si artistement alignées, par ces murs si solidement établis sur leur base, par cette voûte si agréablement arrondie en ogive, pour peu qu'ils veuillent s'initier à l'histoire du passé, il est impossible que le nom du créateur de cette église, ne vienne s'ajouter dans leur esprit à celui de son royal patron.

L'acte où le cardinal de La Grange a consigné ses dernières volontés, mentionne parmi les exécuteurs testamentaires, Jean de Boissy, évêque d'Amiens, et Jean Fillety, évêque d'Apt [1]. Ayant fait élection de sépulture dans la cathédrale du premier, l'auguste prélat dispose, que s'il vient à

---

[1] Rastoul, *Tableau d'Avignon*. — Duchesne, *Hist. des Cardin. franç.*, T. I. p. 618.

mourir à Avignon ou à une journée de marche de cette ville, son corps sera conduit en l'église de Saint-Martial, où on célèbrera la pompe de ses obsèques. Après quoi, conformément à l'autorisation papale, on dépècera ses dépouilles mortelles dont les os seront transportés secrètement à Amiens, tandis que le cœur, les chairs et les entrailles resteront à Saint-Martial pour être déposées dans le mausolée qu'il s'y était fait construire. La mise en pièces des cadavres, assez souvent usitée dans le moyen-âge, avait pour but de repartir en divers lieux, les cendres des personnes élevées en dignité. Cette coutume, en consolant les vivans jaloux de posséder quelques reliques de l'objet de leur estime et de leur affection, assurait aux morts un culte spécial, et agrandissait pour eux l'horizon de la renommée.

Le même cardinal voulut aussi que ses neveux, après avoir acquitté les charges de sa succession, employassent les fonds disponibles, à l'établissement d'un Collége dans son hôtel d'Avignon, en faveur d'un certain nombre d'écoliers : création éminemment digne d'éloges, et qui atteste l'amour du prélat pour les lettres, ainsi que son zèle à les populariser. Un passage nous a frappé, dans le codicile d'où ont été tirés les détails qui précèdent ; ce passage se référant à l'évêque d'Apt, mérite par cela même d'être ici reproduit; c'est le cardinal qui va parler : « Considérant, dit-il,

« que les exécuteurs testamentaires désignés par
« moi dans mon acte de dernière volonté, sont
« trop loin les uns des autres, et trop occupés
« d'intérêts majeurs, pour pouvoir facilement se
« réunir et donner leurs soins aux affaires de ma
« succession : plein de confiance, d'ailleurs, en
« la probité et discrétion des révérendissimes
« Pères en Dieu, Jean de Boissy et Jean Fillety,
« évêques d'Amiens et d'Apt, docteurs-ès-loix,
« mes neveux, qui me doivent leur éducation et
« leur avancement, parce que je les ai toujours
« traités et chéris comme des fils : convaincu qu'ils
« se montreront à cause de cela, plus ardens en-
« core à faire observer les clauses de mon testa-
« ment, je veux et ordonne par le présent codi-
« cile que ces deux prélats, sans le concours des
« autres exécuteurs testamentaires, puissent, le
« cas échéant, prendre toutes les mesures propres
« à assurer à mes dispositions suprêmes, leur en-
« tier et plein accomplissement.... » Déjà, nous
avions raconté la fin édifiante de Jean de La Grange, à qui Fillety prodigua les soins les plus délicats durant le cours d'une longue maladie : restait à enregistrer le dernier témoignage d'estime donné par le vénérable cardinal à son neveu. Nous venons de le faire, parce que ce témoignage honore notre évêque, et que, d'ailleurs, les noms modestes acquièrent toujours de la renommée au contact des grandes illustrations.

Une vive dévotion à sainte Anne forme le trait le plus saillant du caractère de Fillety. C'est celui de tous les chefs de notre église, qui a le plus puissamment contribué à susciter la piété des Provençaux envers les reliques de l'aïeule du Sauveur [1]. Non content d'avoir obtenu du pape Benoît, la consécration d'un culte qui remonte au siècle de Charlemagne, ce prélat, quelques années avant sa mort, avait publié une pastorale où il recommande à ses diocésains, comme une œuvre méritoire, l'hommage d'un buste d'argent à la mère de la Vierge Marie; inspiration d'autant plus heureuse, que des châsses de vermeil ayant été d'abord érigées à St. Auspice et à St. Castor, les plus hautes raisons de convenance réclamaient le même honneur au profit de sainte Anne. Cette louable pensée ne tarda pas à porter ses fruits. Delphine de Sabran baronne de Caseneuve, laissa en mourant, pour cet objet, cent florins d'or. Des personnes de tout rang et de tout sexe aiguillonnées par l'exemple de cette noble dame, offrirent à l'envi ce qu'elles avaient de plus précieux. Le produit de ces offrandes servit à confectionner un riche buste qu'on voyait encore dans la cathédrale avant la spoliation des temples; buste embelli plus tard par le don qu'une Aptésienne nom-

[1] Remerville, *Hist. de l'église d'Apt.* — Boze, *ibid.* — *Gallia christiana*, t. 1.

mée Almodie fît de tous ses bijoux. Jugeant que nos lecteurs verraient avec plaisir le texte même du mandement de Fillety, nous avons cru devoir ici le reproduire, afin de donner une idée de la manière dont les écrits épiscopaux étaient alors conçus. Cette pièce, plus remarquable par la forme que par le fonds, couronnera les détails que nous avons rassemblés sur un épiscopat bien cher à notre église.

« Jean, par la miséricorde divine évêque d'Apt,
« à tous les fidèles, curés, prieurs, vicaires et à
« tous les autres recteurs ou chapelains des égli-
« ses, curés ou non curés, établis dans la ville
« d'Apt et son diocèse, auxquels ces lettres par-
« viendront : salut et parfaite charité dans le Sei-
« gneur.

« Puisque, au dire de l'apôtre, nous paraîtrons
« tous, à l'époque du jugement de Dieu, devant
« le tribunal de J.-C. *pour recevoir chacun ce*
« *qui est dû aux bonnes et mauvaises actions*
« *qu'il aura faites dans le cours de sa vie* [1],
« il nous faut en conséquence songer de bonne
« heure, au temps de la dernière moisson, accom-
« plir des œuvres de miséricorde, et semer sur la
« terre, afin de recueillir dans le ciel l'abondance
« des biens éternels.

« Ayant formé le dessein, pour l'honneur du

[1] II *Corinth* 5-10

« Dieu tout-puissant Père, Fils et St. Esprit, ain-
« si que pour la gloire de l'auguste mère de la
« Vierge Marie; ayant formé, disons-nous, avec
« la grâce de Dieu, et la coopération des fidèles,
« le dessein de faire éxécuter un riche buste pour
« y enchasser le crâne précieux de la sainte, nous
« vous enjoignons par les présentes d'accueillir
« avec bienveillance, ceux qui, munis de nos let-
« tres, demeurent chargés de recevoir les offran-
« des des fidèles, sur lesquelles nous comptons
« pour le succès de notre entreprise. — Nous vou-
« lons que vous sollicitiez par tous les moyens en
« votre pouvoir, le peuple commis à vos soins,
« soit dans le temple lorsqu'il s'y assemble pour
« la prière, soit ailleurs l'invitant de notre part à
« remplir nos vues et à seconder nos désirs ; lui
« persuadant que, par cette bonne œuvre et par
« d'autres faites de concert avec vous, il se ren-
« dra digne d'arriver au terme de l'éternelle félicité.

« Plein de confiance en la miséricorde de Dieu
« et appuyé sur les mérites de la Vierge Marie,
« de sainte Anne, des glorieux pontifes Auspice
« et Castor nos patrons, nous accordons aux fi-
« dèles des deux sexes qui répondront à notre ap-
« pel, pourvu qu'ils soient contrits et confessés,
« la rélaxation de quarante jours sur les péni-
« tences imposées. En foi de quoi, nous avons
« fait transcrire les présentes par Colin Brisson,
« notaire de notre Cour épiscopale, et les avons

« revêtues du sceau de ladite cour, au défaut du
« cachet de nos armes. Donné à Apt le 4 novem-
« bre, l'an de grâce 1407. »

Sans doute le document qu'on vient de lire aurait été bien autrement instructif, si Jean Fillety prenant le culte de sainte Anne à son point de départ, en avait historiquement déroulé toutes les phases. Quoique moins bien placés que lui pour suivre la filiation des traditions aptésiennes, nous allons cependant résumer dans une revue retrospective tout ce que ce culte a offert de plus curieux. En parcourant les fastes de notre église, on trouve une foule de titres authentiques qui tendent à prouver qu'elle est bien réellement en possession des reliques de l'aïeule du Sauveur. La première boucle de cette chaîne de témoignages qui remonte à une époque reculée et s'allonge jusqu'à nous, est l'existence même de la crypte sur laquelle est assise la |cathédrale de nos princes-évêques. C'est là que ce précieux trésor fut trouvé en présence de la cour impériale, lorsque Charlemagne ceint des lauriers de la victoire, rendait à Dieu de solennelles actions de grâce.

D'après nos chroniques, ce grand roi séjourna trois jours à Apt pour célébrer les fêtes de Paques. Le souvenir de sainte Anne était entièrement effacé, lorsqu'au milieu de la pompe du sacrifice, un enfant de douze ans, le jeune baron de Caseneuve, de la maison de Simiane, aveugle, sourd et muet de naissance, divinement inspiré, fait signe de soulever les dalles du sanctuaire. A peine cet ordre est exécuté, qu'un escalier est mis à découvert, et laisse voir la porte d'une chapelle souterraine où brille une clarté miraculeuse. L'enfant s'y élance le premier, et signale aux assistans, l'endroit où gisent ignorés depuis des siècles, les restes vénérés de la sainte. Aussitôt un cri de bonheur et de reconnaissance lui échappe; il recouvre la vue et la parole: Madame sainte Anne traite ainsi le fils de son vassal avec une générosité de suzeraine, et ne fait pas les choses à demi.

Ces prodiges que la tradition nous a légués, ne sont pas pour nous autres catholiques un article de foi, et la critique peut y mordre sans mettre en cause la doctrine de l'Église. Cependant, que gagnerait-on à les rejeter? Il faut, dit un écrivain, de la mousse aux grands chênes pour les rendre vénérables, du lierre aux vieilles abbayes, du merveilleux aux légendes poétiques.

Depuis cette découverte, Apt devint le but d'un fameux pélérinage dont les acteurs n'étaient pas seulement des hommes du commun, mais des rois et des pontifes. C'est surtout durant la période papale Avignonnaise, que ce genre de dévotion atteignit son apogée: car, alors, les pérégrinations entreprises dans une pensée de piété avaient re-

---

₁ Voir, à la fin du vol. la dissertation sur les reliques de Ste. Anne.

pris un développement extraordinaire. Ce simple mobile à une époque où les intérêts matériels ne dominaient pas encore l'humanité, suffisait pour mettre en mouvement, malgré la difficulté des chemins, plus d'hommes que n'en fait agir aujourd'hui la cupidité ou le charme des voyages modernes. Riches et pauvres, simples et savans ne résistaient pas à l'envie de prier dans un sanctuaire célèbre, et de recueillir pour leurs vieux jours les doux souvenirs de quelque sainte excursion. Mais quel attrait pour des cœurs ainsi disposés, quand ils visaient à l'avantage de vénérer des reliques aussi précieuses que celles de sainte Anne?

C'est à l'aide des offrandes faites par les pèlerins, que nos évêques formèrent la plupart des établissemens religieux qui décoraient la ville, et firent de leur cathédrale un des édifices les plus curieux de la province. D'abord, le zèle de ces prélats embellit la grotte sépulcrale de la sainte; puis, il dressa en son honneur un autel sous l'abside qui fermait jadis la nef gothique des seigneurs de la maison de Bot: enfin, dans les temps modernes, il bâtit une somptueuse chapelle destinée à éclipser tout ce qui se voyait de plus distingué en ce genre.

Ce monument, qui date de l'épiscopat de M. de Villeneuve des Arcs, fut construit en grande partie des libéralités d'Anne d'Autriche. Toute la

France faisait alors des vœux pour la naissance d'un Dauphin, et des prières spéciales avaient été prescrites dans ce but au chapitre d'Apt, par autorité du Parlement [1]. Jalouse de s'y associer, la princesse aborda nos murs avec un brillant cortège. Après avoir accompli ses dévotions à l'autel de sa patronne, elle lui offrit une statuette d'or massif dont le travail surpassait la matière, avec une somme applicable à la bâtisse depuis longtemps projetée de la nouvelle chapelle. Quel enthousiasme éclata parmi les Aptésiens lorsque le noble prélat que nous avons nommé, en posa la première pierre! Bientôt on vit sur le terrain une nuée d'ouvriers, les uns occupés à creuser le sol ou à tailler les pierres pour les fondations, les autres à transporter des matériaux ou à préparer l'échaffaudage; puis, c'étaient des architectes qui levaient des plans, des dessinateurs qui traçaient des croquis, et au milieu de cette foule active, industrieuse, toujours le pieux évêque, vêtu de son costu- franciscain, allant de l'un à l'autre, et exprimant tour à tour son blâme ou son approbation par un signe de tête ou par un simple geste.

[1] Délibération du parlement de Provence, du 30 mai 1623. « A été résolu d'écrire à l'évêque d'Apt de faire des prières et « oraisons à madame sainte Anne, pour la dévotion particulière « que la reine a à cette sainte dame: faire dire tous les jours « une sainte messe dans la chapelle... et porter aux processions « le corps de la dame sainte Anne, à ce que, par sa prière, S. M. « puisse avoir un Dauphin.

On ne saurait se faire une idée de l'aspect imposant de cette chapelle avant la spoliation des temples. Qu'on se la représente avec sa riche ornementation, son magnifique dôme orné de vieux étendarts, ses belles arcades d'où pendaient les chapeaux verts et rouges des princes de l'Église, ses colonnes corinthiennes, ses autels resplendissans, ses tableaux de grands maîtres, sa grille dorée, ses lampes d'or et d'argent qui brillaient nuit et jour, et l'on jugera si un pareil spectacle ne devait pas produire l'effet le plus grandiose.

Mais rien n'était comparable pour sa richesse, à la niche où étaient déposées les saintes reliques. Là, *madame sainte Anne*, personnifiée dans le beau buste mentionné plus haut, trônait avec majesté entre deux célébrités épiscopales (saint Auspice et saint Castor). A voir ces vénérables acolytes au maintien grave, à la figure pleine de sérénité, on eut dit le martyre et le sacerdoce rendant hommage à l'aïeule du Christ, comme autrefois Moïse et Élie glorifiaient le Dieu Sauveur dans la scène du Thabor. L'intérieur de la niche était orné de branches de corail, de mamelons d'ambre, de coquillages éclatans ramassés sur tous les rivages, et apportés par de pieux matelots ; car, le pélerinage de sainte Anne d'Apt était jadis accompli par une longue file de marins sauvés du naufrage. Ces enfans de la Méditerrannée, avec une ferveur qui n'est pas rare parmi eux, chantaient d'une voix rauque les *allégresses* de la sainte, cantique plein de poésie, qu'il faudrait rendre de nos jours aussi populaire qu'à l'époque où les catholiques Aptésiens l'entonnaient sur les murs de leur ville assiégée, en repoussant les attaques du baron des Adrets. Que sont devenus tous les trésors et les objets d'art accumulés par la piété de nos pères dans cette niche, véritable musée religieux? Que sont devenus les bustes et les châsses de vermeil? Hélas! pourquoi le demander? Tout cela est devenu la proie des iconoclastes sanglans de 93, et le peu qui a été soustrait à leur voracité ne mérite pas même les honneurs d'une simple mention. Mais, aussitôt après le retour de l'ordre, des hommes pieux renouent la chaîne des temps; des magistrats bien intentionnés interviennent, et les saintes reliques déposées aux archives de la commune sont réinstallées comme auparavant.

Quoique le goût des pélérinages se soit ralenti, le culte de sainte Anne ne périra point. Les Aptésiens ont reçu tant de bienfaits de ses libérales mains, qu'ils ne pourraient sans ingratitude déserter les traditions et les croyances des âges antérieurs. Aussi, quand un fléau formidable [1] décimait la France, combien nous avons applaudi à cet élan de piété qui pressait nos concitoyens au-

[1] Le Choléra-morbus.

tour des autels d'une si glorieuse patronne ! Et maintenant, afin de manifester leur tendre vénération pour elle, ils viennent de restaurer sa chapelle avec un luxe digne des beaux jours du catholicisme. Qui oserait blâmer cette démonstration? Tandis que les générations dont la ferveur était si vive, donnaient à Dieu sur la terre les plus belles demeures, serait-ce à nous, chrétiens d'un siècle attiédi, à rejeter, loin de nos temples, loin des cérémonies du culte, cette pompe des arts qui parle au cœur, et porte à la foi par l'imagination? Honneur à la population qui a sû comprendre cette salutaire théorie! Honneur au noble magistrat qui en a sû faire l'application ! [1] Grâce à lui, l'œuvre d'Anne d'Autriche est sortie de ses ruines presque aussi belle qu'autrefois, et des noms augustes sont venus encore s'ajouter sur la liste des bienfaiteurs au nom de cette royale fondatrice [2].

Nous voici arrivés au bout de la carrière que nous avons promis de remplir. Pouvions-nous terminer notre travail par un trait plus agréable à nos compatriotes, qu'en résumant ici les gloires de leur patronne? Dans tout le cours de cette histoi-

---

[1] M. le comte Charles de Martignan, sous-préfet d'Apt.

[2] Au nombre des bienfaiteurs de cette chapelle, on compte des princes, des cardinaux, des évêques et une foule de personnes distinguées. Charles X et sa famille ont contribué à sa restauration. M. le duc de Sabran, pair de France, y a fait élection de sépulture dans un caveau construit à ses dépens.

re, nous avons d'abord évoqué les ombres vénérables de nos évêques, ranimé la poussière de nos héros chrétiens, relevé les anciens monumens, ressuscité les vieilles institutions; puis, nous avons redemandé au fantôme de la féodalité, ses chateaux crénelés, ses tours à la fois oppressives et hospitalières, ses vaillants faits d'armes, ses entreprises aventureuses; ressaisi au fond des bois mystérieux, sous les cloîtres des abbayes, sous les arcades des basiliques, aux portes des nobles manoirs comme au foyer des chaumières, les trâces d'un passé glorieux: entrelacé enfin la chaîne des souvenirs historiques à celle des traditions populaires. C'est ainsi que nous avons fait poser en face du lecteur, le XIVe siècle si fécond en évènemens pour la Provence; et, fixant plus particulièrement nos regards sur la terre natale, nous avons dit à ses habitans: Voilà votre ville dans les beaux jours de sa prospérité, avec ses grands seigneurs, ses princes-évêques, ses légendes merveilleuses et telle, en un mot, que l'avait faite le voisinage de la Cour romaine: n'est-elle pas digne de votre attention?

Le schisme qui déchira la chrétienté à la suite de la période papale, est un objet triste sans doute, dans lequel il nous a fallu entrer pour suivre exactement les termes de notre programme; mais, outre que ce sujet offre une belle matière à l'écrivain, variété d'incidens, tableaux de mœurs, conclusion heureuse des affaires de l'Église, triomphe définitif de l'unité catholique, comment nous arrêter sur le seuil du XVe siècle et ne pas laisser notre œuvre incomplète? Heureux d'avoir témoigné de notre zèle à servir le pays, et de lui avoir fourni des leçons dans les exemples d'un autre âge, qu'il nous soit permis de nous féliciter d'être parvenus à la fin de nos pénibles labeurs. C'est à la gloire de la religion que nous avons surtout consacré notre plume: c'est elle que nous avons essayé de glorifier par le récit d'une de ses plus belles époques. Puisse notre travail profiter à nos concitoyens, et devenir agréable à celui qui doit être le but unique de nos entreprises!

FIN.

NOTES.

NOTES DU LIVRE PREMIER.

I. *Page* 97.

D'après l'itinéraire décrit par le Père Mainbourg, dans son histoire des Croisades, il est probable que les Croisés languedociens, sous la conduite du comte de Toulouse, passèrent à Apt en s'acheminant vers les Alpes Cottiennes; après avoir franchi les monts, ils traversèrent la Lombardie pour gagner le royaume de Naples où ils devaient s'embarquer.

II. *Page* 108.

Nous plaçons ici, pour la curiosité des archéologues, la description qu'a faite de la cathédrale d'Apt, un chroniqueur Aptésien, qui écrivait sur la fin du XVIe siècle. Nous voulons parler de Pierre Legrand, auteur du *Sépulchre de Madame saincte Anne*, livre très rare, puisqu'il n'en existe plus que deux ou trois exemplaires. Voici comment s'exprime cet écrivain, page 66.

« La ville d'Apt, qui a retranché sa vastité plus que de la moitié, estoit pour lors (au temps de St. Auspice) colonie des Romains. Elle fut surnommée *Julia*, à cause que Jules-César la feit restaurer et relever, l'embellissant de sourcilleuses arènes. Mais parce qu'il n'y a rien qui soit plus promptement expédié que ce qui est entrepreins par le même peuple dans une communauté ; les filleux de ce grand

Empereur, cathéchisés, monstrèrent à l'instant les marques de fidels chrétiens : car ils sappent l'amphithéâtre et dôme impérial des Césars (*domus imperialis*) et au milieu de tout cet édifice large et grand, est fondée l'église, qu'ils dédièrent à la très immaculée Vierge Marie, Mère de nostre Sauveur et Rédempteur Jésus-Christ. Ceste église eut trois nefs, et celle qui aujourd'huy regarde encore le septentrion a esté depuis plus haut eslevée pour donner jour par tout le corps, aux despends de la bonne race des Rots. Et voit-on encore la machine de l'amphithéâtre, érigée dextrément (à droite) et c'est édifice pesant. Les larges carrures de l'antiquité y sont et les pilliers renforcés à triples costes de toutes parts, démontrent assez si la voûte est de nouveaux maîtres » : (c'est une erreur; car, d'après M. Mérimée, ce collatéral appartient à la période Carlovingienne). — « La grotte (crypte) autant récente ceste année que le jour de son premier estre, tesmoigne assez, si à propos, il ayt quasi fallu toutes les fabriques des susdites arènes, pour accomplir ceste œuvre, qui, environnée de ses esbattemens des Césars, en laisse les vestiges et marques visibles, tant au cemetière d'icelle église, qu'aux caves des maisons qui sont à l'entour d'icelle. Les testes des taureaux, les colonnes eslabourées à la Romaine et les arcs triomphaux tirés de ce théâtre, enseignent de quelles pièces ceste masse de pierre est composée. — Le clocher honorable d'antiquité est suffisant, pour faire esclorre en ce temps cy, un embrasement de dévotion, à ceux qui prendroient patience à le contempler. Tout y est si dignement travaillé, que difficilement nos enfans en pourroient voir eslever le semblable. C'est un poids si lourd, qu'on ne le sauroit loger (le clocher sans doute) dans l'embrassement des murailles d'icelle ville si le cas le nécessitoit. — Je laisse son entrée aux curieux antiquaires (ceci se rapporte à la cripte) car les pièces d'icelle et les caractères gothiques y engravés, honoreroient beaucoup leurs cabinets. L'on voit céans un auge dans lequel on recevoit anciennement le sang des victimes, à l'entour duquel est gravée la forme d'un chapeau de Grand-Prêtre et un baston augural. Hors ladicte grotte et vis à vis de la sacristie, est un reste de l'arc triomphant du dictateur perpétuel (cela n'existe plus aujourd'hui), esquel son nom tant redoutable apparoit écrit en une bandelette pendante. Que si l'on fouit là proche, on y trouve des médailles et phiolles, pots de verre et autres vieilles pièces hastivement ramassées par les observateurs, jaloux des antiquailles du temps passé..... »

L'opuscule d'où est extrait le morceau qu'on vient de lire, mériterait quelques détails comme rareté bibliographique; il est muni de l'approbation des docteurs en Théologie, et cependant on y rencontre quelques singularités remarquables au point de vue dogmatique, telles, par exemple, que l'anecdote de Trajan retiré de l'enfer par la prière de St. Grégoire-le-Grand. Le tems nous a manqué, pour entreprendre l'analyse et la description de ce livre. Nous nous bornons à traduire deux épigrammes latines adressées à l'auteur:

Au docte Pierre Legrand, Procureur du Roi, à Apt.

« Legrand ; vous nous donnez du grand : ce n'est pas
« merveille; car les grandes choses conviennent aux grands,
« et l'œuvre dénote toujours l'ouvrier. Tout ici est grand,
« d'abord l'auteur, et puis le sujet : Quoi de plus grand, en
« effet, dans le monde, que le Sépulchre de Sainte Anne?
« Mieux vaut la dualité que l'unité : ainsi, ce livre double-
« ment grand doit l'emporter sur tous les autres. »

Au même.

« Docte Legrand, pourquoi remontant le fleuve des
« âges fouilles-tu dans les vénérables débris de l'antiquité?
« C'est afin d'explorer à l'aide du flambeau de la science,
« le sépulcre de l'archipatronne des Provençaux.—Comme
« l'étoile du matin, ton esprit inonde de clarté cette tombe
« immortelle, et met en relief la figure d'une noble femme,
« qui donna jadis au monde, ses deux grands luminaires.
« — Que de titres a la reconnaissance des Aptésiens, pour
« une œuvre si sainte où brillent tant de qualités diverses!

« mais ce que nous prisons le plus, c'est la part que tu
« nous fais de ta riche érudition. »

III. *Page* 107.

Nous possédons encore aujourd'hui un précieux fragment du vitrail qui ornait cette fenêtre. Dans sa configuration primitive, il représentait les Mystères de la Vierge. Rostaing de Bot, noble Aptésien, parent de l'évêque d'Apt, l'avait fait exécuter à ses frais, pour perpétuer le souvenir du mariage de sa fille avec Rostaing de Grimoard, neveu du pape Urbain V. Le donateur était peint à genoux devant le St. Père, avec sa fille et ses deux petits-fils. M. l'abbé Giffon semble s'inscrire en faux contre ce dernier trait emprunté de Remerville, et, dans un élan de critique peu judicieuse, il s'écrie: *On fait dire aux vitraux du chœur tout ce qu'on veut.* J'en suis fâché pour M. Giffon; mais cette saillie m'étonne, de la part d'un homme aussi docte que lui; car, Remerville qui avait exploré le monument dans ses détails, n'aurait pas imaginé la scène pontificale plus haut mentionnée, si, en effet, elle ne s'y était point trouvée. On la cherche vainement aujourd'hui; ce n'est pas merveille; oublie-t-on que cette belle page artistique a été déchirée à plusieurs reprises?

IV. *Page* 122.

Les Commissaires nommés dans l'affaire des Templiers, furent l'archevêque de Narbonne, les évêques de Bayeux, de Mende et de Limoges, Mathieu de Naples, archidiacre de Rouen, Jean de Mantoue, archidiacre de Trente, Jean de Montlaur archidiacre de Maguelonne, et Guillaume d'Agar, prévôt d'Aix. A l'égard de ce dernier, il était neveu de Guillem d'Agar, prévôt d'Apt. Tous deux jouissaient d'une grande réputation de science et de vertu. Le choix de Clément V le prouve quant à l'un, et en ce qui touche l'autre, les dignités dont il fut revêtu, justifient surabondamment la même assertion; car, Guillem d'Agar était tout à la fois, conseiller du comte de Provence et ministre près la Cour

Romaine, prévôt d'Apt, chanoine de Cavaillon et de Fréjus. Ce fut afin de récompenser son mérite, que le pape Boniface VIII fit passer ce dignitaire au siége épiscopal de Grasse; son frère, Bertrand d'Agar exerçait à Apt l'office de viguier, en vertu des lettres que Charles II lui avait expédiées de Naples.

V. *Page 125.*

A la suppression des Templiers, une partie de leurs biens fut dévolue aux chevaliers de St. Jean de Jérusalem. C'est ainsi que ces derniers, connus plus tard sous le nom de chevaliers de Malte, formèrent dans le diocèse d'Apt, la commanderie de Jocas.

VI. *Page 132.*

Le père de St. Elzéar s'appellait Hermengaud de Sabran, et sa mère, Laudune Albe de Roquemartine. Baluze (*Vitæ Papar. Aven.* t. I. p. 1038.) mentionne une Bulle de Clément V, datée de Lyon, le 10 des kalendes de janvier, par laquelle ce pape accorde des dispenses à Bermond seigneur d'Uzès, et à Dulcedine, fille d'Elzéar de Sabran baron d'Ansouis. L'octroi de ces dispenses avait pour but, de rendre les impétrans habiles à contracter mariage, nonobstant le quatrième degré de consanguinité. Le Pape déclare accorder cette grace à la considération de *Napoléon cardinal diacre de St. Adrien, qui l'en a prié avec instance.* Suivant Baluze, cet Elzéar dont on vient de parler, était l'aïeul du saint comte, dont Dulcedine se trouvait la tante.

NOTES DU LIVRE SECOND.

I. *Page 147.*

Les lettres pontificales adressées à Frère François de Apta, desquelles parle le pape Célestin V, se trouvent *in extenso*, dans le tome 15e des Annales ecclésiastiques d'Odalric Reynaud, à la fin du Volume.

II. Page 159.

Voici le texte de cette Antienne, prise de la vie de St. Elzéar par le Père Jéhan Raphaël, de l'ordre des Frères Prêcheurs :

Exultet Apta civitas quam exornat præclaritas felicium membrorum. — Tantoque privilegio est dotata Religio ecclesiæ minorum. — In te sunt ossa condita quibus ægris est reddita complexio votorum. — Ad te, confessor optime, clamant languentes animæ, pro venia malorum.

III. Page 160.

Les Chartes de l'église d'Apt prouvent indubitablement, que Philippe de Cabassole en était chanoine. Comment concilier ce sentiment avec celui qui le fait chanoine de Cavaillon, sa patrie? Cela est facile; car, a cette époque, il était loisible de cumuler des bénéfices incompatibles. Ces sortes d'exemples se rencontrent plus d'une fois dans l'histoire d'Apt.

IV. Page 167.

Barthélemy Portalenqui, était né au Luc près d'Arles : il entra dans l'ordre des Carmes, et demeura quelques années dans le couvent d'Apt; il devint successivement docteur en Théologie, inquisiteur de la Foi et prieur du couvent d'Avignon. On le tira de cet emploi en 1323, pour le sacrer évêque de Troie *in partibus*, et l'attacher en qualité de suffragant, aux églises d'Avignon et d'Apt. (*Vide* Fantoni, *Istoria d'Avignone.* — Remerville, *Hist. de l'église d'Apt.*)

V. Page 170.

Nous soupçonnons des altérations et des lacunes dans le texte de cette requête, fourni par les Bollandistes. Nous n'avons pu le collationner avec celui donné par le P. Pagy. Cette opération, en constatant des variantes, nous aurait facilité peut-être la traduction de cette pièce, difficile a expliquer en certains endroits.

NOTES DU LIVRE TROISIÈME.

I. *Page* 200.

D'après M. le président de St. Vincent (*Mémoire sur les monnaies de Provence, dans le P. Papon*), les évêques d'Apt et les Simiane n'auraient jamais fait usage du droit de battre monnaie. Mais, d'après M. Tobiessin du By (*Monnaies des barons de France*), le contraire paraît certain, quoique leurs médailles soient d'une rareté extrême.

II. *Page* 207.

L'aventure du troubadour Cabestaing est trop connue, pour la rapporter ici. Nul ne l'a racontée avec des formes plus dramatiques, que M. Méry dans son *Histoire de Provence*.

III. *Page* 253.

Le grand seigneur dont il s'agit ici, est le maréchal de Vitry, gouverneur de Provence. Voici l'anecdote telle que l'a racontée Papon, *Histoire de Provence*, t. 4. p. 474. « Un « historien contemporain assure, dit cet auteur, que ce per- « sonnage ayant pris la route d'Apt, au mois d'octobre 1633, « et ne pouvant aller en voiture, à cause de la difficulté des « chemins, fit demander des porteurs à Lourmarin. On « n'en trouva point, soit parce qu'il avait aliéné les cœurs, « soit parce qu'il payait mal les personnes qui le servaient. « Alors il força les consuls eux-mêmes à le porter, et donna « ordre à ses domestiques de les relayer, associant par un « abus de pouvoir révoltant, le chaperon à la livrée. »

IV. *Page* 254.

Le trait merveilleux auquel on fait ici allusion, se trouve raconté *in extenso* dans l'*Histoire des Cardinaux français*, par Duchesne. Elzéar tint sur les fonts de baptême, le jeune

Guillaume de Grimoard, depuis pape sous le nom d'Urbain V, et il le tint en qualité d'allié de cette noble maison.

V. *Page* 253.

Dans la bibliothèque des Cordeliers d'Apt, au rapport du P. Pagy, il y avait, outre le procès-verbal de canonisation de St. Elzéar, deux notices précieuses, l'une sur le cardinal Anglicus, et l'autre, sur le cardinal de Cabassole. Tout cela s'est perdu dans la révolution.

NOTES DU LIVRE QUATRIÈME.

I. *Page* 280.

Voici les notes relatives à notre Fête-Dieu, que j'ai extraites des Comptes du Trésorier de la Commune ; elles sont écrites en langue Romane.

1367. — 18 juin. Gilles Durand paya 3 florins aux ménétriers de *Mossen Guirand* (le sire de Caseneuve) qui jouèrent à la Fête-Dieu. Ce noble baron avait une bande de 6 violons qui figuraient souvent aux fêtes de la cité; il s'en fesait suivre à l'armée et dans ses parties de plaisir.

1370. — 12 juin. *Item*, aver pagat per la Festo de Diou, per los menestriers et per far les testieres des Apostols et et des aultres usagis, et per la ciera que cremeroun de 4 torches à la Festo de Diou; 4 flor. 4 sol.

Item, avoir payé aux ménestriers de Buoux pour la même fête, 1 florin.

Item, aver pagat al maistre de la borghena que menet la guitare à la festo de Diou, 5 sols.

Item, aver douna als Patriarchas ce que despenseroun, 5 sols.

Item, aver pagat als menestriers de Saignon, 1 florin.

Item, au trompaire de Vyens, 8 sols.

1373. — 8 juin. Aver pagat per despensas fachas per la Festo de Diou, che si feroun de cavals frust et de formas d'enfans, per honor de la dicha festa : *Item*, per menestriers et per despensa des persounas (personnages), 8 livres.

Item, aver pagat per la Festo de Diou, per 6 liv. de pelon. — *Item*, per ana querre un cor. — *Item*, per far d'enfans falsses per la festo. — *Item*, à Janequin, menestrier, per la dicha festa, etc. etc.

II. *Page* 500.

Papon, dans son *Histoire de Provence*, et M. l'abbé Boze, dans son *Histoire d'Apt*, p. 173. parlent de ce repas, qui fut donné par la ville, après les obsèques de Ste Delphine, à tous les citoyens qui y assistèrent. Mais il est faux que ce repas-monstre n'ait coûté comme ils l'assurent, que onze sols et six deniers. Cette somme, selon la remarque judicieuse de M. l'abbé Giffon, ne servit qu'à solder le prix du loyer des ustensiles fournis par Lantelme Boyer. Écoutons Baudun Pignol, trésorier de la ville, qui rend compte de l'emploi de la somme précitée :

« *Item*, per lo loguier de las scudellas et des taladors et de
« las amolas et des veires che si preugueroun de Lantelme
« Boyer, per lo dina que fet la villa al sepelir de madona la
« Countessa, XI sols 6 deniers. » Il ne s'agit donc ici que du loyer de la vaisselle et non du montant du dîner.

III. *Page* 501.

Des auteurs assurent que Ste Delphine fut inhumée dans le caveau même de son époux. Nous croyons pouvoir affirmer le contraire, en nous appuyant sur le procès-verbal dressé par le cardinal Anglicus, lors de l'exhumation des cendres de saint Elzéar. D'ailleurs, à l'époque de la mort de Ste Delphine, le procès de canonisation de son époux, était pendant en Cour de Rome. Or, il est d'usage de ne point toucher, sans une permission expresse du chef de l'Église, à la sépulture de ceux pour qui on sollicite la palme de la sainteté.

IV. Page 304.

M. l'abbé Boze, dans sa vie de saint Elzéar, nous a conservé un de ces éloges: c'est un petit chef-d'œuvre. Le P. Borely, parle avec admiration d'un autre discours sur le même sujet, composé par M. Prouvensal, docteur en Théologie; malheureusement il n'en cite que le texte dont chacun comprendra aisément l'ingénieuse allusion. Ce texte, emprunté à la Génèse, est celui-ci: *Non est bonum hominem esse solum : faciamus adjutorium simile sibi.*

NOTES DU LIVRE CINQUIÈME.

I. Page 311.

Sur l'évêque de Vaison. — Dans les procès-verbaux de l'Hôtel-de-Ville, on trouve, sous la date du 26 août 1365, une délibération par laquelle 2 florins d'or sont alloués à l'évêque de Vaison, qu'on attendait à Apt, pour l'affaire de la canonisation de saint Elzéar et de Ste Delphine: *Pro facto sanctorum corporum comitis et comitissæ.* Ce prélat était déjà venu au printemps; son second voyage dût s'effectuer en automne, et paraît motivé par le besoin d'un supplément d'enquête, dans le procès de canonisation. Plus tard, c'est-à-dire, en 1368, lorsque l'évêque d'Apt, après avoir fulminé un interdit sur la ville épiscopale, fut contraint de se réfugier à Manosque, nous trouvons le prélat comtadin fixé dans notre ville; car, dans les Comptes du Trésorier, on lit, sous la même date que dessus, un article relatif au loyer soldé par la Commune, *de la maison qu'occupe Mgr l'évêque de Vaison.* Peut-être avait-il été envoyé pour disposer les esprits à la paix, et applanir les voies au retour du prélat fugitif? Peut-être fonctionnait-il à la place de ce dernier, durant les intermittences de l'interdit? Ce sont là de simples conjectures que nous livrons au jugement des lecteurs.

II. Page 314.

Il y avait dans le cabinet de M. le marquis de Cambis-Velleron, un autre exemplaire de la même procédure, sous ce titre : *Processus de vita et miraculis B. Delphinæ de Podio-Michaële, comitissæ Ariani. Anno* 1363. C'est un très-gros volume grand in-4° de 204 pages, écrit sur un ancien papier gris fort épais de la fin du XIV° siècle. (Voir, pour plus de détails sur ce précieux manuscrit, le Catalogue raisonné de la Bibliothèque de M. le marquis de Cambis, pag. 361 et suivantes).

III. Page 327.

Selon Chorier, (*État politique du Dauphiné*, t. II. p. 43.), l'archevêque d'Embrun aurait été tué à Apt par des voleurs, pendant la tenue du Concile. C'est une méprise échappée à cet historien, puisque le prélat en question devint ensuite évêque de Viviers, (*Vide* Baluze, *Vitæ Papar. Aven.* t. I.). La cause de cette méprise paraît être l'arrestation qu'un parti de *tard-venus* avait faite auparavant de la personne de Peisoni, archevêque d'Aix, sur le territoire de Gargas.

IV. Page 343.

La dévotion envers la relique de Saignon, devint par la suite si fort en vogue, que le nom de cette Commune s'éclipsa sous celui de la Croix dans le langage populaire: on disait, aller à la Croix, pour, aller à Saignon. Les Comptes du Trésorier de la ville, véritable monument historique, nous fournissent les données de cette remarque : on y lit ce qui suit en langue romance, sous l'année 1372 : « *Item*, « avoir payé à Simoneau Vincent pour exploits signifiés à « ceux qui passèrent par les prés de Rimaon, quand ils al-« laient à *la Vera Croz.* » Au plus fort de la fièvre révolutionnaire en 93, on débaptisait les villes et les bourgs qui portaient noms religieux ; ce fut le contraire au moyen-âge : un pays échangeait son nom primitif contre une appellation chrétienne.

V. *Page* 343.

Le sceau de l'évêque d'Apt, qui pend comme celui des autres Pères du Concile au bout de ce diplôme, représente une madone assise, avec deux anges à ses côtés : d'une main elle tient l'Enfant Jésus, et de l'autre, une espèce de sceptre. Plus bas, on voit un évêque crossé et mitré, donnant la bénédiction; puis, enfin, deux petits écussons de la maison de Bot.

VI. *Page* 346.

Les actes officiels du concile d'Apt ne figurent dans aucune collection générale, sauf celle de Mazin, la dernière de toutes, éditée à Venise, tom. XV®. Ils furent publiés pour la première fois, par le P. Martenne, dans son volumineux recueil, intitulé : *Thesaurus anecdotorum ecclesiastic.*; puis, à la prière d'un savant distingué, M. de Seignoret, gentilhomme d'Apt, l'abbé H. Dutems, leur donna une nouvelle publicité, en les insérant parmi les pièces justificatives du *Clergé de France*, qui n'est que l'abrégé du *Gallia Christiana*. Le seul exemplaire, en manuscrit, du concile d'Apt dont on ait constaté l'existence, se trouvait jadis aux archives de l'évêché de Sénez. C'est de la main de M. Louis du Chaîne, évêque de cette ville, que Remerville en reçut une copie authentique, copie collationnée et certifiée conforme par ce prélat. Singulier jeu du hasard! le plus beau titre de gloire de l'église d'Apt, titre long-tems et toujours vainement recherché dans nos archives, s'est retrouvé dans celle d'une petite ville de la haute Provence. Honneur et actions de grâce à cette antique cité, pour nous avoir conservé ce précieux monument! Le P. Columbi, de Manosque, affirme qu'une autre copie du concile d'Apt, se voyait aux archives du Chapitre métropolitain d'Embrun; mais cette assertion n'a jamais été vérifiée par aucun écrivain Aptésien. — L'auteur de l'histoire des évêques d'Orange, assure que le concile d'Apt *en corps* se transporta auprès d'Urbain V, à Avignon, pour faire approuver ses règlemens.

Nous ne savons où cet auteur a puisé ce fait qui paraît singulier.

VII. *Page* 348.

Voyage d'Urbain à Apt. — 1° Nous ne connaissons que deux des Cardinaux qui accompagnèrent ce pape, savoir : Hugues de St. Martial et Pierre de Beaufort, qui devint pape, sous le nom de Grégoire XI. Il paraît que ces Éminences revinrent plus tard à Apt, lors de la canonisation de saint Elzéar; car, dans les Comptes du Trésorier de la Commune, on lit ce qui suit : « 1371. — 12 juin, avoir payé pour « 3 livres 3/4 de flambeaux, qui brulèrent pour le cardinal « de *Belfort* et le cardinal de St. *Marsal*. »

2° Les écrivains Aptésiens seuls ont parlé du voyage d'Urbain V: d'abord, le P. Carrière, puis Remerville, et enfin M. l'abbé Boze. Nul autre que nous sachions, qui ait mentionné cet évènement. Voici le passage du P. Carrière, le premier en date et d'ailleurs le mieux instruit, parce qu'il disposait des archives de son Couvent; nous l'empruntons du livre publié par ce religieux, sous les auspices de M. de Villeneuve, évêque d'Apt : « *Duo ex celebrioribus S. Sedis* « *Apostolicæ Pontificibus, Urbanus V et Gregorius XI, anno* 1365 « *et die 22 octobris, magno cum eminentissimorum Cardina-* « *lium, dynastarum et magnatum comitatu, Aptam civitatem* « *convenerunt, venerabundi sacra lypsana, B. comitum in ma-* « *trimonio virginum, Elzearii et Delphinæ, in præfatæ civita-* « *tis conventu minoritano quiescentium....* » (Vid. *Hist. Chronologicam Roman. Pontif.*, in-12, p. 1., à l'Épître dédicatoire.) Il y a vice de rédaction dans ce texte : en le prenant à la lettre, il semble que deux papes se soient trouvés ensemble auprès du tombeau de saint Elzéar; ce qui formerait une absurdité. Mais, afin d'écarter ce mauvais sens, il suffit de savoir qu'à cette époque, Grégoire XI n'était encore que le cardinal de Beaufort.

3° Le pape ne logea pas dans l'hôtel de Beissan, comme l'assurent Remerville et M. l'abbé Boze; mais il descendit au palais de l'évêque.

4° Dans les Comptes du Trésorier de la Commune, on trouve quelques articles relatifs au voyage pontifical. En voici les plus curieux, que nous reproduisons au moins quant à la substance : « 1365. — 11 novembre. Doit la ville, « à Francis Beissan, fils de M. Reybaud Beissan, pour le « lit (talme) qu'il fit construire à son hôtel quand vint en « cette ville, notre seigneur le Pape. » Ce seigneur avait logé un cardinal et non le Saint-Père.

« *Item*, la ville doit à Jéhan de Laudun, pour 16 plan- « ches neuves destinées à la confection du lit qu'il fit faire à « sa maison, quand vint N. S. P. le Pape. » (Cet article semble faire double emploi avec le précédent; mais tout s'explique en supposant que le lit dressé dans la maison Laudun, était réservé à un autre cardinal.)

« 1366. — Payé à Hugues de Sauze ce que lui doit la ville, « à raison du dais et de la bannière faite pour N. S. P. le « Pape, 10 florins. »

« *Item*, avoir payé au même, les avances faites par lui en « achats de flambeaux et confitures, 20 florins. » (La ville avait fait des cadeaux en confitures et bougies, aux dignitaires de la Cour Romaine qui suivaient Sa Sainteté.)

« *Item*, avoir payé à Pierre Matafellon, pour la dépense « faite à sa maison quand vint N. S. P. le Pape en cette ville. » (Il paraît que quelque cardinal logea dans cette maison, aux frais de la Commune.)

Pour arriver aux Cordeliers, besoin était, comme à présent, de franchir un pont à la tête duquel se trouvait une bascule. C'est de ce pont-levis apparemment, qu'il s'agit dans les trois articles qui suivent : « *Item*, avoir payé à Jaume « Bernard, fustier, pour réparer le pont Saint-Pierre. — « *Item*, avoir payé par ordre des Syndics, pour les clous mis « audit pont. — *Item*, pour l'ormeau qu'on y plaça quand « vint notre seigneur le Pape, 20 sols. »

VIII. *Page* 361.

Peu de tems avant son départ pour Rome, le Pape manda à Avignon les deux syndics Aptésiens, pour leur confier

peut-être le projet qu'il avait formé, de canoniser Elzéar dans la ville éternelle. Afin de faire honneur à ces magistrats, le Pape voulut qu'ils tinssent la bride de sa haquenée, durant tout le tems qu'ils restèrent en Cour de Rome. Le Trésorier de la Commune, relate ce fait ainsi qu'il suit :
« *Item*, aver pagat per cinq giorn che tengheroun soun rous-
« sin, Senhor Reybaud san-mitre, et Antoine Hollier, à
« Avignon à N. Senhor lo Papo, à 3 s. lo giorn. »

IX. *Page* 373.

Affaire de l'Interdit. — Lorsque la paix fut signée entre l'évêque et les syndics, la ville envoya des présents au Cardinal évêque d'Albano, et à son Camérier, qui était Pierre Olivari de Falghario, Chanoine-ouvrier de l'église d'Apt. Ces présents sont mentionnés dans les Comptes du Trésorier de la Commune :

4 psalmées d'avoine offertes au Camerlingue de Mgr d'Albano, 5 florins.

Plus: 16 poulardes envoyées au même, 4 florins. Huit hommes portèrent l'avoine et les poulardes à Avignon, 2 florins. (Il n'y avait point encore alors de voitures; les riches seuls avaient des chevaux ou des mulets.)

Pour le cadeau fait à M. d'Albano, 14 florins.

Pour celui fait à son Camerlingue, 8 florins.

Ces cadeaux consistaient en 2 tasses de vermeil. Jaume Robert et Riblon, furent chargés de les porter à Avignon et d'en faire offrande aux destinataires. La ville fit aussi porter des volailles au cardinal, qui demeurait à Montfavet.

NOTES DU LIVRE SIXIÈME.

I. *Page* 414.

La Bulle de Grégoire XI sur la réforme, embrasse toutes les églises du diocèse d'Apt. Cependant, il ne s'agissait que de la réformation du Chapitre cathédral. Mais dans la chancellerie romaine, on étend toujours les attributions des commissaires au delà de l'objet en question, à peu près comme les notaires en libellant une procuration, y donnent aux pouvoirs du mandataire, une extension qui dépasse le but qu'on se propose.

II. *Page* 423.

Dans cette description des quartiers du territoire, le Caulon se trouve mentionné sous le nom de *Caudaleo-Caudaleonis*. Les étrangers sauront que ce n'est qu'une rivière torrentielle, mais qui grossie tout à coup par les orages de l'automne ou du printemps, roule de grandes eaux avec beaucoup d'impétuosité.

III. *Page* 435.

L'archevêque de Bourges était Pierre de Cros, qui devint ensuite archevêque d'Arles. Ce fut en cette qualité, que Clément VII le décora plus tard de la pourpre romaine. Dans l'acte qui exprime les dernières volontés de ce prélat, le docteur Sabathéry figure parmi ses exécuteurs testamentaires. (Vid. Baluze, *Vitæ Papar. Aven.*, t. 2. pag. 1016.)

IV. *Page* 446.

Dans les Comptes du Trésorier de la Commune, on lit les articles suivans, relatifs à la levée du corps de saint Elzéar :

1° Le messager qui fut expédié d'Avignon à Apt, pour porter la Bulle de canonisation du Saint, reçoit de la ville une gratification de 10 florins.

2° Il est souvent parlé des sommes dépensées par la Commune, *per la caisso de sant Aulzias*.

3° La ville couvre son Trésorier des avances par lui faites, à l'occasion du logement des chevaux du cardinal d'Albano, quand il vint faire la levée du corps.

4° Avoir payé à Bertrand Calandria, qui fit cuire au four de l'évêché, *quand si fés la relevation du Sant* (il y avait donc beaucoup d'étrangers, puisque les fours ordinaires ne suffirent pas pour fournir du pain au public.)

5° *Item*, avoir payé pour le présent envoyé par la Commune à Mgr d'Albano, et pour faire porter ledit présent à Avignon, 15 florins.

6° Avoir payé à Guillem de Meylan et à Loys Manentis, député par la ville auprès du Cardinal, pour savoir le jour où se fera la *relevation*. La ville donna à cette Éminence, 13 coupes 1/2 de vins.

7° *Item*, avoir payé pour la dépense des hommes d'armes envoyés à l'Isle, avec mission d'escorter le Cardinal.

8° A l'époque de la levée du corps, la ville fait maintes réparations au pont St-Pierre, afin de prévenir des accidens.

9° Item, *per far sonar les seings à la festo de Sant Aulzias*, (les cloches s'appelaient ainsi au moyen âge; delà le nom de tocsin). — Item, *per portar bancs et fustos per los cadafalqs.* — Item, *per far adobar les parabandas del pont de San-Peyre.*

10° *Item*, avoir payé à Jéhan Simoneau et à ses compagnons, *per la festo che feroun à Sant Aulzias.*

V. Page 451.

Todi est un évêché de la Province Romaine, sur le Tibre. Luna est une ville épiscopale de Toscane. Nous avons cherché dans l'*Italia sacra*, de l'abbé Ughelli, le nom des deux prélats italiens qui assistèrent à l'exhumation des reliques de saint Elzéar; mais, ni l'un ni l'autre ne figure au Catalogue de ces églises. Cela n'est pas surprenant, car ces évêques résidaient à Avignon auprès de la Cour papale, et étaient titulaires de dioceses où peut-être ils n'avaient jamais mis le pied. Voilà la cause pour laquelle leur mémoire y a été entièrement oubliée. A l'égard de Gaucelin ou Gaucelme, évêque de Maguelonne, on trouve des détails biographiques intéressans sur ce prélat, dans les *Notes historiques des Recteurs du Comté-Venaissin*, par M. Cottier, p. 82 et suivantes.

VI. Page 455.

Il est étonnant que ce procès-verbal n'ait été rédigé que fort long-tems après l'événement. Quoiqu'il en soit, deux faits surgissent incontestables de cette pièce, savoir : 1° le corps de Ste Delphine n'a pas été inhumé dans le tombeau de son époux, comme l'assurent le P. Borely, Remerville et M. l'abbé Boze, mais dans le caveau le plus voisin ; 2° le corps de Ste Delphine ne fut pas exhumé par le cardinal Anglicus, en même tems que celui de saint Elzéar, comme l'ont avancé les écrivains précités, et comme le croient encore aujourd'hui, nombre de personnes instruites. Car, il paraît positif qu'en 1381 ou 1382, le corps de la Sainte était encore en terre. Au fait, si le Cardinal l'avait placé sur les autels avec les reliques de saint Elzéar, les États généraux de la Province, tenus en l'année susdite, n'auraient pas sollicité pour l'auguste comtesse, les honneurs religieux, ainsi qu'ils le firent auprès du pape Clément VII. (Vid. Baluze, *Vitæ Papar. Avenion.*, t. I.)

NOTES DU LIVRE SEPTIÈME.

I. *Page* 487.

Pierre de Thurey, Chanoine-Comte de Lyon, fut ensuite créé Cardinal.

II. *Page* 497.

Après la clôture des États, l'évêque de Marseille, que le duc d'Anjou venait de nommer membre de son conseil, prêta serment en cette qualité entre les mains de l'évêque de Chartres. Jean Le Febvre a noté cet incident dans son Journal, de la manière qu'il suit : « Cette journée, 18 avril,
« je demouré à Apt, après que le Chamberlan du Pape et
« les aultres furent partis, et pris serment de messire Ay-
« mard de la Volte, évêque de Marseille, conseiller retenu
« de par Monseigneur, et en eus lettre scellée de son scel
« et suscripte de sa main : et li baillié lettre de Mgr scel-
« lée, de retenue de conseil, à gages de mil francs de
« pension par an..... »

NOTES DU LIVRE HUITIÈME.

I. *Page* 517.

M. l'abbé Boze a commis une erreur, en faisant l'évêque Gérauld neveu du cardinal de Brognard.

II. *Page* 518.

M. Boze s'est mépris, en confondant l'exhumation de Ste Delphine avec la bénédiction du buste de saint Elzéar, car, cette dernière cérémonie, si elle n'avait pas été associée à l'autre, n'aurait pas exigé le concours d'un cardinal et de plusieurs évêques.

III. *Page* 537.

Voici la description que M. Mérimée a faite du Pont-Julien : « A deux lieues d'Apt, à gauche de la route d'Avignon,
« on voit un pont Romain, jetté sur un torrent presque tou-
« jours à sec : on l'appelle le Pont-Julien et on l'attribue à
« Jules-César, pour lui donner une illustre origine ; il a
« trois arches, celle du milieu plus large que les autres ; en
« outre, deux ouvertures cintrées, assez larges, sont pra-
« tiquées au dessus des deux piles principales ; elles don-
« nent au pont une apparence de légèreté, et leur objet est
« de plus, de faciliter l'écoulement des eaux dans les dé-
« bordemens. L'arche du milieu et les piles sont construi-
« tes de gros blocs juxta-posés sans ciment ; on a enlevé les
« crampons qui les liaient l'une à l'autre, sans que l'eau ait
« produit le moindre dégât dans les trous profonds que
« cette opération a exigés ; les autres arches sont revêtues
« à l'intérieur de petites pierres ; il n'y a que le parement
« extérieur qui soit de grand appareil ; le parapet actuel
« n'a que sept à huit pouces de haut ; je ne crois pas qu'il
« ait été rasé à une époque postérieure à la construction du
« pont ; il dépasse légèrement l'aplomb du parement des

« arches. Un fragment de voie romaine, pavée de grosses
« pierres irrégulières, se montre aux abords du pont et
« s'en écarte dans une direction oblique. »

IV.

Malgré nos recherches, nous n'avons pu découvrir le nom de famille de cet évêque de Vintimille qui, dans l'*Italia sacra*, porte le nom de Bertrand.

NOTE DU LIVRE NEUVIÈME.

DISSERTATION SUR L'INVENTION DES RELIQUES DE SAINTE ANNE.

A quelle époque peut-on rapporter l'invention du corps de Ste Anne ?

Les traditions Aptésiennes consignées dans les légendes populaires, portent que cette découverte s'effectua le jour de l'Octave de Pâques, appelé le dimanche *in albis*, pendant qu'on célébrait les pompes de la dédicace de notre église; elles ajoutent que Charlemagne se trouvait présent à cette auguste cérémonie où officia Turpin, archevêque de Reims, assisté des chapelains impériaux.

Jadis on fêtait la dédicace de la basilique Aptésienne, vers le milieu du mois d'avril; elle fut donc consacrée à la même époque. Il s'agit donc de trouver l'année précise où l'Octave de Pâques ait coïncidé à peu près avec ce quantième, et où Charlemagne ait pu se trouver à Apt.

Le premier point peut et doit se démontrer; le second, ne peut s'établir que sur des conjectures, des vraisemblances et des probabilités; parce qu'on n'a ni monumens ni témoignages historiques qui puissent le constater. En outre, ces conjectures et ces probabilités doivent si bien s'harmonier avec l'histoire de Charlemagne, que non-seulement elles n'infirment point notre tradition, mais qu'elles concourent, au contraire, à la justifier et à l'affermir. On espère de remplir ce double objet avec succès.

PROPOSITION :

L'invention du corps de Ste Anne, est de l'an 776.

Cette proposition doit être admise, si l'Octave de Pâques tombe cette année vers la mi-avril, et s'il est entièrement probable que Charlemagne se soit trouvé à Apt à la même époque.

Voici la preuve de la première partie : elle est simple, et partant très-courte. Il est dit dans l'*Histoire de l'église gallicane*, qu'en 774, l'empereur alla passer à Rome les fêtes de Pâques, qui, cette année, ouvraient le 30 mars. Je pars de ce point fixe, qui me donne la lettre E pour la dominicale de l'an 774. J'ai donc pour l'an 776 qui est bissextile, la dominicale B depuis le mois de mars. Afin de trouver le deuxième élément de la Pâques, je cherche quelle est l'épacte qui répond à l'année précitée. Par un simple calcul, je trouve que c'est 15. Alors, jetant les yeux sur la table pascale d'Ozanam, je vois que ces deux données fixent la grande solennité des chrétiens au 10 avril, et par conséquent l'Octave au 17 du même mois. Ainsi donc, l'an 776 remplit la première condition énoncée dans notre proposition.

Venons à la preuve de la deuxième partie, savoir : si Charlemagne a pu se trouver à Apt à la même époque, au moins le jour de l'Octave de Pâques. Cette preuve sera peut-être un peu longue ; car, elle a pour unique appui des argumens basés sur des probabilités et des vraisemblances, argumens qui, dans bien des cas, suffisent pour opérer la conviction des esprits raisonnables. A cet effet, rassemblons ici les données certaines que nous fournit l'histoire, d'où nous tirerons ensuite nos conclusions.

Il est rapporté dans les *Annales de l'église gallicane*, rédigées par de savans écrivains, « qu'un soulèvement de quel« ques seigneurs Lombards, obligea Charlemagne de re-

« passer en Italie au commencement de l'année 776; qu'il
« n'eut qu'à paraître pour arrêter, par sa présence, les
« menées des factieux; qu'il repassa en diligence dans les
« Gaules, sans être allé jusqu'à Rome; que le prompt re-
« tour du monarque déconcerta les Saxons, qui avaient
« profité de son absence, pour se soulever ; on le croyait
« encore en Italie, lorsqu'il reparut sur les rives de l'Elbe.
« A peine avait-il eu le tems de faire le voyage, et il avait
« eu celui de vaincre et de cueillir des lauriers. Les Saxons
« se crurent perdus; ils venaient de toutes parts se sou-
« mettre au vainqueur, en disant pour le désarmer, qu'ils
« étaient chrétiens; un très grand nombre de ces barba-
« res reçut en effet le baptême, sur la fin de l'an 776. »

Où se trouvait Charlemagne à l'époque du soulèvement des seigneurs Lombards ? L'histoire ne le dit pas, et ce serait arbitrairement qu'on supposerait ce prince en Saxe; car, un si long séjour dans le même pays, ne nous paraît pas analogue au caractère du héros. On peut donc avec plus de vraisemblance, croire que l'empereur se trouvait sur le territoire français, quand il apprit la nouvelle de cette insurrection ultramontaine. Nous voyons, en effet, qu'aussitôt les Saxons soumis, Charlemagne s'en éloignait pour voler à d'autres exploits. Ainsi, après avoir donné la paix à ces peuples en 773, lors de sa première guerre avec eux, il marche sur la Lombardie; ainsi, après les avoir de nouveau domptés en 776, et soumis à ses lois par la religion du serment dans les états de Paderborn, tenus l'année suivante, il court en Espagne se mesurer avec les Sarrazins. Alors, les Saxons n'étaient pas encore habitués à secouer le joug, dès qu'ils sentaient l'empereur loin de leurs frontières ; considération qui, plus tard, décida ce grand monarque à fixer sa résidence sur les bords du Rhin, afin de réprimer avec facilité l'humeur inquiète de ces barbares.

Quelle route prit Charlemagne en 776 pour se rendre en Italie, et châtier les seigneurs Lombards ? Des motifs puissans semblent l'avoir entraîné à choisir la route de Provence, préférablement à toute autre : motifs qui se résument en raisons prises du climat, de la politique et de la religion.

1° **Raisons prises du climat :** on était alors au cœur de l'hiver. Point d'autre passage dans ces tems reculés, pour pénétrer en Italie, que la Provence, et encore, par les issues méridionales. On sait que le Mont-Cenis, par où l'empereur avait passé en 773 pendant la belle saison, était impraticable pour une armée, surtout en hiver et au printemps. Ainsi, pour répondre à la célérité dont il est parlé dans le texte historique rapporté plus haut, Charlemagne a dû passer en Italie et revenir dans les Gaules, par la route de Provence.

2° **Raisons prises de la politique :** notre Provence était limitrophe de la Lombardie, qui embrassait non-seulement le Milanais, mais encore tout le Piémont. On connaît les fréquentes incursions des Lombards sur les terres Provençales durant le VI° et VII° siècles. Il importait donc à Charlemagne d'occuper militairement les défilés des Alpes, afin d'empêcher l'ennemi de s'y retirer.

Dans le partage que Pépin fit de ses états, la Neustrie, la Bourgogne et la Provence étaient échues à Carloman, qui mourut au mois de décembre de l'an 771. Les grands du royaume s'étant donnés à Charles, le proclamèrent au préjudice des fils de Carloman. La mère de ces jeunes orphelins les conduisit chez Didier, roi des Lombards, dont elle réclama la protection. Touché de leur infortune, le prince les reçut avec bonté, et n'oublia rien pour les rétablir sur le trône paternel. Telle fut la cause de la guerre que Charlemagne suscita à cette nation italique, en 773 et 774. Après avoir vaincu Didier, il l'emmena prisonnier en France, et fit enfermer dans un cloître les deux fils de Carloman, disparus à jamais de la scène du monde.

La politique semblait donc exiger que l'empereur visitât notre Province, en marchant vers la Lombardie. Nul moyen plus efficace d'y tenir en échec les mauvaises passions, si le soulèvement dont il est parlé, avait eu des ramifications dans ce pays voisin du foyer de l'insurrection. L'autorité royale, toujours escortée de récompenses et de châtimens, n'avait qu'à se montrer pour rétablir l'ordre et la paix dans tous les lieux où rayonnait Sa Majesté.

3° Raisons prises de la religion : c'était alors pour la Provence, le siècle de fer du catholicisme. Un voile funèbre couvrait nos plus illustres églises. Les temples demeuraient silencieux, parce que la persécution avait dispersé les membres de la tribu lévitique : presque plus de solennités religieuses dans les villes et les campagnes. A peine si, au sein d'une populeuse cité, il restait quelque prêtre pour donner le sceau de la régénération aux enfans, et l'huile sainte aux malades. Les courses des Lombards et des Sarrasins avaient jeté une telle confusion, que la plupart des villes épiscopales manquaient de prélats depuis plus de cent ans. Il conste, du moins, que ceux classés dans l'intervalle compris entre le milieu du VIIe siècle et la fin du VIIIe, figurent arbitrairement sur nos Catalogues. Nous n'avons qu'à consulter l'histoire de Provence écrite par l'abbé Papon, pour nous convaincre, que durant cette période, nul évêque n'existait dans les siéges qui suivent, savoir : Aix, Apt, Sisteron, Fréjus, Riez, Nice, Digne et Toulon. Le premier prélat, qu'on voie reparaître à Aix, est celui qui demanda en 794 au concile de Francfort, d'être rétabli dans les droits de métropolitain. A Apt, on trouve Magnerie assis en 788, sur la chaire de St. Auspice, et figurant plus tard parmi les Pères du Concile de Narbonne. A Riez, Norbert, qui siégeait en 813 ; a Sisteron, Jean, en 812 ; à Vence, Liotard, en 838 ; à Nice, Jean, en 787.

Charlemagne en montant sur le trône, n'ignorait pas le déplorable état de nos églises. Dominé par le besoin de remédier à de si grands maux, ce prince éminemment religieux dut s'absorber dans de longues et incessantes méditations. Aussi, pensons-nous, qu'à l'égard d'un noble cœur comme le sien, nul motif n'était plus propre à procurer à la Provence l'honneur de la visite impériale, jointe à celle d'un aussi digne prélat que Turpin, chargé d'accomplir sous les ordres de son maître, une œuvre de réparation du plus haut intérêt.

Peut-on se refuser à l'évidence de cette preuve, en voyant

aussitôt après, les siéges épiscopaux remplis, les temples restaurés et les églises replacées dans leur état normal?

Parmi les croyances populaires dont abondent nos contrées, une des plus constantes et des mieux accréditées, est celle qui a pour objet, le voyage en Provence de ce grand monarque. Les chartes de Lerins, au rapport de l'histoire, attestent l'antiquité de cette tradition; ces chartes sont du XIe siècle. Maintes églises, comme celle de Sisteron, prétendent devoir au même prince, la fondation ou la restauration de leur cathédrale. Nous avouons que tout cela ne décide pas formellement le voyage impérial pour l'an 776; mais le motif, pris de l'intérêt religieux, motif qui cadre à merveille avec les indications fournies par l'*Histoire de l'église gallicane*, paraît militer en faveur de cette époque, d'autant qu'elle est la seule où Charlemagne ait pu venir et se trouver sur les bords de la Durance et du Rhône.

Une nouvelle probabilité que nous pourrions invoquer à l'appui de notre thèse, c'est l'établissement de l'abbaye de Saint-Pons de Nice, attribué au même prince, lors de son passage en cette ville. Fondée par un pieux évêque, à l'aide des libéralités impériales, l'abbaye dont il s'agit, remonte, assure-t-on, à l'an 775. A l'égard de cette date, il faut l'entendre des trois premiers mois de l'an 776; car, dans le moyen-âge, l'année commençait à la fête de Pâques, et, selon ce mode de comput, l'an 775 empiète sur son voisin jusqu'à la fin du mois de mars. Ainsi, même tradition à Nice qu'à Apt, sur l'époque du séjour de l'empereur en Provence. Ici, il intervient à une cérémonie auguste; là, il concourt à une pieuse fondation. Est-il rien de plus concluant, qu'une telle concordance entre les souvenirs populaires de deux villes aussi éloignées l'une de l'autre?

Réunissons en faisceau tous ces rayons de probabilités, nous trouverons que Charlemagne a dû s'avancer vers l'Italie par la Provence, et qu'en allant, il a pris la voie Aurélienne, qui d'Aix, aboutissait à Nice. Là, il aura franchi les Alpes, pour pénétrer en Lombardie; puis, après avoir pacifié ce pays, regagnant les Gaules en toute diligence, il aura effectué son retour par Gap, Sisteron, Forcalquier et

Apt. C'était un chemin raccourci, et le seul viable durant la saison du printemps; c'était le chemin décrit dans l'itinéraire d'Antonin, ou, si l'on veut, la voie Romane, qui, par les Alpes Cottiennes, mettait Milan en communication avec Arles, la cité Constantine.

La célérité de l'expédition de Charlemagne, telle qu'on l'infère du texte historique précité, exige que le monarque ait repassé les Alpes, vers la mi-avril, pour revoler en Saxe où il dût être arrivé, sans doute, au mois de juin. Serait-ce une absurdité de croire, qu'en traversant la Provence, il y ait laissé Turpin, avec la glorieuse mission de faire cesser le veuvage des églises, de relever les ruines du Sanctuaire, et, qu'après cette restauration, le prélat se soit porté jusqu'à Apt, au devant de son souverain? Quelques critiques, il est vrai, nous contestent la présence de cet archevêque, dans le sacre de notre église; mais qu'importe! l'intervention du noble personnage, est un fait accessoire dont l'abandon ne saurait préjudicier à la substance de la tradition Aptésienne, qui consiste dans la découverte du corps de Ste Anne, au conspect de l'empereur et roi. Et d'ailleurs, lorsqu'il entrait en campagne, les évêques les plus illustres ne marchaient-ils pas à la suite de ses armées, pour y célébrer les saints mystères? Ainsi, au défaut du prélat champenois, il est facile d'en admettre un autre qui ait rempli l'office que nos légendes attribuent au premier. Cependant, si nous voulions insister, nous dirions que Turpin accompagna son maître, en 777, dans la guerre d'Espagne. Il ne serait donc pas contre la vraisemblance, de supposer que ce prélat l'ait suivi dans l'expédition de Lombardie.

Quoiqu'il en soit, il est permis de conclure de tout ce qui précède, l'extrême probabilité de la présence de Charlemagne, à Apt, le 17 avril 776. Nous ne voyons pas ce qu'on peut opposer à cette conclusion. Rien, dans l'histoire du grand roi, qui la contredise, et ce que nous en avons rapporté, cadre parfaitement avec les souvenirs populaires, et justifie les traditions du pays. Il peut très bien se faire qu'à la même époque, la viduité de notre église n'eut pas encore atteint son terme ; alors, l'intervention de l'archevêque de

Rheims ou d'un autre prélat étranger, pour le sacre de la basilique, devient chose tout-à-fait naturelle. Charlemagne, dans cette circonstance, aura pourvu d'un pasteur le siége de saint Auspice; peut-être y appela-t-il Magnerie, qui figure bientôt après sur nos annales? Ainsi, en approfondissant le fait de la découverte des reliques de Ste Anne, le raisonnement loin d'infirmer les croyances Aptésiennes, vient, au contraire, les étayer d'un plus ferme et plus solide appui.

FIN DES NOTES.

FAUTES A CORRIGER.

page 200 ligne 4 éclairer, *lisez* éclaircir.
page 220 ligne 1 et page 221 ligne 4, Avese, *lisez* Averse.
page 242 ligne 7 présidaient, *lisez* préludaient.
page 408 ligne 6 que n'invoquait-il? *lisez* que n'évoquait-il?

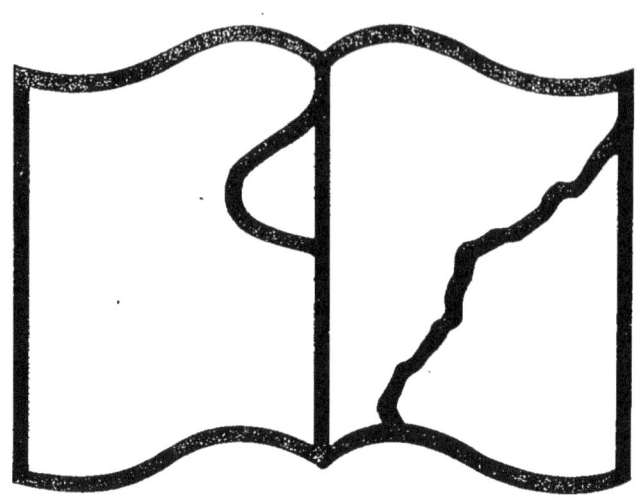

Texte détérioré — reliure défectueuse

NF Z 43-120-11

www.ingramcontent.com/pod-product-compliance
Lightning Source LLC
Chambersburg PA
CBHW050322240426
43673CB00042B/1503